KB271952

문제집

목차

한 · 국 · 어 · 능 · 력 · 시 · 험 · T·O·P·I·K

제1회
실전모의고사

한국어능력시험 II
(중 · 고급)

| 1교시 | 듣기, 쓰기 |

수험번호(Applicaton No.)		
이름 (Name)	한국어(Korean)	
	영 어(English)	

유 의 사 항
Information

1. 시험 시작 지시가 있을 때까지 문제를 풀지 마십시오.
   Do not open the booklet until you are allowed to start.

2. 접수번호와 이름은 정확하게 적어 주십시오.
   Write your name and registration number on the answer sheet.

3. 답안지를 구기거나 훼손하지 마십시오.
   Do not fold the answer sheet; keep it clean.

4. 답안지의 이름, 접수번호 및 정답의 기입은 컴퓨터용 펜을 사용하여 주십시오.
   Use the optical mark reader(OMR) pen only.

5. 정답은 답안지에 정확하게 표시하여 주십시오.
   Mark your answer accurately and clearly on the answer sheet.

   marking example | ① ● ③ ④ |

6. 문제를 읽을 때에는 소리가 나지 않도록 하십시오.
   Keep quiet while answering the questions.

7. 질문이 있을 때에는 손을 들고 감독관이 올 때까지 기다려 주십시오.
   When you have any questions, please raise your hand.

※　[1~3] 다음을 듣고 가장 알맞은 그림 또는 그래프를 고르십시오. (각 2점)

1.　① 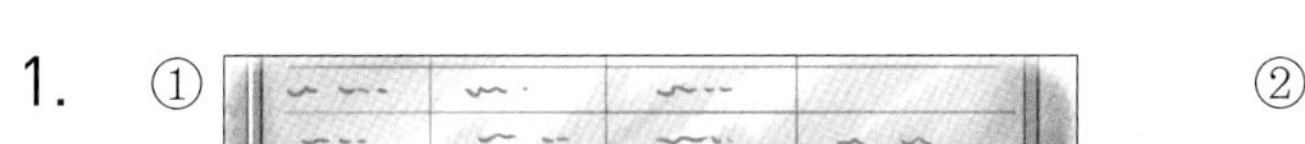　② 

③ 　④ 

2.　① 　② 

③ 　④ 

3.

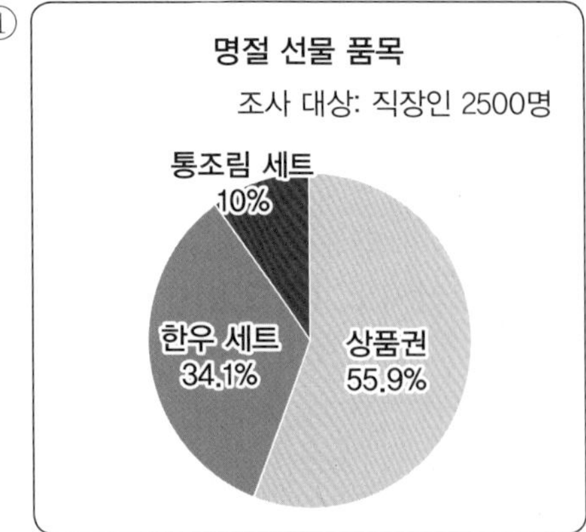

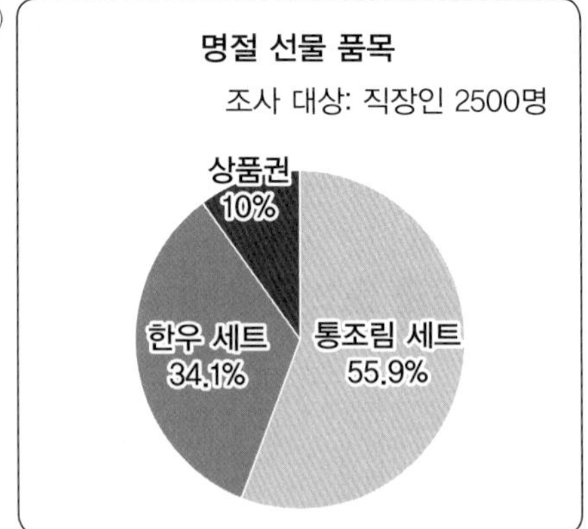

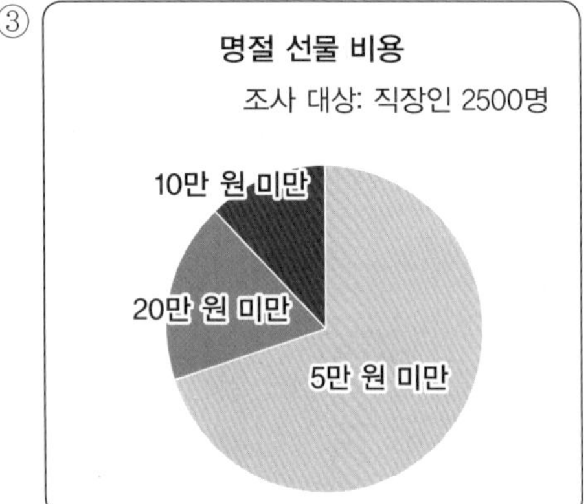

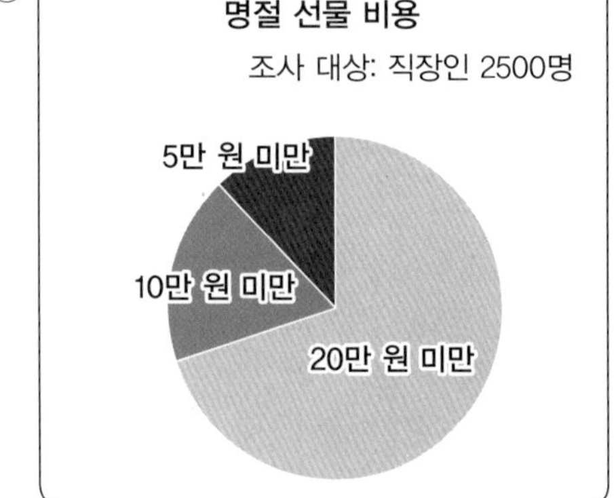

※　[4~8] 다음을 듣고 이어질 수 있는 말로 가장 알맞은 것을 고르십시오. (각 2점)

4.　① 모임이 취소됐어요.
　　② 조금 늦을 것 같아요.
　　③ 우리 만나서 같이 가요.
　　④ 부모님 생신을 깜빡했어요.

5.　① 아니, 아직 안 가 봤어.
　　② 좋아, 어제 중국 음식을 먹었어.
　　③ 글쎄, 회사 근처에 음식점이 없어.
　　④ 좋아, 안 그래도 거기 가 보고 싶었어.

6. ① 공연을 보러 갈까 해.
   ② 같이 가고 싶었는데 아쉽네.
   ③ 나도 보러 가려던 참이었어.
   ④ 그럼 생각해 본 다음에 연락 줘.

7. ① 약이 중요한 줄 몰랐어요.
   ② 감기에 걸리면 푹 쉬세요.
   ③ 아무리 약을 먹어도 안 나아요.
   ④ 주말에는 집에만 있어야겠네요.

8. ① 늦을까 봐 일찍 잤어요.
   ② 알람을 맞춰 놓도록 하세요.
   ③ 일찍 자야 일찍 일어날 수 있어요.
   ④ 늦잠 자는 버릇을 고칠 생각이에요.

※ **[9~12] 다음을 듣고 여자가 이어서 할 행동으로 가장 알맞은 것을 고르십시오. (각 2점)**

9. ① 노트북을 건넨다.   ② 노트북을 껐다가 켠다.
   ③ 수리 센터에서 기다린다.   ④ 노트북의 고장 증상을 말한다.

10. ① 책을 반납하러 간다.   ② 남자에게 책을 준다.
    ③ 남자에게 책을 받는다.   ④ 남자와 도서관에 간다.

11. ① 식탁을 치운다.   ② 음식 준비를 한다.
    ③ 그릇에 요리를 담는다.   ④ 음식 재료를 정리한다.

12. ① 축제 준비를 한다.   ② 축제 진행자를 추천한다.
    ③ 축제 진행자를 찾아본다.   ④ 축제 참가 학생에게 연락한다.

※　[13~16] 다음을 듣고 들은 내용과 같은 것을 고르십시오. (각 2점)

13.　① 남자는 여자로부터 체험 장소를 추천 받았다.
　　　② 여자는 남자와 함께 체험하러 가고 싶어 한다.
　　　③ 남자는 한국의 전통문화 체험이 만족스러웠다.
　　　④ 여자는 남자에게 한국의 전통문화를 알려 줬다.

14.　① 학생들은 교사의 지시대로 행동하면 된다.
　　　② 소방 훈련은 하루 종일 학교에서 진행된다.
　　　③ 학생들이 밖으로 이동한 후 소방 훈련이 시작된다.
　　　④ 소방 훈련이 시작되면 코와 입을 막고 기다려야 한다.

15.　① 태풍은 현재 서울을 통과했다.
　　　② 지하 주차장은 피해가 적은 편이다.
　　　③ 이번 태풍으로 물에 잠긴 차들이 많다.
　　　④ 앞으로 비는 점차 그칠 것으로 보인다.

16.　① 유명한 화가일수록 전시회를 열기 어렵다.
　　　② 전시회에 가면 유명한 화가를 만날 수 있다.
　　　③ 미술 작품을 감상할 수 있는 기회는 흔치 않다.
　　　④ 전시회에서 쉽게 접하기 힘든 작품을 감상할 수 있다.

※ **[17~20] 다음을 듣고 남자의 중심 생각으로 가장 알맞은 것을 고르십시오. (각 2점)**

17. ① 동아리 모임에는 꼭 참석해야 한다.
    ② 약속을 못 지킬 때는 연락을 해야 한다.
    ③ 일이 생기면 약속을 못 지킬 수도 있다.
    ④ 모임에 참석하지 않으면 친구들이 걱정한다.

18. ① 일회용품 사용을 줄여야 한다.
    ② 배달 음식으로 쓰레기가 늘었다.
    ③ 음식물 쓰레기가 부쩍 증가하였다.
    ④ 환경을 위해 배달 음식을 시키면 안 된다.

19. ① 부모는 아이들에게 책을 읽게 해야 한다.
    ② 학생들이 책을 읽지 않는 것은 큰 문제이다.
    ③ 학생들은 늘 책을 가까이에 두고 읽어야 한다.
    ④ 학생들이 독서에 관심을 갖도록 환경을 만들어야 한다.

20. ① 지적보다는 칭찬의 힘이 더 크다.
    ② 좋은 말은 자주 하면 할수록 좋다.
    ③ 칭찬을 안 하면 포기할 수밖에 없다.
    ④ 잘못한 것이 있어도 말을 하면 안 된다.

21. 남자의 중심 생각으로 가장 알맞은 것을 고르십시오.
  ① 반려견을 키우면 비용이 많이 든다.
  ② 반려견을 집에 혼자 있게 하면 안 된다.
  ③ 반려견을 키우려면 책임감이 필요하다.
  ④ 반려견을 키우자 마자 포기하게 될 것이다.

22. 들은 내용과 같은 것을 고르십시오.
  ① 여자는 반려견을 키우려고 한다.
  ② 남자는 유기견 문제에 대해 관심이 많다.
  ③ 여자는 집에 있는 것을 좋아하지 않는다.
  ④ 남자는 반려견을 키우다가 포기한 적이 있다.

※   [23~24] 다음을 듣고 물음에 답하십시오. (각 2점)

23. 남자가 무엇을 하고 있는지 고르십시오.
  ① 2차 면접 일정을 안내하고 있다.
  ② 최종 합격 결과를 통보하고 있다.
  ③ 신입사원 채용 홍보를 하고 있다.
  ④ 2차 면접 장소 변경을 요청하고 있다.

24. 들은 내용과 같은 것을 고르십시오.
  ① 남자는 면접 일정을 문의하고 있다.
  ② 여자는 채용 결과를 알고 싶어 한다.
  ③ 세부 면접 일정은 문자로 안내 받을 수 있다.
  ④ 신규 채용 경쟁률이 높아서 지원자가 많지 않았다.

※　[25~26] 다음을 듣고 물음에 답하십시오. (각 2점)

25.　남자의 중심 생각으로 가장 알맞은 것을 고르십시오.
　① 명절 선물은 반드시 필요한 것을 줘야 한다.
　② 받은 선물을 다시 파는 것은 바람직하지 않다.
　③ 중고거래 앱의 명절 선물은 불필요한 것들이다.
　④ 자신에게 불필요한 선물을 거래하는 것은 괜찮다.

26.　들은 내용과 같은 것을 고르십시오.
　① 직원들은 회사의 명절 선물에 불만이 많다.
　② 명절 선물은 직원들의 취향을 고려하기 힘들다.
　③ 중고거래 앱에서 구입한 물건은 버리는 것이 많다.
　④ 회사에서 주는 명절 선물의 가격은 저렴한 편이다.

※　[27~28] 다음을 듣고 물음에 답하십시오. (각 2점)

27.　남자가 말하는 의도로 알맞은 것을 고르십시오.
　① 아기용 제품 마케팅의 중요성을 설명하기 위해
　② 현명한 소비가 필요하다는 것을 알려 주기 위해
　③ 물건을 사기 전 성분 비교의 필요성을 말하기 위해
　④ 물건의 성분이 가격에 미치는 영향을 강조하기 위해

28.　들은 내용과 같은 것을 고르십시오.
　① 여자는 물건의 성분을 꼼꼼히 따지는 편이다.
　② 여자는 가격대비 품질이 좋은 상품을 선호한다.
　③ 남자는 돈이 아까워서 저렴한 물티슈를 사려고 한다.
　④ 남자는 소비자의 심리를 이용한 마케팅 상품에 불만이 있다.

※　[29~30] 다음을 듣고 물음에 답하십시오. (각 2점)

29. 남자가 누구인지 고르십시오.
　① 여행을 좋아하는 사람
　② 여행을 준비하는 사람
　③ 여행 상품을 개발하는 사람
　④ 여행 상품을 문의하는 사람

30. 들은 내용과 같은 것을 고르십시오.
　① 단체 여행 상품을 개발해야 한다.
　② 요즘은 개인적으로 여행을 많이 계획한다.
　③ 개인의 성향을 고려한 여행 상품이 인기가 있다.
　④ 사람들이 선호하는 여행 상품 유형은 예전 그대로이다.

※　[31~32] 다음을 듣고 물음에 답하십시오. (각 2점)

31. 남자의 중심 생각으로 가장 알맞은 것을 고르십시오.
　① 자기개발 장학금의 종류를 확대해야 한다.
　② 학생들이 장학금을 받을 수 있도록 동기를 부여해야 한다.
　③ 모든 학생들이 자기개발 장학금 혜택을 받을 수 있어야 한다.
　④ 장학금 지급을 위해서는 구체적인 기준 설정이 선행되어야 한다.

32. 남자의 태도로 가장 알맞은 것을 고르십시오.
　① 장학금 예산 확대를 기대하고 있다.
　② 장학금 제도의 수립 절차를 찾고 있다.
　③ 장학금 제도의 실효성을 의심하고 있다.
　④ 장학금 지급 기준에 대한 명확성을 요구하고 있다.

※ **[33~34] 다음을 듣고 물음에 답하십시오. (각 2점)**

33. 무엇에 대한 내용인지 알맞은 것을 고르십시오.
    ① 최저 임금제 도입의 필요성
    ② 자동화 시스템의 발달 과정
    ③ 일자리 마련을 위한 대책 방안
    ④ 최저 임금 인상이 고용에 미치는 영향

34. 들은 내용과 같은 것을 고르십시오.
    ① 최저 임금은 업종별로 차등하여 적용하고 있다.
    ② 최저 임금 인상은 일자리가 없는 사람에게 희소식이다.
    ③ 노동 인력의 부족으로 인해 자동화 기계가 도입 되었다.
    ④ 고용주는 인건비 절감을 위한 대체 방안을 활용하고 있다.

※ **[35~36] 다음을 듣고 물음에 답하십시오. (각 2점)**

35. 남자가 무엇을 하고 있는지 고르십시오.
    ① 전시회 개최의 취지를 밝히고 있다.
    ② 전시회의 작품을 구체적으로 설명하고 있다.
    ③ 환경 오염으로 인한 피해 사례를 밝히고 있다.
    ④ 환경 보호 단체를 소개하고 후원자를 모집하고 있다.

36. 들은 내용과 같은 것을 고르십시오.
    ① 이 전시회는 환경부 주최로 열렸다.
    ② 전시된 사진을 통해 환경 오염의 심각성을 느낄 수 있다.
    ③ 전시회를 통해 환경 보호를 위한 실천 방법을 알 수 있다.
    ④ 사진작가도 멸종 위기에 처한 동물 구조에 동참하고 있다.

37. 여자의 중심 생각으로 가장 알맞은 것을 고르십시오.
① 음식 재료의 후원을 더 늘려야 한다.
② 현재의 매출로는 식당을 유지할 수 없다.
③ 노인들을 위한 식당이 더 많아져야 한다.
④ 식당 운영에 도움을 준 많은 분들에게 감사하다.

38. 들은 내용과 같은 것을 고르십시오.
① 이 식당은 백반 한상이 가장 유명하다.
② 이 식당은 선착순 100명만 먹을 수 있다.
③ 이 식당은 매출이 높아 수익이 아주 좋다.
④ 이 식당은 후원 없이는 운영이 불가능하다.

39. 이 대화 전의 내용으로 가장 알맞은 것을 고르십시오.
① 경제학 지식이 주는 이점을 설명했다.
② 경제학을 대하는 태도에 대해 설득했다.
③ 개인의 경제 활동의 범위에 대해 제안했다.
④ 경제학 전공자의 학습 방법에 대해 평가했다.

40. 들은 내용과 같은 것을 고르십시오.
① 경제 지식은 과도한 기회를 부여한다.
② 일반인도 경제 지식에 통달할 필요가 있다.
③ 사회 구조를 이해하면 경제 흐름을 파악할 수 있다.
④ 경제학이 어렵다는 선입견을 버리고 관심을 가져야 한다.

※ **[41~42] 다음을 듣고 물음에 답하십시오. (각 2점)**

41. 이 강연의 중심 내용으로 가장 알맞은 것을 고르십시오.
    ① 한국어의 단어 대부분은 외부의 영향을 받았다.
    ② 한자어와 외래어도 한국어의 일부로 봐야 한다.
    ③ 한자어와 외래어를 무분별하게 사용해서는 안 된다.
    ④ 한국어 단어들의 출처에 대해서 정확히 알아야 한다.

42. 들은 내용과 같은 것을 고르십시오.
    ① 한자어는 점차 늘어나는 추세이다.
    ② 외래어는 영어 외에는 찾아보기가 힘들다.
    ③ 한자어는 의미를 바탕으로 만들어진 단어이다.
    ④ 외래어는 한글 창제 이전 단어들이 대부분이다.

※ **[43~44] 다음을 듣고 물음에 답하십시오. (각 2점)**

43. 무엇에 대한 내용인지 알맞은 것을 고르십시오.
    ① 박쥐의 활동 영역
    ② 박쥐의 진화 과정
    ③ 박쥐 시각의 퇴화 원인
    ④ 박쥐의 초음파 활용 범위

44. 박쥐의 시각이 퇴화한 이유로 맞는 것을 고르십시오.
    ① 빛을 많이 이용하기 때문에
    ② 사물의 식별이 어렵기 때문에
    ③ 의사소통을 할 수 없기 때문에
    ④ 어둠 속에서 지내야 하는 환경 때문에

※ [45~46] 다음을 듣고 물음에 답하십시오. (각 2점)

45. 들은 내용과 같은 것을 고르십시오.
① 국내 총생산에는 전년도의 중고품도 포함된다.
② 경제 주체가 생산한 재화의 가치를 평가하기는 어렵다.
③ 국내 총생산을 통해 한 나라의 경제 수준을 확인할 수 있다.
④ 국내 총생산은 내국인이 만든 모든 생산물의 가치를 말한다.

46. 여자가 말하는 방식으로 알맞은 것을 고르십시오.
① 국내 총생산의 변화를 분석하고 있다.
② 국내 총생산의 개념을 설명하고 있다.
③ 국내 총생산을 나라별로 비교하고 있다.
④ 국내 총생산의 측정 방법을 요약하고 있다.

※ [47~48] 다음을 듣고 물음에 답하십시오. (각 2점)

47. 들은 내용과 같은 것을 고르십시오.
① 청년들은 적금 혜택에 불만이 많다.
② 청년희망적금은 가입자 수가 줄어 문제다.
③ 정부에서는 적금 해지의 원인을 파악하고 있다.
④ 청년희망적금은 소득에 따라 지원 정도를 달리한다.

48. 남자의 태도로 알맞은 것을 고르십시오.
① 청년희망적금 해지 문제의 심각성을 일축하고 있다.
② 청년희망적금의 해지 원인에 대한 문제를 호소하고 있다.
③ 청년희망적금의 해지율을 낮추기 위한 대책을 강구하고 있다.
④ 청년희망적금의 해지율이 사회에 미치는 영향을 염려하고 있다.

※　[49~50] 다음을 듣고 물음에 답하십시오. (각 2점)

49. 들은 내용과 같은 것을 고르십시오.
　　① 가우디는 스페인의 유일한 건축가이다.
　　② 가우디의 건축물은 인공적인 직선을 배제하였다.
　　③ 가우디의 건축물에서는 자연과 동떨어진 이질감이 느껴진다.
　　④ 가우디는 재능은 없지만 본인의 노력으로 성공한 건축가이다.

50. 남자가 말하는 방식으로 알맞은 것을 고르십시오.
　　① 가우디의 건축물을 높이 평가하고 있다.
　　② 스페인 건축의 새로운 변화를 유도하고 있다.
　　③ 가우디의 자연 친화적인 태도를 비판하고 있다.
　　④ 스페인 건축물의 훼손 가능성을 경고하고 있다.

TOPIK II 쓰기 (51번 ~ 54번)

※ **[51~52] 다음 글의 ㉠과 ㉡에 알맞은 말을 각각 쓰시오. (각 10점)**

51.

무료 영화 관람 안내

서울시에서는 5월 가정의 달을 맞아 온 가족이 즐거운 시간을 (㉠   ) 가족 영화를 준비했습니다. 매회 선착순 300명이 (㉡   ).

- 기간: 5월 5일~5월 8일
- 시간: 1회 10시 / 2회 14시 / 3회 18시

㉠ ____

㉡ ____

52.

    약도 음식처럼 유통기한이 있다. 약의 유통기한은 제조사에서 정한 약의 안전한 사용기한으로 이 기간 안에는 약의 효과를 기대할 수 있다. 그러나 유통기한이 (㉠   ) 약의 성분이 변할 수 있기 때문에 복용하지 않는 것이 좋다. 상한 음식을 버리는 것처럼 약도 아깝다고 생각할 것이 아니라 (㉡   ).

㉠ ____

㉡ ____

53. 다음은 '국내 건강기능식품 시장'에 대한 자료이다. 이 내용을 200~300자의 글로 쓰시오.
단, 글의 제목은 쓰지 마시오. (30점)

• 조사 기관: 국민건강연구소

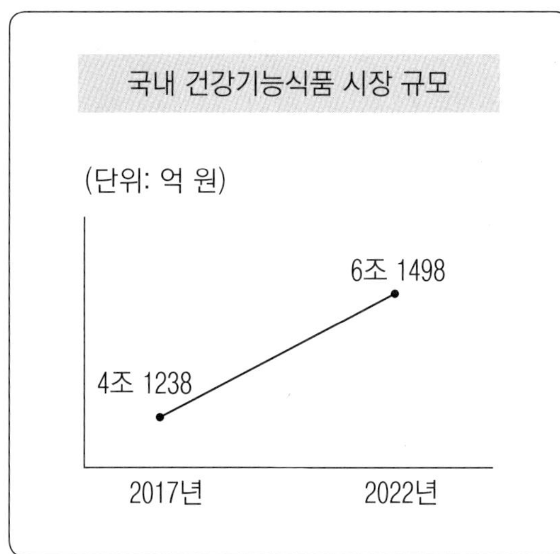

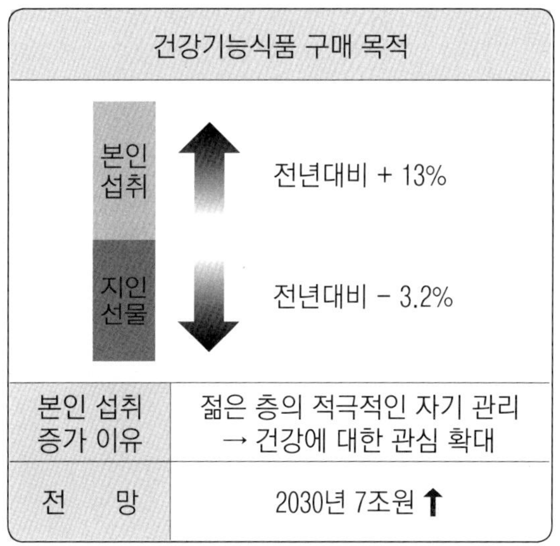

54. 다음을 참고하여 600~700자로 글을 쓰시오. 단, 문제를 그대로 옮겨 쓰지 마시오. (50점)

> 　최근 환경 오염 문제가 심각해짐에 따라 우리 생활 곳곳에서 환경을 지키기 위한 다양한 활동이 이루어지고 있다. 환경 오염은 지구 생태계를 파괴하여 우리의 생명을 위협하고 있다고 할 수 있다. 아래의 내용을 중심으로 '환경 오염이 우리 생활에 미치는 영향'에 대한 자신의 생각을 쓰라.
>
> • 최근 환경 오염 문제가 심각해지는 이유는 무엇인가?
> • 환경 오염으로 인해 발생하는 문제는 무엇인가?
> • 환경을 보호하기 위해 우리가 할 수 있는 것은 무엇인가?

* 원고지 쓰기의 예

	자	연	은		공	생	관	계	를		통	해		생	태	계	를		유
지	한	다	.	개	미	와		잔	딧	물	이		바	로		대	표	적	인

제1회
실전모의고사

한국어능력시험 II
(중·고급)

| 2교시 | 읽기 |

수험번호(Applicaton No.)	
이름 (Name)	한국어(Korean)	
	영 어(English)	

※　[1-2] (　　　)에 들어갈 말로 가장 알맞은 것을 고르십시오. (각 2점)

1.　방학을 (　　　　) 친구하고 여행을 갈 것이다.
　　① 하거든　　　　② 하던데　　　　③ 하자마자　　　　④ 하더라도

2.　방이 더워서 창문을 (　　　　　).
　　① 연 셈이다　　　　　　　　② 열 뿐이다
　　③ 여는 편이다　　　　　　　④ 열어 놓았다

※　[3-4] 밑줄 친 부분과 의미가 가장 비슷한 것을 고르십시오. (각 2점)

3.　컴퓨터가 고장 나서 발표 준비를 다 하지 못했다.
　　① 고장 났는데　　　　　　　② 고장 날 텐데
　　③ 고장 날까 봐　　　　　　　④ 고장 나는 바람에

4. 한국에 오지 않았다면 고향에서 회사에 다니고 있을지도 모른다.
　　① 있을 모양이다　　　　　　② 있을 수도 있다
　　③ 있을 리가 없다　　　　　　④ 있을 줄 몰랐다

※ [5-8] 다음은 무엇에 대한 글인지 고르십시오. (각 2점)

5.
온도 조절도 알아서 척척~!!
처음 그대로의 신선함을 유지합니다.

① 에어컨   ② 냉장고   ③ 컴퓨터   ④ 세탁기

6.
가정의 달, 특별 세일
식료품 7만 원 이상 구매 시 장바구니 증정

① 마트   ② 식당   ③ 사진관   ④ 옷 가게

7.
전원을 끄면 자연은 켜집니다.
당신의 작은 실천이 지구를 살립니다.

① 화재 예방   ② 전기 절약   ③ 환경 보호   ④ 안전 관리

8.
* 개봉 후 1시간 이내에 꼭 드시기 바랍니다.
* 어린이의 손이 닿지 않는 곳에 보관해야 합니다.

① 음식 정보   ② 보관 방법   ③ 상품 안내   ④ 주의 사항

9.

커피 교실

일　시: 10월 1일~10월 29일(매주 일요일) / 14:00-16:00
대　상: 커피에 관심이 있는 19세 이상 성인
신　청: 9월 11일부터 선착순 20명
등록비: 20,000 원(재료비 별도)

※ 수업 3일전까지 취소 가능

① 커피 교실은 일주일에 한 번 열린다.

② 커피 교실 재료비는 등록비에 포함되어 있다.

③ 커피 교실 신청 후에 언제든지 취소할 수 있다.

④ 커피를 좋아하는 사람은 누구나 참여할 수 있다.

10.

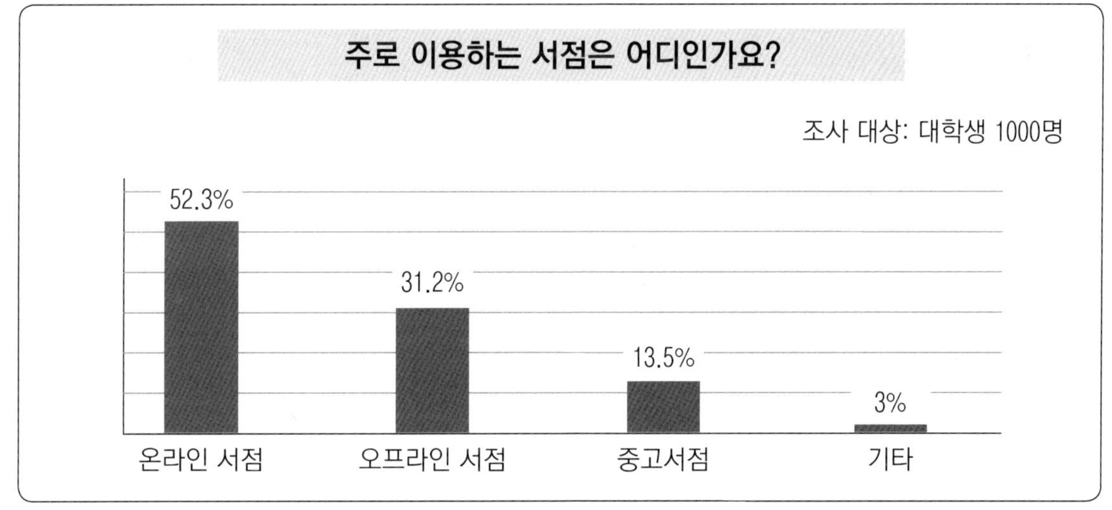

① 대학생들은 새 책보다 헌책을 더 많이 산다.

② 대학생들의 도서 구입 방법을 알기는 어렵다.

③ 대학생들은 대부분 직접 서점에 가서 책을 산다.

④ 대학생들의 절반 이상이 인터넷으로 책을 구입한다.

11.

> 　매년 6월 3일은 세계 자전거의 날이다. 한국관광공사는 세계 자전거의 날을 맞아 국내 자전거 여행지를 소개하고 있다. 그중에 대표적인 곳으로 경치가 아름답기로 유명한 제주도를 꼽고 있다. 제주도 자전거 길은 해안가를 따라 234km의 거리가 총 10개의 구간으로 나누어져 있다. 시간이 충분하지 않거나 체력이 걱정된다면 한 두 구간만 체험해 봐도 좋다.

① 제주도는 자전거 여행을 하기 좋은 곳 중 하나이다.
② 세계 자전거의 날에는 자전거 여행을 하는 것이 좋다.
③ 제주도 자전거 길은 체력이 좋은 사람에게 추천할 만하다.
④ 한국관광공사는 국내외 유명한 자전거 길을 소개하고 있다.

12.

> 　목동 운동장은 다양한 스포츠 시설을 갖춘 전문 체육시설이다. 그중 주경기장인 육상트랙은 주민들이 새벽 시간에 많이 이용하는 곳으로 그동안 주민들은 2시간에 천 원의 이용료를 내 왔다. 그러나 최근 서울시는 평소 목동 운동장에서 진행되는 대규모 행사 때문에 불편함을 겪는 주민들을 위해 새벽 시간에 무료로 운동장을 이용할 수 있도록 했다.

① 이 운동장은 한 번에 2시간만 이용할 수 있다.
② 목동 운동장은 주민들이 주로 이용하는 시설이다.
③ 서울시는 주민들의 불편을 덜어주기 위해 노력했다.
④ 주민들은 앞으로 운동장 이용료를 내지 않아도 된다.

13.

> (가) 화상을 입었을 때는 응급처치가 매우 중요하다.
> (나) 찬물로 화상 부위의 열을 식히면 피부 조직 손상을 막을 수 있다.
> (다) 응급처치를 하면 화상이 더 심해지는 것을 막을 수 있기 때문이다.
> (라) 화상으로 인한 응급처치 시에는 가장 먼저 찬물로 화상 부위를 씻어야 한다.

① (가) – (다) – (나) – (라)　　② (가) – (다) – (라) – (나)
③ (라) – (나) – (다) – (가)　　④ (라) – (다) – (가) – (나)

14.

> (가) 그리고 곧고 표면이 매끄럽다.
> (나) 특히 가을무는 단맛이 풍부하다.
> (다) 맛있는 무는 들었을 때 묵직하고 단단하다.
> (라) 무는 10월에서 12월 사이의 제철 음식이다.

① (다) – (가) – (나) – (라)　　② (다) – (나) – (라) – (가)
③ (라) – (나) – (다) – (가)　　④ (라) – (다) – (나) – (가)

15.

> (가) 운동이 수면의 질 개선에 도움이 된다는 것이다.
> (나) 이런 사람들에게 도움이 될 만한 연구 결과가 발표되었다.
> (다) 매일 밤 수면을 취하는 데 어려움을 겪는 사람이 많다고 한다.
> (라) 그중에서도 달리기, 걷기 등 유산소 운동이 도움이 된다고 한다.

① (가) – (나) – (라) – (다)　　② (가) – (라) – (다) – (나)
③ (다) – (나) – (가) – (라)　　④ (다) – (나) – (라) – (가)

※ [16~18] (   )에 들어갈 말로 가장 알맞은 것을 고르십시오. (각 2점)

16.

우리 주변에는 계절마다 다양한 꽃들이 피고 진다. 보통 꽃들은 한 번 피면 계속 피어 있다가 며칠이 지나면 지기 마련이다. 그런데 무궁화는 (   ) 꽃봉오리가 떨어지고 나면 다른 꽃송이가 다시 피고 지기를 반복한다. 그래서 7월부터 10월까지 꽃이 계속 피어 있는 것처럼 보인다.

① 다른 꽃들과 달리   ② 꽃의 종류가 다양해서
③ 우리가 보기에 따라서   ④ 구경하기가 힘들기 때문에

17.

헌혈은 수혈이 필요한 환자의 생명을 구하는 유일한 방법이다. 그러나 헌혈을 하면 건강이 나빠진다는 오해로 헌혈을 꺼리는 사람들이 많다. 사실 우리 몸의 전체 혈액량의 15%는 비상시를 대비해 여유로 가지고 있는 것으로, 헌혈 후 1~2일 정도 충분한 휴식을 취하면 우리 몸은 (   ) 회복된다. 그러므로 헌혈을 한다고 해서 건강에 영향을 주는 것은 아니다.

① 수혈을 받은 후 빠르게   ② 비상 혈액을 사용함으로써
③ 나빠진 건강이 호전되면서   ④ 일상생활에 지장이 없을 정도로

18.

예전에는 개나 고양이를 애완동물이라고 했다. 그 이유는 개나 고양이가 사람에게 즐거움을 준다고 생각했기 때문이다. 하지만 지금은 애완동물 대신 반려동물이라고 부른다. 반려란 항상 가까이에 있는 가족과 같은 존재를 말한다. 강아지나 고양이가 (   ) 심리적으로 안정감과 친밀감을 준다는 의미이다.

① 외로움을 많이 느껴서   ② 사람과 함께 살아가며
③ 빈집을 지켜주기 때문에   ④ 쉽게 키울 수 있는 동물로

겨울철 창문을 닫은 채 장시간 히터를 켜고 운전을 하면 차량 내 이산화탄소 농도가 증가하기 때문에 졸음운전의 위험이 높다. 따라서 졸음운전을 예방하기 위해서는 2시간 이상 운전 시 휴게소 또는 졸음 쉼터에서 휴식을 취하는 것이 좋다. 이때 가벼운 스트레칭으로 목이나 허리의 근육을 풀어주면 도움이 된다. (　　　　) 운전 시 차량 실내 온도를 서늘한 정도로 유지하거나 자주 창문을 열어 실내 공기를 환기해야 한다.

19.　(　　　　)에 들어갈 말로 가장 알맞은 것을 고르십시오.
　　① 반면　　　　　　② 또한　　　　　　③ 결국　　　　　　④ 마침

20.　윗글의 주제로 가장 알맞은 것을 고르십시오.
　　① 겨울에는 창문을 열어 놓고 운전해야 한다.
　　② 차 안의 온도가 높으면 운전할 때 졸릴 수 있다.
　　③ 겨울철 졸음운전을 예방하기 위한 노력이 필요하다.
　　④ 장거리 운전 시 안전 운전을 위해 스트레칭을 해야 한다.

요즘 인터넷 방송의 자극적인 영상이 청소년들에게 쉽게 노출되고 있어 문제가 되고 있다. 방송에 나오는 선정적이고 폭력적인 장면은 성인이 보아도 (   ) 한다. 특히 과한 욕설과 폭력적인 장면은 청소년들이 모방할 위험이 있어 성장 발달에 악영향을 끼칠 수도 있다. 문제는 이러한 영상들을 제지할 방법이 없다는 것이다. 방송통신심의위원회는 인터넷 방송은 개인이 자율적으로 제작 및 유포하기 때문에 사전 심의를 할 수 없으며 누군가 신고를 하지 않으면 찾아내기가 어렵다는 입장이다.

21. (   )에 들어갈 말로 가장 알맞은 것을 고르십시오.

① 발 벗고 나서게

② 손에 땀을 쥐게

③ 가슴이 뜨끔하게

④ 눈살을 찌푸리게

22. 윗글의 내용과 같은 것을 고르십시오.

① 사람들은 자극적인 영상을 선호한다.

② 자극적인 영상은 청소년들에게 유해하다.

③ 인터넷 방송은 방송을 하기 전에 심의를 거친다.

④ 인터넷 방송은 누구나 쉽게 접할 수 있어서 좋다.

우리 엄마는 매일 아침 자식들에게 전화하는 것으로 일상을 시작했다. 전화 내용은 항상 밥 잘 챙겨 먹고 차 조심하라는 단순하고 반복되는 내용이었다. 나는 종종 바쁘다는 핑계로 울리는 전화벨을 못 들은 척하기도 하고 아침부터 전화냐며 귀찮은 말투로 짜증을 내기도 했다. 그런 엄마의 전화가 어느 날 갑자기 조용해지니 뭔가 아침의 일상이 어색해지고 엄마의 안부까지 걱정이 되기 시작했다. 그러던 중 엄마가 치매 초기라고 진단을 받은 사실을 알게 되었다. 보통 사람보다 유난히 기억력이 좋다는 말을 많이 들었던 엄마가 환갑을 조금 넘긴 나이에 이런 증상이 온 것은 나에게는 적지 않은 충격이었다. 아마도 최근에 벌어진 외삼촌 장례식과 두 번의 교통사고가 주된 원인이 아니었을까 싶다. 물론 엄마가 살아오신 힘든 삶도 영향을 끼쳤을 것이다. 나는 처음으로 나의 엄마가 아닌 한 여성으로 엄마를 바라보기 시작했고 엄마의 많은 행동이 이해되기 시작했다. 그런 탓에 지금은 엄마의 전화를 기다리기도 하고 내가 전화해서는 <u>왜 전화를 안 하냐며 화를 내기도 한다.</u>

23. 밑줄 친 부분에 나타난 '나'의 심정으로 가장 알맞은 것을 고르십시오.

　① 측은하다

　② 염려되다

　③ 서운하다

　④ 긴장되다

24. 윗글의 내용과 같은 것을 고르십시오.

　① 엄마는 최근에 힘든 일을 겪은 적이 있다.

　② 엄마는 자식들에게 전화해서 화를 내기도 한다.

　③ 엄마는 오늘 아침에도 전화를 해서 안부를 물었다.

　④ 엄마는 지금도 다른 사람보다 기억력이 유난히 좋다.

※　[25~27] 다음 신문 기사의 제목을 가장 잘 설명한 것을 고르십시오. (각 2점)

25.

공연장 문턱 넘어 거리로 나선 클래식

① 클래식 공연 장소가 실내에서 실외로 바뀌었다.
② 공연장이 아닌 거리에서만 클래식 공연을 볼 수 있다.
③ 클래식을 들으려면 공연장이 아닌 거리로 나가야 한다.
④ 공연장뿐만 아니라 거리에서도 클래식 공연을 볼 수 있게 되었다.

26.

온라인 범죄 다시 슬금슬금 증가, 관련 법안은 아직도 계류 중

① 온라인 범죄가 급증하여 관련 법안 마련을 진행 중이다.
② 온라인 범죄를 막기 위해서 관련 법안이 빨리 처리되어야 한다.
③ 온라인 범죄가 다시 많아지고 있지만 법안은 아직 통과되지 않았다.
④ 온라인 범죄를 증가시키는 원인은 관련 법안이 늦어지고 있기 때문이다.

27.

건강기능식품 잘못 먹으면 오히려 '독'

① 건강기능식품을 잘못 먹으면 안 된다.
② 건강기능식품을 먹어도 효과가 없을 수 있다.
③ 건강기능식품은 무엇이든지 잘 챙겨 먹어야 한다.
④ 건강기능식품이라도 잘못 먹으면 건강을 해칠 수 있다.

※ **[28-31] (   )에 들어갈 말로 가장 알맞은 것을 고르십시오. (각 2점)**

28.

> 도로공사에 따르면 최근 5년간 고속도로 동물 찻길 사고가 8608건이었다고 한다. 계절로는 5~6월에 사고가 가장 많이 발생했고, 동물 찻길 사고를 많이 당하는 야생동물은 고라니였다. 고라니가 사고를 많이 당하는 이유는 도로와 가까운 낮은 야산에 주로 서식하면서 봄이 되면 먹이 활동 등으로 (   ) 인근 도로로 내려오기 때문인 것으로 분석됐다.

① 움직임이 활발해지면서
② 산에서 활동을 많이 해서
③ 다양한 모습을 보여주려고
④ 다른 동물을 잡아먹기 때문에

29.

> 성격 검사 방법 중 하나인 MBTI는 제2차 세계 대전 시 인력난으로 인해 여성이 노동 시장에 들어서게 되자 성격에 맞는 직무를 찾기 위해 개발된 것이다. 최근에는 이를 조직 내 팀원 구성에 활용하고 있다. 팀 내의 조화가 공동 목표 달성에 매우 중요한 만큼 (   ) MBTI에 근거한 상호 보완적인 성격 유형으로 팀을 구성하는 것이다.

① 성격에 맞는 직무를 맡기기 위해
② 구성원의 강점이 발휘될 수 있도록
③ 목표가 동일한 구성원들을 조합하여
④ 서로의 MBTI를 잘 파악할 수 있도록

30.

동물 가죽을 대체할 수 있는 새로운 형태의 가죽 제품으로 코르크 소재를 활용한 식물성 가죽 제품이 제작되어 판매되고 있다. 식물성 가죽은 가방은 물론 우산, 신발 등 생활 곳곳에서 사용할 수 있는 물건이라면 모두 제작이 가능한 재질이다. 나무로 만든 가죽이어서 (　　　　　) 생각을 많이 하는데 동물 가죽과 비교하여도 품질에 큰 차이가 없다. 오히려 외부 마찰이 있을 때 동물 가죽보다 파손도가 적다.

① 품질이 우수할 것이라는
② 가격이 떨어질 것 같다는
③ 동물 가죽만 못할 것 같다는
④ 제품이 다양하지 않을 수 있다는

31.

한국에서 출산한 산모는 미역국을 하루에 네 끼 혹은 여섯 끼를 21일 동안 먹는다. 그 이유는 미역이 아이를 낳은 산모의 상처를 아물게 해 줄 뿐만 아니라 피를 맑게 하는 (　　　　　) 때문이다. 그래서 요즘도 출산을 하면 미역국을 먹어야 제대로 산후 조리를 했다고 여긴다. 우리가 생일이 되면 미역국을 먹는 이유도 나를 낳고 미역국을 드신 어머니께 감사하는 마음을 느끼기 위해서이다.

① 효과도 탁월하기
② 약으로도 판매되기
③ 치료제로도 쓰이기
④ 영양제도 먹어야 하기

32.

> 판소리는 노래를 부르는 소리꾼이 북을 치는 고수의 북장단에 맞추어 이야기를 엮어 나가는 것이다. 판소리는 이렇게 소리꾼이 악사의 연주 없이 고수의 북장단에만 맞추어 노래를 부르면서 등장인물의 감정을 전달한다는 특징이 있다. 그래서 판소리는 노래뿐만 아니라 이야기로도 내용을 전달하는 1인극의 연극적 성격도 지니고 있어 서양의 뮤지컬과 비슷하다고도 볼 수 있다.

① 고수는 소리꾼과 같이 노래를 부르는 사람이다.
② 판소리는 광대가 북을 치며 혼자 하는 연극이다.
③ 판소리는 노래와 연극이 어우러진 동양의 뮤지컬이다.
④ 소리꾼과 고수는 서로의 북장단에 맞추어 이야기를 한다.

33.

> 전통 관례는 어른이 되기 위한 의식으로 오늘날의 성년식에 해당한다. 관례 의식에서 남자는 그동안에 땋았던 머리를 풀고 추켜올린 후 초립이라는 관을 썼고, 여자는 땋았던 머리를 풀고 틀어 올려서 비녀를 꽂았다. 오늘날에는 매년 5월 셋째 월요일을 성년의 날로 정해 만 20세가 된 젊은이들을 축하해 준다. 이처럼 예나 지금이나 성인이 된다는 것은 축하해야 하는 일임에는 틀림없다.

① 성년식은 현재에도 여전히 꼭 필요한 의식이다.
② 관례와 오늘날의 성년식은 의미가 매우 다르다.
③ 관례 의식에서 남녀 모두 땋았던 머리를 올린다.
④ 성년의 날은 예나 지금이나 매년 날짜가 동일하다.

34.

> 　자율주행은 공중, 육상, 해양에서 운전자의 조작 없이 목표 지점까지 스스로 주행환경을 인식하고 판단하여 운행하는 것을 말한다. 이 기술은 큰 돌발 상황이 적고 정해진 선로 위를 주행하는 철도 차량에 먼저 적용되어 상용화되었다. 이어 넓은 공간에서 방해물이 거의 없어 충돌 사고 발생 위험이 적은 선박과 항공 산업에도 주운행 시스템으로 자리 잡았다. 현재는 도로 위 변수가 많은 자동차 주행도 가능하도록 연구가 활발히 이루지고 있다.

① 도로 위 자율주행은 아직 상용화되지 못했다.
② 자율주행은 사람이 자율적으로 운전하는 것이다.
③ 모든 지하철은 무인 운전 방식으로 주행되고 있다.
④ 자율주행은 선박과 항공 산업에 제일 먼저 도입되었다.

35.

> 　막걸리는 오래전부터 서민들이 주로 마셔온 대중적인 술로 농민들의 고된 노동의 피로와 고단함을 잊게 해 주고 다양한 의례나 행사에도 빠지지 않고 등장했다. 뿐만 아니라 막걸리는 재료와 제조 방법이 비교적 간단하여 과거에는 김치나 된장과 같이 집집마다 직접 만들어먹던 발효 음식 중 하나였다. 최근 한 국민의 제안으로 막걸리 빚기 문화가 국가무형문화재로 지정되었는데 이로써 막걸리 문화가 한국의 전통문화로 자리매김하게 되었다.

① 막걸리는 한국의 대표적인 발효 음식이다.
② 막걸리는 서민들이 주로 마시는 전통주이다.
③ ‘막걸리 빚기’는 집집마다 제조 방식이 다르다.
④ ‘막걸리 빚기’는 한국의 전통문화로서 가치가 있다.

36.

    '먹방'은 먹는 방송의 줄임말로 진행자가 다양한 음식 먹는 모습을 보여주는 방송이다. 최근 '먹방'을 시청하는 것이 청소년의 비만 위험을 높일 수 있다는 연구 결과가 발표되어 관심을 끌고 있다. 연구에 따르면 먹방을 보면서 빨리 먹기, 많이 먹기, 야식 먹기 등의 식습관을 따라한 결과 식욕이 증진되어 과체중이 될 가능성이 커진다고 한다. 이에 연구팀은 먹방 시청 시간 및 내용 제한과 청소년의 건강한 식습관을 위해서 먹방 시청 교육이 필요하다고 덧붙였다.

① 청소년의 먹방 시청은 비만 가능성을 높인다.
② 청소년의 건강한 식습관은 교육을 통해 길러진다.
③ 청소년의 비만 탈출을 위해 식습관 개선이 우선이다.
④ 청소년의 식욕을 되살리기 위해 먹방 시청이 필요하다.

37.

    추운 겨울이면 뜨거운 음료를 찾는 사람들이 많은데 대부분 뜨거움을 느끼면서도 마시는 것이 보통이다. 하지만 세계보건기구(WHO)는 65도 이상의 뜨거운 음료를 식히지 않고 그대로 마실 경우 식도암 위험이 8배가 높아진다고 밝혔다. 이는 뜨거운 음료가 식도로 넘어가면서 식도에 염증을 유발시키고, 이런 염증이 반복되면 암이 생길 수 있다는 것이다. 그러므로 커피나 차를 마실 때는 알맞은 온도로 식힌 다음에 목으로 넘기는 것이 좋다.

① 커피나 차를 자주 마시면 암에 걸릴 확률이 높다.
② 암에 걸린 사람들에게 뜨거운 음료가 도움이 된다.
③ 뜨거운 음료를 마실 때는 적당히 식혀서 마셔야 한다.
④ 추운 겨울에는 뜨거운 음료를 마셔서 체온을 유지해야 한다.

38.

누구나 한 번쯤 눈만 뜨면 회사에 도착하는 상상을 해 봤을 것이다. 이것은 더 이상 불가능한 이야기가 아니다. '메타버스 기술'을 활용하여 집에서 온라인으로 출근을 할 수 있기 때문이다. '메타버스'는 3차원 가상 현실 세계를 말하는데 온라인에서 자신의 아바타를 만들어 현실과 같은 일상생활을 할 수 있다. 최근에는 기업에서도 해외 거래처들과 회의를 진행하거나 조종사 훈련 및 자동차 조립 훈련 등 직원 교육에도 메타버스 기술을 활용한 다양한 사례가 등장하고 있다.

① 메타버스의 인기가 꾸준히 이어지고 있다.
② 현재 모든 업무를 가상 현실에서 처리하고 있다.
③ 메타버스 기술의 활용 범위가 점점 확대되고 있다.
④ 일상생활의 가상 현실화는 상상도 할 수 없는 이야기다.

39.

왕이 된 후 삼촌에게 그 자리를 빼앗기고 왕이 아닌 노산군으로 죽음을 맞이했기 때문이다.

조선 왕릉은 조선의 역대 왕과 왕비들의 무덤을 총칭하는 말이다. (㉠) 조선 왕릉에는 총 27명의 임금과 왕비의 무덤이 있다. (㉡) 조선시대 수도는 현재의 서울로 조선 왕릉은 서울 일부와 경기도 지역에 분포되어 있다. (㉢) 하지만 유일하게 6대 임금인 단종만 강원도 영월군에 안장되어 있다. (㉣) 그 이후 다시 왕으로 인정받아 노산군묘가 왕릉으로 승격되면서 비수도권 지역 중 유일한 조선 왕릉이 되었다.

① ㉠　　　　② ㉡　　　　③ ㉢　　　　④ ㉣

40.

면역력이란 질병으로부터 우리 몸을 보호하고 원래 상태로 회복시키는 힘을 말한다. (㉠) 면역력은 평소의 생활 습관과 식습관에 영향을 많이 받는데 나이가 들수록 각종 스트레스가 증가하면서 면역력이 떨어지기 쉽다. (㉡) 이럴 때일수록 무엇보다 생활 습관 관리가 중요하다. (㉢) 수면이 부족할 경우 우리 몸은 질병에 쉽게 노출된다는 연구 결과도 있다. (㉣) 그만큼 잠은 누구에게나 가장 중요한 활동 중의 하나이다.

① ㉠　　　　② ㉡　　　　③ ㉢　　　　④ ㉣

41.

보험 회사는 보험 가입자의 개인 정보나 건강 상태를 바탕으로 보험료를 산출한다. (㉠) 고지 의무는 '계약 전 고지 의무'와 '계약 후 고지 의무'로 나뉘는데 이는 계약 전 고지 의무다. (㉡) 계약 후 고지 의무는 직업 등 보험료 산출에 영향을 끼칠 만한 변동 사항이 생겼을 때 알리는 것이다. (㉢) 하지만 보험 가입자가 이를 제대로 알리지 않으면 고지 의무 위반으로 보험금은커녕 보험 계약을 해지 당하게 될 수도 있다. (㉣) 따라서 보험 계약자는 계약서 상의 고지 의무 항목을 꼼꼼히 검토한 후 보험 계약을 하도록 해야 한다.

① ㉠　　　　② ㉡　　　　③ ㉢　　　　④ ㉣

　　선생님의 호출을 받고 들어갔던 교무실의 문을 닫고 나오면서 비로소 나는 안도의 한숨과 함께 다리가 떨리는 것이 느껴졌다. 교실에서 분실 사고가 일어났는데 그게 아마도 친구 아버지의 유품이어서 사건이 꽤 커진 모양이었다. 아이들이 하나 둘씩 선생님에게 불려갈 때도 나는 콧노래를 흥얼거리면서 집에 빨리 갈 생각만 하고 있던 터였다. 언뜻 생각해도 특별히 그 순간 내가 잘못한 것은 없어 보였기 때문이다. 그래서 내 이름이 불렸을 때도 뭐 별것이 있겠냐며 대수롭지 않게 교무실에 들어갔는데 선생님 옆자리에 같이 앉아 있던 경찰관을 본 순간 왠지 모르게 주눅이 드는 것은 어쩔 수 없었다. 특별한 질문이 있던 것이 아니었음에도 마치 모든 것을 다 알고 있다는 듯 쏘아보는 눈빛과 경찰관의 무성의한 손놀림에 적잖이 긴장되었다.

　　우리 반에서 일어난 일인데 어쩜 이렇게 관심이 없니?

　　돌아 나오는 내 등 뒤로 선생님은 그 한마디를 던지셨다. 성의 없어 보이는 나의 답변에 대한 선생님의 일침이었을 테지만 전학 온 지 4개월밖에 되지 않아 겨우 마음을 붙이고 있던 <u>나에게는 참 쓰라린 말이었다.</u>

42.　밑줄 친 부분에 나타난 '나'의 심정으로 가장 알맞은 것을 고르십시오.

① 황당하다　　　　　　　　　② 억울하다

③ 애처롭다　　　　　　　　　④ 착잡하다

43.　윗글의 내용으로 알 수 있는 것을 고르십시오.

① 선생님은 나의 태도를 못마땅해 하셨다.

② 나는 경찰관을 보고 놀라서 집에 가고 싶었다.

③ 선생님은 내가 지갑을 훔쳐간 것으로 의심했다.

④ 나는 전학 온 후 학교생활에 전념하지 못하고 있었다.

프랑스 화가 클로드 모네는 이전의 서양 미술이 대상을 상세하고 실제와 같이 묘사를 한 것과 달리 '빛은 곧 색채'라는 원칙으로 동일한 사물이 빛에 따라 달라질 수 있다고 생각하고 즉각적인 인상을 포착하려고 노력한 인물이다. 다시 말해 모네는 우리가 생각하는 일반적인 사물의 고유색과 실제 생활에서 발견하는 색채가 다르다고 생각한 것이다. 그의 대표작인 '루앙 대성당'은 이와 같은 그의 생각이 반영된 작품으로 (　　　　) 그것을 그린 계절과 시간, 기후 상태에 따라 변하는 모습이 다름을 보여준다. 작품을 완성하기 위해 그는 한 곳에서 동일한 빛과 대기 상태가 존속하는 동안 작품 제작을 마쳐야 했다. 그래서 그는 매 시간, 매 분, 매 초마다 빛의 변화를 느끼며 짧은 시간 내에 작품을 마무리하기 위해 태양이 뜨고 질 때까지 캔버스를 바꿔가며 하나의 대상을 그렸다. 그 과정에서 하루 종일 빛을 직접 보면서 작업하느라 시력이 크게 손상되기까지 했다고 한다.

44. (　　　　)에 들어갈 말로 가장 알맞은 것을 고르십시오.

① 작품 감상자에 따라서

② 사물의 각도에 의해서

③ 같은 대상이라 하더라도

④ 동일한 화가의 작품이기 때문에

45. 윗글의 주제로 가장 알맞은 것을 고르십시오.

① 서양 미술의 화법은 모네와 달랐다.

② 모네는 작품에 몰입한 나머지 시력을 잃었다.

③ '루앙 대성당'은 모네의 생각을 반영한 건물이다.

④ 모네는 대상에 비친 빛의 변화를 포착하려 애썼다.

> 최근 10년 사이 세계적으로 자연 생태계 유지에 결정적 역할을 하는 꿀벌 생태계가 빠르게 파괴되고 있어 문제가 되고 있다. 이에 UN은 2017년 개체 수가 급감하고 있는 꿀벌을 보존하자는 의미에서 5월 20일을 '세계 벌의 날'로 지정했을 정도다. UN 식량농업기구(FAO)에 따르면 꿀벌이 세계 100대 농작물의 71%를 매개하고 있다고 한다. 꿀벌이 사라지면 꿀벌 의존도가 높은 농작물의 재배가 불가능해질 수 있고 이로 인해 과일과 채소 값이 급등하게 될 거라고 한다. 이러한 문제를 해결하기 위한 방안으로 우리나라는 양봉 산업 지원을 위해 2019년 양봉 산업법을 지정하고 국가적인 '꿀벌 살리기'에 나섰다. 도심에 양봉장을 만들어 벌들이 화단이나 공원에서 꿀을 채취하도록 하는 도시 양봉도 그중 하나이다.

46. 윗글에 나타난 필자의 태도로 가장 알맞은 것을 고르십시오.

① 세계 농작물 가격 급등을 비판하고 있다.

② 꿀벌 생태계 복원 사업을 긍정적으로 평가하고 있다.

③ 자료에 근거해 자연 생태계에서 꿀벌의 중요성을 설명하고 있다.

④ 꿀벌 멸종으로 인한 자연 생태계 파괴의 심각성을 호소하고 있다.

47. 윗글의 내용과 같은 것을 고르십시오.

① 꿀벌의 농작물 매개율을 높이도록 힘써야 한다.

② 꿀벌 개체 수가 감소하면 농작물 수확이 불가능해진다.

③ 양봉 산업법은 죽은 꿀벌을 살리는 데 도움이 될 것이다.

④ 꿀벌은 자연 생태계 유지에 매우 중요한 역할을 하고 있다.

※ **[48~50] 다음을 읽고 물음에 답하십시오. (각 2점)**

삼겹살이 국민 음식이 된 것은 그리 오래되지 않았다. 1970~80년대 집집마다 가스레인지가 보급되고 산업화로 인한 육류 소비의 증가가 한몫을 했다고 할 수 있다. 특히, 1997년 IMF 외환위기 이후 돼지고기 수입이 본격화 되면서 삼겹살이 한국인의 국민 음식으로 자리를 잡기 시작하였다. 이러한 삼겹살은 제5 갈비뼈 또는 제6 갈비뼈에서 뒷다리까지의 등심 아래 복부 부위로 근육과 근간지방이 세 개의 층을 이루고 있다고 해서 붙여진 이름이다. 이런 삼겹살은 지방의 고소한 맛과 육단백질의 구수한 맛이 (   ) 그 맛이 일품이다. 예부터 우리말에 '한 겹, 두 겹, 세 겹'이란 말이 통용된 까닭에 '삼겹'이란 말은 엄밀히 따지면 어법에 맞지 않는다. 그럼 언제부터 세겹살이 삼겹살로 바뀌었을까? 그 이유 중에 흥미로운 설은 '개성 유래설'이다. 개성 사람들이 돼지에게도 인삼을 먹였다 해서 숫자 '3'의 '삼'이 아닌 인삼의 '삼'을 붙여 '삼겹살' 이라고 불렸다는 주장도 있다.

48. 윗글을 쓴 목적으로 가장 알맞은 것을 고르십시오.

① 삼겹살 맛의 특징을 설명하기 위해

② 삼겹살 이름의 잘못을 지적하기 위해

③ 삼겹살 이름의 유래에 대해 소개하기 위해

④ 삼겹살을 먹어야 하는 이유를 강조하기 위해

49. (   )에 들어갈 말로 가장 알맞은 것을 고르십시오.

① 잘 어우러져   ② 자극적이어서

③ 상충하기 때문에   ④ 서로 보완되기 때문에

50. 윗글의 내용과 같은 것을 고르십시오.

① 삼겹살을 개성에서부터 먹기 시작했다는 말이 있다.

② 1970~80년대 처음으로 삼겹살이 먹거리로 등장했다.

③ 돼지고기 수입은 삼겹살 소비의 중요한 계기가 되었다.

④ 삼겹살이라는 명칭은 옳지 않으므로 세겹살로 바꾸어야 한다.

한 · 국 · 어 · 능 · 력 · 시 · 험 · T·O·P·I·K

제2회
실전모의고사

한국어능력시험 II
(중 · 고급)

| 1교시 | 듣기, 쓰기 |

수험번호(Applicaton No.)		
이름 (Name)	한국어(Korean)	
	영 어(English)	

유 의 사 항
Information

1. 시험 시작 지시가 있을 때까지 문제를 풀지 마십시오.
   Do not open the booklet until you are allowed to start.

2. 접수번호와 이름은 정확하게 적어 주십시오.
   Write your name and registration number on the answer sheet.

3. 답안지를 구기거나 훼손하지 마십시오.
   Do not fold the answer sheet; keep it clean.

4. 답안지의 이름, 접수번호 및 정답의 기입은 컴퓨터용 펜을 사용하여 주십시오.
   Use the optical mark reader(OMR) pen only.

5. 정답은 답안지에 정확하게 표시하여 주십시오.
   Mark your answer accurately and clearly on the answer sheet.

marking example ① ● ③ ④

6. 문제를 읽을 때에는 소리가 나지 않도록 하십시오.
   Keep quiet while answering the questions.

7. 질문이 있을 때에는 손을 들고 감독관이 올 때까지 기다려 주십시오.
   When you have any questions, please raise your hand.

※　[1~3] 다음을 듣고 가장 알맞은 그림 또는 그래프를 고르십시오. (각 2점)

1.

① 　② 

③ 　④ 

2.

① 　② 

③ 　④ 

3.

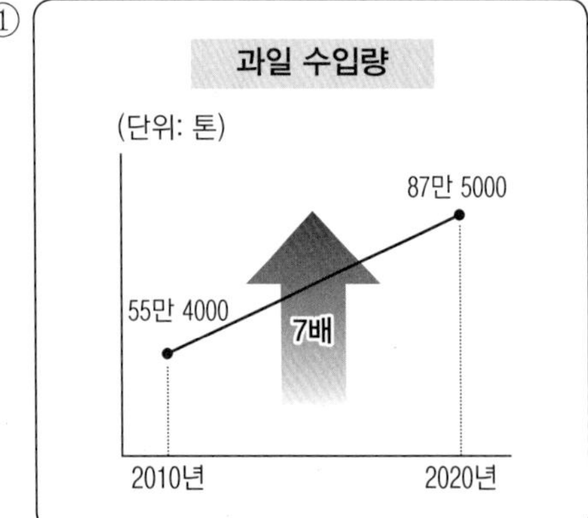

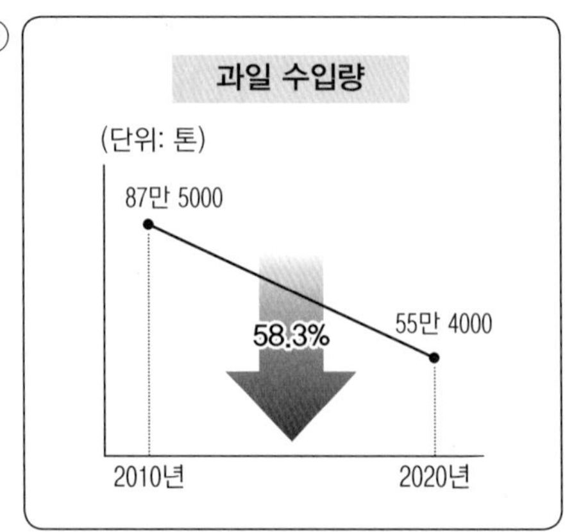

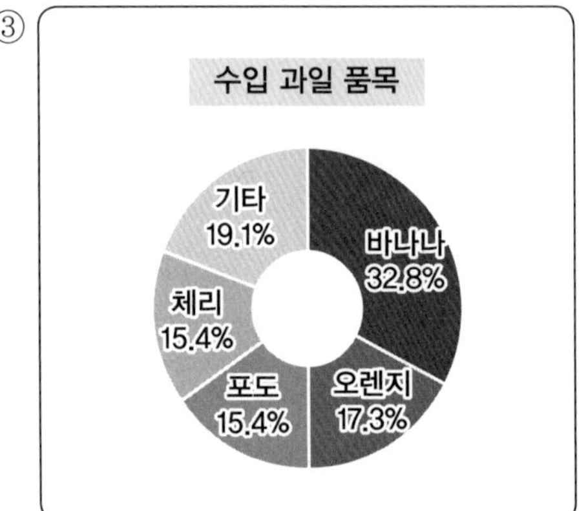

※　[4~8] 다음을 듣고 이어질 수 있는 말로 가장 알맞은 것을 고르십시오. (각 2점)

4.　① 제출한 줄 몰랐어요.
　　② 저도 벌써 제출했어요.
　　③ 보고서 작성하느라 힘들었어요.
　　④ 내일까지 제출하지 않으면 안 돼요.

5.　① 계산하고 와야 해.
　　② 인터넷으로 시킨 거야.
　　③ 주문한 택배가 왔나 봐.
　　④ 출출해서 치킨을 주문했어.

6. ① 문자 잘 받았어. 고마워.

　② 바빠서 아직 확인을 못했어.

　③ 대강당에서 하는 줄 몰랐어.

　④ 소강당으로 가려던 참이었어.

7. ① 누구든지 실수는 할 수 있지요.

　② 비밀을 말하다니 큰 실수를 했네요.

　③ 아무리 그래도 화가 날 수밖에 없어요.

　④ 미안하다고 말하려고 전화했는데 안 받아요.

8. ① 우산을 챙길걸 그랬어요.

　② 위험하니까 빨리 피하세요.

　③ 저도 홍수가 날까 봐 걱정이에요.

　④ 홍수가 나는 바람에 도로가 잠겼어요.

※　**[9~12] 다음을 듣고 여자가 이어서 할 행동으로 가장 알맞은 것을 고르십시오. (각 2점)**

9. ① 밖으로 나간다.　　　　　　② 카드를 만든다.
　③ 순서를 기다린다.　　　　　④ 번호표를 뽑는다.

10. ① 김밥을 만든다.　　　　　　② 김밥을 먹는다.
　③ 김밥을 사러 간다.　　　　　④ 김밥 재료를 준비한다.

11. ① 머리를 자른다.　　　　　　② 미용실에 간다.
　③ 머리를 감는다.　　　　　　④ 머리를 염색한다.

12. ① 회의를 준비한다.　　　　　② 회의에 참석한다.
　③ 보고서를 수정한다.　　　　④ 보고서를 확인한다.

13. ① 여자는 영화를 보고 울었다.
    ② 남자는 영화를 보고 후회했다.
    ③ 영화는 사실을 바탕으로 만들어졌다.
    ④ 남자는 주인공의 외모를 닮고 싶어 한다.

14. ① 어린 사자는 아무 때나 볼 수 없다.
    ② 어린 사자가 우유 먹는 모습을 볼 수 있다.
    ③ 관객이 직접 어린 사자에게 우유를 먹일 수 있다.
    ④ 어린 사자에게 먹이를 주려면 사자관으로 가야 한다.

15. ① 산불은 현재 꺼졌다.
    ② 산불로 산이 모두 타 버렸다.
    ③ 산불로 인해 다친 사람이 있다.
    ④ 산불이 발생하면 매우 조심해야 한다.

16. ① 인공지능 전문가는 코딩 실력을 갖춰야 한다.
    ② 컴퓨터 실력이 미숙해도 전문가가 될 수 있다.
    ③ 인공지능 기술은 일상생활에 적용하기 힘들다.
    ④ 심리학을 전공하면 인공지능 전문가가 될 수 있다.

17.　① 건너편에 새로 생긴 식당은 가볼 만하다.
　　② 유명한 식당이라고 해서 다 맛집은 아니다.
　　③ 유명한 식당에 가려면 많이 기다려야 한다.
　　④ 사람들이 많이 가는 식당은 무조건 가야 한다.

18.　① 인터넷으로 영화 보는 것이 편하다.
　　② 극장에 관객이 줄어서 문제가 되고 있다.
　　③ 집보다 극장에서 영화를 보는 것이 더 좋다.
　　④ 인터넷 영화는 저렴하게 볼 수 있어서 좋다.

19.　① 욕심이 많으면 음식을 남기기 마련이다.
　　② 뷔페에서는 여러 번 음식을 가져와야 한다.
　　③ 환경이 오염되지 않도록 음식을 조금만 먹어야 한다.
　　④ 뷔페에서는 먹을 만큼만 음식을 가져오는 것이 좋다.

20.　① 물속에서는 언제나 사고가 발생할 수 있다.
　　② 생존 수영을 하기 위해서 수영을 배우도록 해야 한다.
　　③ 물놀이 사고 발생 시 스스로 물밖으로 나오도록 해야 한다.
　　④ 생존 수영은 물놀이 사고에서 스스로를 지키는 데 도움이 된다.

21. 남자의 중심 생각으로 가장 알맞은 것을 고르십시오.
　　① 병명을 스스로 판단하는 것은 위험하다.
　　② 꽃가루 알레르기 증상은 점점 심해진다.
　　③ 증상이 심하지 않으면 병원에 가지 않아도 된다.
　　④ 꽃가루 알레르기는 병원에서 치료를 받아야 한다.

22. 들은 내용과 같은 것을 고르십시오.
　　① 여자는 증상이 심해지면 병원에 가려고 했다.
　　② 여자는 꽃가루 알레르기로 고생한 적이 있다.
　　③ 남자는 꽃가루 알레르기에 대해 잘 알고 있다.
　　④ 남자는 여자에게 병원에서 진단 받을 것을 권유했다.

23. 남자가 무엇을 하고 있는지 고르십시오.
　　① 주민 센터에 증명서를 찾으러 왔다.
　　② 졸업증명서 발급 신청을 하고 있다.
　　③ 졸업증명서 발급에 대해 문의하고 있다.
　　④ 주민 센터 이용이 복잡해서 불평하고 있다.

24. 들은 내용과 같은 것을 고르십시오.
　　① 인터넷으로 증명서를 출력할 수 있다.
　　② 여자는 남자에게 졸업증명서를 발급해 줬다.
　　③ 증명서가 필요하면 주민 센터에 갈 수밖에 없다.
　　④ 주민 센터에서 바로 증명서를 발급 받을 수 있다.

※ **[25~26] 다음을 듣고 물음에 답하십시오. (각 2점)**

25. 남자의 중심 생각으로 가장 알맞은 것을 고르십시오.
   ① 일반 국민들은 공공언어를 어려워한다.
   ② 공공언어는 누구나 쉽게 이해할 수 있어야 한다.
   ③ 국민 누구나 공공언어를 사용할 수 있도록 해야 한다.
   ④ 정부기관에서 사용하는 언어는 이해하기 어려울 수 있다.

26. 들은 내용과 같은 것을 고르십시오.
   ① 공공언어가 제 역할을 다하고 있지 못하다.
   ② 외국어 남용으로 국민 간 의사소통에 문제가 생겼다.
   ③ 국민들은 공공기관에서 제공하는 혜택을 누리기 힘들다.
   ④ 정부나 공공기관의 문서에는 외국어 사용을 금지해야 한다.

※ **[27~28] 다음을 듣고 물음에 답하십시오. (각 2점)**

27. 남자가 말하는 의도로 알맞은 것을 고르십시오.
   ① 신제품 광고 방법을 논의하려고
   ② 신제품 광고 효과를 홍보하려고
   ③ 신제품 광고 준비 업무를 맡기려고
   ④ 신제품 광고 제작 결과를 발표하려고

28. 들은 내용과 같은 것을 고르십시오.
   ① 회의를 통해 조사 결과를 공유했다.
   ② 젊은 사람들에게 TV 광고는 효과가 없다.
   ③ 구매자의 취향에 맞는 광고를 하려고 한다.
   ④ 최근 SNS 활동 연령층이 다양해지고 있다.

※ [29~30] 다음을 듣고 물음에 답하십시오. (각 2점)

29. 남자가 누구인지 고르십시오.
① 여행 상품을 만드는 사람
② 온라인 방송을 즐겨 보는 사람
③ 영상 제작 회사를 운영하는 사람
④ 인터넷에 영상을 만들어 올리는 사람

30. 들은 내용과 같은 것을 고르십시오.
① 남자는 전문적으로 여행을 기록을 하는 사람이다.
② 남자는 여행 정보를 공유하기 위해 영상을 올렸다.
③ 영상 제작을 위해 매주 정해진 시간에 회의를 한다.
④ 영상의 주제는 팀원들의 의견을 수렴해서 결정한다.

※ [31~32] 다음을 듣고 물음에 답하십시오. (각 2점)

31. 남자의 중심 생각으로 가장 알맞은 것을 고르십시오.
① 특별 할인 행사 예산이 턱없이 부족하다.
② 예산안 회의에서 행사에 대해 설명해야 한다.
③ 업체에 따른 개별 면담이 참여율을 높일 수 있다.
④ 행사 참여 업체에 대한 지원이 추가적으로 필요하다.

32. 남자의 태도로 가장 알맞은 것을 고르십시오.
① 문제의 심각성을 느끼고 있다.
② 문제의 해결 방안을 강구하고 있다.
③ 상대방 의견에 강하게 반박하고 있다.
④ 구체적 근거를 들어 동의를 구하고 있다.

33. 무엇에 대한 내용인지 알맞은 것을 고르십시오.
　　① 쓰레기통이 줄어든 원인
　　② 공공 쓰레기통 확대 방안
　　③ 쓰레기 종량제 실시 문제점
　　④ 쓰레기 무단 투기 방지 대책

34. 들은 내용과 같은 것을 고르십시오.
　　① 공공장소의 쓰레기통을 줄여야 한다.
　　② 길거리에 쓰레기통을 더 증설해야 한다.
　　③ 쓰레기통을 줄였더니 거리가 깨끗해졌다.
　　④ 정부는 쓰레기 종량제 실시를 재검토 할 것이다.

※　[35~36] 다음을 듣고 물음에 답하십시오. (각 2점)

35. 남자가 무엇을 하고 있는지 고르십시오.
　　① 소외된 이웃을 위한 후원자를 모집하고 있다.
　　② 행사가 성공적으로 개최되기를 기원하고 있다.
　　③ 어린이날이 제정된 목적과 의의를 밝히고 있다.
　　④ 투병 중인 아이들에게 위로와 격려를 하고 있다.

36. 들은 내용과 같은 것을 고르십시오.
　　① 이 행사는 정기 후원자만 참여할 수 있다.
　　② 이 행사는 아픈 아이들을 초대한 자리이다.
　　③ 아직도 경제적 어려움으로 밥을 굶는 가정이 있다.
　　④ 어린이날은 불우한 이웃을 돕기 위해 제정된 날이다.

37. 여자의 중심 생각으로 가장 알맞은 것을 고르십시오.
　　① 오래된 동네의 활성화가 유지될 수 있도록 해야 한다.
　　② 복고 열풍이 자리잡을 수 있도록 모두 노력해야 한다.
　　③ 한복이나 한옥 같은 전통문화를 더욱 발전시켜야 한다.
　　④ 복고가 유행하면서 노후 지역의 이미지 개선에 한몫을 했다.

38. 들은 내용과 같은 것을 고르십시오.
　　① 60년대에 조성된 건물들이 점점 사라지고 있다.
　　② 요즘 사람들은 무조건 낡고 오래된 것을 좋아한다.
　　③ 오래된 동네에 새로운 느낌의 가게들이 많아지고 있다.
　　④ 주차나 소음 문제는 관계 기관의 협조로 해결되고 있다.

※　　[39~40] 다음을 듣고 물음에 답하십시오. (각 2점)

39. 이 대화 전의 내용으로 가장 알맞은 것을 고르십시오.
　　① 고령 운전자로 인한 교통안전 문제를 설명했다.
　　② 정부의 고령 운전자에 대한 처우 개선을 제안했다.
　　③ 고령 운전자의 면허증 반납 제도의 효과를 비판했다.
　　④ 생계유지를 위해 운전을 하는 고령자 현황을 보고했다.

40. 들은 내용과 같은 것을 고르십시오.
　　① 나이와 실제 운전능력은 전혀 관계가 없다.
　　② 고령 운전자의 다수는 생계 문제로 운전을 하고 있다.
　　③ 고령자의 운전면허 허용 기준은 운전 능력과 별개 문제다.
　　④ 고령 운전자 문제에 대해 어느 나라든지 동일한 방법을 취하고 있다.

41. 이 강연의 중심 내용으로 가장 알맞은 것을 고르십시오.
　　① 촉법소년 나이를 상향 조정해야 한다.
　　② 촉법소년에 대한 처벌 수위를 낮춰야 한다.
　　③ 소년법은 기존과 같이 유지하는 것이 바람직하다.
　　④ 소년법에 대해 사회적으로 다시 논의할 필요가 있다.

42. 들은 내용과 같은 것을 고르십시오.
　　① 소년법은 폐지 수순을 밟고 있다.
　　② 미성년자가 범죄를 저지르면 감옥에 가게 된다.
　　③ 촉법소년은 형사 처분 대신 보호 처분을 받는다.
　　④ 촉법소년 범죄율은 예전에 비해 높다고 볼 수 없다.

※　[43~44] 다음을 듣고 물음에 답하십시오. (각 2점)

43. 무엇에 대한 내용인지 알맞은 것을 고르십시오.
　　① 주 4일 근무제의 장단점
　　② 주 4일 근무제 시행 결과
　　③ 주 4일 근무제 시행에 대한 우려
　　④ 주 4일 근무제 도입이 필요한 이유

44. 주 4일 근무제가 필요한 이유로 맞는 것을 고르십시오.
　　① 직원의 요구에 부응하기 위해
　　② 일과 생활의 균형을 이루기 위해
　　③ 시대 변화에 따른 근로 환경 개선을 위해
　　④ 주 4일제 시행의 부정적 결과를 없애기 위해

※   [45~46] 다음을 듣고 물음에 답하십시오. (각 2점)

45. 들은 내용과 같은 것을 고르십시오.
  ① 오마르는 커피의 효능을 밝힌 인물이다.
  ② 커피는 발견된 후 구전으로 널리 알려졌다.
  ③ 커피가 언제 발견되었는지는 정확히 알 수 없다.
  ④ 목동 칼디는 이슬람 사제에 의해 커피를 접하게 되었다.

46. 여자가 말하는 방식으로 알맞은 것을 고르십시오.
  ① 커피의 발견 과정을 증명하고 있다.
  ② 커피의 기원을 요약하여 설명하고 있다.
  ③ 커피의 효능을 비교하여 분석하고 있다.
  ④ 커피의 가치를 두 가지로 정의하고 있다.

※   [47~48] 다음을 듣고 물음에 답하십시오. (각 2점)

47. 들은 내용과 같은 것을 고르십시오.
  ① 기업의 물적자원이 매년 증가하고 있다.
  ② 물적자원의 훼손은 예측하기 힘든 일이다.
  ③ 물적자원 관리 소홀로 예산이 낭비되고 있다.
  ④ 기업이 보유한 물적자원은 매년 분실되고 있다.

48. 남자의 태도로 알맞은 것을 고르십시오.
  ① 물적자원 관리의 중요성을 강조하고 있다.
  ② 물적자원의 활용 방법에 대해 매우 회의적이다.
  ③ 물적자원으로 인한 손실에 대해 격분하고 있다.
  ④ 물적자원이 기업 운영에 미치는 영향을 분석하고 있다.

49. 들은 내용과 같은 것을 고르십시오.
    ① 여당과 야당의 정당 수는 일치한다.
    ② 대통령이 속한 정당이 여당이 된다.
    ③ 야당은 집권 정당으로 많은 권한을 갖는다.
    ④ 야당은 여당을 견제하고 대치하는 역할을 한다.

50. 남자가 말하는 방식으로 알맞은 것을 고르십시오.
    ① 정당의 역할을 높이 평가하고 있다.
    ② 정당의 활용 방안을 검토하고 있다.
    ③ 정당에 대한 위험성을 경고하고 있다.
    ④ 정당의 역할에 대해 명확히 설명하고 있다.

※　[51~52] 다음 글의 ㉠과 ㉡에 알맞은 말을 각각 쓰시오. (각 10점)

51.

책상과 의자 팝니다

사무실에서 사용한 책상인데 학생용으로도 사용할 수 있습니다.

1년밖에 사용하지 않아서 (　　㉠　　) 깨끗합니다.

책상과 의자 모두 10만 원에 팝니다. 물건은 가져다드리지 않습니다.

직접 (　　㉡　　) 오세요.

㉠ ____

㉡ ____

52.

우주에는 지구를 비롯해서 수많은 행성이 있다. 그중에서 생물이 살고 있는 곳은 (　　㉠　　). 그 이유는 생물이 (　　㉡　　) 다양한 조건 중에서 가장 중요한 것은 물이기 때문이다. 하지만 아직 지구 외에 다른 행성에서는 물이 발견되지 않았다.

㉠ ____

㉡ ____

53. 다음은 '반려동물 가구 수 변화'에 대한 자료이다. 이 내용을 200~300자의 글로 쓰시오. 단, 글의 제목은 쓰지 마시오. (30점)

• 조사 기관: 동물 협회

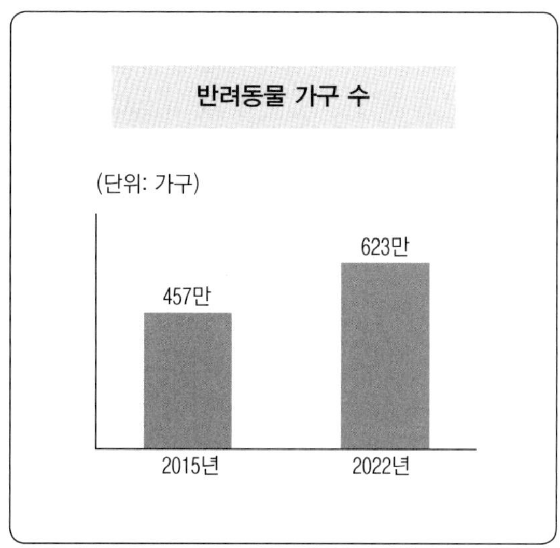

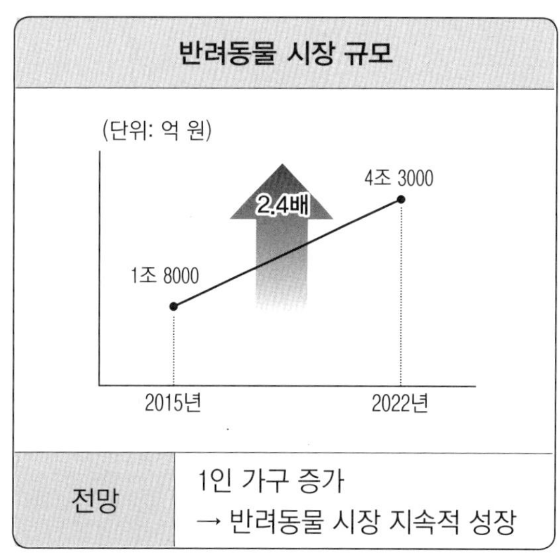

54. 다음을 참고하여 600~700자로 글을 쓰시오. 단, 문제를 그대로 옮겨 쓰지 마시오. (50점)

우리는 새로운 도전을 하기 전에 실패를 걱정하고 도전을 망설인다. 하지만 도전이 없다면 성공도 없고 변화도 없다. 아래의 내용을 중심으로 '새로운 도전이 우리 삶에 미치는 영향'에 대한 자신의 생각을 쓰라.

- 도전을 망설이는 이유는 무엇인가?
- 실패에 대한 두려움을 극복하는 방법은 무엇인가?
- 도전을 통해 우리가 얻을 수 있는 것은 무엇인가?

* 원고지 쓰기의 예

	자	연	은		공	생	관	계	를		통	해		생	태	계	를		유
지	한	다	.		개	미	와		잔	딧	물	이		바	로		대	표	적	인

한 · 국 · 어 · 능 · 력 · 시 · 험 · T · O · P · I · K

제2회
실전모의고사

한국어능력시험 II
(중 · 고급)

| 2교시 | 읽기 |

수험번호(Applicaton No.)	
이름 (Name)	한국어(Korean)	
	영 어(English)	

유 의 사 항
Information

1. 시험 시작 지시가 있을 때까지 문제를 풀지 마십시오.
   Do not open the booklet until you are allowed to start.

2. 접수번호와 이름은 정확하게 적어 주십시오.
   Write your name and registration number on the answer sheet.

3. 답안지를 구기거나 훼손하지 마십시오.
   Do not fold the answer sheet; keep it clean.

4. 답안지의 이름, 접수번호 및 정답의 기입은 컴퓨터용 펜을 사용하여 주십시오.
   Use the optical mark reader(OMR) pen only.

5. 정답은 답안지에 정확하게 표시하여 주십시오.
   Mark your answer accurately and clearly on the answer sheet.

   marking example ① ● ③ ④

6. 문제를 읽을 때에는 소리가 나지 않도록 하십시오.
   Keep quiet while answering the questions.

7. 질문이 있을 때에는 손을 들고 감독관이 올 때까지 기다려 주십시오.
   When you have any questions, please raise your hand.

TOPIK Ⅱ 읽기 (1번 ~ 50번)

※　[1-2] (　　)에 들어갈 말로 가장 알맞은 것을 고르십시오. (각 2점)

1.　하늘이 (　　　　　) 비가 내리기 시작했다.
　　① 흐려지더니　　　　② 흐려질 테니　　　　③ 흐려진 반면　　　　④ 흐려지고 해서

2.　계단을 뛰어 내려가다가 (　　　　　).
　　① 넘어져야겠다　　　　　　　　② 넘어질 뻔했다
　　③ 넘어지는 중이다　　　　　　　④ 넘어지기로 했다

※　[3-4] 밑줄 친 부분과 의미가 가장 비슷한 것을 고르십시오. (각 2점)

3.　새 차를 <u>사려다가</u> 돈이 부족해서 중고차를 샀다.
　　① 사려면　　　　　　　　　　② 사는 김에
　　③ 살까 하다가　　　　　　　　④ 사는 대신에

4.　아이는 부모의 영향을 가장 많이 <u>받기 마련이다</u>.
　　① 받은 듯하다　　　　　　　　② 받아야 한다
　　③ 받을 수 있다　　　　　　　　④ 받을 수밖에 없다

5.
> 호텔에 온 듯한 편안함
> 당신의 잠자리를 지켜 드리겠습니다.

① 침대　　　　② 책상　　　　③ 의자　　　　④ 옷장

6.
> **티끌 모아 태산**
> 적금 하나로 노후 준비 완료

① 시장　　　　② 은행　　　　③ 병원　　　　④ 공원

7.
> **올바른 손 씻기 습관**
> **질병으로부터 우리를 지킨다!**

① 질병 예방　　　② 위생 검사　　　③ 안전 수칙　　　④ 생활 태도

8.
> * 단말기에 카드를 대고 2초만 기다리십시오.
> * 그다음 원하는 음료의 숫자 버튼을 누르십시오.

① 상품 설명　　　② 사용 방법　　　③ 결제 수단　　　④ 주문 취소

9.

건강 한의원

진료 시간 안내			
월/수/금	9:00~18:00	점심시간	12:30~14:00
토요일	9:00~15:00 (점심시간 없음)		

* 화/목 야간진료 21시까지

※ 일요일, 공휴일 휴진

① 주말에는 진료하지 않는다.

② 평일 점심시간은 2시간이다.

③ 화요일과 목요일에는 밤에만 진료한다.

④ 토요일 오후 1시에는 진료를 받을 수 있다.

10.

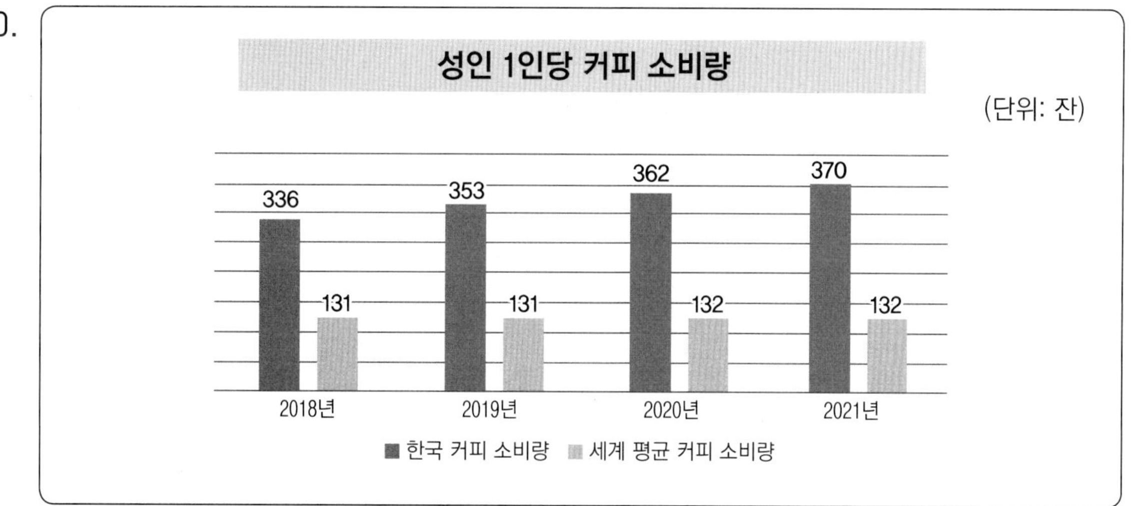

① 세계 평균 커피 소비량은 한국의 절반이다.

② 한국인의 커피 소비량은 매년 증가하고 있다.

③ 한국의 성인들은 모두 커피를 마시는 셈이다.

④ 세계 평균 커피 소비량은 급격하게 변화하고 있다.

11.

김치의 영양적 가치와 중요성을 알리기 위해 2020년부터 11월 22일을 김치의 날로 정하였다. 이날이 김치의 날로 정해진 이유는 다양한 김치 재료 하나하나가 모여 22가지의 효능을 내기 때문이다. 올해 김치의 날은 전통 가옥인 한옥과 전통 음식인 김치의 조화를 연출하기 위해 서울 남산골 한옥마을에서 기념식이 열렸다. 그리고 한옥마을 야외에서 다양한 행사도 진행되었다.

① 김치의 날 행사는 실내에서만 진행되었다.
② 김치를 담글 때 22가지의 재료가 들어간다.
③ 매년 김치의 날 행사는 한옥마을에서 열린다.
④ 김치의 가치를 알리기 위해 김치의 날을 지정했다.

12.

요즘 사람들에게 가장 관심 있는 것은 집이 아닐까 싶다. 최근 사람들의 이런 관심을 반영한 방송 프로그램이 인기다. 이 프로그램은 건축가의 눈으로 주거 공간을 분석하고 해설해 주는 것이 특징이다. 건축가는 귀농한 부부가 직접 지은 작은 집부터 200년이 넘는 역사를 간직한 고택까지 개성 넘치는 다양한 집들의 구조를 시청자가 이해하기 쉽게 설명해 준다.

① 요즘 사람들은 오래된 집에 관심이 많다.
② 건축가가 직접 지은 개성이 있는 집들을 소개한다.
③ 건축가는 누구나 이해하기 쉽게 집의 구조를 설명한다.
④ 프로그램은 시청자가 살고 있는 주거 공간을 보여 준다.

13.

> (가) 프라이팬의 기름때는 밀가루를 사용해서 닦으면 좋다.
> (나) 그러면 수세미에 기름때가 묻어서 다시 사용하기 힘들다.
> (다) 보통 볶음 요리를 한 후 프라이팬의 기름을 수세미로 닦는다.
> (라) 밀가루가 기름을 흡수해 수세미를 더럽히지 않을 수 있기 때문이다.

① (가) – (나) – (라) – (다)   ② (가) – (라) – (나) – (다)
③ (다) – (가) – (나) – (라)   ④ (다) – (나) – (가) – (라)

14.

> (가) 봄이 되면 춘곤증으로 힘들어하는 사람들이 많다.
> (나) 대표적인 증상으로는 졸음, 집중력 저하, 소화 불량 등이 있다.
> (다) 춘곤증은 계절의 변화에 우리 몸이 잘 적응을 못해서 생기는 증상이다.
> (라) 춘곤증을 줄이고 예방하기 위해서는 충분히 숙면을 취하는 것이 중요하다.

① (가) – (나) – (라) – (다)   ② (가) – (다) – (나) – (라)
③ (다) – (라) – (가) – (나)   ④ (라) – (나) – (가) – (다)

15.

> (가) 그러나 북을 함부로 치면 매우 큰 벌을 받았다.
> (나) 신문고는 조선 시대에 백성을 위해 설치된 북이다.
> (다) 백성들은 억울한 일이 있으면 이 북을 쳐서 임금에게 알렸다.
> (라) 임금은 북이 울리는 소리를 직접 듣고 억울한 사연을 처리하도록 하였다.

① (나) – (다) – (라) – (가)   ② (나) – (라) – (가) – (다)
③ (다) – (나) – (라) – (가)   ④ (다) – (라) – (가) – (나)

16.

　　누구나 한 번쯤 지인에게 빌려준 돈을 (　　　　　) 속상해한 적이 있을 것이다. 이럴 때 이용할 수 있는 유익한 법적 제도가 있다. 바로 지급명령 제도이다. 이 제도는 소송을 하지 않고 간편하게 돈을 받을 수 있는 방법으로 금액에 제한이 없을 뿐만 아니라 증거도 필요하지 않은 것이 특징이다.

① 사정이 안 좋아서　　　　　　　② 급하게 지불해야 해서
③ 제때 돌려받지 못해서　　　　　④ 갚을 수 없는 상황 때문에

17.

　　1970년대와 80년대에 걸쳐 한국인들에게 웃음과 위로를 주었던 텔레비전 코미디 프로그램의 대본이 책으로 출간되었다. 그 당시 영상을 거의 찾아보기 힘든 지금 이 대본집을 통해 당대 유명했던 코미디언들의 (　　　　　) 국민 코미디의 향수를 느낄 수 있게 되었다.

① 무대를 다시 보며　　　　　　　② 일상을 글로 읽으며
③ 연기를 다시 떠올리며　　　　　④ 다양한 캐릭터가 사라져

18.

　　쌀을 씻을 때 나오는 뿌연 물을 쌀뜨물이라고 한다. 사람들은 보통 이 물을 버리는데 쌀뜨물에는 단백질과 미네랄, 비타민 등의 (　　　　　) 일상생활에서 유용하게 활용될 수 있다. 예를 들면 국물 요리에 사용하면 깊은 맛을 낼 수 있고 세안 할 때 사용하면 미백 효과도 줄 수 있다.

① 종류가 다양해서　　　　　　　② 영양소가 풍부해서
③ 건강식품이 들어 있어서　　　　④ 도움을 받을 수 있어서

※   **[19-20] 다음을 읽고 물음에 답하십시오. (각 2점)**

> 겨울철 눈길 운전 시 도로가 미끄럽기 때문에 사고가 일어나기 쉽다. (   ) 기온이 갑자기 떨어져 도로 위에 녹았던 눈이 다시 얇은 빙판으로 얼어붙는 블랙아이스를 조심해야 한다. 블랙아이스는 도로 위 아스팔트와 같은 색으로 얼어붙어 잘 보이지 않기 때문에 햇빛이 잘 들지 않는 고가도로나 터널 입구에 진입할 때는 천천히 속도를 낮춰 운전하는 것이 좋다.

19. (   )에 들어갈 말로 가장 알맞은 것을 고르십시오.
　① 특히　　　　　　② 만약　　　　　　③ 반면　　　　　　④ 아마

20. 윗글의 주제로 가장 알맞은 것을 고르십시오.
　① 기온이 떨어지면 도로가 얼어 미끄럽다.
　② 블랙아이스는 터널 입구에 많이 생긴다.
　③ 겨울에는 어디에서든지 차량 속도를 낮춰야 한다.
　④ 겨울에는 길이 미끄러우므로 안전 운전을 해야 한다.

최근 채솟값이 급등하면서 채소를 기본으로 제공해야 하는 음식점 자영업자들의 시름이 깊어지고 있다. 한국 농수산식품 유통공사에 따르면 깻잎은 100g에 3,052원으로 삼겹살 100g에 2,800원보다 252원이나 더 비싸다. 게다가 그나마 가격이 저렴했던 상추마저도 한 장당 200원까지 가격이 올랐다고 한다. 이로 인해 채소를 기본으로 제공하는 고깃집은 부재료 값이 고깃값보다 더 많이 들어 (　　　　　) 셈이다.

21. (　　　　)에 들어갈 말로 가장 알맞은 것을 고르십시오.
① 가는 날이 장날인
② 배보다 배꼽이 더 커진
③ 소 잃고 외양간 고치는
④ 남의 떡이 더 커 보이는

22. 윗글의 내용과 같은 것을 고르십시오.
① 깻잎값은 여전히 삼겹살보다 저렴하다.
② 채솟값으로 고깃집이 어려움을 겪고 있다.
③ 상추는 원래 채소 중에서 비싼 편에 속한다.
④ 채솟값은 인상된 반면에 고깃값은 떨어졌다.

나는 지금도 처음 학교에 가던 날을 생생히 기억한다. 그날은 봄날의 햇볕이 아직 찾아오기 전 약간 쌀쌀한 바람이 부는 날이었다. 담임 선생님은 긴 생머리만큼이나 발랄하고 생기 있는 분이었다. 나는 나의 첫 담임 선생님을 매우 좋아했고 그만큼 학교에 다니는 게 참 재미있었다. 그때 무엇을 공부했는지 지금은 정확히 생각나지 않지만 다양한 놀이나 게임을 많이 했던 것은 기억난다. 덕분에 나는 학교생활에 푹 빠졌고 방학이나 주말에도 학교 가는 날만을 손꼽아 기다렸다. 이렇게 항상 즐거웠던 초등학교 시절 기억 때문에 나에게 학교는 시험을 치르고 공부를 하기 위한 장소이기보다는 좋아하는 친구들과 선생님들을 만나는 즐겁고 행복한 곳으로 지금까지도 기억되고 있다. 그리고 생각해 보면, 친구들과 모임을 만들어 매주 주변 사람들을 인터뷰하러 다녔던 것이 지금 내가 기자라는 직업을 가지게 한 게 아닌가 싶다. 눈깜짝할 사이에 훅 지나가버린 나의 빛나고 아름다운 학창 시절에 대한 기억은 삶에 지칠 때마다 나에게 힘을 준다.

23. 밑줄 친 부분에 나타난 '나'의 심정으로 가장 알맞은 것을 고르십시오.
① 우울하다
② 지루하다
③ 기대하다
④ 진지하다

24. 윗글의 내용과 같은 것을 고르십시오.
① 나는 방학에도 매일 학교에 갔다.
② 나는 학교 다닐 때 꿈이 기자였다.
③ 나는 선생님의 내성적인 성격을 좋아했다.
④ 나의 학창 시절 추억은 지금까지도 소중하다.

※　**[25-27] 다음 신문 기사의 제목을 가장 잘 설명한 것을 고르십시오. (각 2점)**

25.

> 암 투병 죽음의 문턱에서 생존

① 암으로 죽었다가 다시 살아났다.
② 암에 걸려 죽을 뻔했지만 이겨내고 말았다.
③ 암은 누구나 충분히 극복할 수 있는 질환이다.
④ 암에 걸려 오랜 시간 투병 끝에 생을 마감했다.

26.

> 예금 금리 동결 결정, 금융업계 '울상'

① 예금 금리가 고정되어 금융업계는 불만이다.
② 예금 금리가 인하되어 금융업계는 환영하고 있다.
③ 예금 금리가 변동되어 금융업계가 반발하고 있다.
④ 예금 금리를 인상하여 금융업계에서 골치가 아프다.

27.

> 불법 좌회전 트럭에 대형 참사, 보행자 4명 사망

① 트럭이 교통 규칙을 어기기는 했지만 인명 피해는 없었다.
② 불법으로 운행하는 대형 트럭들 때문에 대형 참사가 발생했다.
③ 불법 운전으로 트럭 운전자가 4명이나 사망하는 참사가 일어났다.
④ 트럭이 규칙을 지키지 않아 길을 건너던 4명의 사람들이 사고를 당했다.

※ **[28-31] (   )에 들어갈 말로 가장 알맞은 것을 고르십시오. (각 2점)**

28.

'무착륙 국제관광비행'이란 출국 후 비행기에 탑승한 채 목적지까지 갔다가 착륙과 입국 절차 없이 출국한 공항으로 재입국하는 형태의 비행을 말한다. 비록 해외에서 여행을 하지는 못하지만 탑승 수속, 면세점 이용, 기내식만으로도 (   ) 이용자가 점차 늘고 있는 추세이다. 이로 인해 무착륙 국제관광비행에 참여하는 항공사가 점차 확대될 전망이다.

① 여행의 기분을 느낄 수 있기 때문에
② 여행 일정을 계획할 수 있기 때문에
③ 항공사에서 특별히 준비하기 때문에
④ 여행사에서 모두 준비해 주기 때문에

29.

마라톤은 총 거리가 42.195km로 매우 길고 경기장이 아닌 도로를 달리는 경기이기 때문에 더위나 주변 소음, 오르막 및 내리막길의 경사에 영향을 받을 수밖에 없다. 따라서 마라톤 선수는 단거리 선수와 다르게 (   ) 보폭을 좁게 달리는 것을 볼 수 있다. 마라톤 경기의 승패는 오랜 시간 체력을 어떻게 쓰느냐에 따라 달라지기 때문이다.

① 힘을 쓰지 않도록
② 신체적 조건이 달라서
③ 체력을 낭비하지 않기 위해
④ 같은 속도를 유지하기 위해

30.

　　스쿠버다이빙의 필수 장비인 공기통과 잠수복 덕분에 우리는 물속에서 오랫동안 자유롭게 있을 수 있다. 공기통에는 물속에서 30~40분 정도 버틸 수 있는 양의 공기가 압축되어 있어 우리의 호흡을 도와준다. 그리고 잠수복은 물이 공기보다 체온을 25배나 더 빨리 뺏어가기 때문에 우리의 (　　　　　) 해 준다.

① 호흡이 유지되도록
② 체력이 약해지지 않게
③ 몸이 물속에서 지탱하게
④ 체온이 떨어지지 않도록

31.

　　미술 작품을 보다 보면 작품 한쪽에 자리 잡은 서명을 볼 수 있다. 그림 속 서명은 16세기 독일 화가 알브레히트 뒤러가 자신의 자화상에 작품의 진위를 나타내기 위해 최초로 사용한 후 작가를 알리는 또 하나의 메시지가 되었다. 화가는 서명의 위치, 재료, 색감 등으로 (　　　　　) 작품을 돋보이게 한다. 이처럼 서명은 미술 작품 감상의 또 다른 재미를 느낄 수 있게 하기도 한다.

① 작가의 진위를 가려
② 세월의 흔적을 드러내어
③ 자신의 이미지를 나타내면서
④ 오랜 시간 고민한 흔적을 남겨

32.

> 　혼례는 남녀가 부부가 되는 데 따르는 모든 의식 절차를 가리키는 말로 예전에는 인생의 가장 큰 일이라 하여 엄중하게 의식을 치렀다. 전통 혼례는 서로의 집에서 혼인을 의논하는 의혼, 신랑의 집에서 사람을 보내 신부 집에 청혼하는 납채, 신랑 집에서 신부 집으로 예물을 보내는 납폐, 신랑이 신부 집에 가서 혼례식을 치르는 친영 등 모든 절차들은 까다롭게 정해진 순서대로 해야 했다.

① 전통 혼례에서 혼례식 장소는 신부가 정했다.
② 납채는 남자가 직접 여자에게 청혼하는 의식이다.
③ 의혼은 남녀의 집안에서 서로 혼인을 의논하는 절차이다.
④ 전통 혼례에서 부부가 되는 과정은 순서가 중요하지 않았다.

33.

> 　공유 경제란 한번 생산된 제품을 여럿이 공유해 쓰는 협력 소비를 기본으로 하는 경제 시스템을 의미한다. 쉽게 말해 '나눠 쓰기'란 뜻으로 활용도가 떨어진 물건이나 부동산 등을 다른 사람들과 함께 공유함으로써 자원 활용을 극대화 하는 경제 활동이다. 이러한 거래로 거래 당사자들이 이익을 취할 수 있을 뿐만 아니라 거래 자체가 자원 절약과 환경 문제 해소를 가능하게 한다는 측면에서 긍정적인 점도 많다.

① 공유 경제는 환경 문제 해결의 결정적 역할을 하고 있다.
② 공유 경제는 불필요한 소비 지출을 억제하는 효과가 있다.
③ 공유 경제는 거래 당사자들이 경제적 이익을 얻을 수 있다.
④ 공유 경제는 하나의 물품을 여러 명이 같이 구입하는 것이다.

※　[32-34] 다음을 읽고 글의 내용과 같은 것을 고르십시오. (각 2점)

34.

　　일요일 저녁만 되면 무기력해지거나 우울해지는 직장인이 많다. 바로 '월요병' 때문이다. 월요병은 새로운 한 주를 시작해야 한다는 심리적 긴장감에 일요일 오후만 되면 불안, 우울 등의 증상이 나타나는 것으로 공식 병명은 아니다. 한 연구에 의하면 이러한 증상을 줄이는 데 규칙적인 생활 패턴이 도움이 된다고 한다. 또한 호두 같은 견과류를 먹는 것도 좋다고 한다.

① 월요병은 심리적 긴장이 그 원인이다.
② 월요병에는 음식을 골고루 먹는 것이 좋다.
③ 직장인은 너나없이 일요일 저녁만 되면 우울해진다.
④ 직장인 중 무기력증을 호소하는 사람들이 증가했다.

※　[35-38] 다음을 읽고 글의 주제로 가장 알맞은 것을 고르십시오. (각 2점)

35.

　　바쁘게 살아가는 현대인들에게 스트레스는 만병의 근원이라고도 불린다. 과도한 스트레스는 심리적으로 불안을 느끼게 하고 신체 건강에도 좋지 않은 영향을 끼치기 때문이다. 하지만 이런 스트레스가 반드시 나쁜 것만은 아니다. 최근 한 연구에서 적당한 스트레스는 두뇌 기능을 향상 시킨다는 결과가 나왔다. 사람의 뇌는 스트레스를 받을 때 호르몬을 분비하는데 그 호르몬이 사람의 기억력과 능률을 향상시키는데 도움이 된다고 한다.

① 현대인들에게 스트레스는 흔한 병이다.
② 과도한 스트레스는 뇌의 기능을 떨어뜨린다.
③ 적당한 스트레스는 뇌 기능 향상에 도움이 된다.
④ 스트레스를 받지 않기 위해서 자극을 없애야 한다.

36.

    화상을 입었을 때 흉터나 후유증을 줄이기 위해서는 신속하고 올바른 응급처치가 중요하다. 응급처치 시 가장 먼저 화상을 입은 부위를 찬물에 담가 열을 식혀 화상의 상처가 커지지 않도록 한다. 다음으로는 젖은 상처 부위를 거즈로 부드럽게 두드려 건조시킨 후에 화상 연고를 바른다. 이때 가장 중요한 것은 물집이 터지면 2차 감염의 위험이 커지기 때문에 물집을 절대 터뜨리지 말아야 한다는 것이다.

① 화상으로 생긴 물집을 터뜨리면 안 된다.

② 응급처치로 화상으로 인한 손상을 줄일 수 있다.

③ 응급처치 시 물집이 터지지 않도록 주의해야 한다.

④ 화상 부위의 열을 찬물로 내려야 감염을 피할 수 있다.

37.

    문해력은 글쓴이의 의도 및 글의 의미를 이해하고 해석해 내는 능력이다. 그러나 미디어에 익숙한 아이들은 사진과 영상이 없는 책을 읽을 때 글의 의미를 찾지 못해서 어려움을 겪는 경우가 많다. 시험에서 문제의 의도를 파악하지 못해 풀지 못하는 경우도 종종 있다. 이는 문해력이 낮기 때문이다. 따라서 아이들의 문해력 향상을 위해서는 평소에 독서 습관을 길러 주는 것이 좋으며 책을 읽은 후에 자신의 생각을 써 보는 독후 활동을 하는 것도 도움이 된다.

① 문해력과 성적은 상관관계가 없다.

② 미디어에 익숙한 아이들은 독서를 멀리 한다.

③ 문해력을 높이기 위해서 독서 습관을 길러야 한다.

④ 사진과 영상이 없는 책은 학생들의 문해력을 떨어뜨린다.

38.

> 　요즘 방송에서는 연예인들이 본래 캐릭터, 즉 본캐는 가수지만 다양한 프로그램에서 배우나 MC 등의 다른 삶을 살고 있는 모습을 종종 보여준다. 이를 '부캐'라고 한다. '부캐'는 원래 게임에서 자주 사용하는 용어로 본캐로 하지 못했던 것을 즐기기 위해 만들어 놓은 캐릭터이다. 요즘에는 직장인들에게까지 그 사용이 확대되어 낮에는 직장에서 일을 하고 퇴근 후 부캐로 직장에서는 표출할 수 없는 자신의 재능을 살린 활동을 하면서 삶의 원동력을 얻기도 한다.

① 부캐를 이용해 인기를 얻는 연예인이 많아졌다.
② 부캐는 본래의 삶을 해치기 때문에 자제해야 한다.
③ 부캐를 통해 다양한 삶을 살아볼 기회를 얻을 수 있다.
④ 본래의 역할을 소홀히 하는 한이 있더라도 부캐는 필요하다.

39.

> 수입되는 수산물이 현지에서도 제대로 관리되고 있는지 직접 방문하여 검사도 한다.

> 　국내에 수입되는 수산물은 식약처의 엄격한 관리를 받는다. (　㉠　) 먼저 수입과 동시에 지정된 장소에서 서류, 임상, 정밀 검사까지 총 3단계의 검역을 거친다. (　㉡　) 가공식품에 들어가는 수산물은 수입 검역뿐만 아니라 가공 단계의 모든 과정까지 점검 받아야 한다. (　㉢　) 하지만 국내 작업 현장 점검만으로 업무가 종료되는 것은 아니다. (　㉣　) 해외 업체의 주요 정보를 확인하고 직접 만나 결과에 따른 조치 사항도 안내한다.

① ㉠　　　　② ㉡　　　　③ ㉢　　　　④ ㉣

40.

안타깝게도 현재까지 근본적인 예방 치료제는 아직 없다고 한다.

파킨슨병은 뇌의 도파민성 신경 세포를 비롯한 다양한 신경 세포의 소실로 발생하는 퇴행성 뇌 질환이다. (㉠) 파킨슨병의 발병 원인은 아직 명확하게 밝혀지지 않았다. (㉡) 살충제와 같은 농약 성분, 대기 오염 물질 등의 환경적인 영향이 주요 요인으로 꼽히고 있다. (㉢) 유전자 돌연변이로 인한 신체적 요인은 전체 파킨슨병 환자 중 불과 5%에서만 발견된다. (㉣) 다만 약물 치료로 증상을 호전시킬 수 있으며, 건강 상태가 좋은 경우 수술도 가능하다.

① ㉠   ② ㉡   ③ ㉢   ④ ㉣

41.

이런 제사를 위해 단을 쌓은 곳이 사직단이다.

예로부터 국토와 오곡은 국가와 민생의 근본이 되는 것이었다. (㉠) 국가와 민생의 안정을 기원하기 위해 토지와 오곡을 관장하는 신에 대해 제사를 지냈다. (㉡) 전통적으로 사직단은 도성의 서쪽에 위치하며 사단은 동쪽, 직단은 서쪽에 설치되었다. (㉢) 기록에 따르면 사직단은 삼국 시대부터 설치되어 조선 시대까지 쭉 이어져 내려왔다고 한다. (㉣) 현재는 서울 종로에 사직단이 남아 있다.

① ㉠   ② ㉡   ③ ㉢   ④ ㉣

나흘 전 감자 조각만 하더라도 나는 저에게 조금도 잘못한 것은 없다. 언제 구웠는지 아직도 더운 김이 홱 기치는 굵은 감자 세 개가 손에 뿌듯이 쥐였다.

"느 집엔 이거 없지?"

생색 있는 큰소리를 하고는 제가 준 것을 남이 알면은 큰일 날 테니 여기서 얼른 먹어 버리란다. 그리고 또 하는 소리가,

"너 봄 감자 맛있단다."

"난 감자 안 먹는다, 너나 먹어라."

나는 고개도 돌리지 않고 일하던 손으로 그 감자를 도로 어깨너머로 쑥 밀어 버렸다.

그랬더니 가는 기색이 없고 째근째근 하고 심상치 않게 숨소리가 점점 거칠어진다. 이건 또 뭐야, 싶어서 그때서야 비로소 돌아다보니 나는 참으로 놀랐다. 우리가 이동리에 들어온 것은 근 삼 년째 되어 오지만 여태껏 가무잡잡한 점순이의 얼굴이 이렇게까지 홍당무처럼 새빨개진 법이 없었다. 게다 눈에 독을 올리고 한참 나를 요렇게 쏘아보더니 나중에는 눈물까지 어리는 것이 아니냐. 본시 부끄럼을 타는 계집애도 아니려니와 또한 분하다고 눈에 눈물을 보일 얼병이도 아니다. (중략) <u>점순이는 바구니를 다시 집어 들더니 이를 꼭 악물고는 엎어질 듯 자빠질 듯 논둑으로 달아나는 것이다.</u>(중략) 그 뒤로 나를 보면 잡아먹으려고 기를 복복 쓰는 것이다.

42. 밑줄 친 부분에 나타난 '점순이'의 심정으로 가장 알맞은 것을 고르십시오.
    ① 안타깝다　　　　　　　　　② 창피하다
    ③ 후회스럽다　　　　　　　　④ 의심스럽다

43. 윗글의 내용으로 알 수 있는 것을 고르십시오.
    ① 그날 점순이의 태도는 의외였다.
    ② 나와 점순이는 감자 때문에 다퉜다.
    ③ 점순이는 평소에도 부끄러움을 많이 탄다.
    ④ 나는 점순이가 준 감자를 정중히 거절했다.

※ **[44~45] 다음을 읽고 물음에 답하십시오. (각 2점)**

물질은 크게 고체, 액체, 기체로 나뉘는데 주변 환경에 따라 기체가 액체로, 다시 액체가 고체로 변하거나 그 반대로 변화하는 것이 일반적이다. 하지만 가끔 고체가 액체의 과정을 거치지 않고, 곧바로 기체로 변화하는 현상도 있다. 이러한 현상을 바로 '승화'라고 한다. 우리가 냉동 보관을 위해 사용하는 고체 이산화탄소인 드라이아이스가 '승화'의 한 예다. 드라이아이스는 고체 상태였다가 상온에서 곧바로 기체 형태로 승화하는데, 이때 주위의 많은 열들을 빼앗기 때문에 주변의 온도를 낮춘다. 또한 공연장이나 마술쇼에서 신비한 분위기를 연출하기 위해 무대에서 하얀 기체를 내뿜는 장면을 누구나 한 번쯤은 봤던 경험이 있을 것이다. 이러한 무대 효과 역시 드라이아이스의 승화 작용을 이용한 것으로, 드라이아이스가 따뜻한 물을 접촉하면 (   ) 속도가 매우 빨라지면서 더 많은 기체 형태의 이산화탄소가 발생한다. 이때 주변의 온도가 일시적으로 내려가면서 공기 중의 수증기가 응결되어 안개가 만들어지게 되는 것이다.

44. (   )에 들어갈 말로 가장 알맞은 것을 고르십시오.
① 물이 고체로 변하는
② 물의 온도가 떨어지는
③ 고체에서 기체로 승화되는
④ 액체에서 기체로 변화하는

45. 윗글의 주제로 가장 알맞은 것을 고르십시오.
① 물질의 승화 과정이 생활에 활용되고 있다.
② 이산화탄소는 그 자체로 냉각제가 될 수 있다.
③ 드라이아이스는 고체와 기체 상태로 존재한다.
④ 모든 물질은 고체, 액체, 기체 순서로 변화하기 마련이다.

※　**[46-47] 다음을 읽고 물음에 답하십시오. (각 2점)**

　　누군가 시간과 노력을 들여 만들어낸 창작물의 가치와 저작자의 권리를 보호하는 저작권 제도는 이미 법으로 규정되어 있어 이에 대한 이의를 제기할 수 없다. 그러나 최근 또 다른 저작권 문제가 창작자들에게 화두를 던지고 있다. 바로 인공지능이 생성한 창작물을 저작권으로 보호해야 하는지에 대한 것으로 업계에서는 의론이 분분하다. 한편에서는 현재 인공지능의 창작물은 기존의 창작물을 기반으로 알고리즘에 의해 유사한 작품을 만들어 낼 수 있다. 이로 인해 저작권 침해의 가능성이 높다고 볼 수 있어서 인공지능 창작물에 저작권을 부여하는 문제는 시기상조라고 보고 있다. 따라서 저작물은 인간의 사상이나 감정을 표현한 창작물로 인간처럼 스스로 사고하고 감정을 가질 수 있는 정도의 인공지능이 아닌 한 인정할 수 없다는 분위기다. 반면에 인공지능이 생성한 창작물 비중이 기하급수적으로 늘어나는 지금이야말로 이에 대한 대책 마련이 하루 빨리 이루어져야 한다는 목소리도 적지 않다.

46.　윗글에 나타난 필자의 태도로 가장 알맞은 것을 고르십시오.
　　① 인공지능의 창작물 생성 원리를 분석하고 있다.
　　② 저작권자 보호를 위한 법 개정을 촉구하고 있다.
　　③ 인공지능이 생성한 창작물의 가치 인정을 비판하고 있다.
　　④ 인공지능의 저작권 문제에 대한 업계의 반응을 설명하고 있다.

47.　윗글의 내용과 같은 것을 고르십시오.
　　① 저작권 부여 기준에 대해 새로운 문제가 생겼다.
　　② 인공지능의 저작권 문제에 이의를 제기하면 안 된다.
　　③ 저작권법 개정에 대해 업계의 의견이 일치를 보았다.
　　④ 인간이 만든 창작물에 한해 저작권을 부여해야 한다.

국내 전력 공급 방식은 해안가에 있는 화력 발전소와 원자력 발전소에서 생산된 전기가 대도시로 송전되는 중앙 집중형으로 전국적으로 전력의 수요, 공급의 비대칭 문제가 존재했다. 이에 얼마 전 국회에서 '분산에너지 활성화 특별법'이 통과됐다. 분산에너지란 사용지역 인근에서 생산, 소비되는 에너지로 전력 수요 지역 인근에 분산에너지 시스템이 설치되어 송전선로 건설을 최소화 할 수 있는 자원이다. 따라서 분산에너지 체계로의 전환은 지역의 (　　　　　　　) 효과와 더불어 대규모 송전망 투자가 절감되고 전력 계통 안정화 효과도 있을 것이다. 또 중앙 집중형 전력 체계에서는 전국 어디서나 똑같은 전기 요금을 부과한 것과 달리 분산에너지 체계로 전환되면 발전량보다 전력 소비량이 많아 송·배전 부담이 큰 서울·수도권의 전기 요금은 오르고 소비량보다 발전량이 많은 지역의 요금은 낮아질 수 있다. 게다가 전력 다소비 기업이 전기 요금 부담을 낮추고자 발전량이 많은 지역으로 이전하게 된다면 국가적으로도 지역균형발전과 함께 송·배전설비 확충을 위한 비용 부담을 줄일 수 있을 것으로 기대된다.

48. 윗글을 쓴 목적으로 가장 알맞은 것을 고르십시오.
① 에너지 수급 체계 변화를 비판하려고
② 분산에너지 활성화의 이점을 설명하려고
③ 중앙 집중형 체계의 취약점을 분석하려고
④ 전기 요금 차등 적용의 타당성을 설득하려고

49. (　　　)에 들어갈 말로 가장 알맞은 것을 고르십시오.
① 에너지를 집중시키는　　　　　　② 발전 속도를 조절하는
③ 산업 발전을 가속화하는　　　　　④ 전력 수요와 공급을 일치시키는

50. 윗글의 내용과 같은 것을 고르십시오.
① 분산에너지 체계는 지역균형발전에 도움이 된다.
② 중앙 집중형 전력 공급은 대도시 위주로 이루어졌다.
③ 에너지 자원 수요와 공급은 어느 지역이나 동일하다.
④ 분산에너지 체계로 전환 시 전기 요금 인상은 불가피하다.

한 · 국 · 어 · 능 · 력 · 시 · 험 · T · O · P · I · K

제3회
실전모의고사

한국어능력시험 II
(중 · 고급)

| 1교시 | 듣기, 쓰기 |

수험번호(Applicaton No.)		
이름 (Name)	한국어(Korean)	
	영 어(English)	

유 의 사 항
Information

1. 시험 시작 지시가 있을 때까지 문제를 풀지 마십시오.
   Do not open the booklet until you are allowed to start.

2. 접수번호와 이름은 정확하게 적어 주십시오.
   Write your name and registration number on the answer sheet.

3. 답안지를 구기거나 훼손하지 마십시오.
   Do not fold the answer sheet; keep it clean.

4. 답안지의 이름, 접수번호 및 정답의 기입은 컴퓨터용 펜을 사용하여 주십시오.
   Use the optical mark reader(OMR) pen only.

5. 정답은 답안지에 정확하게 표시하여 주십시오.
   Mark your answer accurately and clearly on the answer sheet.

marking example 

6. 문제를 읽을 때에는 소리가 나지 않도록 하십시오.
   Keep quiet while answering the questions.

7. 질문이 있을 때에는 손을 들고 감독관이 올 때까지 기다려 주십시오.
   When you have any questions, please raise your hand.

※　[1~3] 다음을 듣고 가장 알맞은 그림 또는 그래프를 고르십시오. (각 2점)

1.　①  ②  ③  ④ 

2.　①  ②  ③  ④ 

3.

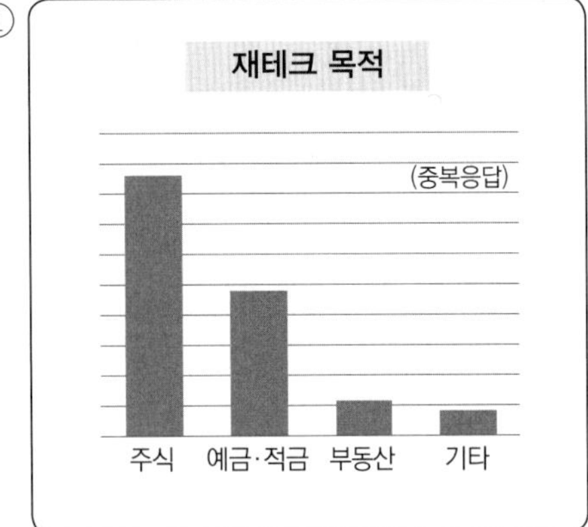

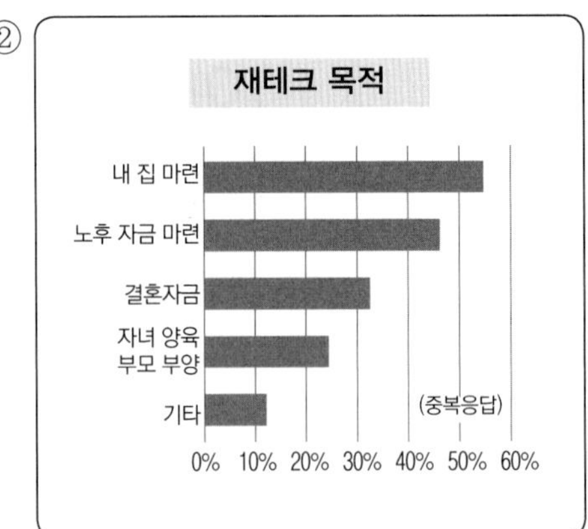

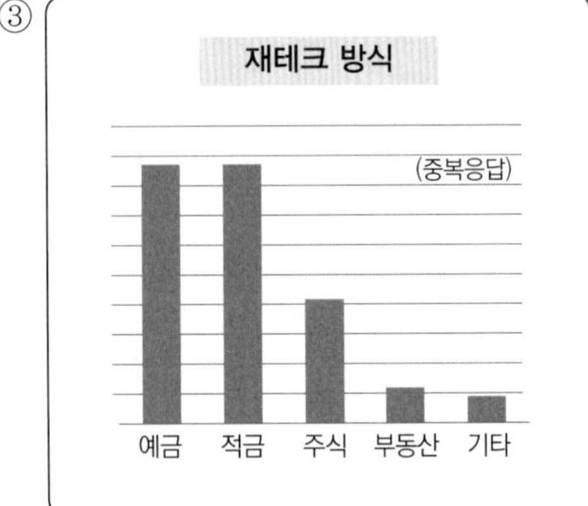

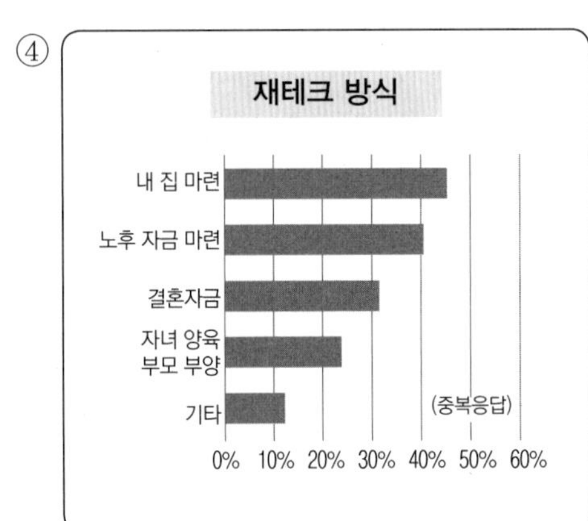

※　[4~8] 다음을 듣고 이어질 수 있는 말로 가장 알맞은 것을 고르십시오. (각 2점)

4.　① 괜찮다니 다행이에요.
　② 안과에 가 볼걸 그랬어요.
　③ 집에 갈까 말까 생각 중이에요.
　④ 오늘은 집에 일찍 가서 쉬도록 해요.

5.　① 그게 낫겠네요.
　② 제가 갖다드릴게요.
　③ 서류를 잘 챙기세요.
　④ 직원이 갖다줄 거예요.

6. ① 지금은 좀 어때?

　　② 넘어지는 바람에 다쳤어.

　　③ 병원에 다녀오지 그랬어?

　　④ 다음 주에는 학교에 갈 거야.

7. ① 예매가 시작되면 알려 주세요.

　　② 그럼 10분 후에 다시 예매해 보세요.

　　③ 표가 다 팔렸다고 하던데 다음에 가요.

　　④ 그렇게 빨리 매진되다니 말도 안 돼요.

8. ① 이제 닫아도 될까요?

　　② 그럼 제가 열었다가 닫을게요.

　　③ 그래도 창문을 열어 놓으면 어때요?

　　④ 그래요? 바람이 불어서 열렸나 봐요.

※　[9~12] 다음을 듣고 **여자**가 이어서 할 행동으로 가장 알맞은 것을 고르십시오. (각 2점)

9. ① 잠깐 나간다.　　　　　　② 전화를 한다.
　　③ 메모를 남긴다.　　　　　④ 연락을 기다린다.

10. ① 극장에 전화해 본다.　　　② 영화표를 예매한다.
　　③ 남자의 전화를 기다린다.　④ 영화표가 있는지 알아본다.

11. ① 휴식을 한다.　　　　　　② 허리를 편다.
　　③ 헬스클럽에 간다.　　　　④ 운동을 계속 한다.

12. ① 지방 출장을 간다.　　　　② 출장 일정을 연기한다.
　　③ 회의 일정을 확인한다.　　④ 회의 날짜를 조정한다.

13. ① 남자는 아르바이트를 해 본 경험이 많다.
    ② 여자는 남자 때문에 아르바이트를 못 찾고 있다.
    ③ 남자는 여자에게 아르바이트 자리를 소개해 줬다.
    ④ 여자는 집 근처에서 아르바이트를 하고 싶어 한다.

14. ① 일주일 후에 축제가 열릴 예정이다.
    ② 아이들은 부모님과 함께 축제에 가야 한다.
    ③ 축제에는 더위를 피할 수 있는 장소가 있다.
    ④ 노래자랑 대회에 참가하려면 미리 신청해야 한다.

15. ① 사고의 원인은 졸음운전으로 밝혀졌다.
    ② 사고는 차량이 다리를 건넌 후 발생했다.
    ③ 사고로 인해 오후 내내 다리가 통제됐다.
    ④ 사고 발생 후 4시간 만에 통행이 재개됐다.

16. ① 식물마다 물을 주는 주기가 다르다.
    ② 모든 식물은 키우는 방법이 비슷하다.
    ③ 식물의 성장에 햇볕의 양은 절대적이다.
    ④ 바람이 들지 않는 곳에서 식물이 잘 자란다.

※　[17~20] 다음을 듣고 <u>남자</u>의 중심 생각으로 가장 알맞은 것을 고르십시오. (각 2점)

17. ① 잇몸 염증은 큰 문제가 아니다.
② 치아보다 잇몸 관리가 우선이다.
③ 잇몸이 아프면 검사를 받는 것이 좋다.
④ 치아와 잇몸 관리를 꾸준히 해야 한다.

18. ① 잠이 부족하면 피곤하기 마련이다.
② 실수를 많이 하면 잠을 푹 자야 한다.
③ 잠은 일상생활을 하는 데 아주 중요하다.
④ 밤늦게까지 드라마를 보면 잠들기 힘들다.

19. ① 보행자는 보도에서 안전하게 이동할 수 있다.
② 전동 킥보드를 보도에서 타기 때문에 사고가 발생한다.
③ 전동 킥보드 관련 사고를 줄이기 위한 대책이 필요하다.
④ 보행자의 안전을 위해 전동 킥보드 이용을 금지해야 한다.

20. ① '예술가의 집'의 공간 활용도가 높아졌다.
② 누구나 자유롭게 공간을 이용할 수 있다.
③ 젊은 예술인들을 위한 더 많은 공간이 필요하다.
④ '예술가의 집'은 시설이 낙후되어 사용하기 힘들었다.

21. 남자의 중심 생각으로 가장 알맞은 것을 고르십시오.
     ① 독립서점을 찾는 독자들은 개성이 강하다.
     ② 독립서점에서는 독자들의 취향에 맞는 책을 추천해 준다.
     ③ 독립서점은 특정 분야의 책으로 독자의 관심을 끌기에 충분하다.
     ④ 독립서점에는 다양한 분야의 책들을 골고루 구비해 놓아야 한다.

22. 들은 내용과 같은 것을 고르십시오.
     ① 최근 오프라인으로 책을 구매하는 사람들이 많다.
     ② 독립서점의 도서는 서점 주인의 취향이 반영되어 있다.
     ③ 독립서점에는 일반 서점에서는 판매하지 않는 책들이 있다.
     ④ 독자들은 책보다는 서점의 분위기를 더 중요하게 생각한다.

※   [23~24] 다음을 듣고 물음에 답하십시오. (각 2점)

23. 남자가 무엇을 하고 있는지 고르십시오.
     ① 휴대폰 고장 원인을 찾고 있다.
     ② 휴대폰 수리 상담을 진행하고 있다.
     ③ 수리 센터의 위치를 안내해 주고 있다.
     ④ 수리 센터의 영업시간을 물어보고 있다.

24. 들은 내용과 같은 것을 고르십시오.
     ① 여자의 휴대폰은 젖어서 고장 났다.
     ② 남자는 휴대폰을 교환해 주려고 한다.
     ③ 수리 센터는 지하철역에서 멀리 떨어져 있다.
     ④ 여자는 휴대폰에 문제가 생겨서 교환을 요구하고 있다.

25. 남자의 중심 생각으로 가장 알맞은 것을 고르십시오.
    ① 제철 과일은 장기간 보관할 수 없다.
    ② 제철 과일은 유통 기간이 짧아 신선하다.
    ③ 제철 과일은 숙성 후 수확할 수밖에 없다.
    ④ 제철 과일은 영양이 풍부하여 건강에 유익하다.

26. 들은 내용과 같은 것을 고르십시오.
    ① 과일은 자연 상태에서 숙성되기 힘들다.
    ② 과일의 수확을 앞당기면 맛이 떨어질 수 있다.
    ③ 제철이 아닌 과일은 화학 물질 처리가 필수이다.
    ④ 영양소가 손실된 과일은 먹지 않도록 해야 한다.

※ **[27~28] 다음을 듣고 물음에 답하십시오. (각 2점)**

27. 남자가 말하는 의도로 알맞은 것을 고르십시오.
    ① 리조트 건설 반대 시위를 하려고
    ② 주민들의 공청회 참여를 유도하려고
    ③ 공청회에서 논의할 내용을 제안하려고
    ④ 리조트 건설로 생기는 문제를 알리려고

28. 들은 내용과 같은 것을 고르십시오.
    ① 남자는 주민들의 공청회에 참여를 저지하고 있다.
    ② 공청회를 통해 리조트 건설 여부가 결정될 것이다.
    ③ 개발자들은 리조트 건설의 장점만 부각시키고 있다.
    ④ 리조트 건설에 대해 두 사람의 의견이 엇갈리고 있다.

※ [29~30] 다음을 듣고 물음에 답하십시오. (각 2점)

29. 남자가 누구인지 고르십시오.
① 휴대폰 앱을 개발한 사람
② 휴대폰 앱을 사용하는 사람
③ 휴대폰 앱으로 쇼핑하는 사람
④ 휴대폰 앱으로 광고하는 사람

30. 들은 내용과 같은 것을 고르십시오.
① 이 앱은 수익 창출이 목표가 아니다.
② 이 앱은 여러 가지 버전으로 출시되었다.
③ 이 앱은 번거로운 회원가입 절차를 줄였다.
④ 이 앱은 사용자가 많아 별도의 광고가 필요 없다.

※ [31~32] 다음을 듣고 물음에 답하십시오. (각 2점)

31. 남자의 중심 생각으로 가장 알맞은 것을 고르십시오.
① 학교 내 비교과 프로그램을 더 확대해야 한다.
② 비교과 프로그램의 혜택을 축소시킬 필요가 있다.
③ 인터넷 홍보로 프로그램에 대한 관심이 높아질 것이다.
④ 프로그램의 참여도를 높이기 위해 홍보 방법을 개선해야 한다.

32. 남자의 태도로 가장 알맞은 것을 고르십시오.
① 자신의 의견을 번복하고 있다.
② 상대방의 의견을 적극 수용하고 있다.
③ 문제 해결을 위한 방안을 제시하고 있다.
④ 상대방의 실수를 일방적으로 질타하고 있다.

33. 무엇에 대한 내용인지 알맞은 것을 고르십시오.
 ① 씨름의 문화적 가치
 ② 씨름계의 새로운 변화
 ③ 씨름이 발전해 온 과정
 ④ 씨름 선수 등록의 문제점

34. 들은 내용과 같은 것을 고르십시오.
 ① 씨름은 대중화를 위해 꾸준히 변화해왔다.
 ② 외국인도 씨름 선수 등록이 일부 가능해졌다.
 ③ 선수들은 전통성을 지키기 위해 노력하고 있다.
 ④ 현대인에게 가장 인기가 있는 종목은 씨름이다.

※   **[35~36] 다음을 듣고 물음에 답하십시오. (각 2점)**

35. 남자가 무엇을 하고 있는지 고르십시오.
 ① 책의 줄거리를 이야기하면서 홍보하고 있다.
 ② 면접에서 자신을 소개하고 포부를 드러내고 있다.
 ③ 책의 출간을 기념하며 자신의 업적을 소개하고 있다.
 ④ 독자들에게 책을 소개하며 응원의 메시지를 보내고 있다.

36. 들은 내용과 같은 것을 고르십시오.
 ① 남자의 직업은 회사원이자 작가이다.
 ② 책이 출간되기까지 많은 어려움이 있었다.
 ③ 남자는 현실에 만족하며 살아야 한다고 주장한다.
 ④ 성인이 되면 자신의 꿈을 가지고 살아가기 마련이다.

※ [37~38] 다음을 듣고 물음에 답하십시오. (각 2점)

37. 여자의 중심 생각으로 가장 알맞은 것을 고르십시오.
  ① 현대인들의 생활 습관은 눈 건강을 해치기 십상이다.
  ② 눈 건강을 위해 실내가 건조하지 않도록 습도를 낮춰야 한다.
  ③ 현대인들은 장시간 스마트폰이나 컴퓨터 사용으로 눈이 건조하다.
  ④ 눈 건강을 위해 평소에 눈이 피로하지 않도록 관리하는 것이 좋다.

38. 들은 내용과 같은 것을 고르십시오.
  ① 눈을 자주 깜빡이는 것은 좋지 않다.
  ② 습도가 높은 곳에서 눈의 피로감을 쉽게 느낀다.
  ③ 눈이 피로할 때 눈을 따뜻하게 해 주는 것이 좋다.
  ④ 미디어를 장시간 사용한 후에는 잠을 푹 자야 한다.

※ [39~40] 다음 듣고 물음에 답하십시오. (각 2점)

39. 이 대화 전의 내용으로 가장 알맞은 것을 고르십시오.
  ① 노벨의 발명품은 인류 문명에 큰 영향을 끼쳤다.
  ② 다이너마이트 발명을 계기로 전쟁이 시작되었다.
  ③ 다이너마이트는 노벨의 의도와 다르게 사용되었다.
  ④ 노벨은 많은 사람의 죽음이 안타까워 노벨상을 만들었다.

40. 들은 내용과 같은 것을 고르십시오.
  ① 노벨상 제정 배경과 그 가치는 무관하다.
  ② 노벨은 자신이 번 돈을 가치 있게 쓰기로 했다.
  ③ 노벨은 자신의 업적을 과시하려고 노벨상을 제정했다.
  ④ 노벨상 심사 기준이 까다로운 만큼 수상자가 많지 않다.

※　[41~42] 다음을 듣고 물음에 답하십시오. (각 2점)

41. 이 강연의 중심 내용으로 가장 알맞은 것을 고르십시오.
① 무인 자동차의 기술적 문제가 제일 중요하다.
② 무인 자동차 시대는 머지않은 우리의 미래이다.
③ 자동차 회사들은 무인 자동차를 반기지 않는다.
④ 무인 자동차 시대를 위한 모두의 노력이 필요하다.

42. 들은 내용과 같은 것을 고르십시오.
① 자동차 회사들은 무인 자동차 시범 운영을 준비 중이다.
② 무인 자동차의 상용화까지는 아직 법적 문제가 남아있다.
③ 무인 자동차의 기술력으로 아직 해결하지 못한 문제가 있다.
④ 무인 자동차 시대가 오기까지는 꽤 오랜 시간이 걸릴 것이다.

※　[43~44] 다음을 듣고 물음에 답하십시오. (각 2점)

43. 무엇에 대한 내용인지 알맞은 것을 고르십시오.
① 착시 효과의 응용
② 착시 효과의 부작용
③ 호기심과 착시의 관계
④ 눈과 뇌의 정보 인식 과정

44. 3D 횡단보도를 설치한 이유로 맞는 것을 고르십시오.
① 운전자가 서행하게 하려고
② 운전자의 호기심을 자극하려고
③ 운전자에게 횡단보도가 잘 보이게 하려고
④ 운전자가 횡단보도를 기둥으로 착각하게 하려고

※ **[45~46] 다음을 듣고 물음에 답하십시오. (각 2점)**

45. 들은 내용과 같은 것을 고르십시오.
　① 동물 실험의 명분을 지키기 위해 애써야 한다.
　② 동물 실험으로 수많은 동물들이 희생되고 있다.
　③ 동물 실험에 대한 비판적 의견을 수용해야 한다.
　④ 동물 실험을 통해 제품의 안전성을 확보할 수밖에 없다.

46. 여자가 말하는 방식으로 알맞은 것을 고르십시오.
　① 동물 실험의 중단을 당부하고 있다.
　② 동물 실험 중단 필요성을 제안하고 있다.
　③ 동물 실험으로 얻는 인간의 이익을 고발하고 있다.
　④ 동물의 권리와 인간의 권리에 대해 토론하고 있다.

※ **[47~48] 다음을 듣고 물음에 답하십시오. (각 2점)**

47. 들은 내용과 같은 것을 고르십시오.
　① 유전자 교정 작물은 DNA를 편집한 것이다.
　② 유전자 교정 작물은 자연적 돌연변이와 다르다.
　③ 유전자 가위 기술은 최근에 이루어낸 성과이다.
　④ 유전자 가위 기술은 농업계에 영향을 미칠 것이다.

48. 남자의 태도로 알맞은 것을 고르십시오.
　① 유전자 가위 기술의 결함을 인정하고 있다.
　② 유전자 교정 농작물의 생산성을 검토하고 있다.
　③ 유전자 가위 기술을 긍정적으로 평가하고 있다.
　④ 유전자 교정 농작물의 위험성을 우려하고 있다.

49. 들은 내용과 같은 것을 고르십시오.

　　① 독자는 시를 읽을 때 감각이 민감해 진다.

　　② 감각적 표현은 시를 직관적으로 느낄 수 있게 한다.

　　③ 시의 비유적 표현이나 서술적 표현은 매우 중요하다.

　　④ 문학 작품 속의 표현 방법은 어휘력에 따라 달라진다.

50. 남자가 말하는 방식으로 알맞은 것을 고르십시오.

　　① 감각적 표현의 장점을 부각시키고 있다.

　　② 문학 작품에 미래를 낙관적으로 보고 있다.

　　③ 감각적 표현에 대해 구체적으로 분류하고 있다.

　　④ 문학 작품의 다양한 표현 방법을 나열하고 있다.

TOPIK Ⅱ 쓰기 (51번 ~ 54번)

※　[51~52] 다음 글의 ㉠과 ㉡에 알맞은 말을 각각 쓰시오. (각 10점)

51.

사랑하는 선생님께.

안녕하세요? 그동안 잘 지내셨지요?
고등학교를 (　㉠　) 벌써 1년이 다 되어 갑니다. 대학에 입학한 후에
학교생활에 적응하느라고 연락을 자주 못 드렸습니다. 죄송합니다. 하지만 앞으로는
자주 (　㉡　). 항상 행복하시고 건강하시기 바랍니다.

박승명 올림.

㉠ ____

㉡ ____

52.

　　달걀은 맛도 좋지만 영양도 풍부한 완전식품으로 우리 식탁에 자주 올라온다. 이렇게 건강에 좋은 달걀을 더욱 신선하고 건강하게 먹으려면 보관 방법이 매우 중요하다. 그래서 달걀을 (　㉠　) 유지하기 위해서는 냉장고 문 쪽보다는 냉장고 안쪽에 보관하는 것이 좋다. 우리가 냉장고 문을 자주 열고 닫아서 문 쪽은 온도가 일정하지 않고 자주 (　㉡　).

㉠ ____

㉡ ____

53. 다음은 '서울시 인구 변화'에 대한 자료이다. 이 내용을 200~300자의 글로 쓰시오. 단, 글의 제목은 쓰지 마시오. (30점)

• 조사 기관: 사회문제 연구소

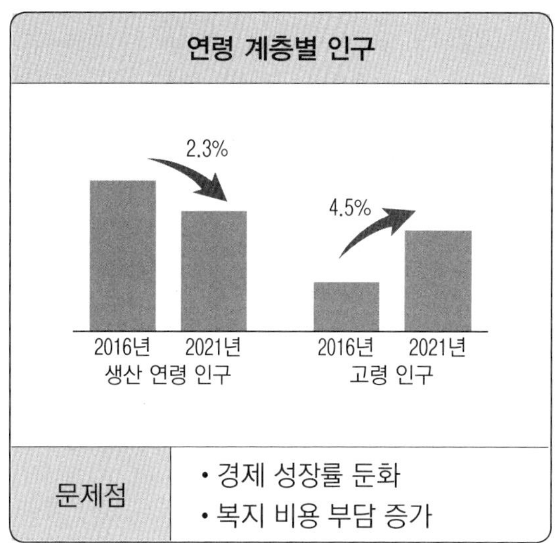

54. 다음을 참고하여 600~700자로 글을 쓰시오. 단, 문제를 그대로 옮겨 쓰지 마시오. (50점)

> 현대인들은 매일 분주한 일상으로 주말조차 제대로 쉬지 못하는 경우도 많다. 하지만 건강한 생활을 위해서는 일과 휴식의 조화가 필요하다. 아래의 내용을 중심으로 '여가 생활이 중요한 이유'에 대한 자신의 생각을 쓰라.

- 여가 생활이 부족하면 나타나는 문제는 무엇인가?
- 충분한 여가 생활을 위해 필요한 것은 무엇인가?
- 여가 생활이 우리 삶에 미치는 영향은 무엇인가?

＊ 원고지 쓰기의 예

	자	연	은		공	생	관	계	를		통	해		생	태	계	를		유
지	한	다	.		개	미	와		잔	딧	물	이		바	로		대	표	적	인

제3회
실전모의고사

한국어능력시험 Ⅱ
(중 · 고급)

| 2교시 | 읽기 |

수험번호(Applicaton No.)	
이름 (Name)	한국어(Korean)	
	영 어(English)	

유 의 사 항
Information

1. 시험 시작 지시가 있을 때까지 문제를 풀지 마십시오.
   Do not open the booklet until you are allowed to start.

2. 접수번호와 이름은 정확하게 적어 주십시오.
   Write your name and registration number on the answer sheet.

3. 답안지를 구기거나 훼손하지 마십시오.
   Do not fold the answer sheet; keep it clean.

4. 답안지의 이름, 접수번호 및 정답의 기입은 컴퓨터용 펜을 사용하여 주십시오.
   Use the optical mark reader(OMR) pen only.

5. 정답은 답안지에 정확하게 표시하여 주십시오.
   Mark your answer accurately and clearly on the answer sheet.

   marking example   ① ● ③ ④

6. 문제를 읽을 때에는 소리가 나지 않도록 하십시오.
   Keep quiet while answering the questions.

7. 질문이 있을 때에는 손을 들고 감독관이 올 때까지 기다려 주십시오.
   When you have any questions, please raise your hand.

TOPIK Ⅱ 읽기 (1번 ~ 50번)

※ **[1–2] (   )에 들어갈 말로 가장 알맞은 것을 고르십시오. (각 2점)**

1. 어제 술을 많이 (   ) 속이 쓰리다.
   ① 마셔야   ② 마셨더니   ③ 마시다가는   ④ 마신 다음에

2. 부모님은 동생만 (   ).
   ① 예뻐하신다   ② 예뻐해 보인다
   ③ 예뻐하고 말았다   ④ 예뻐할 생각이다

※ **[3–4] 밑줄 친 부분과 의미가 가장 비슷한 것을 고르십시오. (각 2점)**

3. 불고기도 요리책에 있는 <u>설명대로</u> 하면 만들기 어렵지 않다.
   ① 설명처럼   ② 설명마저
   ③ 설명만큼   ④ 설명 덕분에

4. 나는 그저 이야기를 <u>전달할 뿐이다.</u>
   ① 전달하곤 했다   ② 전달하겠다 싶다
   ③ 전달할 따름이다   ④ 전달하고 싶어 했다

※ [5-8] 다음은 무엇에 대한 글인지 고르십시오. (각 2점)

5.

소리 없이 강하다!
미세먼지까지 싹 빨아 드립니다.

① 세탁기　　② 청소기　　③ 가습기　　④ 공기청정기

6.

휴가도 가기 전에 지쳤다고요?
교통, 숙소, 비자까지 모두 맡겨 주세요!

① 공항　　② 호텔　　③ 대사관　　④ 여행사

7.

어린이 보호 구역에서는 잠시 멈추십시오.
어린이는 우리의 미래입니다.

① 교통안전　　② 보행 규칙　　③ 교통 시설　　④ 안전 교육

8.

＊ 2월에 신규 가입을 하시면 10% 할인을 해 드립니다.
＊ 인터넷과 TV를 함께 결합하시면 20% 싼 요금으로 사용하실 수 있습니다.

① 가입 방법　　② 가입 혜택　　③ 사용 안내　　④ 제품 소개

※ [9-12] 다음 글 또는 그래프의 내용과 같은 것을 고르십시오. (각 2점)

9.

제8회 서울 김장 문화제

올해도 함께 담근 김치를 어려운 이웃에게 나누는 김치 나눔 문화 축제를 개최합니다.
많은 분들의 참여를 기다리겠습니다.

▢ 일자: 2025년 10월 31일(금)~11월 2일(일)
▢ 장소: 서울 광장
▢ 행사: 체험 프로그램 (김장 체험 1, 2일차), 전시 프로그램 (김치의 역사)
▢ 참가 신청: 서울시 홈페이지(http://www.seoulkimchi.kr)

① 이 행사는 매년 개최된다.
② 이 행사는 주말 동안 열린다.
③ 김장 체험은 행사 기간 내내 할 수 있다.
④ 체험 프로그램에서 담근 김치를 가지고 갈 수 있다.

10.

대학생 음주 실태

① 술을 마시는 대학생이 절반 이하다.
② 술을 안 마시는 대학생이 20%가 넘는다.
③ 대학생들은 대부분 술을 자주 마시는 편이다.
④ 대학생 중에 술을 마실 줄 모르는 학생은 없다.

11.

보통 여행을 가려면 교통편부터 호텔 예약까지 준비할 것이 많아 미리 계획을 세우지 않으면 떠나기 쉽지 않다. 그래서 요즘 젊은이들 사이에 자동차에서 잠을 자는 '차박'이 유행이다. '차박'은 돗자리와 접이식 테이블, 담요 정도의 간단한 장비만으로도 가능해 부담 없이 떠나기 쉽다는 장점이 있다.

① '차박'은 가볍게 떠날 수 있는 여행이다.
② '차박'은 남녀노소 모두에게 인기가 있다.
③ 여행을 갈 때는 교통편부터 예매해야 한다.
④ 요즘 젊은이들은 자동차에서 잠을 많이 잔다.

12.

스웨덴에 전기차 무선 충전 도로가 설치되었다. 이는 전기차를 위한 세계 최대 규모의 무선 충전 도로로 전기차가 이 길을 달리면 도로를 통해 전기를 공급받을 수 있게 된다. 따라서 자동차의 주행거리가 훨씬 더 길어지고 전기 충전소에서 낭비되는 시간도 줄일 수 있다.

① 스웨덴이 세계에서 전기차가 가장 많다.
② 무선 충전 도로 때문에 돈을 낭비하게 됐다.
③ 전기차를 충전하려면 무선 충전 도로에 가야 한다.
④ 무선 충전 도로 덕분에 전기차의 충전이 편리해졌다.

13.

> (가) 약초의 효능이 이야기와 함께 전수된 셈이다.
> (나) 인삼부터 황기, 더덕, 하수오 등이 그러한 약초에 속한다.
> (다) 과거에 사람들은 병을 치료하기 위해 다양한 약초를 사용했다.
> (라) 이러한 약초의 효험은 민담이나 전설을 통해 우리에게 전해져 왔다.

① (다) – (가) – (나) – (라)　　② (다) – (나) – (라) – (가)
③ (라) – (가) – (다) – (나)　　④ (라) – (나) – (가) – (다)

14.

> (가) 창작자의 의도가 중시되며 주로 단편으로 제작된다.
> (나) 올해는 127편의 작품들이 영화제 기간 동안 상영될 예정이다.
> (다) 독립영화는 상업영화와 달리 이윤 추구를 중요하게 생각하지 않는다.
> (라) 한 해의 독립영화를 결산하는 서울독립영화제가 얼마 전 막을 올렸다.

① (다) – (가) – (나) – (라)　　② (다) – (라) – (가) – (나)
③ (라) – (가) – (나) – (다)　　④ (라) – (다) – (가) – (나)

15.

> (가) 와인은 포도의 즙을 발효시켜 만든 술이다.
> (나) 그래서 와인의 이름이 길고 다양할 수밖에 없다.
> (다) 포도의 원산지와 품종에 따라 그 이름이 지어진다.
> (라) 이처럼 와인은 이름으로 술의 정보를 알 수 있다는 것이 특징이다.

① (가) – (다) – (나) – (라)　　② (가) – (라) – (다) – (나)
③ (다) – (나) – (가) – (라)　　④ (라) – (나) – (다) – (가)

16.

우리가 실내에 있을 때 지진이 발생한다면 어떻게 해야 할까? 만약 고층 건물에 있다면 창문으로부터 떨어진 건물 중앙으로 피하는 것이 좋다. 왜냐하면 창문이 깨져 다칠 수도 있기 때문이다. 그리고 3층 정도의 높지 않은 건물에서는 탁자 밑으로 피했다가 신속하게 ( ) 것이 좋다. 왜냐하면 저층 건물은 고층 건물과 달리 무너질 가능성이 더 높기 때문이다.

① 위로 올라가는　　　　　　② 안으로 옮기는
③ 밖으로 이동하는　　　　　　④ 창문 옆으로 숨는

17.

최근 한 실험에 의해 식물도 사람이나 동물처럼 스트레스를 받는다는 것이 밝혀졌다. 실험 결과에 의하면 식물은 주로 일조량의 변화와 폭우나 가뭄으로 인한 강수량의 증감 등으로 스트레스를 받는다고 한다. 그리고 이런 스트레스를 받은 식물은 40~80kHz의 고주파 소리를 내었는데 ( ) 소리의 발생 빈도가 높은 것이 확인되었다.

① 동물이 식물보다　　　　　　② 계절이 변할 때마다
③ 스트레스가 심할수록　　　　④ 스트레스가 줄어들면

18.

초보 운전자에게 가장 어려운 것은 우회전이다. 좌회전은 신호만 잘 지키면 되지만 우회전은 별도의 신호가 없어서 운전자가 다른 차량의 흐름과 횡단보도의 보행자 유무 등 주변 상황을 살핀 후 주행해야 하기 때문이다. 이에 정부에서는 ( ) 사고를 예방하고 돌발 상황에 대처할 수 있는 시간적 여유를 확보하기 위해서 우회전 일시 정지를 의무화했다.

① 보행자 실수로 인한　　　　② 운전자 부주의로 인한
③ 신호를 어겨서 발생한　　　　④ 운전자가 피할 수 없는

> 계단은 인간의 수직이동을 도와주는 건축적 구조물로 우리는 하루에도 몇 번씩 계단을 오르내린다. 하지만 우리가 평소에 (   ) 오르내리는 계단은 그 수직적 구성 때문에 영화계에서 계급이나 계층을 나타내는 소재로 많이 쓰인다. 한국 영화 '기생충'도 영화 속에서 계단을 통해 부자와 가난한 사람들의 격차를 보여주고 있다. 부잣집의 고급주택은 언덕 위로 설정되어 있으며 가난한 주인공의 집은 계단 아래 반지하방인 것이 바로 그것이다.

19. (   )에 들어갈 말로 가장 알맞은 것을 고르십시오.
① 굳이   ② 괜히   ③ 차라리   ④ 무심히

20. 윗글의 주제로 가장 알맞은 것을 고르십시오.
① 계단은 영화의 소재로 매우 적합하다.
② 계단은 우리 일상에서 빼놓을 수 없는 공간이다.
③ 영화 속의 계단은 등장인물의 신분 차이를 나타낸다.
④ '기생충'은 빈부의 격차를 보여주는 대표적인 영화이다.

최근 미세먼지로 인해 시민들의 외부 활동에 제약이 많아졌다. 이에 따라 서울시는 오는 6월부터 미세먼지를 줄이기 위한 '나무 심기 프로젝트'를 실시할 예정이다. 이번 프로젝트를 통해 미세먼지가 줄어들기를 바라는 사람들이 많다. 반면에 이번 프로젝트는 시간과 비용대비 미세먼지 감소 효과가 적을 것이라고 우려하는 목소리도 적지 않다. 그래도 나는 (　　　　　)라는 말처럼 꾸준히 나무를 심다 보면 언젠가는 깨끗한 공기를 마실 날이 오지 않을까 기대해 본다.

21.　(　　　)에 들어갈 말로 가장 알맞은 것을 고르십시오.

① 금강산도 식후경

② 고생 끝에 낙이 온다

③ 밑 빠진 독에 물 붓기

④ 천리 길도 한 걸음부터

22.　윗글의 내용과 같은 것을 고르십시오.

① 모든 사람들이 나무 심기에 긍정적인 것은 아니다.

② 깨끗한 공기를 마시려면 시간과 비용이 많이 든다.

③ 나무를 꾸준히 심는다고 해도 공기는 깨끗해지기 힘들다.

④ 이번 프로젝트에 드는 비용만큼 그 효과도 기대해 볼 만하다.

※ **[23~24] 다음을 읽고 물음에 답하십시오. (각 2점)**

나는 지난해 할머니가 돌아가셨을 때 주변 분들이 베풀어 주신 위로와 격려를 지금까지도 잊지 못한다. 그분들의 관심과 위로가 없었더라면 장례식 때는 물론이고 그 이후 시간을 무사히 보낼 수 없었을 거라고 생각한다. 내게 할머니는 바쁘신 부모님을 대신해서 나를 보살펴 주신 보호자이자 내가 하는 일은 뭐든지 응원해 주시는 든든한 지원자였다. 그래서 성인이 되고 나서도 나는 늘 할머니와 이야기하면서 새로운 일을 시작할 힘을 얻곤 했다. 그런 나에게 할머니의 부재란……. 상상조차 하고 싶지 않은 일이었다. 병원에서 소식을 듣고 <u>그 자리에 멍하니 한참을 서 있었다.</u> 택시 안에서 '나는 이제 누구한테 기대야 하는 거지?'라는 생각이 들면서 택시 안이 캄캄한 동굴로 느껴졌다. 하지만 할머니 장례를 치르면서 내 주변에 많은 사람들이 있었다는 것을 알게 되었고 그들이 할머니의 빈자리를 채워 줄 거라는 막연한 기대를 가질 수 있었다. 할머니께서는 나에게 매우 행복한 기억을 남겨 주셨을 뿐만 아니라 주변의 소중한 이들을 아끼고 소중히 여길 수 있는 기회도 주신 것이다.

23. 밑줄 친 부분에 나타난 '나'의 심정으로 가장 알맞은 것을 고르십시오.
   ① 당황하다
   ② 원망하다
   ③ 후회하다
   ④ 책망하다

24. 윗글의 내용과 같은 것을 고르십시오.
   ① 나는 돌아가신 할머니를 잊지 못해 매우 힘들다.
   ② 나의 힘든 시간을 함께 해준 고마운 사람들이 있다.
   ③ 할머니는 생전에 도움을 주신 분들을 기억할 것이다.
   ④ 할머니는 항상 나와 새로운 일을 하는 것을 좋아했다.

※   [25~27] 다음 신문 기사의 제목을 가장 잘 설명한 것을 고르십시오. (각 2점)

25.

아파트 규제 강화, 오피스텔로 자금 모두 몰려

① 아파트 규제 효과로 인해 오피스텔 가격이 하락하였다.
② 아파트와 오피스텔의 규제가 심해져 관심이 쏠리고 있다.
③ 아파트 규제가 심해지면서 오피스텔로 투자가 집중되고 있다.
④ 아파트 규제가 엄격해지면서 오피스텔을 떠나는 사람들이 많다.

26.

한여름 삼복더위를 이겨낸다는 보양식, 진짜 내 몸에 좋을까?

① 한여름에 보양식을 먹으면 몸에 좋을 수밖에 없다.
② 삼복더위에 보양식을 먹으면 더위를 이길 수 있다.
③ 날씨가 더울 때 보양식을 먹으면 몸에 무리가 된다.
④ 여름 보양식이 몸에 반드시 좋은 것이 아닐 수 있다.

27.

저작권 인식 바닥, 연극 불법 생중계

① 저작권이 없는 공연을 생중계하는 것은 불법이다.
② 연극을 보면서 생중계하면 불법이나 저작권과 무관하다.
③ 저작권 인식이 없는 관객이 공연을 불법으로 생중계했다.
④ 연극을 생중계하더라도 저작권에 대한 개념은 있어야 한다.

※ [28-31] (   )에 들어갈 말로 가장 알맞은 것을 고르십시오. (각 2점)

28.
무더운 여름 숲속에 가면 도시보다 기온이 낮다는 것은 익히 알고 있는 사실이다. 최근 숲이 아닌 한 그루의 나무만으로도 주위의 온도를 낮추는 냉각 효과가 있다는 연구 결과가 발표됐다. 특히, 저녁 시간대 나무 주변의 기온은 나무가 없는 지역보다 최고 1.4도 낮아지며, 새벽까지 기온이 낮게 유지되었다. 이러한 연구 결과에 비춰볼 때 열섬현상으로 골치를 앓고 있는 도시에서는 곳곳에 한 그루의 나무라도 더 심는 것이 (   ) 전략임을 시사하고 있다.

① 환경을 보호하기 위한
② 공원 환경 조성을 위한
③ 도시의 열을 완화시키는
④ 푸른 환경을 만들기 위한

29.
자신이 하는 일마다 성공해서 실패를 모르는 사람을 미다스의 손이라고 부른다. 이는 그리스 신화 속에서 미다스 왕이 그의 손이 닿는 것마다 모두 황금으로 변하는 것에서 유래한 말로 오늘날 (   ) 긍정적인 의미를 가지고 있다. 하지만 미다스 왕은 자신의 욕심으로 가장 사랑하는 딸마저 황금으로 변하게 하면서 비극적 결말을 맞는다. 이처럼 미다스의 손 이야기는 인간의 끝없는 탐욕은 결국에는 화를 부른다는 교훈도 내포하고 있다.

① 손재주가 훌륭하다는
② 무슨 일이든 스스로 한다는
③ 재산을 많이 가지고 있다는
④ 돈을 버는 재주가 뛰어나다는

30.

　　청소년의 PC게임 과몰입이 사회적 문제가 되면서 정부에서는 청소년의 심야 시간 온라인 게임을 금지하는 게임 셧다운제를 실시했다. 하지만 현재 청소년들은 PC게임보다 모바일 게임을 주로 즐긴다. 이에 (　　　　　　) 이유로 게임 셧다운제가 실시된 지 10년 만에 폐지됐다. 이에 정부는 게임 셧다운제 대안으로 청소년을 대상으로 하는 다양한 교육을 확대하고 게임 과몰입 청소년을 상대로 한 상담·치유 지원을 강화하기로 했다.

① 실행하기 힘들다는
② 게임에 쉽게 빠진다는
③ 시대에 맞지 않는다는
④ 부정적 영향을 미친다는

31.

　　논문은 어떤 주제에 대해서 자신의 연구물을 체계적으로 정리해서 작성하는 글로 작성자는 그 내용을 뒷받침하는 근거가 되는 자료에 대한 출처를 분명하게 제시해야 한다. 만약 이를 지키지 않는다면 표절로 간주될 수 있다. 표절은 다른 사람이 창작한 저작물의 일부 또는 전부를 자신의 것처럼 사용하는 것으로 (　　　　　　) 무시했다는 점에서 도덕적, 윤리적 비난을 피할 수 없다.

① 저자의 의견을
② 논문의 가치를
③ 내용의 중요성을
④ 타인의 저작 행위를

32.

>   상례는 전통적으로 시신을 관에 모신 후 상여에 싣고 묘지로 이동하여 무덤을 만드는 절차부터 죽은 사람의 영혼이 머문다고 생각한 위패를 모시고 집으로 돌아오는 절차까지를 말한다. 과거에는 묘지로 이동하기 전 죽은 이에 대한 추모에만 3주 또는 한 달 정도가 걸렸다고 한다. 하지만 요즘은 상례 대부분의 절차가 많이 간소화되면서 일반적으로 삼일장을 지내며, 특별한 경우에 한해 오일장이나 칠일장으로 하기도 한다.

① 상례의 시작은 무덤을 만드는 것부터이다.
② 상례는 사후에 진행되는 장례 절차를 말한다.
③ 예전에는 묘지에 시신과 위패를 함께 모셨다.
④ 상례 기간이 짧아지면서 절차도 간소화되었다.

33.

>   트라우마란 직간접적으로 경험한 충격적인 사건이나 상황으로 인해 발생하는 정신적인 충격 상태를 말한다. 그에 따른 증상은 개인에 따라 다양한 형태로 나타날 수 있으며, 대표적으로 불안, 우울, 공포, 수면 장애, 악몽 등이 있다. 예전에는 트라우마가 소수의 개인이 겪는 질병으로 치부되었지만 국가적 재난과 사건, 사고들을 간접적으로 경험하게 되는 최근에는 누구나 겪을 수 있는 문제로 관심을 받고 있다.

① 트라우마에 대한 사람들의 인식이 변화되었다.
② 트라우마는 소수에 국한된 질병으로 간주되고 있다.
③ 트라우마는 과거에 겪은 사건으로 발생한 신체적 증상이다.
④ 트라우마는 신체적 고통을 동반하기 때문에 치료가 필요하다.

34.

지난해 자살로 인한 사망자 수가 전년보다 소폭 감소했다고 정부가 발표했다. 하지만 경제협력기구(OECD)의 자살률이 평균 23.6명인 것에 비하면 여전히 높은 수치이다. 자살률이 사회적으로 악영향을 미치는 만큼 정부는 국내 자살률을 낮추기 위해 다방면으로 총력을 다하고 있다. 정부에서 내놓은 자살 예방 대책안의 세부 계획에 대해 전문가들은 국내 자살률을 낮추는 데 큰 효과가 있을 것으로 보고 있다.

① 자살률로 인한 사회적 문제가 가시화되고 있다.
② 정부의 자살 예방 대책안의 실효성은 미지수이다.
③ 정부는 국내 자살률을 낮추기 위해서 힘쓰고 있다.
④ 국내 자살률이 세계에서 가장 높은 수치를 기록하였다.

35.

벚꽃이 흩날리는 봄이 되면 벚꽃길은 수많은 인파가 몰려들어 발 디딜 틈조차 없을 정도이다. 그러나 사람들이 떠나고 나면 쓰레기로 덮혀 매쾌한 냄새 때문에 근처에 가기도 꺼려지는 거리가 된다. 이로 인해 도시마다 매년 '청결한 거리 지키기' 캠페인을 하고 있지만 지켜지지 않는 실정이다. 깨끗한 거리를 만들기 위해서는 그 누구도 아닌 우리 스스로가 솔선수범해야 한다.

① 벚꽃길의 쓰레기 무단 투기 단속을 강화해야 한다.
② 벚꽃은 남녀노소 할 것 없이 누구나 좋아하는 꽃이다.
③ 쓰레기 악취로 인해 벚꽃을 보러 오는 사람들이 줄었다.
④ 거리의 청결을 위해 스스로 모범적인 행동을 보여야 한다.

36.

　한 대학에서 시작한 '천 원짜리 아침' 캠페인이 관심을 끌면서 대학마다 '천 원짜리 아침' 열풍이 불고 있다. 이 캠페인은 정부와 대학이 함께 만든 것으로 이번 캠페인을 통해 대학생들의 올바른 식습관을 형성하고 국내 쌀 소비를 증가시켜 농민을 도울 수 있다. 현재는 재정이 넉넉한 일부 대학에서만 시행되고 있으며 예산이 부담되어서 시행하지 못하는 대학도 있다. 따라서 정부는 모든 학교가 참여할 수 있도록 재정적인 지원을 할 필요가 있다.

① 아침밥을 챙겨 먹는 것이 건강을 지키는 일이다.
② 국내 쌀 소비량 증가를 위해 아침 식사를 챙겨야 한다.
③ 정부는 더 많은 학생들이 혜택을 누릴 수 있도록 해야 한다.
④ 천 원의 가치가 하락하여 가치를 살리기 위해 만든 캠페인이다.

37.

　칭찬 한 마디가 주는 효과는 매우 크다. 칭찬을 듣고 자란 아이가 그렇지 못한 아이보다 자존감이 높기 때문이다. 하지만 잘못된 칭찬은 지양해야 한다. "1등을 축하해"처럼 결과만 칭찬한다면 아이들이 과정이 아닌 결과에만 집중하게 만든다. 그래서 결과가 좋지 못하더라도 과정을 칭찬하는 것이 바람직하다. 올바른 칭찬은 아이들의 내면의 힘을 기르는 데 도움이 될 뿐만 아니라 자존감도 높일 수 있다.

① 일의 결과를 중요하게 여기지 말아야 한다.
② 칭찬은 아이들이 성장하는 데에 해를 끼칠 수 있다.
③ 칭찬의 방법에 따라 아이들에게 다른 영향을 끼친다.
④ 아이들의 성장에 자존감을 높이는 것은 매우 중요하다.

38.

젊은 층들의 반려동물 양육이 늘면서 반려동물 관련 산업 규모가 확대되고 있다. 이로 인해 다양한 종류의 먹이와 생활용품 등이 인기를 끌고 있으며 동물 전용 유치원, 호텔, 음식점 등의 수요도 높아지는 실정이다. 이러한 추세가 계속 된다면 앞으로 더 많은 종류의 반려동물을 위한 상품이 출시될 것이며 판매량이 증가하고 산업 규모 역시 확대될 것으로 전망된다.

① 반려동물을 키우는 연령이 낮아졌다.
② 반려동물로 인한 비용 지출이 많아질 것이다.
③ 반려동물 관련 사업이 꾸준히 성장할 것이다.
④ 반려동물 양육에 대한 인식의 전환이 필요하다.

39.

이러한 명태는 우리나라의 대표적인 수산물로 가공 방법, 포획 방법 등에 따라 다양한 이름으로 불리는 특징이 있다.

명태는 우리나라에서 예부터 혼례·제사·고사 등에 두루 쓰인 생선으로 한국인에게 가장 친숙한 생선으로 꼽을 수 있다. (㉠) 먼저 겨울철에 잡아 얼린 것은 동태, 얼리지 않은 것을 생태라고 한다. (㉡) 또 명태를 오랫동안 보관하는 방법으로 말리는 방식이 있다. (㉢) 말려서 수분이 완전히 빠진 것을 북어, 반쯤 말린 것을 코다리, 얼리고 말리는 과정을 반복해 가공한 것을 황태라고 한다. (㉣) 게다가 명태의 알과 창자는 젓갈로도 담궈 먹어 일단 잡으면 버릴 것이 없는 생선으로도 유명하다.

① ㉠   ② ㉡   ③ ㉢   ④ ㉣

40.

심우주를 장기간 여행하게 될 미래의 우주 비행사에게 영양학적으로 완전하고 칼로리 균형이 잡힌 '최고의 우주 샐러드'가 발표됐다. (㉠) 우주 샐러드 재료는 콩, 양귀비씨, 보리, 케일, 땅콩, 고구마, 해바라기씨로 우주에서 자급자족할 수 있는 것들로 구성되었다. (㉡) 전문가에 따르면 우주 샐러드 재료의 특징은 좁은 공간에서의 재배가 가능하고, 토양 없이도 재배할 수 있다는 것이다. (㉢) 다음 과제로 우주에서 작물을 키울 재배실과 시스템 설계가 남아 있다.(㉣)

① ㉠　　　　② ㉡　　　　③ ㉢　　　　④ ㉣

41.

대장경은 부처의 가르침과 승려가 지켜야 할 규칙, 그리고 제자들이 부처의 말을 해설한 글들을 모두 모아 정리한 불교 경전을 말한다.(㉠) 그래서 오래 보존할 수 있도록 석판이나 목판으로 만들었으며 대장경판을 만드는 것만으로도 복을 받을 수 있다고 생각했다. (㉡) 그러면서 대장경판은 불교를 믿는 사람들에게 점점 불상처럼 신앙의 대상이 되었다.(㉢) 현존하는 대표적인 대장경판으로는 고려시대 제작된 합천 해인사 대장경판이 있다. (㉣) 불교에서 8만은 헤아릴 수 없을 정도로 많은 부처의 가르침을 담았기 때문에 그렇게 부르기도 한다.

① ㉠　　　　② ㉡　　　　③ ㉢　　　　④ ㉣

> 고향에서 농사를 지으시다 5년 전 도시로 나오신 아버지는 아직도 농사짓던 얘기를 가끔 하신다. 평소에는 볼 수 없었던 손짓까지 사용하시면서 약간 격앙된 목소리로 몇 번씩 설명을 하시는 것이다. (중략)
>
> 오랜만에 가족 전체가 식사하는 자리였다. 소주도 한잔 드셨겠다 상추를 가지고 노는 아이를 보시더니 어김없이 농사짓던 이야기를 시작하셨다.
>
> "식당이나 마트에서 언제나 살 수 있다고 귀한 줄 모르는데… 이 놈들 키우려면 아침저녁으로 가서 물 주면서 잘 있었는지 밤새 멧돼지가 파 먹고 간 건 없는지 살펴야 해. 그 뿐일 줄 알아? 유난히 큰 잎은 빨리 떼줘야 안의 속잎들이 잘 자라. 그것도 큰 잎이 되기 전에 얼른 솎아야 해. 그냥 여기까지 올 수 있는 게 아냐."
>
> 일종의 영웅담처럼 이야기하시는 것을 무심코 듣다가 어느 부분에서 심사가 뒤틀렸는지 나는 일부러 아버지의 비위를 건드렸다.
>
> "상추는 그렇게 잘 키우시면서 우리한테는 왜 그러셨어요? 화만 내시고 우리가 뭐 하는지 관심도 없으셨잖아요. 지금도 그렇지만…."
>
> 예상치 못한 나의 반응에 시끄럽던 식사 자리는 약간의 정막이 흘렀다.
>
> "그땐 다 그렇게 키우는 줄 알았지."
>
> 막 들던 소주잔을 내려놓으면서 풀 죽은 아이처럼 굳은 살 박힌 손만 문지르셨다.
>
> '예전 같으면 뭐라도 던지면서 버럭 화를 내셨을 텐데….'
>
> 나는 다 구워진 고기 하나를 아버지 접시 위에 놓아드렸다. 아버지는 내 눈을 한번 쳐다보시고는 젓가락을 드셨다.

42. 밑줄 친 부분에 나타난 '나'의 심정으로 가장 알맞은 것을 고르십시오.

① 서운하다　　　　　　　　② 괘씸하다

③ 뭉클하다　　　　　　　　④ 안쓰럽다

43. 윗글의 내용으로 알 수 있는 것을 고르십시오.

① 아버지는 농사라면 진저리를 치셨다.

② 아버지는 평소에 자식들에게 무심하다.

③ 아버지가 식사 자리에서 나를 크게 나무랐다.

④ 아버지가 나에게 화를 내시는 일은 거의 없었다.

※　　[44~45] 다음을 읽고 물음에 답하십시오. (각 2점)

빅데이터는 기존의 정보 관리 기술로는 저장, 관리, 분석을 할 수 없는 초월적인 규모의 데이터를 의미한다. 이러한 빅데이터는 컴퓨터와 인터넷, 모바일 기기 이용의 생활화로 사람들이 도처에 남긴 데이터의 축적으로 이루어졌다. 클라우딩 컴퓨팅 등 기술적 발전이 빅데이터 분석을 가능하게 했고, 이렇게 분석된 자료는 미래 경쟁력의 우위를 좌우하는 중요한 자원으로 활용될 수 있다는 점에서 주목받고 있다. 따라서 기업들은 빅데이터를 이용해 고객 중심의 비즈니스 성과를 창출하고 기업의 운영을 최적화하는 등 (　　　　　　) 목적으로 활용하고 있다. 빅데이터를 활용한 다양한 사례는 과거에 불가능했던 일이 가능함을 보여주고 있어 앞으로 의료, 유통, 마케팅 등 사회 전반에서의 빅데이터 활용이 더욱 늘어날 전망이다.

44. (　　　　)에 들어갈 말로 가장 알맞은 것을 고르십시오.
① 분야별 취약점을 보완하려는
② 방대한 경영 정보 분석을 위한
③ 다양한 경영 활동을 강화하려는
④ 기업의 비즈니스 형태 변화를 위한

45. 윗글의 주제로 가장 알맞은 것을 고르십시오.
① 빅데이터의 활용 분야는 점차 확대될 것이다.
② 개인 정보의 축적으로 빅테이터가 형성되었다.
③ 컴퓨터 기술의 발전으로 기업 경영 방식이 전환되었다.
④ 우리 생활의 변화가 빅데이터의 축적을 가능하게 했다.

시각 장애인의 눈과 발이 되어 살아가는 안내견은 장애인들의 보행을 보조할 뿐만 아니라 장애인 스스로 독립된 삶을 영위하고 사회의 일원으로 살아갈 수 있도록 도와준다. 주변에서 이러한 안내견을 만나게 되면 우리가 주의해야 할 것이 있다. 안내견이 아무리 기특하고 영리하다고 생각해도 함부로 만지지 않도록 해야 한다. 그 이유는 시각 장애인은 안내견의 목줄을 통해서 도로의 상황을 확인하고 안내견의 움직임에 따라 보행하며 주변의 위험을 피하기 때문이다. 따라서 안내견을 만지면 시각 장애인의 보행에 방해가 될 수 있고 예기치 못한 사고로 이어질 수 있다. 예를 들면 안내견은 색을 구별하지 못하기 때문에 주변 사람이 무단횡단을 하면 건너도 되는 상황으로 인식할 수 있어 위험한 상황이 발생할 수 있다. 그러므로 주변 사람들이 무단횡단을 하는 행동 또한 안내견의 활동을 방해할 수 있다.

46. 윗글에 나타난 필자의 태도로 가장 알맞은 것을 고르십시오.
① 안내견 접촉의 위험성을 경고하고 있다.
② 시각 장애인의 안전한 보행권을 요구하고 있다.
③ 시각 장애인에 대한 부당한 차별을 우려하고 있다.
④ 안내견의 행동에 영향을 주는 것에 대해서 설명하고 있다.

47. 윗글의 내용과 같은 것을 고르십시오.
① 안내견은 주변 사람의 행동을 관찰한다.
② 시각 장애인에게 안내견의 도움은 절대적이다.
③ 시각 장애인은 안내견의 행동을 보고 움직인다.
④ 안내견은 시각 장애인을 위험으로부터 보호한다.

※ **[48-50] 다음을 읽고 물음에 답하십시오. (각 2점)**

전 세계가 기후변화 대응의 일환으로 탄소중립을 실천하기 위해 노력하고 있다. 탄소중립은 이산화탄소 배출량을 줄이고 대기 중으로 배출되는 탄소를 제거하거나 흡수해 순 배출량을 '0'으로 만드는 것이다. 이에 각 분야에서 탄소중립을 위한 다양한 실천 방안을 제시하고 있는데 그중 목조 건축이 주목을 받고 있다. 그 이유는 주요 건축 재료인 시멘트, 강철 등은 생산 시 배출되는 탄소가 전 세계 배출량의 약 38%차지하고 있기 때문이다. 반면에 나무는 이산화탄소를 흡수하는 성질을 가지고 있어 탄소배출 저감에 매우 효과적이다. 게다가 목조 건축을 위해 벌목을 하면 환경이 파괴될 것이라는 예상과 달리 산림의 (   ) 방법이 되기도 한다. 어느 정도 성장이 끝난 나무는 성장하는 어린 나무보다 탄소 흡수 능력이 떨어져 시기에 맞춰 벌채하고 다시 심는 것이 효과적이다. 현재 한국은 목조 건축에 사용되는 목자재 대부분을 수입에 의존하고 있는데 국산 목재 사용 비율을 높이고, 도시 건설, 생활 소품 등 다양한 소재에서 국산 목재를 활용하는 등 우리나라 산림을 적극 이용한다면 탄소중립에 한 발짝 더 다가갈 수 있을 것이다.

48. 윗글을 쓴 목적으로 가장 알맞은 것을 고르십시오.
① 탄소중립을 위한 노력이 필요함을 알리기 위해
② 국내 목자재 수급 현황의 문제점을 비판하기 위해
③ 건축 자재의 환경 파괴 위험 정도를 지적하기 위해
④ 목조 건축이 탄소중립 실현에 기여함을 설명하기 위해

49. (   )에 들어갈 말로 가장 알맞은 것을 고르십시오.
① 훼손을 막을 수 있는   ② 복구 시간이 단축될 수 있는
③ 탄소 배출량을 줄일 수 있는   ④ 탄소 흡수 능력을 높일 수 있는

50. 윗글의 내용과 같은 것을 고르십시오.
① 목조 건축은 탄소중립의 유일한 대책이다.
② 다 자란 나무는 어린 나무에 비해 탄소 흡수량이 적다.
③ 기후 변화에 대응하기 위해서는 탄소를 배출하면 안 된다.
④ 국내 목자재의 사용 비율을 높여야 탄소 저감에 효과가 있다.

한·국·어·능·력·시·험·T·O·P·I·K

제4회
실전모의고사

한국어능력시험 Ⅱ
(중·고급)

| 1교시 | 듣기, 쓰기 |

수험번호(Applicaton No.)		
이름 (Name)	한국어(Korean)	
	영　어(English)	

TOPIK Ⅱ 듣기 (1번 ～ 50번)

※　[1~3] 다음을 듣고 가장 알맞은 그림 또는 그래프를 고르십시오. (각 2점)

1.　① 　② 

　　③ 　④ 

2.　① 　② 

　　③ 　④ 

3.
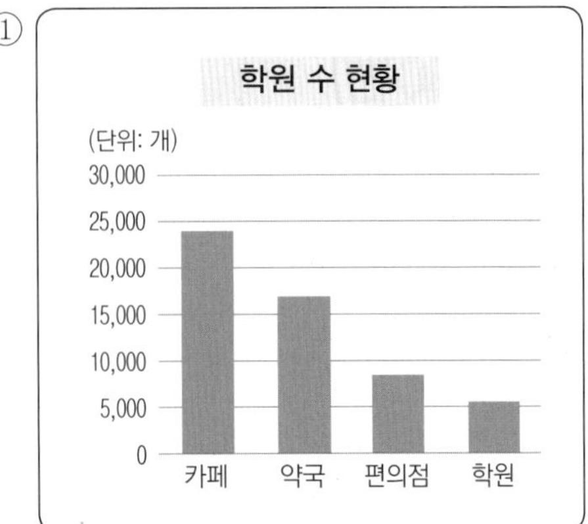

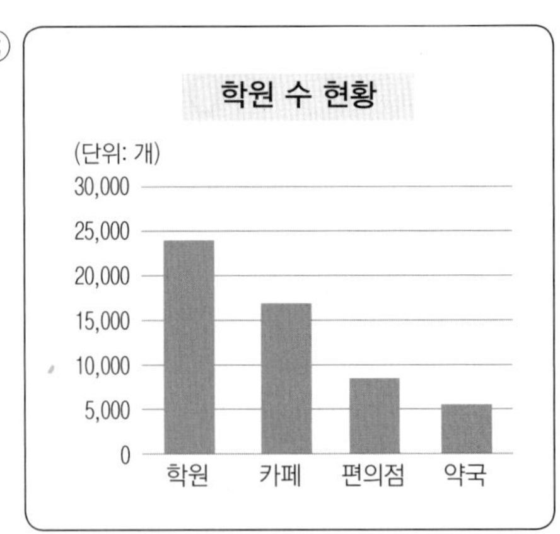

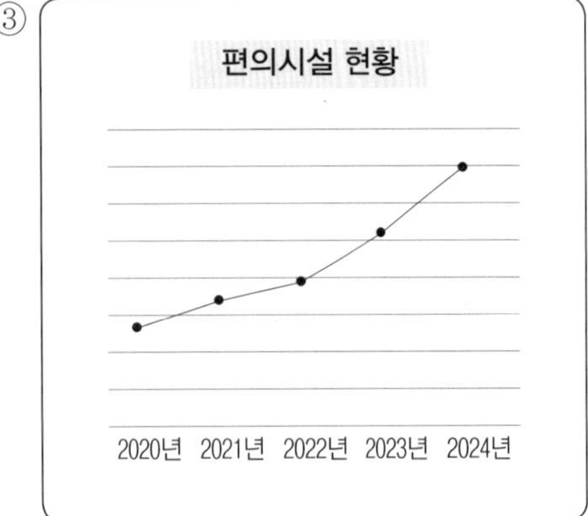

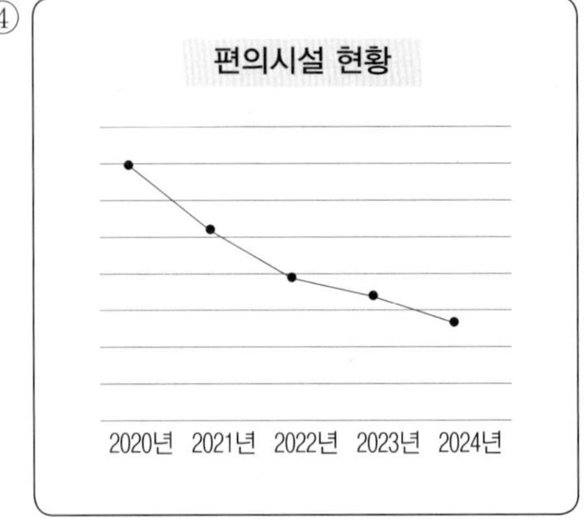

※ [4~8] 다음을 듣고 이어질 수 있는 말로 가장 알맞은 것을 고르십시오. (각 2점)

4. ① 잘할 수 있을 거야.
    ② 표는 내가 예매할게.
    ③ 공연이 정말 훌륭했어.
    ④ 얼마나 긴장했는지 몰라.

5. ① 몰라. 다른 곳에 가 볼게.
    ② 알아. 그래서 이미 수리했어.
    ③ 정말? 수리 센터가 있다고 들었어.
    ④ 그래? 집에 가는 길에 가 보면 되겠네.

6. ① 큰 식당이라 당연히 있을 줄 알았지요.

   ② 다행히 자리가 있어서 주차할 수 있겠어요.

   ③ 주차장이 없으니까 다른 교통편을 이용하세요.

   ④ 어제 근처 주차장에 전화해서 위치를 확인했어요.

7. ① 그런 것 같았어요.

   ② 얼마나 걱정했는지 몰라요.

   ③ 열심히 준비하도록 할게요.

   ④ 떨리면 실수하기 마련이에요.

8. ① 주말에 같이 등산을 해요.

   ② 산이 높으면 힘들 수밖에 없어요.

   ③ 저도 등산을 할까 말까 생각 중이에요.

   ④ 산에 올라갈수록 경치가 얼마나 아름다운데요.

※ **[9~12] 다음을 듣고 <u>여자가</u> 이어서 할 행동으로 가장 알맞은 것을 고르십시오. (각 2점)**

9. ① 전화를 한다.　　　　　　　② 도서관에 간다.
   ③ 남자를 도와준다.　　　　　④ 논문 자료를 찾는다.

10. ① 수업을 들으러 간다.　　　② 빌린 책을 반납한다.
    ③ 남자에게 책을 빌린다.　　④ 책을 가지러 집에 간다.

11. ① 자료를 복사한다.　　　　　② 자료를 준비한다.
    ③ 참석자를 확인한다.　　　　④ 보고서 표지를 만든다.

12. ① 표를 예매한다.　　　　　　② 친구들을 만난다.
    ③ 야구를 보러 간다.　　　　　④ 모임 장소를 알아본다.

※　[13~16] 다음을 듣고 들은 내용과 같은 것을 고르십시오. (각 2점)

13.　① 남자는 선배와 같은 수업을 듣고 있다.
　　② 여자는 교육학 개론 수업을 어려워한다.
　　③ 여자는 남자와 같은 과목을 수강 신청했다.
　　④ 남자는 교육학 개론 수업을 신청할 생각이다.

14.　① 이번 대회는 종목별로 예선전이 진행된다.
　　② 큐브를 완성한 시간으로 등수가 결정된다.
　　③ 큐브 대회 예선전은 하루 종일 진행될 예정이다.
　　④ 결승 진출자는 한 시까지 대회장에 도착해야 한다.

15.　① 정전 사고로 주민들이 불편을 겪었다.
　　② 난방 시스템 고장이 정전의 원인이었다.
　　③ 이 아파트는 전기 설비 점검을 할 예정이었다.
　　④ 오래된 아파트는 정전 사고가 생길 수밖에 없다.

16.　① 작가의 가족 이야기를 소재로 웹툰을 그렸다.
　　② 웹툰에 등장하는 가족은 각자 생활에 바쁘다.
　　③ 많은 독자들이 웹툰의 가족 이야기에 공감했다.
　　④ 이번 웹툰의 주제는 요즘 가족들의 이야기이다.

※　　[17~20] 다음을 듣고 <u>남자</u>의 중심 생각으로 가장 알맞은 것을 고르십시오. (각 2점)

17. ① 회의 일정을 다시 잡고 싶어 한다.
② 회의 자료를 철저히 준비해야 한다.
③ 회의 진행이 힘들어서 하고 싶지 않다.
④ 회의 자료가 부족하면 부족한대로 진행해야 한다.

18. ① 공연 티켓 가격을 더 싸게 해야 한다.
② 공연장 시설이 좋지 않아 평점이 낮았다.
③ 관람객의 공연 후기는 반드시 분석해야 한다.
④ 성공적인 공연을 위해 공연장 시설을 개선해야 한다.

19. ① 아이들의 식당 출입을 금지하면 안 된다.
② 아이들 때문에 다른 손님들이 불편해한다.
③ 아이들은 식당이나 카페에서 떠들기 마련이다.
④ 부모는 아이들에게 공공장소에서의 규칙을 알려줘야 한다.

20. ① 직업 체험은 꼭 해야 하는 것이다.
② 이번 체험은 형식적인 것에 불과했다.
③ 모든 학생들은 직업 체험에 관심이 매우 높다.
④ 학생들의 의견이 반영된 직업 체험은 반응이 좋다.

※ [21~22] 다음을 듣고 물음에 답하십시오. (각 2점)

21. 남자의 중심 생각으로 가장 알맞은 것을 고르십시오.
① 관절을 무리하게 사용하면 안 된다.
② 관절염은 치료 시작 시기가 중요하다.
③ 관절염은 수술을 해야만 나을 수 있다.
④ 관절염은 생활 습관을 고치면 나을 수 있다.

22. 들은 내용과 같은 것을 고르십시오.
① 여자는 통증이 심해서 수술을 원한다.
② 관절염이 생기면 수술을 피할 수 없다.
③ 관절염을 방치하면 통증이 악화될 것이다.
④ 남자는 여자의 증상만 보고 관절염으로 판단했다.

※ [23~24] 다음을 듣고 물음에 답하십시오. (각 2점)

23. 남자가 무엇을 하고 있는지 고르십시오.
① 이사 날짜를 예약하고 있다.
② 이사 일정에 대해 문의하고 있다.
③ 도시가스 전출 예약을 진행하고 있다.
④ 도시가스 기사와 예약 시간을 확인하고 있다.

24. 들은 내용과 같은 것을 고르십시오.
① 도시가스 기사가 방문 당일 연락을 할 것이다.
② 이삿날 오전에 도시가스 기사가 방문할 것이다.
③ 이사 전날 가스레인지 연결 호스를 제거해야 한다.
④ 가스레인지 연결 호스 제거 후 전출 예약이 가능하다.

25. 남자의 중심 생각으로 가장 알맞은 것을 고르십시오.
    ① 자기소개서는 자신의 장점이 잘 드러나도록 써야 한다.
    ② 자기소개서에는 자신의 경험과 경력을 모두 작성해야 한다.
    ③ 자기소개서에는 지원하는 기업의 가치관이 포함되어야 한다.
    ④ 자기소개서에는 회사의 인재상에 맞게 자신을 표현해야 한다.

26. 들은 내용과 같은 것을 고르십시오.
    ① 자기소개서에는 자신의 가치관을 정확하게 써야 한다.
    ② 자기소개서를 쓰기 전에 기업에 대해 조사를 하는 것이 좋다.
    ③ 회사에서 필요한 인재가 되기 위해서는 경험이 풍부해야 한다.
    ④ 입사 서류 작성 시 지원자의 생각과 지원 동기가 가장 중요하다.

27. 남자가 말하는 의도로 알맞은 것을 고르십시오.
    ① 감기약이 상한 이유를 설명하려고
    ② 먹다 남은 약을 버리도록 설득하려고
    ③ 약을 보관하는 올바른 방법을 알려 주려고
    ④ 냉장고에 약을 보관한 이유를 이해시키려고

28. 들은 내용과 같은 것을 고르십시오.
    ① 냉장 보관을 필요로 하는 약이 있다.
    ② 냉장고에 약을 보관하도록 권장하고 있다.
    ③ 약은 햇빛이 들지 않고 습한 곳에 놓는 것이 좋다.
    ④ 약을 먹기 전에 뚜껑이 닫혀 있는지 확인해야 한다.

29. 남자가 누구인지 고르십시오.
    ① 유명한 운동선수의 아버지
    ② 운동선수를 훈련시키는 감독
    ③ 어린 아이들을 교육하는 사람
    ④ 운동선수가 되고 싶어 하는 사람

30. 들은 내용과 같은 것을 고르십시오.
    ① 최고의 선수가 되기 위해서는 조기 교육이 제일 중요하다.
    ② 어린 나이에 우승을 하기 위해서는 혹독한 훈련이 필요하다.
    ③ 운동을 했던 선배에게 교육 받는 것이 아이들에게 제일 좋다.
    ④ 성장기의 선수들에게는 기본기를 다지도록 하는 것이 중요하다.

31. 남자의 중심 생각으로 가장 알맞은 것을 고르십시오.
    ① 청년 통장을 확대해야 한다.
    ② 청년들은 부모들의 도움이 필요하다.
    ③ 이 사회는 청년 혼자 스스로 살아가기 힘들다.
    ④ 청년의 실질적인 자립을 위한 지원이 필요하다.

32. 남자의 태도로 가장 알맞은 것을 고르십시오.
    ① 상대방 의견에 적극 동의하고 있다.
    ② 보완 정책이 필요함을 강조하고 있다.
    ③ 정책 해결 방안을 구체적으로 제시하고 있다.
    ④ 실제 사례를 통해 상대방의 의견을 반박하고 있다.

33. 무엇에 대한 내용인지 알맞은 것을 고르십시오.
    ① 휴식이 필요한 이유
    ② 자기반성의 긍정적 효과
    ③ 현대인의 불안과 강박의 원인
    ④ 효율적인 시간 활용을 위한 방법

34. 들은 내용과 같은 것을 고르십시오.
    ① 여유 시간에 생산적인 일을 해야 한다.
    ② 휴식을 함으로써 재충전을 할 수 있다.
    ③ 고독과 명상의 시간은 우울감을 느끼게 한다.
    ④ 현대 사회에 휴식은 시간을 낭비하는 행위이다.

※　[35～36] 다음을 듣고 물음에 답하십시오. (각 2점)

35. 남자가 무엇을 하고 있는지 고르십시오.
    ① 작년 실적을 보고하고 평가하고 있다.
    ② 새해를 맞이하여 신년 인사를 하고 있다.
    ③ 임직원에게 기업의 성장을 위해 힘쓸 것을 당부했다.
    ④ 경기 불황의 원인을 파악하고 해결 방안을 제시했다.

36. 들은 내용과 같은 것을 고르십시오.
    ① 이 기업은 경기 불황을 딛고 성장을 이루었다.
    ② 이 기업의 전기차용 배터리 가격은 고가에 속한다.
    ③ 전기차용 배터리 시장의 불황으로 판매가 저조하다.
    ④ 경제 전문가들은 전기차 배터리 시장의 전망을 밝게 보고 있다.

37. 여자의 중심 생각으로 가장 알맞은 것을 고르십시오.
① 방광염은 관리가 중요한 질병이다.
② 카페인 음료에 의지하는 사람들이 많다.
③ 빈뇨는 방광의 기능을 떨어뜨릴 수 있다.
④ 방광염 예방을 위해 카페인 섭취를 줄여야 한다.

38. 들은 내용과 같은 것을 고르십시오.
① 물은 나누어 마시면 콩팥에 좋다.
② 방광에 염증이 생기면 빈뇨가 생긴다.
③ 방광염은 콩팥 기능에 영향을 줄 수 있다.
④ 요즘 카페인 음료를 안 마시는 사람은 없다.

39. 이 대화 전의 내용으로 가장 알맞은 것을 고르십시오.
① 숲속의 나무는 대량의 탄소를 저장하고 있다.
② 고래는 나무의 이산화탄소를 흡수하여 저장한다.
③ 고래는 나무에 못지않게 탄소 저장 기능에 일조하고 있다.
④ 수천 그루 정도의 나무가 있어야 탄소 저장 기능을 할 수 있다.

40. 들은 내용과 같은 것을 고르십시오.
① 작은 나무가 죽어야 큰 나무가 살아남는다.
② 코끼리는 숲의 구조에 부정적 영향을 미친다.
③ 코끼리도 고래처럼 탄소를 몸속에 저장하고 있다.
④ 숲의 밀집도가 낮아지면 큰 나무의 성장에 이롭다.

※ **[41~42] 다음을 듣고 물음에 답하십시오. (각 2점)**

41. 이 강연의 중심 내용으로 가장 알맞은 것을 고르십시오.
 ① 영화에서 배경 음악 선정은 쉽지 않은 편이다.
 ② 영화에서 배경 음악의 중요도는 계속 높아져야 한다.
 ③ 영화 음악에 대한 평가는 매우 중요하다고 볼 수 있다.
 ④ 영화 음악에 대한 적절한 비용의 투자가 이뤄져야 한다.

42. 들은 내용과 같은 것을 고르십시오.
 ① 영화의 배경 음악은 영화를 더 돋보이게 할 수 있다.
 ② 영화의 제작비를 고려한 배경 음악 작업이 필요하다.
 ③ 영화 장르에 따라 배경 음악에 대한 평가가 많이 다르다.
 ④ 영화의 완성도를 높이려면 제작비가 많이 투입되어야 한다.

※ **[43~44] 다음을 듣고 물음에 답하십시오. (각 2점)**

43. 무엇에 대한 내용인지 알맞은 것을 고르십시오.
 ① 아파트에 사는 이유
 ② 직접 집을 지은 경험
 ③ 살고 싶은 집의 구조
 ④ 집을 지어야 하는 이유

44. 남자가 집을 지은 이유로 맞는 것을 고르십시오.
 ① 비용이 적게 들어서
 ② 꿈을 실현하기 위해서
 ③ 아파트 거주가 싫증나서
 ④ 사회적 통념을 깨기 위해서

※　[45~46] 다음을 듣고 물음에 답하십시오. (각 2점)

45. 들은 내용과 같은 것을 고르십시오.
　① 정기 예금은 가장 익숙한 형태의 예금이다.
　② 보통 예금이 정기 예금보다 이자가 많은 편이다.
　③ 보통 예금은 약속된 기간 동안 돈을 찾을 수 없다.
　④ 정기 예금은 적어도 1년 이상 가입해야 이자가 높다.

46. 여자가 말하는 방식으로 알맞은 것을 고르십시오.
　① 예금 가입을 적극 권하고 있다.
　② 이자의 중요성을 암시하고 있다.
　③ 예금의 두 가지 종류를 비교하고 있다.
　④ 이자 높게 받는 방법을 요약하고 있다.

※　[47~48] 다음을 듣고 물음에 답하십시오. (각 2점)

47. 들은 내용과 같은 것을 고르십시오.
　① 어떤 사고라도 미연에 방지할 방법은 없다.
　② 사고 발생 징조를 발견해도 제때 대응하기 힘들다.
　③ 안전 규칙 준수로 안전사고 발생률을 낮출 수 있다.
　④ 사람들은 사고의 위험과 그 피해에 대해 심각하게 생각한다.

48. 남자의 태도로 알맞은 것을 고르십시오.
　① 사람들의 안전 불감증을 우려하고 있다.
　② 사람들의 안전 불감증을 비판하고 있다.
　③ 사람들의 안전 의식 제고를 주장하고 있다.
　④ 사람들의 안전 의식 수준을 평가하고 있다.

49. 들은 내용과 같은 것을 고르십시오.
    ① 태권도 규칙은 올림픽 종목에 맞게 변화되었다.
    ② 태권도는 대중적인 인기로 인해 올림픽 종목이 되었다.
    ③ 태권도가 올림픽 종목으로 채택될 때 어려움이 있었다.
    ④ 태권도 기술을 점수로 계량화하는 것은 크게 어렵지 않았다.

50. 남자가 말하는 방식으로 알맞은 것을 고르십시오.
    ① 태권도의 미래를 낙관하고 있다.
    ② 태권도의 전통적 의미를 강조하고 있다.
    ③ 태권도 규칙의 변화에 대해 반발하고 있다.
    ④ 태권도에 대한 비판의 목소리를 걱정하고 있다.

TOPIK II 쓰기 (51번 ~ 54번)

※　[51~52] 다음 글의 ㉠과 ㉡에 알맞은 말을 각각 쓰시오. (각 10점)

51.

이달의 도서 소개

『나의 한국 여행』은 프랑스 친구가 직접 한국을 (　　㉠　　) 본 것을 쓴 책입니다. 이 책에는 한국의 유명한 여행지, 음식점, 숙소도 소개하고 있어서 한국 여행에 관심이 있는 분이라면 꼭 (　　㉡　　).

『나의 한국 여행』은 다음 주부터 서점에서 만나보실 수 있습니다.

㉠ ____

㉡ ____

52.

우리 몸의 약 60~70%는 물로 이루어져 있기 때문에 체내에 물이 부족하면 건강에 심각한 문제가 발생할 수 있다. 하지만 사람들은 목이 말라야 물을 마신다. 전문가의 의견에 따르면 목이 (　　㉠　　) 꾸준히 물을 마셔야 한다고 한다. 그렇지 않고 몸에 수분이 부족한 채 생활한다면 건강에 문제가 (　　㉡　　).

㉠ ____

㉡ ____

53. 다음은 '국내 쓰레기 배출 현황'에 대한 자료이다. 이 내용을 200~300자의 글로 쓰시오. 단, 글의 제목은 쓰지 마시오. (30점)

• 조사 기관: 생활환경 연구소

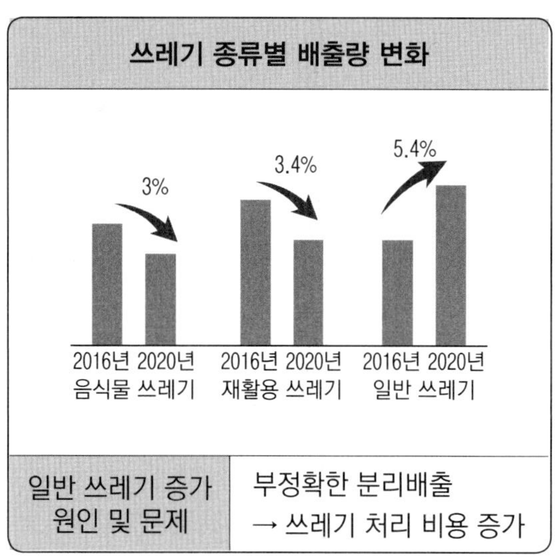

54. 다음을 참고하여 600~700자로 글을 쓰시오. 단, 문제를 그대로 옮겨 쓰지 마시오. (50점)

사회생활을 하다 보면 타인과 다양한 갈등이 생길 수 있다. 이러한 갈등으로 인해 사회생활이 힘들어질 수도 있고 갈등을 해결하는 과정에서 관계가 더 깊어질 수 있다. 아래의 내용을 중심으로 '갈등을 잘 해결하는 방법'에 대한 자신의 생각을 쓰라.

• 갈등이 발생하는 원인은 무엇인가?
• 갈등으로 인해 발생할 수 있는 문제는 무엇인가?
• 갈등을 잘 해결하기 위해서 어떤 노력을 해야 하는가?

＊원고지 쓰기의 예

자	연	은		공	생	관	계	를		통	해		생	태	계	를		유
지	한	다	.	개	미	와		잔	딧	물	이		바	로		대	표	적	인

제4회
실전모의고사

한국어능력시험 II
(중 · 고급)

| 2교시 | 읽기 |

수험번호(Applicaton No.)		
이름 (Name)	한국어(Korean)	
	영 어(English)	

유 의 사 항
Information

1. 시험 시작 지시가 있을 때까지 문제를 풀지 마십시오.
   Do not open the booklet until you are allowed to start.

2. 접수번호와 이름은 정확하게 적어 주십시오.
   Write your name and registration number on the answer sheet.

3. 답안지를 구기거나 훼손하지 마십시오.
   Do not fold the answer sheet; keep it clean.

4. 답안지의 이름, 접수번호 및 정답의 기입은 컴퓨터용 펜을 사용하여 주십시오.
   Use the optical mark reader(OMR) pen only.

5. 정답은 답안지에 정확하게 표시하여 주십시오.
   Mark your answer accurately and clearly on the answer sheet.

   marking example ① ● ③ ④

6. 문제를 읽을 때에는 소리가 나지 않도록 하십시오.
   Keep quiet while answering the questions.

7. 질문이 있을 때에는 손을 들고 감독관이 올 때까지 기다려 주십시오.
   When you have any questions, please raise your hand.

TOPIK II 읽기 (1번 ~ 50번)

※ **[1-2] (   )에 들어갈 말로 가장 알맞은 것을 고르십시오. (각 2점)**

1. 영화를 (   ) 지루해서 졸았다.
   ① 보다가　　　　② 본 채로　　　　③ 보는 사이에　　　④ 보는 데다가

2. 아무리 바빠도 신호를 (   ).
   ① 어겨 버렸다　　　　　　　② 어길걸 그랬다
   ③ 어기면 안 된다　　　　　　④ 어길지도 모른다

※ **[3-4] 밑줄 친 부분과 의미가 가장 비슷한 것을 고르십시오. (각 2점)**

3. 자신의 지나간 시간에 대한 기록을 <u>남기고자</u> 자서전을 쓰는 사람들이 많다.
   ① 남길수록　　　　　　　② 남긴다면
   ③ 남기고 보니　　　　　　④ 남기기 위해서

4. 장마가 끝나고 나면 무더위가 <u>시작될 듯하다</u>.
   ① 시작된 셈이다　　　　　② 시작될 것 같다
   ③ 시작되려고 한다　　　　④ 시작될 수도 있다

5.

하루 종일 피곤한 당신!
하루 한 알로 당신의 건강을 지키세요.

① 운동화   ② 영양제   ③ 정수기   ④ 소화제

6.

책이 쌓이면 지식도 쌓입니다.
지금 바로 책을 펴세요!

① 독서   ② 교육   ③ 전시   ④ 수집

7.

당신의 아름다운 목소리가
누군가에게는 소음이 될 수도 있습니다.

① 관리 비법   ② 공공 예절   ③ 봉사 활동   ④ 관람 후기

8.

- 챗봇으로 24시간 궁금증을 해결할 수 있습니다.
- 전화는 평일 오전 9시~오후 6시까지 가능합니다.

① 신청 안내   ② 방문 신청   ③ 문의 방법   ④ 상품 생산

※ **[9~12] 다음 글 또는 그래프의 내용과 같은 것을 고르십시오. (각 2점)**

9.

〈휴게실 이용 안내문〉

- 이용 시간: 12:00~13:20 / 17:40~18:30(근무 시간 내 이용 금지)
- 휴게실 내 절대 금연
- 외부 음식물 반입 금지
- 사용한 종이컵, 음료수 캔 등은 분리수거

① 휴게실에서 점심을 먹어도 된다.
② 휴게실에서 담배를 피울 수 없다.
③ 휴게실에서 커피를 마시면 안 된다.
④ 업무 시간에 휴게실에서 쉴 수 있다.

10.

1인 가구 비중

남자	연령별	여자
20.3%	20대	19.7%
21.7%	30대	17.7%
15.3%	40대	8.9%
17.9%	50대	14.2%
15.3%	60대	18.3%
9.5%	70대 이상	21.2%

① 남녀 모두 20대에 1인 가구가 가장 많다.
② 남녀의 연령대별 1인 가구의 비율은 비슷하다.
③ 70대 이상에서 여자의 1인 가구의 비율이 남자의 두 배가 넘는다.
④ 여자의 연령대별 1인 가구 비율은 남자에 비해 변화가 크지 않다.

※ **[9–12] 다음 글 또는 그래프의 내용과 같은 것을 고르십시오. (각 2점)**

11.

> 한 연구팀에서 아동과 청소년의 식습관 형성에 도움을 줄 수 있는 요인에 대해 조사했다. 조사 결과에 따르면 편식이 심한 아이는 건강에 좋은 음식을 즐겨먹는 친구와 어울리는 것이 도움이 된다고 한다. 이유는 친구와 같이 음식을 먹으면 편식이 심한 아이가 자신이 선호하던 음식 대신 친구가 먹는 건강한 음식을 선택하는 경향이 강했기 때문이다. 의외로 반대의 경우는 많지 않았다고 한다.

① 아이들은 편식을 하기 마련이다.
② 청소년기의 편식은 친구가 고쳐줘야 한다.
③ 청소년들은 건강에 좋은 음식을 선호하지 않는다.
④ 아이들의 식습관은 친구의 영향으로 개선될 수 있다.

12.

> 동네에서 산책을 하다가 어디선가 나오는 음악 소리를 들었다. 알고 보니 공동체 라디오, 즉 지역 주민을 대상으로 하는 라디오 방송이었다. 이 라디오 방송의 특징은 라디오 DJ가 주민들의 사연을 주로 소개해 주는데 지역 주민 누구나 참여해 자신의 이야기나 동네의 이야기를 할 수 있다는 것이다. 이처럼 공동체 라디오는 지역 사회 내 주민들 간의 소통과 유대감을 강화시키는 데 큰 몫을 하고 있다.

① 공동체 라디오는 지역 주민들의 소통 수단이 되고 있다.
② 공동체 라디오는 여러 지역의 사람들이 함께하는 방송이다.
③ 지역 주민을 대상으로 하는 공동체 라디오 방송이 필요하다.
④ 지역 사회의 경제적 발전을 위해 공동체 라디오가 도움이 된다.

※　[13–15] 다음을 순서에 맞게 배열한 것을 고르십시오. (각 2점)

13.

> (가) 우리 몸의 70%는 수분으로 이루어져있다.
>
> (나) 따라서 매일 권장 섭취량의 물을 마시는 것이 중요하다.
>
> (다) 물은 우리 몸에서 영양분을 운반하는 중요한 역할을 한다.
>
> (라) 하지만 생수 대신 차나 음료를 마시는 것은 바람직하지 않다.

① (가) - (나) - (라) - (나)　　　② (가) - (다) - (나) - (라)

③ (다) - (가) - (나) - (라)　　　④ (다) - (나) - (라) - (가)

14.

> (가) 그래서 띄어쓰기를 한글맞춤법으로 정해두고 있다.
>
> (나) 한글 표기법에서 띄어쓰기는 매우 중요한 부분이다.
>
> (다) 띄어쓰기에 따라 전혀 다른 말이 될 수 있기 때문이다.
>
> (라) 한글맞춤법에 따르면 문장의 각 단어는 띄어쓰는 것을 원칙으로 한다.

① (가) - (라) - (나) - (다)　　　② (나) - (가) - (라) - (다)

③ (나) - (다) - (가) - (라)　　　④ (라) - (다) - (나) - (가)

15.

> (가) 그러면 전자레인지 안이 귤향기로 가득할 것이다.
>
> (나) 귤껍질을 활용하여 그 냄새를 없앨 수 있는 방법을 소개하겠다.
>
> (다) 그릇에 귤껍질을 담고 물을 한 컵 부은 후 1분 정도 돌리면 된다.
>
> (라) 누구나 한 번쯤은 전자레인지 안의 음식 냄새로 고민해 봤을 것이다.

① (나) - (다) - (가) - (라)　　　② (나) - (라) - (가) - (다)

③ (라) - (나) - (다) - (가)　　　④ (라) - (다) - (나) - (가)

16.

식곤증은 음식을 먹은 후 졸음이 오는 자연스러운 증상이다. 하지만 이로 인해 평소 업무나 학업에 영향을 받을 정도라면 졸릴 때 억지로 졸음을 쫓으려 하기 보다는 잠깐 눈을 붙이거나 간단한 스트레칭을 하는 것이 좋다. 만약 (   ) 식사량을 줄이고, 비타민이나 무기질이 많은 신선한 채소나 과일을 먹는 것이 도움이 된다.

① 건강이 염려된다면　　　　　② 피곤이 풀리지 않으면
③ 졸음을 줄이고 싶다면　　　　④ 식곤증을 피하고 싶다면

17.

약국을 이용하기 힘든 공휴일이나 야간, 새벽 시간에 긴급하게 의약품이 필요한 경우를 대비해 편의점에서도 약을 구입할 수 있게 됐다. 편의점에서 살 수 있는 약은 전문 의약품이 아닌 가벼운 증상에 복용할 수 있는 일반 의약품이다. 따라서 의사의 처방전 없이 (   ) 살 수 있다.

① 저렴하게 구입하여　　　　　② 처방전을 받은 후에
③ 환자 스스로 판단하여　　　　④ 효과가 좋은 것이어서

18.

우리가 맛을 느끼는 것은 혀 속의 아주 작은 기관인 미뢰 덕분이다. 미뢰는 맛을 인지하는 미각 세포 여러 개로 이루어져 있다. 맛을 내는 물질이 미각 세포를 자극하면, 이 정보가 뇌로 보내지고 방금 먹은 음식이 어떤 맛인지 알 수 있게 되는 것이다. 또한 혀뿐만 아니라 후각도 맛을 느끼는 데 큰 영향을 미친다. 그래서 감기에 걸려서 (   ) 음식이 맛없다고 느끼는 이유가 바로 그것 때문이다.

① 코가 막히면　　　　　　　　② 입맛이 없어지면
③ 기침을 심하게 할 때　　　　④ 냄새를 잘 못 맡을 때

※　**[19~20] 다음을 읽고 물음에 답하십시오. (각 2점)**

> 　발명은 일상의 불편함을 개선하려는 의지와 과학적인 기술이 만나 세상을 편리하게 해 주는 물건을 만들어 내는 일이다. 하지만 아무것도 없는 '무'에서 '유'를 창조하기 보다는 이전에 있던 것에 아이디어를 덧붙여 더 나은 것을 발명하는 경우가 많다. 라이트 형제가 비행기를 발명할 수 있었던 것은 비행기 연구에 대한 신문 기사를 보았기 때문이다. 전화기 (　　　　) 벨이 발명하기 전에 다른 사람들의 수많은 연구가 있었는데 이러한 연구 결과 덕분에 마침내 전화기가 탄생된 것이다.

19.　(　　　)에 들어갈 말로 가장 알맞은 것을 고르십시오.

① 조차　　　　　② 역시　　　　　③ 마저　　　　　④ 까지

20.　윗글의 주제로 가장 알맞은 것을 고르십시오.

① 비행기의 발명은 노력의 결과이다.

② 발명은 이전에 없던 것이 생기는 것이다.

③ 발명에는 아이디어와 과학 기술이 필요하다.

④ 많은 발명품은 선행 연구를 바탕으로 만들어졌다.

최근 일반 담배에 비해 전자담배가 몸에 덜 해롭다는 인식이 퍼지면서 전자담배의 판매량이 급증하고 있다. 그중에서 니코틴이 없는 전자담배가 금연을 계획하고 있는 사람들에게 인기이다. 그러나 식품의약품안전처의 연구에 의하면 니코틴이 없는 전자담배에도 다량의 발암 물질이 함유되어 있기 때문에 장기적으로 사용하면 인체에 유해할 수 있다고 한다. 따라서 금연을 위해 전자담배를 피우는 것은 (　　　　　)와 같다고 볼 수 있다.

21. (　　　)에 들어갈 말로 가장 알맞은 것을 고르십시오.
① 땅 짚고 헤엄치기
② 언 발에 오줌 누기
③ 밑 빠진 독에 물 붓기
④ 쓰면 뱉고 달면 삼키기

22. 윗글의 내용과 같은 것을 고르십시오.
① 전자담배는 금연에 효과가 있다.
② 전자담배의 유해성 여부는 알 수 없다.
③ 니코틴이 없다고 해서 무해한 것은 아니다.
④ 사람들의 일반 담배에 대한 인식이 변하고 있다.

　　가족들이 모두 이민을 간 후 나에게 명절은 제일 심심한 연휴가 되었다. 어제는 다음 주 추석을 함께 보내기로 한 친구들과 함께 시장에 갔다. 제일 먼저 만나게 된 과일 가게에서는 사과와 배가 제사상에 올라가길 기다리는 듯 저마다 예쁜 색을 내고 있었다. 그중에서 빛깔이 좋은 사과 몇 개를 샀다. 다음은 건너편에 있는 생선 가게에 들렀다. 내가 제일 좋아하는 굴비가 있어 그냥 지나칠 수가 없었다. 보통 굴비는 어획량이 적어 수입산이 많은데 이곳은 국산만 판매한다고 했다. 간도 다 되어 있어서 굽기만 하면 된다는 말에 망설임 없이 한 손을 샀다. 마지막으로 친구들이 제일 먹고 싶어 한 미역국을 끓이기 위해 필요한 쇠고기를 샀다. 정육점 사장님께서 제일 맛있는 부위라며 국거리용 고기를 열심히 썰어 주셨다. 오랜만에 명절을 준비하는 듯한 기분이 들면서 두 손이 무거워질수록 내 발걸음은 가벼워졌다. 이제 그만 가자는 친구들의 투정이 있었지만 추석엔 역시 송편이 있어야 제 맛 아닌가.... 오색의 예쁜 송편 한 팩을 마지막으로 사고 나서야 <u>발길을 돌렸다.</u>

23. 밑줄 친 부분에 나타난 '나'의 심정으로 가장 알맞은 것을 고르십시오.
① 만족하다
② 짜증나다
③ 싫증나다
④ 후련하다

24. 윗글의 내용과 같은 것을 고르십시오.
① 나는 굴비를 살까 말까 망설였다.
② 나는 추석에 차례를 지낼 생각이다.
③ 나는 장을 보다가 친구들과 다퉜다.
④ 나는 송편을 산 후 집으로 돌아왔다.

25.

태풍 서울 인근서 소멸…. 무더위 본격 시작

① 태풍이 서울 근처에서 사라지고 무더위가 시작됐다.
② 태풍이 서울을 지나고 있어 날씨가 무더워지고 있다.
③ 태풍이 서울을 빗겨가면서 무더위가 기승을 부리고 있다.
④ 서울이 태풍의 영향권을 벗어나 다시 무더위가 올 것이다.

26.

서울은행 직원들 '부글부글', 자구책 없이 사의 표명한 무책임한 임원진

① 직원들의 퇴사로 인해 임원진들이 해결책을 마련하고 있다.
② 책임감 없는 간부들이 사표를 낸 덕분에 문제가 해결되었다.
③ 직원들은 회사를 그만두었고 임원진은 책임을 지지 않고 있다.
④ 상사들이 문제를 해결하지 않고 회사를 떠나서 직원들이 불만이 많다.

27.

여성 폐암 환자 90%, 간접흡연이 원인

① 여성 폐암의 주된 원인은 간접흡연이다.
② 폐암은 주로 담배를 피우는 여성이 걸린다.
③ 여성의 90%가 간접흡연으로 폐암에 걸렸다.
④ 비흡연 여성도 폐암에 걸릴 확률이 90%이다.

28.

　　　사람은 누구나 어느 정도의 불안한 감정을 안고 살아간다. 이러한 감정은 대부분 아직 오지 않은 불확실한 미래에 대한 불안과 두려운 마음 때문에 생긴다. 그러나 아직 일어나지 않은 (　　　　　) 지나치게 불안해하기 보다는 반복되는 일과를 만들어 미래에 대한 예측 확률을 높여 보자. 불안감과 두려움을 극복하는 데 도움이 될 것이다.

① 상황을 유추하기 어려워
② 일에 대한 막연한 걱정으로
③ 불길한 일에 대한 근심으로
④ 미래에 대한 호기심이 발동하여

29.

　　　지구 온난화는 이산화탄소 같은 온실 기체가 지구를 둘러싸면서 대기의 열이 우주 공간으로 빠져나가지 못해 지구의 평균 온도가 올라가는 것을 말한다. 지구 온난화로 인해 겨울이 더욱 추워지고 홍수와 가뭄이 빈번해지며 해수면 상승, 생태계 다양성 훼손 등의 문제가 나타나게 된다. 이러한 이유로 (　　　　　) 것이 점점 어려워지고 있다.

① 기온이 상승하는
② 기후를 예측하는
③ 자연재해를 피하는
④ 환경 문제를 해결하는

30.

　　수어는 청각 장애가 있어 소리를 듣지 못하는 농인들이 의사소통을 위해 사용하는 언어로 '보이는 언어'라고도 한다. 수어는 이렇게 눈으로 보는 언어이기 때문에 표정이 (　　　　) 중요한 요소로 작용한다. 수어를 하는 사람들의 얼굴 표정이 좀 과하다고 생각하는 경우가 있는 것도 표정으로 상대방과 소통하기 때문이다. 그래서 수어를 할 때는 문장의 뜻에 맞는 표정을 지어주는 것이 중요하다.

① 감정을 감추는 데
② 문장을 만드는 데
③ 억양을 강조하는 데
④ 의사를 전달하는 데

31.

　　의사가 환자에게 가짜 약을 처방했더라도 환자가 병이 나을 것이라는 긍정적인 믿음이 있으면 어느 정도 (　　　　) 있다고 한다. 이와 반대로 의사가 병세에 맞는 약을 처방해도 환자가 부정적인 생각이나 의심을 한다면 실제로 통증이 심해지는 등 치료 효과에 안 좋은 영향을 가져올 수 있다고 한다. 이처럼 우리 스스로가 갖고 있는 믿음은 우리의 행동과 감정 그리고 신체까지 큰 영향을 미칠 수 있다.

① 의사가 능력이
② 통증의 감소 효과가
③ 약의 효과를 경험할 수
④ 치료 시기를 앞당길 수

32.

> 　최근 필수 혼수 가전으로 냉장고, 세탁기 외에 공기 청정기도 많이 언급되고 있다. 이는 사계절 내내 미세먼지 발생 빈도가 높아지면서 공기 청정기의 수요가 커졌기 때문이다. 그리고 건조기, 로봇 청소기, 식기세척기 등의 가전제품도 혼수 가전으로 자리를 잡았다. 이들은 주로 가사 노동 시간을 줄여 주는 제품으로 젊은층의 집안일에 대한 인식의 변화를 엿볼 수 있다.

① 공기 청정기 판매 실적은 계절의 영향을 받는다.
② 남녀를 불문하고 집안일에 기꺼이 시간을 투자한다.
③ 예비 신혼부부는 집안일을 도와주는 가전제품을 선호한다.
④ 젊은이들은 냉장고, 세탁기 대신 건조기, 로봇 청소기 등을 많이 구매한다.

33.

> 　화상은 뜨거운 불이나 물에 의해 피부 조직이 손상되는 것을 말한다. 그런데 피부뿐만 아니라 눈의 각막도 화상을 입을 수 있다. 스키장에 쌓여 있는 눈은 햇빛 반사율이 다른 곳에 비해 4배 이상 높다. 이런 곳에서 선글라스 등 특별한 보호 장치 없이 장시간 많은 양의 자외선에 맨눈이 노출되면 각막에 손상이 축적돼 화상으로 이어질 수 있으므로 주의해야 한다.

① 겨울철 스키장에서 화상 사고가 많이 발생한다.
② 스키장에서는 선글라스 착용으로 눈을 보호할 수 있다.
③ 햇빛에 장시간 노출될 경우 화상의 위험을 피할 수 없다.
④ 스키장의 눈에 장시간 노출되면 피부에 화상을 입을 수 있다.

※ [32~34] 다음을 읽고 내용이 같은 것을 고르십시오. (각 2점)

34.

> 최근 많은 자동차 제조사들이 전기자동차의 개발과 생산에 투자와 연구를 하고 있다. 전기자동차는 자동차 배터리에 있는 전기로 작동하기 때문에 환경을 보호하면서 유지비까지 저렴하다. 또한 전기 사용으로 인해 다른 자동차에 비해 엔진의 소음이나 진동이 적은 장점도 있다. 그러나 차량 판매량에 비해 턱없이 부족한 충전소와 자동차 구입 비용이 비싸다는 점이 앞으로 해결해야 할 과제로 남아 있다.

① 전기자동차의 충전소 확충이 필요하다.
② 전기자동차는 주행 시 엔진의 소리를 키워야 한다.
③ 전기자동차 생산에 더 많은 투자와 연구가 필요하다.
④ 전기자동차는 환경 오염 문제로 인해 개발되기 시작했다.

※ [35~38] 다음을 읽고 글의 주제로 가장 알맞은 것을 고르십시오. (각 2점)

35.

> 춘곤증은 봄철에 환경 변화에 몸이 적응하지 못해 생기는 현상이다. 춘곤증의 대표적인 증상은 졸음으로 인한 나른함과 권태감을 들 수 있다. 대부분의 사람들은 졸음을 쫓기 위해 커피를 자주 마시거나 장시간 잠을 자기도 한다. 그러나 이러한 방법은 춘곤증을 이겨내는 데 도움이 되지 않는다. 춘곤증이 느껴질 때는 가벼운 스트레칭이나 산책을 하면서 긴장된 근육을 풀어주는 것이 좋다.

① 춘곤증이 생기는 원인은 바로 식욕부진이다.
② 춘곤증을 겪을 때는 의료적 도움을 받는 것이 좋다.
③ 춘곤증을 이겨내기 위해 적절한 운동이 효과적이다.
④ 춘곤증을 없애기 위해서는 수면을 충분히 취해야 한다.

36.

> MBTI는 사람의 성격을 16가지 유형으로 보여주는 지표이다. 젊은 세대들은 MBTI를 통해 상대의 성격을 객관적으로 알 수 있다고 생각한다. 하지만 MBTI 유형으로 사람의 성격을 모두 분류하는 것은 한계가 있을 뿐만 아니라 실제 성격과 맞지 않는 경우도 많다. 따라서 MBTI로 상대방을 판단한다면 오히려 다양한 인간관계를 형성하는 데에 걸림돌이 될 수도 있다. 그러므로 MBTI는 상대방을 이해하는 보조 수단으로 활용해야 할 것이다.

① MBTI로 대인 관계를 원만하게 만들 수 있다.
② MBTI는 모든 사람의 성격을 정확히 나타낸다.
③ MBTI는 자신과 잘 맞는 상대를 찾기에 용이하다.
④ MBTI로 상대방의 성격을 단정하는 것은 바람직하지 않다.

37.

> '드림'은 쓰던 물건을 필요한 사람에게 준다는 의미로 요즘 중고 거래 사이트에서 자주 사용하는 표현이다. '드림'이 이렇게 활성화 된 이유는 중고 물건에 대한 사람들의 인식이 바뀌었기 때문이다. 예전에는 모르는 사람이 쓰던 물건을 꺼려했지만 현재는 그렇지 않다. 오히려 사람들은 서로 필요한 물건을 나눔으로써 환경 보호에 도움이 되고 가계의 지출도 줄일 수 있어서 일석이조라고 생각한다.

① 중고 물건에 대한 인식 변화가 필요하다.
② '드림'이 사람들 간의 거래 문화를 주도하고 있다.
③ 환경 보호를 위해 중고 거래가 활성화 되어야 한다.
④ '드림'은 가계 경제와 환경에 긍정적인 효과가 있다.

※ **[35~38] 다음을 읽고 글의 주제로 가장 알맞은 것을 고르십시오. (각 2점)**

38.

> 최근 서울 지역 대기 오염 농도가 관측 이래 가장 낮은 수치를 기록하였다. 이는 서울시에서 내놓은 미세먼지 저감 대책이 효과를 발휘한 것이다. 서울시는 경유 버스를 압축천연가스 버스로 전면 교체하였고, 배출가스 5등급 차량 운행을 제한하면서 배기가스 방출량을 감소시켰다. 따라서 정부는 서울시 정책의 성공 사례를 토대로 수도권부터 단계적으로 해당 정책을 시행한 후 전국적으로 확대 적용할 방침이다.

① 대기 오염 개선 정책은 전국적으로 시행되어야 한다.
② 서울시 대기 오염의 주요 원인은 차량의 배기가스였다.
③ 대기 오염 감소를 위해 차량의 배기가스 방출을 금지했다.
④ 서울시는 차량의 배기가스 방출을 줄여 대기 오염 수치를 낮췄다.

※ **[39~41] 주어진 문장이 들어갈 곳으로 가장 알맞은 것을 고르십시오. (각 2점)**

39.

> 그래서 냄새로 과거의 기억을 떠올리는 현상을 프루스트 현상이라고 한다.

> 프랑스 작가 마르셀 프루스트의 소설 《잃어버린 시간을 찾아서》에서 주인공은 홍차에 적신 마들렌의 냄새를 맡고 과거의 기억을 떠올린다. (㉠) 우리에게 냄새가 단순히 후각적인 자극이 아니라, 우리의 기억과 감정을 자극하는 중요한 요소라는 것을 알려준다. (㉡) 마케팅에서도 프루스트 현상을 활용한 사례가 있다. (㉢) 즉, 특정한 향을 사용하여 소비자의 기억과 감정을 자극하여 브랜드 이미지를 각인시키는 것이다. (㉣)

① ㉠　　　　　② ㉡　　　　　③ ㉢　　　　　④ ㉣

40.

　사람의 수명을 최대 20년 늘릴 수 있다는 연구 결과가 나와서 화제이다.(　㉠　)연구진은 당뇨, 암 등 기존 질환 요인에 의한 변수를 제거하고 분석한 결과, 수명을 늘려주는 8가지 건강 생활 습관을 골라낼 수 있었다.(　㉡　) 사실 연구진이 고른 것들은 이미 우리가 익히 알고 있는 건강 습관이었다. (　㉢　) 바로 활발한 신체활동, 좋은 식습관, 긍정적 사회관계, 스트레스 관리, 절제된 음주, 절대 금연, 충분한 수면 등이다. (　㉣　) 반대로 영향력이 가장 적은 것은 긍정적 사회관계로 사망 위험 저감률이 5%에 그쳤다.

① ㉠　　　　　　② ㉡　　　　　　③ ㉢　　　　　　④ ㉣

41.

　최근 학원가 마약 음료 사건, 유명 연예인 투약 사건 등 마약류 범죄가 증가함에 따라 마약이 심각한 사회 문제로 대두되고 있다.(　㉠　) 마약 관련 사건에서 마약류를 유통한 사람들은 대부분 마약 범죄 이력이 없는 평범한 사람들로 드러나 사회적으로 큰 충격을 주었다. (　㉡　) 이에 정부는 마약 범죄 수사를 총 지휘하는 마약 범죄 특별수사본부를 구성해 범정부 수사 역량을 결집하기로 하였다.(　㉢　) 마약류 불법 유통 감시 및 마약 중독자를 위한 치료, 재활, 인프라 확충과 함께 마약 예방교육 계획도 발표하였다.(　㉣　)

① ㉠　　　　　　② ㉡　　　　　　③ ㉢　　　　　　④ ㉣

　　명수는 오늘 밤에도 역시 얼근하게 취한 기분으로 거의 열두 시가 되었을 때에 자기 집 문을 두들겼다. 그는 문 열기를 기다리는 동안에 밤늦게 돌아와서는 으레 하던 후회를 다시 하게 되었다. 최근 일 년을 두고 그가 저녁에 집에 붙어 앉은 일이 별로 없었다. 대개는 친구와 어울려서 밤늦도록 술잔이나 기울이거나, 그렇지 않으면 비록 일찍이 돌아왔다가도 저녁 밥상이 나가기가 무섭게 그는 있지 못할 곳에 있었던 것처럼 밖으로 뛰어나가 버렸다가 밤이 늦은 뒤에 돌아와서는 혀 곱은 소리로 가족을 깨워왔었다. 그리하여 가족이 곤한 잠을 못 이기어 눈을 부비면서 문을 열어줄 때마다 그는 진심으로 미안한 생각을 하고 이다음부터는 아무쪼록 밤출입을 하지 않고, 될 수 있으면 나갔다가도 일찍이 돌아올 것을 마음으로 맹세하고 자기의 불규칙한 생활을 부끄럽게 생각하였었다. 그러나 그 이튿날이 되면 무슨 일이든지 반드시 생겨서 그로 하여금 밤늦게 돌아가는 구실을 만들어주었다. 오늘 저녁에는 비교적 일찍이 집 안에서 아내의 대답이 나왔다. 그는 더욱 미안한 생각이 났다. "아이들은 다 자우?"하고, 명수는 대문 안으로 들어서며 물었다. 아내는 남편을 안으로 들이고 문을 잠그며, "시골 석호 조카가 왔어요." <u>"석호가 왔어……." 명수는 정신이 번쩍 났다.</u> 석호가 이렇게 먼 서울까지 찾아올 줄은 뜻밖의 일이었다.

42.　밑줄 친 부분에 나타난 '나'의 심정으로 가장 알맞은 것을 고르십시오.

　　① 애틋했다　　　　　　　　　② 의외였다

　　③ 서먹했다　　　　　　　　　④ 뿌듯했다

43.　윗글의 내용으로 알 수 있는 것을 고르십시오.

　　① 남자는 늦을 때마다 핑곗거리를 만들었다.

　　② 여자는 남자의 술버릇을 고치기로 마음먹었다.

　　③ 여자는 남자의 생활 태도를 매우 불만스러워했다.

　　④ 남자는 자신의 의도와 달리 귀가 시간이 늦을 때가 많다.

※ **[44~45] 다음을 읽고 물음에 답하십시오. (각 2점)**

운전을 하다 보면 복잡한 교차로나 여러 갈림길이 있는 곳에서 진행 방향을 찾기 힘든 경우가 있다. 이때 우물쭈물하다가 사고가 나거나 (   ) 한참을 돌아야 하는 불상사가 생기기도 한다. 이러한 문제를 해결하기 위해 운전자에게 진행 방향 경로를 분홍색, 초록색, 주황색 그리고 파란색의 선으로 표시한 주행 유도선이 도움을 주고 있다. 주행 유도선은 주행 방향이 헷갈리기 쉬운 곳에서 운전자들이 진출 경로를 사전에 확인하고 대비할 수 있게 해 준다. 뿐만 아니라 교통의 흐름을 개선하고 교통사고도 약 40%정도 감소시키는 효과도 있다고 한다. 유도선 표시는 우리나라에서 처음 고안하여 시행되었으며 이로 인한 긍정적인 효과가 이어지자 해외에서도 이 주행 유도선을 도입하고 있는 상황이라고 한다.

44. (   )에 들어갈 말로 가장 알맞은 것을 고르십시오.
① 차선을 바꿔서
② 정지하는 바람에
③ 앞차와의 거리를 둬서
④ 잘못된 방향으로 나가서

45. 윗글의 주제로 가장 알맞은 것을 고르십시오.
① 해외에서 주행 유도선의 도입이 시급한 상황이다.
② 복잡한 도로에서 운전자의 판단이 교통 흐름을 개선시킨다.
③ 주행 유도선은 안전 운전 및 교통 상황에 긍정적 영향을 미친다.
④ 운전 중 발생 가능한 문제를 주행 유도선으로 사전에 차단해야 한다.

※　[46-47] 다음을 읽고 물음에 답하십시오. (각 2점)

저출산으로 인한 인구 감소는 경제, 문화 등 여러 방면에서 사회 발전에 큰 걸림돌이 된다. 이러한 이유로 수년간 정부는 저출산을 극복하기 위해 다양한 출산장려 정책을 내놓았으나 출산율은 여전히 하락세를 보였다. 이에 정부는 올해부터 아이를 낳겠다는 의지가 있고 출산율을 높이는데 확실한 결과를 낼 수 있는 난임 부부 지원 사업에 힘을 싣기로 하였다. 이전에는 소득을 기준으로 차별적으로 지원을 한 난임 시술비를 내년부터는 난임 부부라면 누구나 소득과 상관없이 경제적 지원을 받을 수 있게 하였다. 하지만 그렇다고 해도 난임은 단순히 경제적 지원만으로 해결되는 문제가 아니다. 난임 치료 과정에서 환자들의 심리적 고통과 사회적 오해, 편견이 아직 충분히 해소되지 않고 있기 때문이다. 한 조사에 따르면 난임 부부가 시술 중 가장 힘들었던 점으로 회사나 주변의 이해 부족 등 정신적 고통이 큰 부분을 차지했다고 한다. 따라서 난임 치료에 대한 국민 의식을 개선하는 노력이 반드시 선행돼야 한다.

46. 윗글에 나타난 필자의 태도로 가장 알맞은 것을 고르십시오.
① 정부의 출산 장려 정책의 부족함을 지적하고 있다.
② 사회 각 계층의 난임에 대한 인지도 부족을 비판하고 있다.
③ 저출산 대책으로 난임 문제 해결을 방안으로 제시하고 있다.
④ 난임에 대한 사회 공동체의 인식 개선이 필요함을 강조하고 있다.

47. 위 글의 내용과 같은 것을 고르십시오.
① 난임에 대한 사회적 편견이 존재한다.
② 정부의 저출산 정책의 효과가 드러나고 있다.
③ 출산율을 높이려면 난임 문제가 해결돼야 한다.
④ 난임은 정부가 적극적으로 개입해야 하는 문제다.

　　『직지심체요절』은 1377년 고려 말 승려 백운이 고승들의 어록을 엮어 만든 책으로 현존하는 세계에서 가장 오래된 금속 활자본이다. 이는 세계 최초의 금속 활자 발명을 입증하는 자료로서 그 역사적 가치가 매우 높다. 금속 활자는 목판 인쇄의 많은 문제점을 보완한 것으로 목판 인쇄는 책의 각 장을 목판에 하나씩 새겨 한 권의 책만 출판할 수밖에 없었다. 반면에 금속 활자는 글자 하나하나 모두 따로 금속 활자본을 만들어 그것을 조합하여 문장을 만들었다. 그렇기 때문에 목판 인쇄보다 더 많은 책을 인쇄할 수 있으므로 (　　　　　　　) 이는 지식의 확대를 가져오는 큰 계기가 되었다. 게다가 금속으로 만들어졌기 때문에 보관도 영구적이었다. 이렇게 인류는 인쇄술의 발달과 함께 다양하고 방대한 지식을 얻을 수 있었고 과거의 지식을 통해 새로운 지식을 만들어왔다. 따라서 『직지심체요절』은 인쇄사적 가치를 인정받아 2001년 유네스코 세계기록유산에 등재되어 그 가치를 세계적으로 공인받은 바 있다.

48. 윗글을 쓴 목적으로 가장 알맞은 것을 고르십시오.
　① 세계 인쇄술의 발전을 소개하려고
　② 직지심체요절의 역사적 가치를 알리려고
　③ 직지심체요절의 인쇄 과정을 설명하려고
　④ 금속 활자와 목판 인쇄의 차이를 분석하려고

49. (　　　)에 들어갈 말로 가장 알맞은 것을 고르십시오.
　① 구독자를 증가시키고　　　　　　② 출판 기술이 발전하여
　③ 도서 보관 방법이 발달하여　　　④ 정보의 대중화를 가속화했고

50. 윗글의 내용과 같은 것을 고르십시오.
　① 목판 인쇄는 책의 모든 장을 새겨야 한다.
　② 현존하는 금속 활자본은 직지심체요절뿐이다.
　③ 목판 인쇄술에 앞서 금속 활자본이 출판되었다.
　④ 직지심체요절은 한글로 된 최초의 금속 활자본이다.

한·국·어·능·력·시·험·T·O·P·I·K

제5회
실전모의고사

한국어능력시험 Ⅱ
(중 · 고급)

| 1교시 | 듣기, 쓰기 |

수험번호(Applicaton No.)		
이름 (Name)	한국어(Korean)	
	영 어(English)	

유 의 사 항
Information

1. 시험 시작 지시가 있을 때까지 문제를 풀지 마십시오.
   Do not open the booklet until you are allowed to start.

2. 접수번호와 이름은 정확하게 적어 주십시오.
   Write your name and registration number on the answer sheet.

3. 답안지를 구기거나 훼손하지 마십시오.
   Do not fold the answer sheet; keep it clean.

4. 답안지의 이름, 접수번호 및 정답의 기입은 컴퓨터용 펜을 사용하여 주십시오.
   Use the optical mark reader(OMR) pen only.

5. 정답은 답안지에 정확하게 표시하여 주십시오.
   Mark your answer accurately and clearly on the answer sheet.

marking example　　① ● ③ ④

6. 문제를 읽을 때에는 소리가 나지 않도록 하십시오.
   Keep quiet while answering the questions.

7. 질문이 있을 때에는 손을 들고 감독관이 올 때까지 기다려 주십시오.
   When you have any questions, please raise your hand.

TOPIK Ⅱ 듣기 (1번 ~ 50번)

※　[1~3] 다음을 듣고 가장 알맞은 그림 또는 그래프를 고르십시오. (각 2점)

1.　① 　② 

③ 　④ 

2.　① 　② 

③ 

④ 

3. 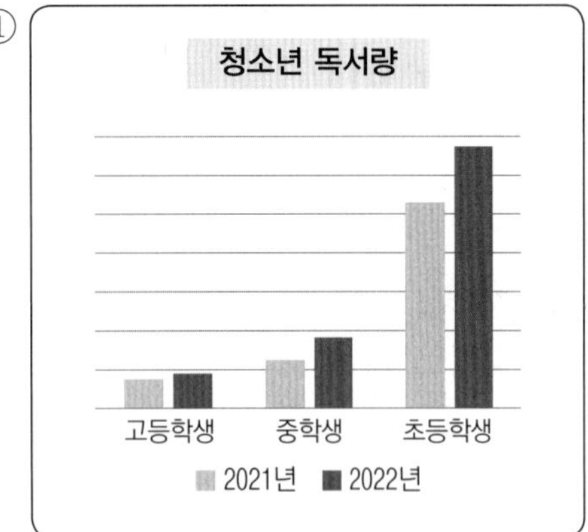 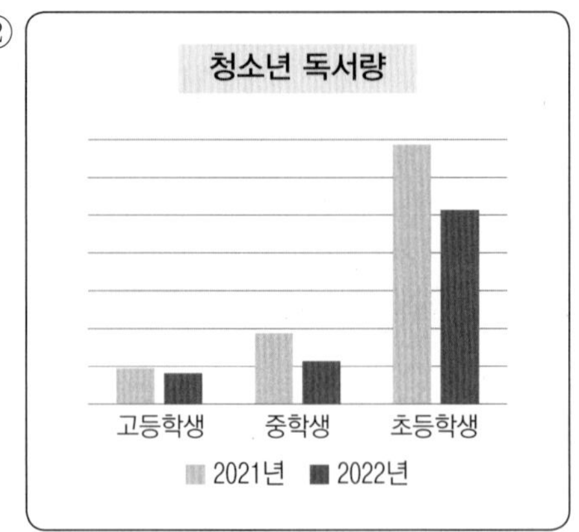

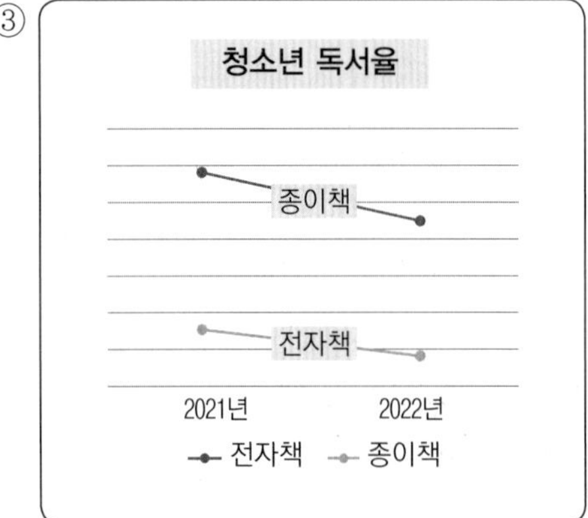 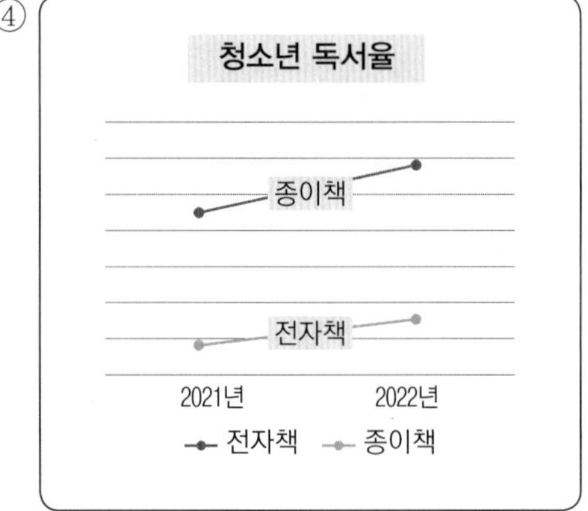

※　[4~8] 다음을 듣고 이어질 수 있는 말로 가장 알맞은 것을 고르십시오. (각 2점)

4.　① 요즘 시험기간이잖아요.
　　② 영화를 볼까 말까 했어요.
　　③ 피곤하면 일찍 쉬도록 해요.
　　④ 잠을 못 자면 하루가 힘들어요.

5.　① 설마 모임에 늦겠어?
　　② 지금이라도 가지 그래?
　　③ 알았더라면 갔을 텐데.
　　④ 늦어도 출발하려고 해.

6. ① 그럼 다른 가게도 가 보자.

② 미리 사 놓았더라면 좋았을 텐데.

③ 마음에 안 들면 환불하면 되잖아.

④ 고민만 할 게 아니라 입어 보고 결정해.

7. ① 어쩔 수 없네요.

② 넘어질 뻔했어요.

③ 정말 다행이에요.

④ 조심하지 그랬어요.

8. ① 맛없을까 봐 걱정이에요.

② 뭘요. 얼마나 맛있는지 몰라요.

③ 자주 하다 보니까 실력이 느는 것 같아요.

④ 그렇지 않아도 불고기를 만들려던 참이었어요.

※　[9~12] 다음을 듣고 **여자가** 이어서 할 행동으로 가장 알맞은 것을 고르십시오. (각 2점)

9. ① 연락처를 남긴다.　　② 추가 비용을 낸다.
　 ③ 셔츠에 얼룩을 지운다.　　④ 셔츠를 찾으러 간다.

10. ① 사진을 준비한다.　　② 수수료를 결제한다.
　　③ 신분증을 보여준다.　　④ 운전면허증을 받는다.

11. ① 김밥을 썬다.　　② 김밥을 만다.
　　③ 김밥을 담는다.　　④ 김밥 재료를 준비한다.

12. ① 약을 산다.　　② 약을 건넨다.
　　③ 약을 먹는다.　　④ 약국에 간다.

※ **[13~16] 다음을 듣고 들은 내용과 같은 것을 고르십시오. (각 2점)**

13. ① 여자는 위험한 사진 찍는 것을 좋아한다.

    ② 여자는 자신이 찍은 사진을 자랑하고 있다.

    ③ 남자는 절벽 위에서 사진을 찍고 싶어 한다.

    ④ 남자는 위험한 사진을 찍는 것에 대해 부정적이다.

14. ① 점심은 각자 해결해야 한다.

    ② 오후에 강의실과 연구실을 둘러볼 것이다.

    ③ 배부된 일정표에 오후 일정도 포함되어 있다.

    ④ 일정이 끝난 후 편하게 교내를 둘러볼 수 있다.

15. ① 등산객은 등산로를 벗어났다.

    ② 등산을 하면 길을 잃을 위험이 있다.

    ③ 등산을 하다가 실종되는 사고가 자주 있다.

    ④ 등산객은 주변 사람의 도움으로 구조되었다.

16. ① 여자는 생각보다 결과가 좋아서 더 기쁘다.

    ② 여자는 배드민턴 대회에서 상을 처음 받았다.

    ③ 여자는 이번 대회에서 여러 종목에 출전했다.

    ④ 여자는 배드민턴 대회에 팀으로 나간 적이 있다.

※　　[17~20] 다음을 듣고 <u>남자</u>의 중심 생각으로 가장 알맞은 것을 고르십시오. (각 2점)

17. ① 대회에 참가하는 것이 제일 중요하다.
② 무릎을 다치면 대회에 참가할 수 없다.
③ 대회 참가보다 몸 관리가 우선되어야 한다.
④ 병원 처방에 따라 다음 대회를 준비해야 한다.

18. ① 음악은 크게 듣는 것이 좋다.
② 소음이 있어야 집중을 잘 할 수 있다.
③ 음악을 들으면서 공부하는 것은 불가능하다.
④ 큰 소리는 주변 사람들에게 피해를 줄 수 있다.

19. ① 일반 사무실을 사용하면 불편한 점이 많다.
② 공유 사무실은 소규모 회사에게 부적합하다.
③ 소규모 회사는 공유 사무실을 이용하는 추세이다.
④ 공유 사무실은 환경이나 비용 면에서 추천할 만하다.

20. ① 스트레스를 받지 않는 사람은 없다.
② 스트레스와 생활의 질은 깊은 관계가 있다.
③ 스트레스를 받으면 해소하려고 노력해야 한다.
④ 스트레스가 쌓이면 건강에 문제가 생길 것이다.

21. 남자의 중심 생각으로 가장 알맞은 것을 고르십시오.
　　① 임신부의 근무 시간 단축이 필요하다.
　　② 임신부석은 임신부들에게 큰 도움이 되고 있다.
　　③ 임신부의 안전을 위해 재택 근무를 허용해야 한다.
　　④ 임신부를 보호하기 위해 출퇴근 시간을 조정해야 한다.

22. 들은 내용과 같은 것을 고르십시오.
　　① 임신부들은 출퇴근에 어려움이 많다.
　　② 임신부들은 근무 시간을 지켜야 한다.
　　③ 임신부들의 출퇴근 시간을 정해야 한다.
　　④ 임신부들을 위한 지하철 좌석을 늘려야 한다.

※　[23~24] 다음을 듣고 물음에 답하십시오. (각 2점)

23. 남자가 무엇을 하고 있는지 고르십시오.
　　① 클래식 음악 영재의 기준을 설명하고 있다.
　　② 클래식 음악 영재 양성 과정을 소개하고 있다.
　　③ 클래식 음악 영재 지원의 필요성을 피력하고 있다.
　　④ 클래식 음악 영재를 위한 지원 혜택을 밝히고 있다.

24. 들은 내용과 같은 것을 고르십시오.
　　① 클래식 음악에 관심이 있는 아이들을 발굴한다.
　　② 선발된 클래식 음악 영재는 재단의 후원을 받는다.
　　③ 음악인이 되려면 어릴 때부터 교육을 받아야 한다.
　　④ 서울문화재단은 다양한 음악 분야의 인재 발굴에 관여한다.

※ [25~26] 다음을 듣고 물음에 답하십시오. (각 2점)

25. 남자의 중심 생각으로 가장 알맞은 것을 고르십시오.
① 경영자는 사고의 폭이 넓어야 한다.
② 경영자는 다양한 분야의 독서를 해야 한다.
③ 아무리 바빠도 독서를 게을리해서는 안 된다.
④ 독서는 사고의 폭을 넓히고 삶을 풍요롭게 한다.

26. 들은 내용과 같은 것을 고르십시오.
① 바쁘다 보면 일에 쫓겨 책을 읽을 생각도 못한다.
② 독서를 하지 않으면 고정관념의 틀을 깨기 어렵다.
③ 남자는 아버지의 영향으로 독서의 중요성을 알게 되었다.
④ 남자는 직원들이 책을 읽을 수 있도록 독서 공간을 만들었다.

※ [27~28] 다음을 듣고 물음에 답하십시오. (각 2점)

27. 남자가 말하는 의도로 알맞은 것을 고르십시오.
① 물가 상승의 원인을 알려주려고
② 통계 물가 산출의 오류를 지적하려고
③ 체감 물가와 통계 물가와의 차이를 설명해주려고
④ 체감 물가가 통계 물가보다 높다는 것을 강조하려고

28. 들은 내용과 같은 것을 고르십시오.
① 통계 물가 대비 체감 물가가 2% 내려갔다.
② 전기 요금 및 가스 요금이 연이어 오를 예정이다.
③ 통계청 물가 산정 품목은 체감 물가와 크게 다르지 않다.
④ 통계 물가와 체감 물가는 일정 정도의 차이가 있을 수밖에 없다.

29. 남자가 누구인지 고르십시오.
    ① 만화를 그리는 사람
    ② 만화를 좋아하는 사람
    ③ 드라마를 만드는 사람
    ④ 드라마를 촬영하는 사람

30. 들은 내용과 같은 것을 고르십시오.
    ① 독자들이 각자 선호하는 주인공이 다르다.
    ② 이 만화는 드라마로 제작되어 인기를 끌었다.
    ③ 작가는 배우들의 모습과 비슷하게 만화 주인공을 그렸다.
    ④ 만화가 드라마로 제작되려면 작가의 의견이 가장 중요하다.

※   [31~32] 다음을 듣고 물음에 답하십시오. (각 2점)

31. 남자의 중심 생각으로 가장 알맞은 것을 고르십시오.
    ① 은행 대출 금리가 오르면 부동산 경제가 안 좋아진다.
    ② 다주택자들은 부동산 하락을 막기 위해 집을 팔지 않을 것이다.
    ③ 대출 이자에 대한 부담으로 가계 경제 문제가 심각해 질 것이다.
    ④ 금리 인상이 부동산 시장 안정화에 긍정적인 영향을 줄 수 있다.

32. 남자의 태도로 가장 알맞은 것을 고르십시오.
    ① 금리 인상의 문제점을 우려하고 있다.
    ② 가계 부채 감소 정책 마련을 촉구하고 있다.
    ③ 부동산 시장을 안정시키기 위한 방법을 찾고 있다.
    ④ 대출 이자에 따른 소비 위축 현상을 분석하고 있다.

※ [33~34] 다음을 듣고 물음에 답하십시오. (각 2점)

33. 무엇에 대한 내용인지 알맞은 것을 고르십시오.
    ① 냉방병의 심각성
    ② 더위를 피하는 요령
    ③ 냉방병을 예방하는 방법
    ④ 에어컨 사용 시 주의할 점

34. 들은 내용과 같은 것을 고르십시오.
    ① 냉방병을 감기로 착각하기 쉽다.
    ② 추위를 타는 사람은 여름에도 겉옷을 입어야 한다.
    ③ 여름철 실내 기온은 적정 온도 이상을 유지해야 한다.
    ④ 우리 몸은 실내외 기온 차가 크면 냉방병에 걸릴 수 있다.

※ [35~36] 다음을 듣고 물음에 답하십시오. (각 2점)

35. 남자가 무엇을 하고 있는지 고르십시오.
    ① 환경 보호의 중요성을 알리고 있다.
    ② 환경 문제에 대한 자료를 분석하고 있다.
    ③ 환경의 날 행사에 대한 취지를 설명하고 있다.
    ④ 환경의 날 행사 진행에 대한 의견을 조사하고 있다.

36. 들은 내용과 같은 것을 고르십시오.
    ① 외환위기 이후 환경 운동이 시작되었다.
    ② 행사의 수익금은 어려운 이웃을 위해 기부된다.
    ③ 생활 속 탄소중립 실천을 체험해 볼 기회가 있다.
    ④ 아나바다는 환경을 보호하자는 취지에서 생긴 말이다.

37. 여자의 중심 생각으로 가장 알맞은 것을 고르십시오.
     ① 나이가 들면 기억력이 떨어지기 마련이다.
     ② 수면 부족은 뇌의 활성화에 영향을 미친다.
     ③ 나이와 상관없이 수면 시간을 보장해야 한다.
     ④ 치매 예방을 위해서는 충분히 잠을 자야 한다.

38. 들은 내용과 같은 것을 고르십시오.
     ① 잠이 부족하면 뇌에 독성 물질이 쌓인다.
     ② 치매에 걸리면 수면 시간을 조절해야 한다.
     ③ 나이가 들면 누구나 치매 위험에 노출된다.
     ④ 수면 시간이 적으면 치매에 걸릴 수밖에 없다.

39. 이 대화 전의 내용으로 가장 알맞은 것을 고르십시오.
     ① 긍정적 언어 사용은 두뇌 발달에 좋다.
     ② 우리가 사용하는 언어는 두뇌에 영향을 미친다.
     ③ 부정적 언어를 사용하면 우리의 뇌는 반응한다.
     ④ 긍정적 언어 사용의 중요성을 심각하게 생각해야 한다.

40. 들은 내용과 같은 것을 고르십시오.
     ① 자신의 감정을 잘 표현해야 인생이 행복하다.
     ② 긍정적 언어는 타인과의 관계에 도움이 된다.
     ③ 상황에 따라 부정적 언어 사용은 피할 수 없다.
     ④ 불평과 불만은 다른 사람과의 관계를 악화시킬 수 있다.

※　[41~42] 다음을 듣고 물음에 답하십시오. (각 2점)

41. 이 강연의 중심 내용으로 가장 알맞은 것을 고르십시오.
① 우주 연구가 미래를 위한 대안이 되어 가고 있다.
② 우주 정거장을 건설하면 국가의 위상이 올라간다.
③ 과학자로 구성된 우주인을 더 많이 양성해야 한다.
④ 지구의 자원이 고갈되어 대체 에너지 연구가 필요하다.

42. 들은 내용과 같은 것을 고르십시오.
① 우주 정거장은 사람이 영구적으로 거주할 수 있다.
② 우주 정거장은 지구 궤도 외부에 건설되는 구조물이다.
③ 우주 정거장 건설을 위해 많은 나라들이 공들이고 있다.
④ 우주 정거장에서 할 수 있는 연구는 상당히 제한적이다.

※　[43~44] 다음을 듣고 물음에 답하십시오. (각 2점)

43. 무엇에 대한 내용인지 알맞은 것을 고르십시오.
① 커피 맛에 영향을 주는 요인
② 커피 추출 시간이 중요한 이유
③ 물의 양이 커피의 품질에 미치는 영향
④ 물의 양과 원두 볶음 상태의 상관관계

44. 커피 추출 시간을 조절해야 하는 이유를 고르십시오.
① 커피 조직의 밀도를 높이기 위해서
② 커피 성분을 많이 추출하기 위해서
③ 커피의 향미를 풍부하게 하기 위해서
④ 커피 원두에 물이 침투하는 시간을 벌기 위해서

※ [45~46] 다음을 듣고 물음에 답하십시오. (각 2점)

45. 들은 내용과 같은 것을 고르십시오.
① 환경 호르몬은 사람들의 생각만큼 위험한 것은 아니다.
② 환경 호르몬은 신체 외부에 영향을 미치는 화학 물질이다.
③ 환경 호르몬은 생물학적으로 좋지 않은 영향을 주는 호르몬이다.
④ 환경 호르몬의 독성은 매우 치명적이지만 장애의 원인이 되지는 않는다.

46. 여자가 말하는 방식으로 알맞은 것을 고르십시오.
① 환경 호르몬의 종류를 분류하고 있다.
② 환경 호르몬의 개념을 알려 주고 있다.
③ 환경 호르몬의 장단점을 비교하고 있다.
④ 환경 호르몬의 피해에 관해 자세히 묘사하고 있다.

※ [47~48] 다음을 듣고 물음에 답하십시오. (각 2점)

47. 들은 내용과 같은 것을 고르십시오.
① 말기 환자의 안락사 비중이 높아지고 있다.
② 조력존엄사는 환자가 직접 처방받은 약을 복용한다.
③ 안락사는 환자가 아닌 가족에 의해 치료가 중단되는 것이다.
④ 병의 경중에 상관없이 모든 환자는 조력존엄사의 대상이 된다.

48. 남자의 태도로 알맞은 것을 고르십시오.
① 조력존엄사법 개정을 요구하고 있다.
② 조력존엄사법 제정을 지지하고 있다.
③ 조력존엄사법의 보완을 기대하고 있다.
④ 조력존엄사법의 필요성을 강조하고 있다.

49. 들은 내용과 같은 것을 고르십시오.
　　① 백신은 항체 생성을 통해 면역력을 높인다.
　　② 백신으로 바이러스와 세균을 없앨 수 있다.
　　③ 백신은 과학적으로 검증된 질병 치료제이다.
　　④ 백신을 맞으면 질병 후유증이 서서히 사라진다.

50. 남자가 말하는 방식으로 알맞은 것을 고르십시오.
　　① 백신의 필요성을 강조하고 있다.
　　② 백신의 불확실성에 대해 경고하고 있다.
　　③ 백신의 확대를 강력하게 주장하고 있다.
　　④ 백신의 효과에 대해 의문점을 갖고 있다.

※ [51~52] 다음 글의 ㉠과 ㉡에 알맞은 말을 각각 쓰시오. (각 10점)

51.

[고장 문의]

요즘 노트북 속도가 너무 느려져서 (　　㉠　　) 불편합니다.

가끔 화면도 멈춥니다.

무엇이 문제일까요?

　└ Re: 고객님, 많이 불편하셨겠습니다. 노트북을 언제 구입하셨습니까?

사용한 지 오래되었다면 컴퓨터에 프로그램이 많아서 (　　㉡　　).

필요 없는 프로그램은 삭제해 보십시오.

㉠ ____

㉡ ____

52.

　　비행기가 이착륙할 때는 승무원이 창문 덮개를 (　　㉠　　). 그때 불편해하는 승객들의 목소리가 들리기도 한다. 하지만 이는 비행기 사고가 발생했을 때 승무원이 바깥 상황을 보기 위한 것이므로 (　　㉡　　) 우리의 안전을 위해 승무원의 지시에 따라 비행기 창문 덮개를 열도록 해야 한다.

㉠ ____

㉡ ____

53. 다음은 '1인 가구 수의 변화'에 대한 자료이다. 이 내용을 200~300자의 글로 쓰시오. 단, 글의 제목은 쓰지 마시오. (30점)

• 조사 기관: 통계청

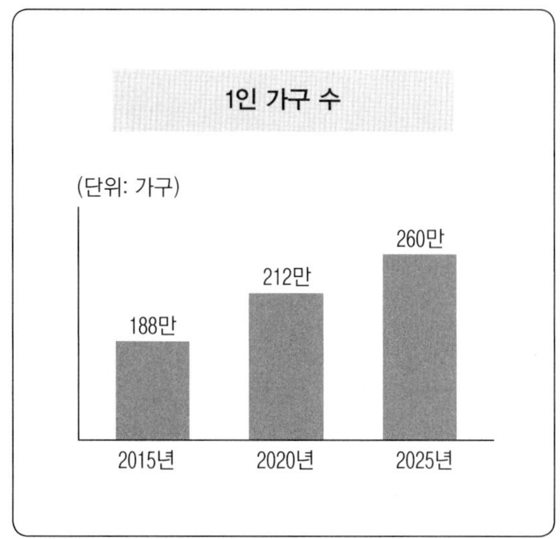

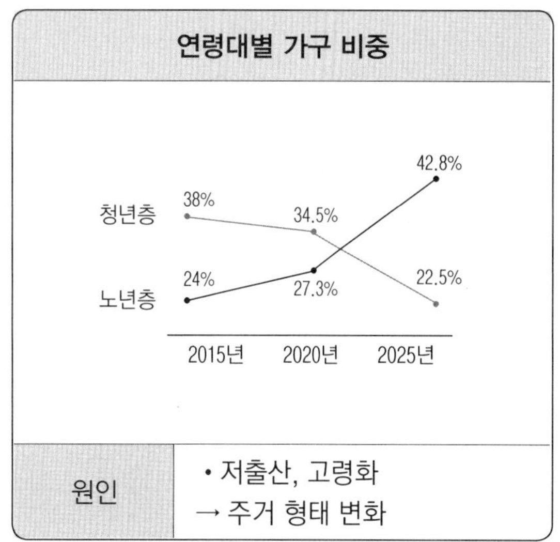

54. 다음을 참고하여 600~700자로 글을 쓰시오. 단, 문제를 그대로 옮겨 쓰지 마시오. (50점)

> 학교 또는 직장 내에서 책임감은 매우 중요한 가치로 여겨진다. 그러나 문제가 생기면 자신의 책임을 회피하는 사람도 많다. 이러한 행동은 개인뿐만 아니라 조직이나 사회 전반에도 부정적인 영향을 미칠 수 있다. 아래의 내용을 중심으로 '책임감의 중요성'에 대한 자신의 생각을 쓰라.

- 책임감이 부족하면 어떤 문제가 발생하는가?
- 어떻게 하면 책임감을 갖고 일할 수 있는가?
- 개인의 책임감이 사회에 미치는 영향은 무엇인가?

* 원고지 쓰기의 예

	자	연	은		공	생	관	계	를		통	해		생	태	계	를		유
지	한	다	.	개	미	와		잔	딧	물	이		바	로		대	표	적	인

제5회
실전모의고사

한국어능력시험 Ⅱ
(중 · 고급)

| 2교시 | 읽기 |

수험번호(Applicaton No.)	
이름 (Name) 한국어(Korean)	
영 어(English)	

유 의 사 항
Information

1. 시험 시작 지시가 있을 때까지 문제를 풀지 마십시오.
   Do not open the booklet until you are allowed to start.

2. 접수번호와 이름은 정확하게 적어 주십시오.
   Write your name and registration number on the answer sheet.

3. 답안지를 구기거나 훼손하지 마십시오.
   Do not fold the answer sheet; keep it clean.

4. 답안지의 이름, 접수번호 및 정답의 기입은 컴퓨터용 펜을 사용하여 주십시오.
   Use the optical mark reader(OMR) pen only.

5. 정답은 답안지에 정확하게 표시하여 주십시오.
   Mark your answer accurately and clearly on the answer sheet.

   marking example   ① ● ③ ④

6. 문제를 읽을 때에는 소리가 나지 않도록 하십시오.
   Keep quiet while answering the questions.

7. 질문이 있을 때에는 손을 들고 감독관이 올 때까지 기다려 주십시오.
   When you have any questions, please raise your hand.

※ [1-2] (   )에 들어갈 말로 가장 알맞은 것을 고르십시오. (각 2점)

1. 이사 갈 집을 (   ) 요즘 좀 바빴다.
   ① 구하도록   ② 구할수록   ③ 구하던데   ④ 구하느라고

2. 표정이 밝은 걸 보니 시험에 (   ).
   ① 합격해 버렸다   ② 합격할 만하다
   ③ 합격한 모양이다   ④ 합격했으면 좋겠다

※ [3-4] 밑줄 친 부분과 의미가 가장 비슷한 것을 고르십시오. (각 2점)

3. 여권 사진은 귀가 <u>보이도록</u> 찍어야 한다.
   ① 보이게   ② 보일수록
   ③ 보이므로   ④ 보이기 무섭게

4. 논문의 결론만 쓰면 되니까 거의 다 <u>쓴 셈이다</u>.
   ① 쓴 척했다   ② 쓰고 말았다
   ③ 썼을 게 뻔하다   ④ 썼다고 할 수 있다

※ [5-8] 다음은 무엇에 대한 글인지 고르십시오. (각 2점)

5.

장시간 착용해도 피부에 자극 없이
숨 쉬기 편한 하루

① 연고　　　　② 안경　　　　③ 마스크　　　　④ 화장품

6.

신속하고 안전하게
고객님의 소중한 물건을 내 물건처럼 옮겨드립니다.

① 진찰　　　　② 이사　　　　③ 청소　　　　④ 수리

7.

작은 도움의 손길이
누군가에게는 행복으로

① 자원봉사　　　　② 건강 관리　　　　③ 여가 활동　　　　④ 자원 절약

8.

- 공항에서 가까워서 찾아가기 쉬웠어요.
- 방이 좀 작았지만 방에서 바다가 보여서 좋았어요.
- 체크아웃 시간이 조금 빨라서 불편했어요.

① 교통 안내　　　　② 시설 평가　　　　③ 이용 후기　　　　④ 불만 접수

9.

무료 식사권 이벤트

따뜻한 계절 봄, 우리 밥상에 어울릴 만한 제철 음식을 소개해 주세요.

세 분을 추첨하여 식사권을 선물로 드립니다.

- **당첨자 발표:** 2025년 2월 15일
- **상　　품:** 호텔 뷔페 식사권 2매
- **상품 발송일:** 2025년 2월 20일

① 봄에 먹으면 맛있는 음식을 추천하면 된다.

② 당첨자 발표일 당일에 상품을 수령할 수 있다.

③ 봄 요리를 잘하는 사람 세 명에게 선물을 준다.

④ 이벤트에 응모한 사람만 뷔페를 이용할 수 있다.

10.

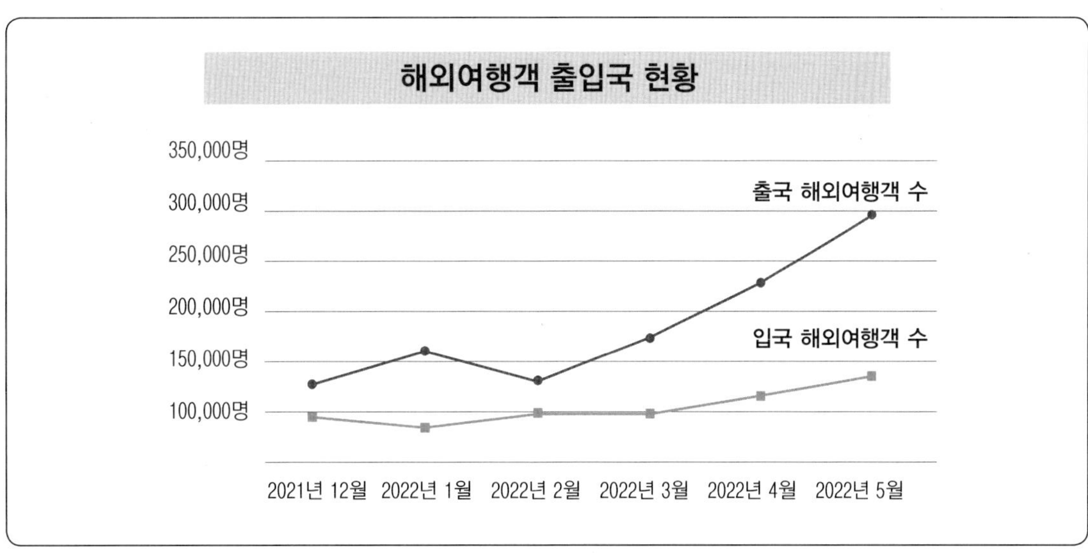

① 2022년 출국 해외여행객 수는 감소했다가 급증했다.

② 입국 해외여행객 수는 2022년 5월까지 계속 늘어났다.

③ 6개월 내내 출입국 해외여행객 수의 차이가 매우 컸다.

④ 2022년 2월에는 출입국 해외여행객 수가 모두 감소했다.

※　[9–12] 다음 글 또는 그래프의 내용과 같은 것을 고르십시오. (각 2점)

11.

'한국의 갯벌'이 유네스코 세계 자연유산에 등재되었다. 이번에 지정된 한국의 갯벌은 총 4곳으로 5개 지역에 걸쳐져 있으며 모두 습지보호지역으로 지정되었다. 이는 2007년 '제주 화산섬과 용암동굴' 이후 14년 만의 일이다. 국내에 지정된 세계 자연유산은 이 두 곳에 불과하지만 그 가치는 매우 높은 편이다.

① 한국의 갯벌은 여러 지역에 이어져 있다.
② 한국에는 세계 자연유산이 모두 4개가 있다.
③ 제주 화산섬과 용암동굴은 갯벌 중의 하나이다.
④ 2014년에 제주도도 세계 자연유산으로 등재되었다.

12.

미국의 하버드대 출신의 엔드류 웨일 박사는 '478 호흡법'이 숙면에 도움이 된다고 주장하고 있다. 이 호흡법은 일종의 복식호흡으로 폐에 많은 산소를 공급하고 뇌를 안정시켜 수면에 도움을 준다고 한다. 방법은 잠들기 전에 4초 동안 코로 천천히 숨을 들이마시고, 7초 동안 숨을 멈추고, 다시 8초 동안 숨을 천천히 내쉬는 동작으로 이 동작을 세 번 반복하면 60초 만에 깊은 잠에 들 수 있다고 한다.

① '478 호흡법'은 건강에 좋다.
② 뇌 건강이 수면의 질을 좌우한다.
③ 잠을 잘 때는 호흡이 매우 중요하다.
④ '478 호흡법'으로 빨리 숙면에 들 수 있다.

※ **[13–15] 다음을 순서에 맞게 배열한 것을 고르십시오. (각 2점)**

13.

> (가) 따라서 반드시 음식으로 섭취해야 한다.
> (나) 비타민C가 많은 음식에는 딸기, 오렌지, 당근이 있다.
> (다) 그러나 비타민C는 체내에서 스스로 만들어내지 못한다.
> (라) 비타민C는 면역력을 올려주고 염증을 예방하는 효과가 있다.

① (나) – (가) – (라) – (다) ② (나) – (다) – (라) – (가)
③ (라) – (가) – (나) – (다) ④ (라) – (다) – (가) – (나)

14.

> (가) 걷기는 대표적인 유산소 운동이다.
> (나) 뿐만 아니라 근력 운동에 비해 근육 피로도도 낮다.
> (다) 걷기의 장점은 특별한 장비나 비용이 들지 않는다는 것이다.
> (라) 반면에 운동 강도가 낮고 심심하다 보니 장기간 유지하기가 힘든 단점도 있다.

① (가) – (다) – (나) – (라) ② (가) – (다) – (라) – (나)
③ (다) – (나) – (라) – (가) ④ (다) – (라) – (나) – (가)

15.

> (가) 현재 제주도에 한파 주의보가 내려졌다.
> (나) 이용객들은 사전에 운항 정보를 확인해야 하겠다.
> (다) 게다가 다음 주까지 많은 눈이 내릴 것이라고 했다.
> (라) 대설주의보까지 내려질 경우 항공기 결항으로 이어질 수도 있다.

① (가) – (다) – (라) – (나) ② (가) – (라) – (다) – (나)
③ (나) – (가) – (다) – (라) ④ (나) – (라) – (가) – (다)

16.

　문화가 있는 날은 모든 국민이 (　　　　　) 다양한 문화 활동에 참여할 수 있도록 하기 위해 지정된 날이다. 이날은 매달 마지막 수요일로 영화관을 비롯한 전국 2,000여 개 이상의 문화 시설에서 할인 또는 무료 관람 등의 다양한 혜택을 제공하고 있다. 이를 잘 활용한다면 누구든지 일상에서 더욱 쉽게 문화를 접할 수 있을 것이다.

① 미리 계획을 세워　　　　　　② 예술적 기질을 펼쳐
③ 차별 없이 자유롭게　　　　　　④ 자신의 실력을 발휘하여

17.

　얼굴 근육은 우리가 상황에 맞는 적절한 표정을 짓게 만들 뿐만 아니라 얼굴에 있는 살을 단단하게 잡아주는 역할도 한다. 만약 이런 얼굴 근육이 스트레스로 뭉쳐있게 되면 화가 나 보이기도 하고 또는 표정이 굳어 보일 수도 있다. 게다가 나이가 들어 보이게 하는 주름이 생기기도 한다. 따라서 얼굴의 (　　　　　) 평소 얼굴 근육 운동을 통해 탄력 있는 얼굴 근육을 만드는 것이 좋다.

① 주름이 보이지 않게　　　　　② 표정을 밝게 만들려면
③ 근육을 단단하게 만들어　　　　④ 스트레스와 긴장을 줄여서

18.

　유통 기한은 식품의 유통과 판매가 허용되는 기간을 의미한다. 유통 기한이 지난 식품은 부패되거나 변질되지 않았더라도 판매를 할 수 없기 때문에 많이 버려졌다. 이에 정부는 (　　　　　) 유통 기한 대신 소비 기한 표시제를 도입했다. 소비 기한은 식품의 맛, 품질이 급격히 변하는 시점을 표기한 것이기 때문에 유통 기한보다 기간이 더 길다.

① 식량 소비를 줄이기 위해　　　　② 신선한 식품 공급을 위해
③ 소비자를 안심시키기 위해　　　　④ 식품의 판매 기간을 늘리기 위해

> 　　24시간 무인 판매점이 빠르게 성장하고 있다. 이렇게 무인 판매점이 인기를 끄는 이유
> 는 저렴한 가격, 그리고 종업원의 눈치를 보지 않고 물건을 구매할 수 있다는 점 때문이
> 다. 의외인 것은 소비자들이 직접 제품을 하나하나 스캐너에 찍고, 계산하고 거스름돈을
> 받는 일련의 번거로운 과정을 (　　　　) 재미있어 한다는 것이다. 또 사람이 없기 때문에
> 도난 사고가 많을 것이라는 예상과 달리 도난 사고도 전체 매출의 1%정도에 불과하다. 이
> 런 이유로 전문가들은 앞으로 훨씬 더 다양한 무인 판매점이 생길 것으로 내다봤다.

19. (　　　　)에 들어갈 말로 가장 알맞은 것을 고르십시오.
　　① 설마　　　　　　② 과연　　　　　　③ 오히려　　　　　　④ 게다가

20. 윗글의 주제로 가장 알맞은 것을 고르십시오.
　　① 소비자가 제품을 구입하는 과정의 변화가 필요하다.
　　② 무인 판매점에 대한 소비자들의 반응이 긍정적이다.
　　③ 무인 판매점이 다양한 종류의 상품을 구비할 것이다.
　　④ 미래의 소비 형태는 우리의 예상과 크게 다르지 않다.

유명 연예인들이 어려운 이웃을 위해 기부했다는 기사를 많이 보게 된다. 그러나 유명 연예인처럼 돈이 많은 사람들만 기부를 하는 것은 아니다. 최근 신문 기사에 한 노인이 평생 모은 돈을 생활이 어려운 학생들에게 장학금으로 줬다는 이야기가 있었다. 그는 사람들이 생각하는 좋은 직업을 갖지도 않았고 부자도 아니었다. 하지만 남을 도와야겠다는 마음 하나로 평소에 (　　　　　　) 아껴서 모은 돈을 기부한 것이다. 이는 형편이 좋지 않아도 마음만 있다면 기부를 할 수 있다는 것을 몸소 실천한 사례이다.

21. (　　　)에 들어갈 말로 가장 알맞은 것을 고르십시오.

① 시치미를 떼고

② 바가지를 씌우고

③ 눈앞이 캄캄하고

④ 허리띠를 졸라 매고

22. 윗글의 내용과 같은 것을 고르십시오.

① 기부를 하려면 돈을 많이 벌어야 한다.

② 돈을 함부로 쓰지 말고 아껴서 써야 한다.

③ 좋은 직업을 가진 사람만 남을 도울 수 있다.

④ 기부는 하고자 하는 마음만 있다면 할 수 있다.

요즘 나의 유일한 취미는 등산이다. 30년 넘게 해오던 일은 나에게 이젠 만족감이나 성취감보다는 버거움의 대상이 되었고 그 일을 놓고 나니 난 아무것도 할 수 있는 게 없었다. 한동안 무력감에 빠져 허덕이던 나를 구해준 것이 바로 등산이었다. 끝도 보이지 않는 저 높은 산을 한 발짝씩 내걷다 보면 나에게 자리를 허락해 준 산에게도 아직은 튼튼한 내 두 다리에게도 한없이 고마움을 느끼게 된다. 나는 산에 오르기 전 꼭 산 입구에 있는 공원에서 간단하게 몸을 푼다. 먼저 발목을 왼쪽, 오른쪽 순서로 뱅글뱅글 돌린다. 발목과 무릎을 돌리다 보면 종종 뚝뚝 하는 소리가 난다. 허리를 숙여 손바닥과 바닥을 맞닿게 하고 얼굴이 빨갛게 혈압이 오를 때까지 버틴다. 그럼 손바닥에 닿는 바닥의 감촉이 뜨거워진다. '에구구' 절로 나오는 비명소리와 함께 근육의 긴장이 풀리고 있는 것이다. 이것은 이제 본격적으로 산을 타도 된다는 신호를 몸에게 알리는 것이다. 산은 오를 때마다 매일 달라 감동을 준다. 분명 익숙하다고 생각했던 산길이 어느 날은 굉장히 어색하게 다가올 때가 있다. 전날 밤에 비가 왔거나 습기가 많았다면 풍겨져 나오는 냄새도 다르다. 귀에 들려오는 새와 풀벌레 소리도 매일 다르다. <u>나 역시도 매일 달라지고 있는 거겠지</u>라며 산의 변화를 즐기면서 난 또 한걸음 내걷는다.

23. 밑줄 친 부분에 나타난 '나'의 심정으로 가장 알맞은 것을 고르십시오.

① 든든하다

② 막막하다

③ 뿌듯하다

④ 불안하다

24. 윗글의 내용과 같은 것을 고르십시오.

① 나는 뭉친 근육을 풀기 위해 등산을 한다.

② 나는 건강한 몸으로 산을 즐길 수 있어서 감사하다.

③ 나는 일하는 내내 무력감에 시달려 등산을 시작했다.

④ 나는 등산을 하면서 다시 일을 시작할 수 있게 되었다.

※ **[25-27] 다음 신문 기사의 제목을 가장 잘 설명한 것을 고르십시오. (각 2점)**

25.

초고령화 시대 대비 복지 정책 시급

① 고령 인구 증가로 인해 복지 정책을 급히 바꿨다.
② 고령자가 될 사람들을 위한 복지 정책이 필요하다.
③ 고령자가 된 노인을 위한 맞춤 복지 정책을 준비해야 한다.
④ 고령 인구 증가를 예상한 복지 정책을 조속히 마련해야 한다.

26.

국세청 실수에 줄줄 새는 세수, 세금 회수는 '깜깜이'

① 국세청의 실수로 줄어든 세금의 회수는 불가능하다.
② 국세청의 실수는 줄었지만 체납 세금 회수는 불가피하다.
③ 국세청의 실수로 적게 부과된 세금을 징수하지 못하고 있다.
④ 국세청이 실수로 부과한 세금을 다시 돌려줘야 하는 상황이다.

27.

뼈에 구멍 숭숭 '골다공증' 무서운 병인데.... 국민 인식 턱없이 부족

① 뼈 질환인 골다공증의 심각성을 사람들이 잘 알지 못한다.
② 골다공증은 사람들의 인식 부족으로 무서운 질환이 되었다.
③ 뼈에 구멍을 막아주는 골다공증이라는 병을 사람들이 잘 모른다.
④ 골다공증은 뼈가 약해지는 병으로 사람들에게 잘 알려진 질환이다.

※ **[28~31] (   )에 들어갈 말로 가장 알맞은 것을 고르십시오. (각 2점)**

28.

> 내년 상반기부터 스마트폰을 통해 신분을 확인할 수 있는 '주민등록증 모바일 확인 서비스'가 시행될 예정이다. 이 서비스는 스마트폰으로 개인 정보를 저장하는 발급 절차 없이 서비스 등록만으로 간편하게 이용할 수 있기 때문에 개인 정보가 유출될 염려가 없다는 장점이 있다. 따라서 앞으로 주민등록증 모바일 확인 서비스를 통해 항공기, 선박 탑승 시 실물 신분증이 없어도 (   ) 될 것이다.

① 신분 확인 절차가 까다롭게
② 서비스 이용 비용이 저렴하게
③ 간편하게 신분 확인을 할 수 있게
④ 국적을 불문하고 누구나 이용이 가능하게

29.

> '관공서의 공휴일에 관한 규정' 개정안이 시행됨에 따라 앞으로 3.1절, 광복절, 개천절, 한글날이 (   ) 대체공휴일로 적용받을 수 있게 되었다. 따라서 올해 광복절, 개천절, 한글날은 모두 주말이기 때문에 해당 국경일 직후의 월요일이 대체공휴일이 된다. 뿐만 아니라 국경일이 아닌 성탄절, 부처님 오신 날 등도 대체공휴일에 포함되었다.

① 주말과 이어지면
② 주말과 겹칠 경우
③ 연속적으로 있을 경우
④ 평일이어서 쉬지 못하면

30.

> 카멜레온은 다른 변색 동물과 달리 몸속에 색소가 없다. 그 대신 피부에 빛을 반사하는 층이 두 개가 있다. 카멜레온이 긴장하지 않은 편안한 상태에서는 피부가 초록색이지만 동요하거나 감정의 기복이 생겨서 긴장하게 되면 노랑, 빨강 등의 좀 더 화려한 색으로 바뀐다. 즉, 카멜레온이 주변 상황에 (　　　　　) 피부층의 구조가 변하여 빛의 파장 대역을 바꿔 피부색이 바뀌게 되는 것이다.

① 힘을 받게 되면서
② 민감하게 반응하면서
③ 빛을 반사하게 되면서
④ 몸속의 색소를 노출하면서

31.

> 지구는 인간뿐만 아니라 동식물도 함께 살아가는 곳이다. 만약 인간에 의해 생태계가 파괴되고 먹이 사슬이 깨진다면 누구도 지구에서 살아남을 수 없다. 인류가 내리는 결정과 행동에 의해서 지구에 살고 있는 모든 생물의 운명이 결정될 수 있다고 볼 수 있다. 따라서 지구의 (　　　　　) 막아야 한다. 그것만이 인간이 동식물과 조화롭게 공존할 수 있는 길이다.

① 생태계 보존 운동을
② 인간과 생물의 멸종을
③ 자연환경이 파괴되는 것을
④ 동식물의 무분별한 진화를

32.

> 덥고 습한 날씨에는 실외 운동이 어려워 자연스럽게 운동량이 줄어들기 마련이다. 평소 운동을 하던 사람들도 2주 정도만 운동량이 줄어도 이전에 비해 체지방 수치와 허리 둘레가 늘어나고 건강에 위험 신호가 나타날 수 있다고 한다. 이때 날씨 탓만 할 게 아니라 덥더라도 평소 운동량을 유지해야 한다. 그래서 시간대비 운동량이 많은 계단 오르기를 추천한다. 계단 오르기는 평지 걷기보다 1.5배의 에너지가 더 소모되고 빠른 호흡으로 심폐기능도 강화시킬 수 있다. 또한 엉덩이 근육이 단련되어 허리 통증을 예방하는 효과도 있다.

① 운동을 줄이면 허리 통증을 예방할 수 있다.
② 날씨가 더워도 평소에 하던 운동량을 줄이면 안 된다.
③ 계단 오르기는 호흡 문제가 있는 사람에게는 안 좋다.
④ 일상생활에서 할 수 있는 대표적인 운동은 계단 오르기이다.

33.

> 휴가 시즌을 맞이하면서 국내외 여행 수요가 상승세를 타는 분위기다. 지난 20일 국내 여행사에서 이달 17일까지 해외 항공권 예약 상황을 분석한 결과에 따르면 예약 건수가 지난달 같은 기간 대비 133%나 늘었다고 한다. 관계자들은 "몇 년간 계속된 국내 여행의 인기는 올해도 식지 않을 전망이며, 해외여행 역시 휴가를 대비해 항공 운항 일정이 추가 증설되면서 더욱 탄력 받을 예정이다."라고 분석했다. 이에 여행 업계는 다양한 여행 상품을 앞다투어 내 놓고 있다.

① 국내 여행은 몇 년간 꾸준히 증가세를 보이고 있다.
② 여행 상품의 다양화로 여행 업계가 호황을 맞이했다.
③ 해외 항공권 예약이 지난달에 비해 소폭 증가하였다.
④ 매년 휴가 시즌에는 국내보다 해외로 여행을 많이 간다.

34.

> 소나무 잎은 사계절 내내 초록색을 유지한다고 알고 있지만 이는 사실이 아니다. 소나무 역시 가을이 되면 지난해 돋아난 잎은 갈색으로 변해 떨어진다. 올봄에 새로 돋아난 잎이 가을과 겨울 내내 초록색을 유지하기 때문에 많은 사람들은 변하지 않는다고 생각한다. 소나무가 추운 겨울에 초록색 잎을 유지할 수 있는 것은 줄기와 잎에 기름을 머금고 있기 때문이다. 소나무 잎을 잘라 자세히 살펴보면 가시 같은 좁은 잎 안이 작은 구멍들로 이루어져 있다. 이 구멍을 수지구라고 하며, 여기서 기름이 나와 추운 겨울에도 얼지 않고 견딜 수 있는 것이다.

① 소나무 잎은 수지구 안의 기름 덕분에 얼지 않는다.
② 소나무 잎은 돋아나서 떨어질 때까지 초록색을 유지한다.
③ 소나무 잎은 매년 가을이 되면 모두 떨어지고 봄에 새로 돋아난다.
④ 소나무 잎은 한 해 동안 갈색을 유지하다가 가을이 되면 떨어진다.

※ [35-38] 다음을 읽고 글의 주제로 가장 알맞은 것을 고르십시오. (각 2점)

35.

> '호캉스'를 즐기는 사람들이 많아졌다. '호캉스'는 호텔과 바캉스의 합성어로 호텔에서 휴가를 즐기는 것을 의미한다. '호캉스'의 인기가 높아지는 이유는 호텔이라는 공간이 단지 머무르는 개념을 벗어나 여가를 즐길 수 있는 휴양의 의미로 확대되어 해석되고 있기 때문이다. 호텔 내부에서 음악 공연, 그림 전시회 등 다양한 문화생활을 누릴 수 있어 이제 호텔은 단순한 숙박을 위한 장소가 아닌 각종 여가 활동과 휴가를 같이 즐길 수 있는 공간이 되었다.

① 휴가 동안 호텔에서 즐기는 문화생활이 인기다.
② 호텔이 숙박을 넘어선 공간으로 변화되고 있다.
③ 다양한 문화를 즐기기 위해서 여행을 꼭 떠나야 한다.
④ 호텔은 사람들에게 숙박을 위한 장소로 인식되고 있다.

36.

　　물가 상승으로 인해 가계 부담이 커진 소비자들은 저렴한 B급 농수산물에 눈길을 돌리기 시작했다. B급 농수산물의 경우 영양과 품질에 문제가 없지만 상처가 났거나 모양이 고르지 못해 예전에는 판매를 못하고 폐기하는 경우가 많았다. 그러나 현재는 상품성이 떨어진 농수산물을 기존 가격보다 50% 정도 저렴하게 판매하여 소비자의 가계 부담을 줄이고 출하에 어려움을 겪는 농가에도 도움을 줄 수 있게 되었다.

① B급 농수산물은 상품성이 떨어지므로 폐기해야 한다.
② 소비자의 부담을 줄이기 위해 농수산물 가격을 인하하였다.
③ 물가 상승으로 B급 농수산물이 소비자들의 관심을 받고 있다.
④ 농수산물 가격이 저렴할수록 상품에 하자가 많을 수밖에 없다.

37.

　　누리호는 한국의 자체 기술로 개발된 위성이다. 우리나라는 누리호 발사 성공으로 위성을 우주에 실어 나르는 기술을 갖춘 7번째 국가가 되었다. 이번 성공으로 국내에서 많은 기업들이 우주 산업에 투자할 의사를 보였다. 우주 개발은 지금까지 정부의 주도 하에 이루어져 예산과 기술 발전 속도에 한계점이 많았으나 앞으로 기업들이 주도하는 시대가 온다면 우주 기술 개발의 속도가 한층 더 가속화될 것이다.

① 누리호의 성공적인 발사는 기업의 도움이 컸다.
② 민간 기업의 참여로 우주 산업의 성장이 기대된다.
③ 한국의 위성 사업은 정부의 적극적인 개입이 필요하다.
④ 한국은 자력으로 위성을 발사하기 위해 부단히 노력하였다.

※ **[35–38] 다음을 읽고 글의 주제로 가장 알맞은 것을 고르십시오. (각 2점)**

38.

　　온라인 쇼핑몰에서 소비자의 의사결정에 영향을 주고 특정 행동을 유도하는 등의 온갖 속임수를 의미하는 다크패턴이 문제가 되고 있다. 게다가 소비자들은 자신이 다크패턴에 속은 것인지 알기 힘든 것이 더 문제다. 그러나 아직 현행법에 다크패턴을 처벌할 관련 규제 조항이 없다 보니 소비자의 피해가 나날이 커지고 있다. 앞으로 이로 인한 피해로부터 소비자를 보호하기 위해서는 관련 법률 마련이 시급한 상황이다.

① 온라인 쇼핑몰은 다크패턴을 활용하여 수익을 올린다.
② 다크패턴으로 인한 소비자의 피해는 커질 수밖에 없다.
③ 소비자조차 다크패턴 처벌 관련 조항에 대해 무지하다.
④ 소비자 보호를 위해 다크패턴 관련법이 제정되어야 한다.

※ **[39–41] 주어진 문장이 들어갈 곳으로 가장 알맞은 것을 고르십시오. (각 2점)**

39.

　　문제의 원인을 정확하게 파악하게 되면 잘 자는 법을 찾을 수도 있다는 위안도 함께 말이다.

　　인류는 '서캐디언 리듬'이라는 생체시계가 돌아가도록 진화하였기 때문에 아침에 일어나 밤에 잠든다. (㉠) 하지만 오늘날 현대인의 생체시계는 들쭉날쭉하다. 즉, 잠이 '고장 난' 상태다. (㉡) 오늘 소개하려는 책에 등장하는 사람들 역시 모두 수면 장애로 어려움을 겪고 있는 사람들이다. (㉢) 저자는 이들의 이야기를 통해 각종 수면 장애의 원인을 설명해 주고 있다. (㉣) 모두 잠든 밤 혼자 외로이 깨어있는 사람들을 책임질 '진짜' 수면 이야기를 기대해도 좋다.

① ㉠　　　　　② ㉡　　　　　③ ㉢　　　　　④ ㉣

40.

최근 전 세계적으로 이상 기후의 원인과 현상이 화두로 떠오르고 있다. (㉠) 이상 기후란 기온, 강수량 등의 기후 요소가 평년값과 비교해 현저히 높거나 낮은 수치를 나타내는 극한 현상을 말한다. (㉡) 이상 기후의 원인으로는 자연적 원인과 인위적 원인이 있다. (㉢) 자연적 원인으로는 태양 복사 에너지의 변화, 지구 공전 궤도의 변화, 화산 활동 등이 있다. (㉣) 인위적 원인으로는 온실가스 농도 증가, 삼림 훼손, 토지 이용의 변화 등이 있다.

① ㉠ ② ㉡ ③ ㉢ ④ ㉣

41.

심폐소생술이란 심장과 폐의 활동이 멈추어 호흡이 정지되었을 때 실시하는 응급처치다. (㉠) 심폐소생술의 골든타임은 4~5분 이내로, 심정지가 발생된 후 아무런 조치를 취하지 않는다면 빠르게 뇌손상이 일어나기 때문이다. (㉡) 환자의 호흡이 없거나 비정상적이면 심정지가 발생한 것으로 보고 즉각 심폐소생술을 실시해야 한다. (㉢) 심폐소생술을 효과적으로 시행하면 그렇지 않은 경우에 비해 환자 생존율이 3배가량 높은 것으로 조사되었다. (㉣)

① ㉠ ② ㉡ ③ ㉢ ④ ㉣

우리 집에는 의자가 많다. 혼자 앉는 의자, 둘이 앉는 벤치, 셋이 앉는 소파…. 언제부터 우리 집에 그렇게 의자가 많이 생겼는지 알 수가 없다. 분명 소용이 있어서 사들였을 텐데, 정작 우리 집에는 한 개만 있으면 족하지 않던가. 사람들이 몰려오는 날이면 그것도 모자라 바닥에 내려앉아야 하지만, 아무도 오지 않을 때는 그 비어 있는 의자들이 하품을 하고 있는 듯이 보인다. 그래서 그 비어 있는 의자에 앉힐 사람들을 돌려가며 초대를 해 보기로 했다. 내가 좋아하는 사람, 내가 그리워하는 사람들을 그 빈 의자에 앉혀 놓고 밤이 깊도록 도란도란 대화를 나눈다면 얼마나 좋겠는가. 누구를 초대할까? 제일 먼저 떠오르는 분이 있다. 남보다 더 낯선 우리 '아버지', 한 번도 불러본 적이 없는 아버지라는 이름을 입에 올리는 일조차 나로서는 참 낯설고 어색하기만 하다. 내가 세 살 때 돌아가셨으니 나는 아버지의 얼굴도 음성도 체취도 알 리가 없다. 다만 남에게서 전해 듣는 단편적인 이야기들이 실감나지 않는 판타지 소설처럼 귓가에 어려 있을 뿐이다.

-중략-

얼굴도 기억하지 못하는 아버지, 당신이 앉으실 의자는 우리 집에서 제일 가운데에 있는 가장 좋은 의자이다. 그 의자에 앉아 계시는 아버지를 상상해 본다. 나는 아무래도 요즘 딸들처럼 아버지 앞에서 스스럼없이 응석을 부리지는 못할 것 같다. 아버지가 남겨주신 유산으로 별 고생 없이 살 수 있었으면서도 <u>당신의 부재는 우리를 늘 허전하게 만들지 않았던가.</u>

42. 밑줄 친 부분에 나타난 '나'의 심정으로 가장 알맞은 것을 고르십시오.
   ① 그립다
   ② 기겁하다
   ③ 원망스럽다
   ④ 의심스럽다

43. 윗글의 내용으로 알 수 있는 것을 고르십시오.
   ① 나는 아버지를 일찍 여의었다.
   ② 나와 아버지의 사이는 소원했다.
   ③ 나는 아버지와 이야기하는 것을 좋아한다.
   ④ 나는 아버지가 안 계셔서 힘든 생활을 했다.

※ **[44-45] 다음을 읽고 물음에 답하십시오. (각 2점)**

징기스칸은 기존의 씨족 단위의 군대 체계의 문제점이 있음을 인식하고 이를 개선하기 위해 10진법을 기반으로 한 새로운 조직 체계를 구성했다. 십진법은 숫자의 자리가 하나씩 올라감에 따라 그 값이 10배씩 커지는 방식이다. 십호는 오늘날의 분대 같은 것으로 10명의 기마병으로 이루어지며 10개가 모이면 100명의 기마병으로 구성된 백호가 된다. 징기스칸은 이를 기반으로 십호, 백호, 천호, 만호로 커지는 피라미드 구조로 군사 조직을 재편했다. 이러한 점진적 확대 구조를 통해 수십 명에서 일만 명의 기병이 소속된 군대가 만들어졌다. 이는 어느 씨족이든지 가리지 않고 그 속에서 10명의 무장 병사를 배출할 수 있는 군사, 행정의 기본 단위였다. 이러한 조직은 상황에 따라 효율적으로 재편성이 될 수 있어 당시로서는 가장 (   ) 군대 운영 방식이었다. 그 결과 몽골 군대는 일사분란한 명령 체계와 충성을 보여 거대한 몽골 제국의 초석이 되었다.

44. (   )에 들어갈 말로 가장 알맞은 것을 고르십시오.
① 강인하고 거대한
② 조직적이고 유연한
③ 수평적 체계를 갖춘
④ 강인한 군인을 차출하는

45. 윗글의 주제로 가장 알맞은 것을 고르십시오.
① 과거 전쟁에서 십진법이 유용하게 활용되었다.
② 십진법은 주로 군사 및 사회 조직 개편에 사용되었다.
③ 군대 조직 개편으로 징기스칸은 전쟁에서 승리하였다.
④ 징기스칸의 십진법을 활용한 군사 조직 개편은 탁월했다.

※ **[46-47] 다음을 읽고 물음에 답하십시오. (각 2점)**

우리나라의 나전칠기 기술은 세계적이며 또한 독보적이다. 나전칠기는 나전과 옻칠을 결합한 것으로 옻칠한 그릇이나 가구에 조개껍질로 장식한 공예품이다. '나전과 칠기가 만나면 천년을 간다'는 말이 있을 만큼 나전칠기의 생명력은 길다. 나무 표면에 옻을 칠하는 나전 과정은 단순히 광택을 내는 데 그치지 않고 옻이 형성한 견고한 막이 소재의 내구성을 높여 주기 때문에 물건을 오랫동안 사용할 수 있게 한다. 그리고 광채 나는 조개껍질을 원하는 모양대로 박아 넣는 칠기 작업 역시 기계가 아니라 일일이 손으로 작업하므로 아주 힘든 과정이 필요하고 그렇기 때문에 나전칠기 가구는 비쌀 수밖에 없다. 그래서 이러한 고가의 나전칠기와 그 재료인 자개는 일상에서 쉽게 향유되거나 소비되지 못한 것이 사실이다. 최근 우리의 아름다운 전통공예를 지키고 보존하자는 취지에서 젊은 공예가들이 나전칠기로 값비싼 가구 대신 각종 공예품을 만들어 일반인이 보다 가깝게 접근할 수 있게 하였다. 이처럼 나전칠기가 시대에 맞춰 진화하고 있는 것은 매우 바람직하다.

46. 윗글에 나타난 필자의 태도로 가장 알맞은 것으로 고르십시오.
   ① 시대에 맞춰 변화한 나전칠기 문화를 호평하고 있다.
   ② 우리나라의 나전칠기 기술 전통의 진화를 아쉬워하고 있다.
   ③ 전통문화도 시대의 흐름에 맞춰 변화가 필요함을 강조하고 있다.
   ④ 나전칠기 기술을 이어받은 젊은 공예가들의 헌신을 극찬하고 있다.

47. 윗글의 내용과 같은 것을 고르십시오.
   ① 나전은 조개껍질로 장식한 그릇이다.
   ② 나전칠기는 모든 과정이 수작업으로 이루어진다.
   ③ 칠기 작업으로 물건 모양의 변형을 막을 수 있다.
   ④ 나전칠기의 생명력은 옻칠의 횟수에 따라 달라진다.

일본에서는 2021년 4월부터 70세 취업법이 시행되었다. 70세 취업법은 대기업, 중소기업을 가리지 않고 모든 기업에서 사원이 희망하면 70세까지 일할 수 있도록 '노력의무'를 부과하는 법률이다. 이 법은 정부의 권고에 불과해서 법적인 구속력은 없다. 안타까운 사실은 이 70세 취업법으로 모든 노령 인구의 경제 활동이 연장되는 것은 아니라는 것이다. 70세 취업법은 규모가 크든 작든 기업에 근무하는 사람의 이야기일 뿐 그렇지 않은 사람들은 고령자가 돼서도 끊임없이 구직 활동을 해야 한다. 자료에 의하면 2019년 직업소개소에 등록한 65세 이상의 구직자는 59만 명으로 10년 전과 비교해 84% 증가하였다고 한다. 현재 일본에서는 '노후'와 '없다'는 영어의 접미사(less)를 조합한 '노후리스'란 말이 뿌리를 내리는 중이다. 이 말은 (　　　　　　　　) 이처럼 일하지 않으면 살아가기 어려운 '노후 불안'을 가진 고령층이 일본에서 갈수록 늘어나고 있음을 보여준다. 하지만 이는 비단 일본만의 문제가 아니다. OECD 국가 중 노인 빈곤층이 가장 많은 한국이야말로 노인의 경제적 불안을 해소할 수 있는 정책 마련이 시급하다.

48. 윗글을 쓴 목적으로 가장 알맞은 것을 고르십시오.
① 일본의 새로운 법률 내용을 설명하기 위해서
② 고령층의 경제활동의 필요성을 알리기 위해서
③ 70세 이상 고령층을 위한 취업법을 추진하기 위해서
④ 노후 불안을 해소할 수 있는 방안 구축을 촉구하기 위해서

49. (　　　　)에 들어갈 말로 가장 알맞은 것을 고르십시오.
① 늙지 않는다는 표현으로　　　　　　　② 나이가 들면 불안하지 않다는 말로
③ 노후에 일할 기회가 없다는 뜻으로　　④ 편안한 노후 생활이 사라졌다는 말로

50. 윗글의 내용과 같은 것을 고르십시오.
① 기업은 직원의 퇴직 연령을 70세로 연장해야 한다.
② 노후에 일을 하지 않고 지내기를 바라는 노인이 늘고 있다.
③ 모든 노령 인구가 70세 취업법의 혜택을 보는 것은 아니다.
④ 70세 취업법 시행으로 노인 인구의 일자리가 대폭 늘어날 전망이다.

MEMO

해설집

한국어 능력시험
토픽
ON
유튜브 II
TOPIK on YouTube
해설집

《토픽 ON 유튜브Ⅱ》는 한국어능력시험 중·고급을 준비하는 학생들을 위한 교재로, 실전모의고사 5회분의 읽기, 듣기, 쓰기 세 영역의 문제를 담고 있습니다. 매회 유형별 문제의 난이도는 TOPIK Ⅱ를 공부하는 학생들이 자신의 목표에 맞는 급수를 취득할 수 있도록 출제하였습니다. 뿐만 아니라 회차별 주제가 중복되지 않도록 다양한 주제를 선정하는 데 많은 시간과 공을 들였습니다.

《토픽 ON 유튜브Ⅱ》는 중·고급 어휘와 문법을 실전모의고사 5회분의 문제 속에 녹여 내어 학습자의 한국어 실력을 공고히 다질 수 있도록 하였습니다. 난이도에 따른 문법과 어휘 선별을 통하여 매회 다양한 주제로 지문을 구성하였으므로 본 교재를 성실히 학습하면 기대 이상의 성과를 얻을 수 있으리라 봅니다. 《토픽 ON 유튜브Ⅱ》의 가장 큰 장점은 학습자들이 문제를 풀고 유튜브의 해설을 통해 궁금증을 해결할 수 있다는 것입니다. 물론 이미 수많은 토픽 교재 해설 영상이 있지만 《토픽 ON 유튜브Ⅱ》는 지루한 문제 해설을 지양하고 학습자에게 필요한 핵심 내용 해설과 더불어 추가 팁을 제공하고 있습니다. 이를 통해 학생이 문제의 정답을 선택하고 오답의 원인까지 이해한다면 문제를 완벽하게 이해할 수 있다고 할 것입니다.

《토픽 ON 유튜브Ⅰ》에 이어 《토픽 ON 유튜브Ⅱ》를 출판하면서 《토픽 ON 유튜브Ⅰ》의 아쉬웠던 점을 보완하려 애썼습니다. 그러다 보니 《토픽 ON 유튜브Ⅱ》는 한국어를 학습하는 학생들에 대한 집필진의 사랑과 관심이 고스란히 들어 있다고 해도 과언이 아닙니다. 《토픽 ON 유튜브Ⅱ》의 완성도를 높이기 위해 노고를 아끼지 않으신 영상팀과 편집진께도 고개 숙여 감사를 표합니다. 많은 분들의 땀과 노력으로 완성한 교재가 한국어능력시험을 준비하는 학습자들에게 도움이 되기를 바랍니다.

2026년 5월
집필진 올림

《토픽 ON 유튜브Ⅱ》는 새롭게 개편된 시험 체제에 맞춰 최신 출제 경향을 반영한 실전모의고사 5회를 수록하였습니다. 이를 통해 한국어능력시험(TOPIKⅡ)을 준비하는 학습자들이 다양한 주제와 여러 장르의 문제를 충분히 연습할 수 있도록 구성하였습니다. 아울러 유튜브 해설 영상을 함께 제공하여 시간과 공간의 제약을 받지 않고 언제 어디서나 학습할 수 있다는 점이 이 책의 가장 큰 장점입니다.

▶ 《토픽 ON 유튜브Ⅱ》 이렇게 공부하세요!

1 목표 급수를 정하세요!

목표 급수	듣기	쓰기	읽기
3급	1번~20번	51번~53번 54번 300자 이상	1번~22번
4급	1번~26번	51번~53번 54번 400자 이상	1번~27번
5~6급	1번~50번	51번~54번 54번 600자 이상	1번~50번

2 실전모의고사 문제를 풀어 보세요!

1단계 적응하기

➡ 실전모의고사 1회는 시험 유형에 적응하는 단계로 문제 유형을 익히면서 천천히 꼼꼼하게 풀어 봅니다.

2단계 연습하기

➡ 실전모의고사 2회는 시간을 정해 놓고 목표 급수에 해당하는 문제만 풀어 봅니다.

3단계 집중하기

➡ 실전모의고사 3회는 시험 시간과 동일하게 모든 문제를 풀어 봅니다.

4단계 보완하기

➡ 실전모의고사 1회~3회 문제를 풀면서 가장 힘들었던 문제를 다시 한번 풀어 봅니다.

5단계 실전 준비하기

➡ 실전모의고사 4회와 5회는 시험과 동일한 시간으로 모든 문제를 다시 한번 풀어 봅니다.

3 《토픽 ON 유튜브 II》해설집으로 다시 한번 확인하기!

실전모의고사 해설집에는 문제의 정답과 문제의 핵심 어휘 그리고 중요 표현까지 모든 문제에 대한 해설이 있습니다. 이해가 안 되는 문제는 해설집을 참고하세요. 문제 유형에 맞게 설명을 해 놓았습니다.

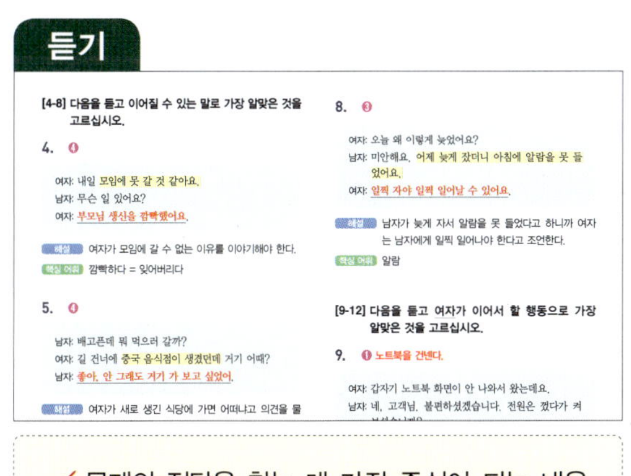

✓ 문제의 정답을 찾는 데 가장 중심이 되는 내용은 노란색 또는 초록색으로 표시해 놓았습니다.

✓ 해설을 읽으면 문제의 정답을 이해하는 데 도움이 됩니다.

✓ 문제를 풀기 위해 반드시 알아야 하는 핵심 어휘를 정리해 놓았습니다.

✓ 문법이나 표현의 이해를 돕기 위해 중요 표현으로 문법이나 표현의 의미 그리고 예문을 함께 제시하고 있습니다.

4 《토픽 ON 유튜브 II》 문제 해설 영상을 보며 공부하세요!

시간과 공간의 제약을 받지 않고 공부할 수 있도록 유튜브로 실전모의고사 문제에 대한 정답과 설명을 제공합니다.

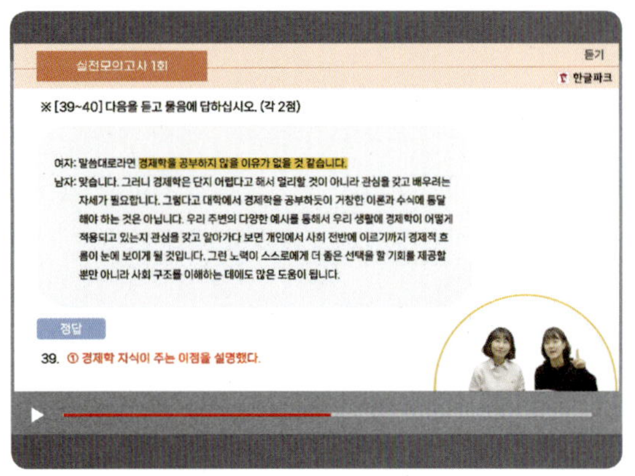

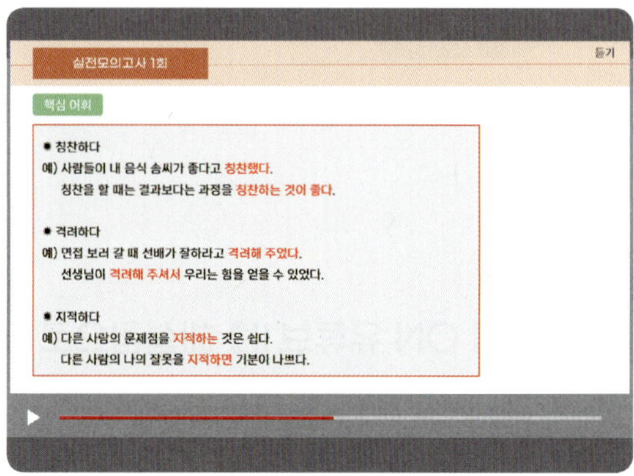

✓ 문제를 출제한 선생님이 직접 문제를 설명합니다.

✓ 언제 어디에서든지 유튜브를 보면서 공부할 수 있습니다.

✓ 이해가 안 되는 문제는 유튜브를 보면서 반복해서 공부할 수 있습니다.

✓ 모든 문제의 핵심 어휘의 의미와 예문을 유튜브로 보면서 공부할 수 있습니다.

✓ 모든 문제의 중요 표현의 의미와 예문을 유튜브로 보면서 공부할 수 있습니다.

1 시험 목적

– 한국어를 모국어로 하지 않는 재외동포·외국인의 한국어 학습 방향 제시 및 한국어 보급 확대
– 한국어 사용 능력을 측정·평가하여 그 결과를 국내 대학 유학 및 취업 등에 활용

2 응시 대상

한국어를 모국어로 하지 않는 재외동포 및 외국인

3 주요 활용처

학업	– 국내 대학(원) 입학 및 졸업 – 정부 초청 외국인 장학생 프로그램 진학 및 학사 관리 – 국외 대학의 한국어 관련 학과 학점 및 졸업 요건
취업	– 국내외 기업체 및 공공기관 취업
비자	– 영주권/취업 등 체류 비자 취득

4 시험의 수준 및 등급

TOPIK II			
3급	4급	5급	6급
120~149	150~189	190~229	230~300

5 문항 구성

교시	영역	문제 유형	문항수	배점	총점
1교시	듣기	선택형	50	100	300
	쓰기	서답형	4	100	
2교시	읽기	선택형	50	100	

1) 읽기/듣기: 선택형 문항(4지선다형)
2) 쓰기: ㆍ문장 완성형(단답형) 2문항
　　　　ㆍ작문형: 2문항(200~300자 정도의 중급 수준의 설명문 1문항,
　　　　　　　　600~700자 정도의 고급 수준의 논술문 1문항)

시험 수준	교시	영역	한국			시험 시간 (분)
			입실 완료 시간	시작	종료	
TOPIK Ⅱ	1교시	듣기, 쓰기 (60분)/(50분)	12:20까지	13:00	14:50	110
	2교시	읽기	15:10까지	15:20	16:30	70

7 TOPIKⅡ 평가 기준

1) 쓰기 영역 작문 문항 평가 범주

문항 번호	평가 범주	평가 내용
51–52	내용 및 과제 수행	– 제시된 과제에 맞게 적절한 내용으로 썼는가?
	언어 사용	– 어휘와 문법 등의 사용이 정확한가?
53–54	내용 및 과제 수행	– 주어진 과제를 충실히 수행하였는가? – 주제에 관련된 내용으로 구성하였는가? – 주어진 내용을 풍부하고 다양하게 표현하였는가?
	글의 전개 구조	– 글의 구성이 명확하고 논리적인가? – 글의 내용에 따라 단락 구성이 잘 이루어졌는가? – 논리 전개에 도움이 되는 담화 표지를 사용하여 조직적으로 연결하였는가?
	언어 사용	– 문법과 어휘를 다양하고 풍부하게 사용하며 적절한 문법과 어휘를 선택하여 사용하였는가? – 문법, 어휘, 맞춤법 등의 사용이 정확한가? – 글의 목적과 기능에 따라 격식에 맞게 글을 썼는가?

8 등급별 평가 기준

– TOPIK Ⅱ의 등급별 평가 기준에 따라 자신이 목표로 하는 등급이 어떤 수준의 능력을 요구하는지 알아야 합니다.

등급	내용
3급	– 일상생활을 영위하는 데 별 어려움을 느끼지 않으며 다양한 공공시설의 이용과 사회적 관계 유지에 기초적 언어 기능을 수행할 수 있다. – 친숙하고 구체적인 소재는 물론, 자신에게 친숙한 사회적 소재를 문단 단위로 표현하거나 이해할 수 있다. – 문어와 구어의 기본적인 특성을 구분해서 이해하고 사용할 수 있다.
4급	– 공공시설 이용과 사회적 관계 유지에 필요한 언어 기능을 수행할 수 있으며, 일반적인 업무 수행에 필요한 기능을 어느 정도 수행할 수 있다. 또한 뉴스, 신문 기사 중 비교적 평이한 내용을 이해할 수 있다. 일반적인 사회적·추상적 소재를 비교적 정확하고 유창하게 이해하고 사용할 수 있다. – 자주 사용되는 관용적 표현과 대표적인 한국 문화에 대한 이해를 바탕으로 사회·문화적인 내용을 이해하고 사용할 수 있다.
5급	– 전문 분야에서의 연구나 업무 수행에 필요한 언어 기능을 어느 정도 수행할 수 있으며 정치, 경제, 사회, 문화 전반에 걸쳐 친숙하지 않은 소재에 관해서도 이해하고 사용할 수 있다. – 공식적·비공식적 맥락과 구어적·문어적 맥락에 따라 언어를 적절히 구분해 사용할 수 있다.
6급	– 전문 분야에서의 연구나 업무 수행에 필요한 언어 기능을 비교적 정확하고 유창하게 수행할 수 있으며 정치, 경제, 사회, 문화 전반에 걸쳐 친숙하지 않은 주제에 관해서도 이해하고 사용할 수 있다. – 원어민 화자의 수준에는 이르지 못하나 기능 수행이나 의미 표현에는 어려움을 겪지 않는다.

목차

정답과 해설

듣기 (1번 ~ 50번)

정답

1. ②	2. ②	3. ①	4. ④	5. ④
6. ②	7. ④	8. ③	9. ①	10. ③
11. ①	12. ②	13. ③	14. ①	15. ③
16. ④	17. ②	18. ①	19. ④	20. ①
21. ③	22. ①	23. ①	24. ④	25. ④
26. ②	27. ②	28. ④	29. ③	30. ③
31. ④	32. ④	33. ④	34. ④	35. ①
36. ②	37. ④	38. ④	39. ①	40. ④
41. ②	42. ③	43. ③	44. ④	45. ③
46. ②	47. ④	48. ①	49. ②	50. ①

[1-3] 다음을 듣고 가장 알맞은 그림 또는 그래프를 고르십시오.

1.

남자: 부산행 10시 기차를 놓쳤는데 다음 기차표가 있나요?

여자: 잠시만요. 11시 표가 있습니다.

남자: 한 장 주세요. 그리고 10시 표는 환불해 주세요.

해설 남자는 10시 기차를 못 타서 매표소에서 다음 기차표를 사려고 한다.

핵심 어휘 놓치다 / 환불하다

2.

남자: 저기요, 여기 상추 좀 더 갖다주세요.

여자: 네, 여기 있습니다.

남자: 감사합니다. 삼겹살도 1인분만 더 주세요.

해설 남자가 상추를 더 달라고 해서 여자 종업원이 상추를 남자에게 갖다주고 있다.

핵심 어휘 갖다주다

3.

남자: 직장인 2500명을 대상으로 명절 선물에 대해 조사한 결과 상품권이 55.9%로 가장 많았고 한우 세트가 34.1%, 통조림 세트가 10%로 그 뒤를 이었습니다. 선물 세트 구입 비용으로 적당한 가격대는 5만 원 미만이 가장 많았고 10만 원 미만, 20만 원 미만 순으로 나타났습니다.

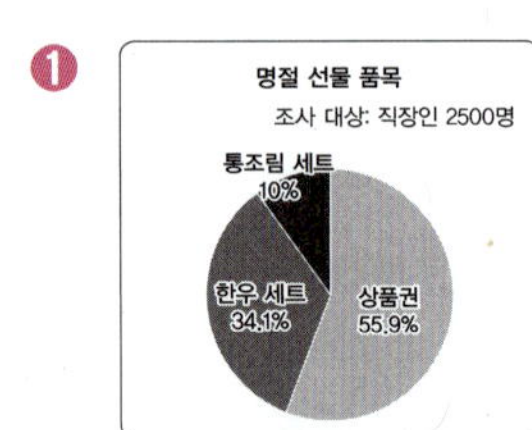
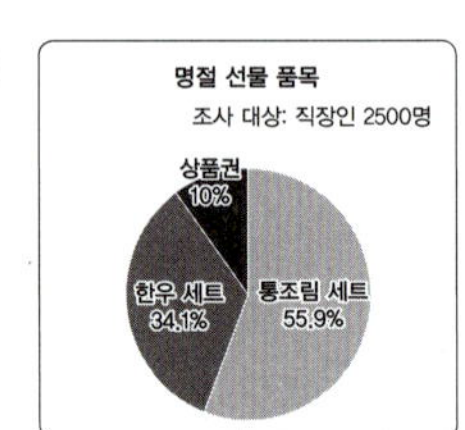
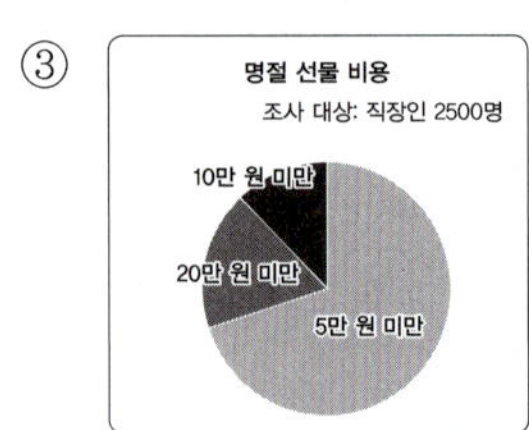
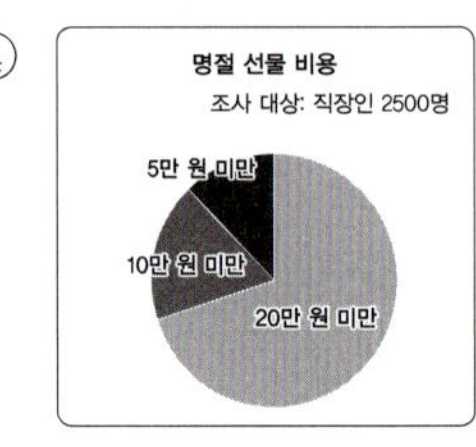

해설 명절 선물 품목은 상품권, 한우 세트, 통조림 세트 순이며, 명절 선물 비용은 5만 원 미만, 10만 원 미만, 20만 원 미만 순으로 나타났다.

핵심 어휘 (뒤를) 잇다

[4-8] 다음을 듣고 이어질 수 있는 말로 가장 알맞은 것을
고르십시오.

4. ❹

여자: 내일 모임에 못 갈 것 같아요.
남자: 무슨 일 있어요?
여자: 부모님 생신을 깜빡했어요.

> 해설 여자가 모임에 갈 수 없는 이유를 이야기해야 한다.

> 핵심 어휘 깜빡하다 = 잊어버리다

5. ❹

남자: 배고픈데 뭐 먹으러 갈까?
여자: 길 건너에 중국 음식점이 생겼던데 거기 어때?
남자: 좋아, 안 그래도 거기 가 보고 싶었어.

> 해설 여자가 새로 생긴 식당에 가면 어떠냐고 의견을 물
> 었으므로 그에 맞는 대답을 해야 한다.

> 핵심 어휘 생기다

6. ❷

남자: 다음 주 일요일에 같이 공연 보러 갈래?
여자: 미안해. 시험이 있어서 못 갈 것 같아.
남자: 같이 가고 싶었는데 아쉽네.

> 해설 남자는 여자가 시험 때문에 같이 공연을 못 보는 것
> 에 대한 마음을 이야기해야 한다.

> 핵심 어휘 아쉽다

7. ❹

남자: 감기에 걸렸는데 약을 먹어도 좋아지지 않아요.
여자: 약도 중요하지만 감기는 푹 쉬어야 낫는대요.
남자: 주말에는 집에만 있어야겠네요.

> 해설 여자는 남자에게 쉬어야 한다고 조언을 하고 있다.

> 핵심 어휘 (병이) 낫다

8. ❸

여자: 오늘 왜 이렇게 늦었어요?
남자: 미안해요. 어제 늦게 잤더니 아침에 알람을 못 들
었어요.
여자: 일찍 자야 일찍 일어날 수 있어요.

> 해설 남자가 늦게 자서 알람을 못 들었다고 하니까 여자
> 는 남자에게 일찍 일어나야 한다고 조언한다.

> 핵심 어휘 알람

[9-12] 다음을 듣고 여자가 이어서 할 행동으로 가장
알맞은 것을 고르십시오.

9. ❶ 노트북을 건넨다.

여자: 갑자기 노트북 화면이 안 나와서 왔는데요.
남자: 네, 고객님. 불편하셨겠습니다. 전원은 껐다가 켜
보셨습니까?
여자: 네, 껐다가 켜 봤는데도 안돼요.
남자: 노트북을 주시면 제가 한번 확인해 보겠습니다.

> 해설 남자가 노트북을 주면 확인해 보겠다고 했으므로 여
> 자는 노트북을 남자에게 줄 것이다.

> 핵심 어휘 (물건을) 건네다 = (물건을) 주다

10. ❸ 남자에게 책을 받는다.

여자: 민수 씨, 어디에 가요?
남자: 도서관에 빌린 책을 반납하러 가는 길이에요.
여자: 그 책 저도 읽고 싶었던 책인데, 제가 읽고 반납해
도 될까요?
남자: 그래요. 다음 주 금요일까지 반납해 주세요.

> 해설 남자가 도서관에서 빌린 책을 여자에게 다시 빌려
> 주고 있다. 그 책은 여자가 도서관에 반납할 것이다.

> 핵심 어휘 (책을) 반납하다

11. ❶ 식탁을 치운다.

남자: 집들이 음식 준비를 벌써 다 해 놓았네.
여자: 천천히 조금씩 했어.
남자: 내가 음식을 그릇에 담을까?
여자: 응, 고마워. 나는 식탁을 좀 정리할게.

해설 남자는 음식을 그릇에 담고, 여자는 식탁을 정리한다.

핵심 어휘 (식탁을) 치우다 = (식탁을) 정리하다

12. ❷ 축제 진행자를 추천하다.

여자: 김 선생님, 학교 축제 준비는 잘 돼 가요?
남자: 네, 그런데 축제 진행자를 아직 못 구했어요.
여자: 그래요? 그럼 제가 학생 몇 명을 추천해 드릴까요?
남자: 좋아요. 연락처를 주시면 제가 전화해 볼게요.

해설 여자가 축제 진행자를 추천해 주면 남자가 전화할 것이다.

핵심 어휘 진행자 / 추천하다

[13-16] 다음을 듣고 들은 내용과 같은 것을 고르십시오.

13. ❸ 남자는 한국의 전통문화 체험이 만족스러웠다.

여자: 한국의 전통문화를 체험하고 싶은데 어디에서 할 수 있는지 알아요?
남자: 그럼요, 제가 가 본 곳이 있는데 거기를 알려 줄게요.
여자: 고마워요. 그런데 스티븐 씨는 어떤 체험을 해 봤어요?
남자: 요리도 만들어 보고 한복도 입어 봤는데 다 정말 해 볼 만했어요.

해설 남자는 이미 전통문화를 체험해 봤으며 체험들이 모두 해 볼 만했다고 이야기했다.

핵심 어휘 전통문화 / 체험하다 / 만족스럽다

14. ❶ 학생들은 교사의 지시대로 행동하면 된다.

여자: 학생 여러분, 오늘은 학교에서 소방 훈련이 있습니다. 훈련은 오전 9시부터 20분 정도 실시할 예정입니다. 9시에 비상벨이 울리면 당황하지 말고 학생 여러분은 선생님의 지시에 따라 밖으로 나오면 됩니다. 이동할 때는 코와 입을 막고 밖으로 나오십시오.

해설 소방 훈련에 관한 안내 방송이다. 학생들은 선생님의 지시를 따라야 한다고 안내하고 있다.

핵심 어휘 소방 훈련 / (코와 입을) 막다
(지시에) 따르다 = 지시대로 하다

15. ❸ 이번 태풍으로 물에 잠긴 차들이 많다.

남자: 현재 태풍이 서울을 지나면서 서울에 강한 비와 함께 바람이 불고 있는데요, 이번 태풍은 특히 비로 인한 피해가 큽니다. 지하 주차장과 도로가 물에 잠겨서 많은 차들이 침수되었습니다. 앞으로 더 많은 비가 내릴 것으로 예보된 만큼 비 피해가 없도록 조심하시길 바랍니다.

해설 태풍에 관한 뉴스이다. 이번 태풍으로 많은 차들이 물에 잠겨서 침수되었다고 한다.

핵심 어휘 피해 / 침수되다 = 물에 잠기다

16. ❹ 전시회에서 쉽게 접하기 힘든 작품을 감상할 수 있다.

남자: 이번 미술 전시회 인기가 상당한데요, 그 이유가 뭐라고 생각하십니까?
여자: 그동안 우리가 쉽게 보지 못했던 화가들의 작품을 전시했기 때문입니다. 특히 이중섭과 김정호는 유명한 화가임에도 불구하고 지금까지 전시회가 열린 적이 없습니다. 이번 전시가 그들의 작품을 만날 수 있는 최초의 기회가 된 셈이지요.

해설 이번 미술 전시회의 작품은 유명 화가의 그림이지만 처음으로 전시회에서 볼 수 있게 되었다.

핵심 어휘 (전시회가) 열리다 / 작품 / 최초 / 접하다

[17-20] 다음을 듣고 남자의 중심 생각으로 가장 알맞은 것을 고르십시오.

17. ❷ **약속을 못 지킬 때는 연락을 해야 한다.**

남자: 어제 동아리 모임에 왜 안 나왔어? 네가 올 줄 알고 기다렸는데.
여자: 그랬구나. 갑자기 일이 생겨서 못 갔어, 미안해.
남자: 연락이라도 하지 그랬어? 전화도 안 받고 연락도 없어서 다들 걱정했잖아.

해설 남자는 여자에게 약속을 지키지 못 할 때는 연락을 해야 한다고 말하고 있다.

핵심 어휘 연락하다 / (약속을) 지키다

18. ❶ **일회용품 사용을 줄여야 한다.**

남자: 요즘 배달 음식을 많이 먹어서 일회용품 쓰레기가 엄청 많아졌대.
여자: 그런데 배달 음식을 안 시켜 먹을 수는 없잖아.
남자: 그래도 가능하면 종이컵, 나무젓가락 같은 일회용품을 적게 쓰려고 노력할 필요가 있다고 생각해.

해설 남자는 일회용품 쓰레기가 많아지고 있어서 일회용품을 적게 써야 한다고 이야기하고 있다.

핵심 어휘 일회용품 / 적게 쓰다 = 줄이다

19. ❹ **학생들이 독서에 관심을 갖도록 환경을 만들어야 한다.**

남자: 요즘 학생들은 글을 쓰기는커녕 책도 읽지 않아서 문제인 것 같아요.
여자: 맞아요. 학생들이 부담 없이 책을 가까이 할 수 있는 좋은 방법이 없을까요?
남자: 가장 좋은 건 부모나 어른들이 책 읽는 모습을 보여 주거나 가족끼리 책을 읽고 이야기를 하면서 아이들에게 자연스럽게 책 읽는 즐거움을 알게 해 주는 거예요.
여자: 그거 정말 좋은 방법인 것 같네요.

해설 남자는 학생들이 책을 읽지 않는 것이 문제이기 때문에 이 문제를 해결하기 위해서는 주변에서 자연스럽게 책을 읽을 수 있는 분위기를 만들어줘야 한다고 말하고 있다.

핵심 어휘 부담 / 자연스럽다

20. ❶ **지적보다는 칭찬의 힘이 더 크다.**

여자: 처음보다 자세가 정말 많이 좋아졌어요. 근육도 많이 생겼고요.
남자: 모두 선생님 덕분이에요. 선생님이 제가 잘 못해도 열심히 잘하고 있다고 칭찬과 격려를 해 주셔서 더 열심히 할 수 있었어요. 제가 못한다고 지적만 하셨다면 아마 몇 번 하다가 그만뒀을지도 몰라요.

해설 남자는 잘못을 지적하는 것보다 칭찬과 격려가 더 큰 힘이 되었다고 생각한다.

핵심 어휘 칭찬하다 / 격려하다 / 지적하다

[21-22] 다음을 듣고 물음에 답하십시오.

여자: 요즘 주변에 반려견을 키우고 있는 친구들이 다들 너무 좋대요. 그래서 저도 한 마리 기를까 해요.
남자: 다현 씨는 야근도 잦고 여행도 좋아해서 집을 자주 비우잖아요. 반려견도 혼자 있는 시간이 길면 불안 증상이 생길 수 있대요. 그리고 병원비, 사료비 등 비용도 만만치 않을 텐데 잘 생각해 보고 결정하지 그래요?
여자: 거기까지는 생각하지 못했네요.
남자: 반려견은 평생을 함께하는 가족 같은 존재라고 할 수 있어요. 가벼운 마음으로 키우기 시작하면 안 돼요. 키우다가 힘들면 포기해 버리기 쉽거든요. 유기견 문제가 바로 그래서 생기는 거고요. 책임감을 가지고 키울 수 있을지 다시 한번 잘 생각해 보세요.

21. 남자의 중심 생각으로 가장 알맞은 것을 고르십시오.

❸ **반려견을 키우려면 책임감이 필요하다.**

해설 남자는 반려견을 키울 때 책임감이 필요하다고 여자에게 조언하고 있다.

핵심 어휘 반려견 / 유기견 / 책임감

22. 들은 내용과 같은 것을 고르십시오.

❶ **여자는 반려견을 키우려고 한다.**

해설 여자의 친구들이 반려견을 키우고 있어서 여자도 기르고 싶어 한다.

핵심 어휘 (반려견을) 기르다 / (반려견을) 키우다

[23-24] 다음을 듣고 물음에 답하십시오.

남자: 안녕하세요? 이번 신규 채용에 지원하신 김나영님 이신가요? 축하드립니다. 1차 서류 전형에 합격하셔서 연락드립니다.
여자: 이번에 지원자가 많아서 경쟁률이 높았다고 들었는데, 정말 감사합니다. 2차 면접 일정은 어떻게 되나요?
남자: 면접은 다음 주 월요일입니다. 자세한 면접 일정은 문자로 다시 한번 알려드리겠습니다.
여자: 네, 감사합니다. 면접 준비도 열심히 하겠습니다.

23. 남자가 무엇을 하고 있는지 고르십시오.

❶ **2차 면접 일정을 안내하고 있다.**

`해설` 남자는 여자에게 1차 서류 합격 소식을 알려 주고 2차 면접 일정을 안내하고 있다.

`핵심 어휘` 서류 / 전형 / 면접 / 일정

24. 들은 내용과 같은 것을 고르십시오.

❸ **세부 면접 일정은 문자로 안내 받을 수 있다.**

`해설` 남자는 2차 면접 일정의 자세한 내용은 문자로 안내하겠다고 하였다.

`핵심 어휘` 세부

[25-26] 다음을 듣고 물음에 답하십시오.

여자: 명절이 지나면 중고거래 앱에 명절 선물로 받은 선물 세트가 많이 올라온다고 합니다. 이 문제에 대해서 어떻게 생각하십니까?
남자: 회사에서는 많은 직원의 명절 선물을 고르다 보니 직원의 취향보다는 적정한 가격의 선물을 할 수밖에 없을 겁니다. 그래서 직원들이 직장에서 받은 명절 선물이 자신의 취향에 맞지 않거나 자신에게 필요 없다면 시장 가격보다 저렴한 가격에 파는 것이고요. 선물로 받았지만 사용하지 않아서 버리게 되는 것보다는 그 물건이 필요한 사람들이 저렴하게 물건을 구매할 수 있도록 하는 것이 더 낫지 않나요? 그래서 저는 크게 문제가 되지 않는다고 봅니다.

25. 남자의 중심 생각으로 가장 알맞은 것을 고르십시오.

❹ **자신에게 불필요한 선물을 거래하는 것은 괜찮다.**

`해설` 남자는 선물이라도 필요 없어서 버리는 것보다 필요한 사람에게 파는 것이 더 낫다고 생각한다.

`핵심 어휘` 저렴하다 / 구매하다 / 불필요하다 = 필요 없다

26. 들은 내용과 같은 것을 고르십시오.

❷ **명절 선물은 직원들의 취향을 고려하기 힘들다.**

`해설` 남자는 회사의 명절 선물은 직원이 많기 때문에 직원의 취향보다는 적정한 가격의 선물을 할 수밖에 없다고 했다.

`핵심 어휘` 취향 / 적정하다 / 고려하다

[27-28] 다음을 듣고 물음에 답하십시오.

남자: 똑같은 물티슈인데 왜 굳이 비싼 걸 사려고 해요?
여자: 이건 아기용 물티슈예요. 우리 아이에게 사용할 건데 좋은 걸 사는 건 당연하죠. 아기에게 쓰는 돈이 아까워요?
남자: 돈이 아까워서가 아니라 차이가 없어서예요. 여기 성분을 자세히 봐요. 일반 물티슈 성분과 특별히 다른 게 없는데 가격이 3배나 비싼 걸 살 필요는 없다고 봐요.
여자: 설마 똑같겠어요? 그리고 사실 물건을 사면서 성분을 일일이 따지는 사람이 얼마나 되겠어요?
남자: 물론 모든 제품이 다 그런 건 아니겠지만 아기가 사용하는 물건에는 돈을 아끼지 않는 부모들의 심리를 이용한 마케팅 상품이 많아요. 현명한 지출을 하려면 구매자가 똑똑해져야 해요.

27. 남자가 말하는 의도로 알맞은 것을 고르십시오.

❷ **현명한 소비가 필요하다는 것을 알려 주기 위해**

`해설` 남자는 물건을 살 때는 마케팅에 속지 말고 잘 따져 보고 사야 한다고 말한다.

`핵심 어휘` 현명하다 / 지출하다 / 구매자

28. 들은 내용과 같은 것을 고르십시오.

❹ 남자는 소비자의 심리를 이용한 마케팅 상품에 불만이
있다.

〔해설〕 남자는 부모의 심리를 이용해서 물건을 비싸게 파는
마케팅에 대해서 불만을 가지고 있다.

〔핵심 어휘〕 성분 / 심리 / 마케팅

[29-30] 다음을 듣고 물음에 답하십시오.

여자: 이번에 기획하신 여행 상품의 예약률이 높다고 하
던데 그 비결이 무엇인가요?

남자: 기존 단체 관광의 틀에서 벗어나 고객 개인의 취
향과 개성이 반영된 상품을 개발하려고 한 것이
주요한 성공 요인이었던 것 같습니다. 다시 말해
모두가 할 수 있는 여행이 아닌 남들과 다른 차별
화된 경험을 할 수 있다는 것이 사람들의 관심을
끈 것 같습니다.

여자: 사람들의 선호도가 이전의 천편일률적인 패키지여
행에서 개인의 취향을 반영한 맞춤형 관광 상품으
로 변하고 있는 것이 보이네요.

남자: 네, 그렇습니다. 앞으로도 꾸준히 시장의 변화를
관찰하면서 다양한 상품을 개발할 생각입니다.

29. 남자가 누구인지 고르십시오.

❸ 여행 상품을 개발하는 사람

〔해설〕 여자가 남자가 기획한 여행 상품의 예약률이 높다고
했다.

〔핵심 어휘〕 기획하다 / 개발하다

30. 들은 내용과 같은 것을 고르십시오.

❸ 개인의 성향을 고려한 여행 상품이 인기가 있다.

〔해설〕 사람들은 과거와 달리 개인의 취향을 반영한 여행
상품을 선호하는 것을 알 수 있다.

〔핵심 어휘〕 선호도 / 취향 / 반영하다 / 성향

[31-32] 다음을 듣고 물음에 답하십시오.

여자: 학생들이 자기 개발을 할 수 있도록 동기부여를 위
한 장학금 제도를 마련하면 어떨까요?

남자: 좋은 의견입니다. 하지만 어떤 분야의 자기 개발을
말씀하시는 것이지요? 장학금을 주기 위해서는 조
금 더 명확한 기준이 필요할 것 같습니다.

여자: 공인 시험 성적이나 자격증을 기준으로 장학금을
지급하면 가능하지 않을까요? 시험의 종류나 자격
증 분야는 규정짓지 않고 어느 분야나 그 어떤 것
이든지 인정해 주고요.

남자: 그러면 시험을 통과하거나 자격증을 받은 모든 학
생들에게 장학금을 준다는 것인데, 범위가 너무
광범위한 거 같아요. 장학금 지급의 실효성을 높
이려면 좀 더 구체적이고 명확한 기준이 필요할 것
같습니다.

31. 남자의 중심 생각으로 가장 알맞은 것을 고르십시오.

❹ 장학금 지급을 위해서는 구체적인 기준 설정이 선행되
어야 한다.

〔해설〕 남자는 장학금 지급의 실효성을 높이기 위해 구체적
인 기준이 필요하다고 주장한다.

〔핵심 어휘〕 지급하다 / 실효성 / 구체적이다 / 기준 / 선행

32. 남자의 태도로 가장 알맞은 것을 고르십시오.

❹ 장학금 지급 기준에 대한 명확성을 요구하고 있다.

〔해설〕 남자는 장학금 지급 기준이 광범위하다는 문제점을
제시하고 명확한 기준이 필요하다고 이야기 한다.

〔핵심 어휘〕 광범위하다 / 명확하다

여자: 최근 서비스업 일자리가 감소하면서 일용직 종사자가 일자리를 구하는 데 어려움을 겪고 있습니다. 경영계에서는 물가 상승으로 인해 계속해서 인상되고 있는 최저 임금을 일자리 감소의 원인으로 보고 있습니다. 국가가 임금의 최저 수준을 정하고 사용자에게 이 수준 이상의 임금을 지급하도록 하는 최저 임금 제도는 모든 업종에 동일하게 적용되기 때문입니다. 수익이 크지 않은 고용주에게는 인건비 부담이 크기 때문에 당연히 인건비 부담을 줄이는 방안을 찾게 되기 마련입니다. 그래서 인력 대신에 자동화 시스템을 도입하기도 합니다. 일자리를 늘리고 노동자의 안정된 생활을 보장하는 취지의 최저 임금 제도가 오히려 일자리를 사라지게 만드는 셈입니다.

33. 무엇에 대한 내용인지 알맞은 것을 고르십시오.

❹ **최저 임금 인상이 고용에 미치는 영향**

해설 최저 임금 인상으로 고용주는 직원 채용이 부담스러워 다른 방안을 찾게 되었다.

핵심 어휘 물가 상승 / 인상되다 / 최저 임금 / 감소

34. 들은 내용과 같은 것을 고르십시오.

❹ **고용주는 인건비 절감을 위한 대체 방안을 활용하고 있다.**

해설 고용주는 인건비를 줄이기 위해서 자동화 시스템을 도입하는 등의 다른 방안을 모색하고 있다.

핵심 어휘 수익 / 고용주 / 인건비 / 부담 / 절감

남자: 오늘 환경부 관계자분들과 시민들을 모시고 '제1회 녹색 전시회'를 개최하게 되어 영광입니다. 올해 처음으로 열리게 된 '녹색 전시회'는 우리의 자연환경을 재조명하여 사람들에게 환경 보호의 필요성을 알리자는 취지로 개최하게 되었습니다. 이번 전시회는 환경 보호 단체와 사진작가의 합작으로 이루어진 것으로 시민들은 보다 수준 높은 작품을 감상하실 수 있습니다. 사진 작품의 주제는 두 가지로 나누어 볼 수 있습니다. 하나는 무심코 지나쳤던 작은 생물과 생태계의 신비로움을 나타내는 자연의 아름다움에 관한 것입니다. 다른 하나는 자연 환경에서 사라져가는 생물과 쓰레기로 뒤덮여 파괴되어 가고 있는 지구의 모습을 나타낸 것입니다. 이번 전시회를 통해 다시 한번 환경의 중요성을 생각하고 많은 분들이 환경 보호에 동참할 수 있는 기회가 되기를 바랍니다.

35. 남자가 무엇을 하고 있는지 고르십시오.

❶ **전시회 개최의 취지를 밝히고 있다.**

해설 남자는 녹색 전시회를 개최한 목적에 대해서 이야기하고 있다.

핵심 어휘 재조명하다 / 취지 / 개최하다

36. 들은 내용과 같은 것을 고르십시오.

❷ **전시된 사진을 통해 환경 오염의 심각성을 느낄 수 있다.**

해설 오염된 지구의 사진을 통해 경각심을 주고자 했으므로 환경 오염의 심각성을 알리고 있다.

핵심 어휘 뒤덮이다 / 파괴되다

[37-38] 다음을 듣고 물음에 답하십시오.

남자: 반찬 3종류의 백반 한 상이 천 원이라고 들었습니다. 이게 현실적으로 가능한 일입니까?

여자: 어렵지요. 저희 식당을 이용하시는 분들은 주로 연로하신 어르신들이 많습니다. 하루에 대략 백 분 정도가 식사하러 오시는데, 그럼 하루 매출이 10만 원 정도 밖에 안 됩니다. 일반적으로 생각해도 이것만으로 식당을 유지할 수는 없습니다. 그런데 감사하게도 저희 식당 소식을 듣고 많은 분들이 음식 재료를 보내주고 계십니다. 아침에 출근하면 가게 앞에 누군가 두고 간 식재료가 놓여 있습니다. 그런 분들 덕분에 식당 운영이 가능한 것이지 저만의 노력으로는 힘듭니다. 이 자리를 빌어서 식당이 운영될 수 있도록 도와주신 모든 분들에게 감사 말씀을 드리고 싶습니다.

37. 여자의 중심 생각으로 가장 알맞은 것을 고르십시오.

❹ 식당 운영에 도움을 준 많은 분들에게 감사하다.

해설 식당에 식재료를 보내주신 분들께 감사의 인사를 하고 있다.

핵심 어휘 덕분 / 운영되다

38. 들은 내용과 같은 것을 고르십시오.

❹ 이 식당은 후원 없이는 운영이 불가능하다.

해설 식당의 매출이 적기 때문에 식재료를 보내주는 분들 덕분에 식당을 계속해서 운영하고 있다고 한다.

핵심 어휘 매출 / 유지하다 / 후원

[39-40] 다음을 듣고 물음에 답하십시오.

여자: 말씀대로라면 경제학을 공부하지 않을 이유가 없을 것 같습니다.

남자: 맞습니다. 그러니 경제학은 단지 어렵다고 해서 멀리할 것이 아니라 관심을 갖고 배우려는 자세가 필요합니다. 그렇다고 대학에서 경제학을 공부하듯이 거창한 이론과 수식에 통달해야 하는 것은 아닙니다. 우리 주변의 다양한 예시를 통해서 우리 생활에 경제학이 어떻게 적용되고 있는지 관심을 갖고 알아가다 보면 개인에서 사회 전반에 이르기까지 경제적 흐름이 눈에 보이게 될 것입니다. 그런 노력이 스스로에게 더 좋은 선택을 할 기회를 제공할 뿐만 아니라 사회 구조를 이해하는 데에도 많은 도움이 됩니다.

39. 이 대화 전의 내용으로 가장 알맞은 것을 고르십시오.

❶ 경제학 지식이 주는 이점을 설명했다.

해설 여자가 경제학을 꼭 공부해야 한다고 했으므로 경제학 공부의 좋은 점을 이야기했다고 짐작할 수 있다.

핵심 어휘 경제학 / 이점

40. 들은 내용과 같은 것을 고르십시오.

❹ 경제학이 어렵다는 선입견을 버리고 관심을 가져야 한다.

해설 남자는 경제학이 어렵다고 생각하지 말고 관심을 가지다 보면 도움을 받을 수 있다고 한다.

핵심 어휘 통달하다 / 적용되다 / 선입견

[41-42] 다음을 듣고 물음에 답하십시오.

여자: 한국어에는 한자어와 외래어가 많습니다. 사탕, 양
말, 호랑이 등은 한자어이고, 컴퓨터, 드라마, 빵
등의 단어들은 모두 외래어입니다. 한자어와 외래
어가 많은 것은 단어가 형성되는 과정에서 외부의
영향을 많이 받았기 때문입니다. 한자어는 한자의
뜻을 바탕으로 만들어진 말로 한글 창제 이전의
단어들이 대부분 여기에 속합니다. 외래어는 다른
나라의 말을 한글로 표기한 단어들로 발음을 바탕
으로 만들어졌습니다. 가장 많은 외래어는 영어지
만, 영어 이외에도 포르투갈어, 일본어 등 다양한
나라의 언어가 있고 앞으로 점점 더 그 비중이 늘
어날 것으로 보입니다. 한자어와 외래어는 모두 한
국어의 한 부분입니다. 따라서 한국어와 구분하기
보다는 한국어로 자연스럽게 받아들이는 것이 좋
습니다.

41. 이 강연의 중심 내용으로 가장 알맞은 것을 고르십시오.

❷ 한자어와 외래어도 한국어의 일부로 봐야 한다.

해설 한자어와 외래어가 한국어에서 차지하는 비중이 크
므로 한국어의 한 부분으로 보고 자연스럽게 받아
들여야 한다.

핵심 어휘 한자어 / 외래어 / 형성되다 / 비중 / 받아들이다

42. 들은 내용과 같은 것을 고르십시오.

❸ 한자어는 의미를 바탕으로 만들어진 단어이다.

해설 한자어는 한자의 뜻을 바탕으로 만들어진 단어이다.

핵심 어휘 뜻 / 바탕

[43-44] 다음을 듣고 물음에 답하십시오.

남자: 사람들은 야간에 활동하는 박쥐의 시력이 매우 좋
을 것으로 생각합니다. 하지만 이런 통념과 달리
실제 박쥐의 시력은 매우 나쁘며 대부분의 시각
기능은 퇴화하였습니다. 어두운 동굴에 주로 서식
하는 박쥐는 빛을 이용할 수 없는 환경에 적응해
야 했기 때문에 눈이 자연스럽게 퇴화한 것입니다.
박쥐는 시각 대신 청각과 초음파를 사용해 어둠
속에서 먹이를 찾고 장애물을 피합니다. 초음파의
정확도는 매우 높은 편으로 박쥐는 반사된 초음파
를 통해 사물을 구분하고 개체를 구별합니다. 박
쥐는 초음파와 청각으로 물체와의 거리와 물체의
크기, 그리고 방향을 감지하여 행동하는데, 이것
은 의사소통을 위한 수단으로도 활용됩니다.

43. 무엇에 대한 내용인지 알맞은 것을 고르십시오.

❸ 박쥐 시각의 퇴화 원인

해설 박쥐는 어두운 동굴에 적응하기 위해 시각 기능이
퇴화되었다고 설명하고 있다.

핵심 어휘 통념 / 서식하다 / 적응하다 / 퇴화하다

44. 박쥐의 시각이 퇴화한 이유로 맞는 것을 고르십시오.

❹ 어둠 속에서 지내야 하는 환경 때문에

해설 박쥐는 빛을 이용할 수 없는 환경에 적응해야 했기
때문에 눈이 퇴화한 것이다.

핵심 어휘 동굴 / 빛 / 장애물 / 피하다

[45-46] 다음을 듣고 물음에 답하십시오.

여자: 국내 총생산은 한 나라의 영역 내에서 가계, 기업, 정부 등 모든 경제 주체가 일정 기간 생산한 재화 및 서비스의 부가가치를 시장 가격으로 평가하여 합산한 것을 말합니다. 조금 쉽게 이야기하면 한 나라가 일 년 동안 창출한 모든 생산물의 시장 가격이라고 할 수 있습니다. 국내 총생산 GDP는 생산자의 국적과 관계없이 한 나라의 국경 안에서 그 해에 새롭게 생산된 것을 모두 포함합니다. 그래서 외국인이라도 한국에서 상품을 만들어 판매하면 그 경제 가치는 한국의 국내 총생산에 포함됩니다. 국내 총생산을 통해 한 나라 전체의 생산 규모와 소득 수준을 파악할 수 있기 때문에 GDP는 각 국가별 경제 수준을 파악하는 데 매우 중요한 지표입니다.

45. 들은 내용과 같은 것을 고르십시오.

❸ 국내 총생산을 통해 한 나라의 경제 수준을 확인할 수 있다.

[해설] 국내 총생산을 통해 한 나라의 생산 규모와 소득 수준을 파악할 수 있다.

[핵심 어휘] 생산 / 규모 / 소득 / 수준 / 파악하다

46. 여자가 말하는 방식으로 알맞은 것을 고르십시오.

❷ 국내 총생산의 개념을 설명하고 있다.

[해설] 국내 총생산이 무엇인지 그 의미를 정의하고 있다.

[핵심 어휘] 총생산 / 영역 / 주체 / 생산하다 / 재화 / 부가가치 / 합산하다

[47-48] 다음을 듣고 물음에 답하십시오.

여자: 정부에서 19세에서 34세 청년들에게 목돈을 만들어주겠다는 취지로 출시한 청년희망적금의 해지자가 최근 급격히 늘어 문제가 되고 있습니다. 이 문제에 대해 어떻게 생각하십니까?

남자: 해당 상품은 이자가 연 10%로 다른 상품에 비해 이자율이 높을 뿐만 아니라 소득이 낮을수록 많은 지원금 혜택이 있는 만큼 중도 해지할 경우 이러한 혜택도 함께 포기해야 합니다. 그럼에도 불구하고 해지율이 높은 것에 대해 일각에서는 정부가 예측하지 못한 문제가 생겼다고 보고 해당 상품에 대한 전면적인 검토가 필요하다는 의견이 있습니다. 그런데 저는 생각이 조금 다릅니다. 청년희망적금의 해지자가 늘고 있는 것은 사실이지만 타 상품에 비해 중도 해지율이 과할 정도의 수준은 아닙니다. 따라서 성급하게 문제로 인식하기 보다는 앞으로의 추이를 더 살펴보고 판단해야 합니다.

47. 들은 내용과 같은 것을 고르십시오.

❹ 청년희망적금은 소득에 따라 지원 정도를 달리한다.

[해설] 청년희망적금은 소득이 낮을수록 더 많은 혜택을 주고 있다.

[핵심 어휘] 이자 / 혜택 / 지원금

48. 남자의 태도로 알맞은 것을 고르십시오.

❶ 청년희망적금 해지 문제의 심각성을 일축하고 있다.

[해설] 남자는 청년희망적금의 해지 문제가 심각한 정도는 아니며 앞으로 더 지켜볼 필요가 있다고 주장한다.

[핵심 어휘] 중도 / 해지율 / 과하다 / 성급하다 / 추이 / 판단하다

여자: 여러분은 건축물 하면 어떤 이미지가 떠오르십니까? 딱딱한 느낌의 사각형 건물이 먼저 떠오르지 않으시나요? 만약 직선으로만 곧게 만들어진 건축물이 아닌 부드러운 곡선의 자연과 어우러진 건축물이 있다면 어떨까요? 자연과 함께 있지만 이질감이 느껴지지 않고 자연의 일부분으로 느껴진다면 한결 편안하게 건물을 볼 수 있지 않을까요? 직선보다 곡선을 추구한 100년 전 건축가, 바로 안토니오 가우디의 작품이 그렇습니다. 가우디는 스페인을 대표하는 건축가입니다. 그는 천재적인 재능을 가진 건축가로 유명한데 그가 만든 모든 건물은 곡선을 활용한 것으로 유명합니다. 직선을 써야 할 경우에는 인공적인 직선을 거부하고 자연 속에 존재하는 시각적으로 편안하고 안정감을 주는 부드러운 곡선을 사용하였습니다. 스페인에 있는 자연 친화적인 가우디의 작품을 보면 그가 왜 천재 건축가라고 불리는지 알 수 있을 것입니다.

49. 들은 내용과 같은 것을 고르십시오.

❷ **가우디의 건축물은 인공적인 직선을 배제하였다.**

해설 가우디는 인공적인 직선을 거부했다.

핵심 어휘 인공적 / 직선 / 거부하다 / 배제하다

50. 남자가 말하는 방식으로 알맞은 것을 고르십시오.

❶ **가우디의 건축물을 높이 평가하고 있다.**

해설 남자는 가우디를 천재 건축가라로 인정하고 있는 만큼 그의 건축물을 높이 평가하고 있다는 것을 알 수 있다.

핵심 어휘 대표하다 / 건축가 / 천재적 / 재능

쓰기 (51번 ~ 54번)

[51-52] 다음 글의 ㉠과 ㉡에 알맞은 말을 각각 쓰시오. (각 10점)

51.

무료 영화 관람 안내

서울시에서는 5월 가정의 달을 맞아 온 가족이 즐거운 시간을 (㉠ **보낼 수 있도록 / 보낼 수 있게**) 가족 영화를 준비했습니다. 매회 선착순 300명이 (㉡ **관람할 수 있습니다**).
- 기간: 5월 5일~5월 8일
- 시간: 1회 10시 / 2회 14시 / 3회 18시

어휘 해설 시간을 보내다 / 영화를 관람하다

표현 해설

- V-도록 / V-게
  서울시에서 가족 영화를 준비한 목적을 나타낼 수 있는 표현을 사용해야 한다.

- V-(으)ㄹ 수 있다
  선착순 300명이 관람이 가능하므로 가능의 표현을 사용해야 한다.

52.

약도 음식처럼 유통기한이 있다. 약의 유통기한은 제조사에서 정한 약의 안전한 사용기한으로 이 기간 안에는 약의 효과를 기대할 수 있다. 그러나 유통기한이 (㉠ **지나면**) 약의 성분이 변할 수 있기 때문에 복용하지 않는 것이 좋다. 상한 음식을 버리는 것처럼 약도 아깝다고 생각할 것이 아니라 (㉡ **버려야 한다**).

어휘 해설 유통기한이 지나다 / 약을 버리다

표현 해설

- A/V-(으)면
  약의 성분이 변하는 조건이 제시되어야 한다.

- V-아/어야 하다
  유통기한이 지난 약을 먹으면 안 되고 버려야 하므로 필수 표현을 사용해야 한다.

53. 다음은 '국내 건강기능식품 시장'에 대한 자료이다. 이 내용을 200~300자의 글로 쓰시오. 단, 글의 제목은 쓰지 마시오. (30점)

- 조사 기관: 국민건강연구소

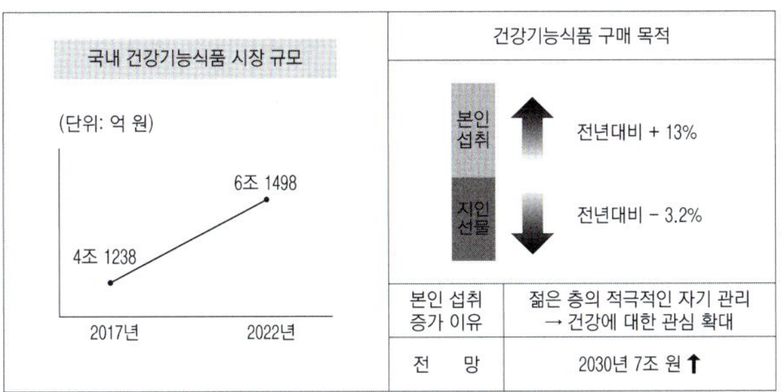

국민건강연구소에서 국내 건강기능식품 시장에 대한 조사를 실시했다. 조사 결과 국내 건강기능식품 시장 규모가 2017년 4조 1238억 원에서 2022년 6조 1498억 원으로 증가한 것으로 나타났다. 건강기능식품 구매 목적은 본인 섭취는 전년 대비 13% 증가한 반면에 지인 선물은 3.2% 감소하였다. 본인 섭취 증가 이유는 젊은층의 적극적인 자기 관리로 건강에 대한 관심이 확대되었기 때문이다. 이러한 이유로 2030년까지 건강기능식품 시장 규모는 7조 원 이상으로 증가할 전망이다.

과제		표현
1		N에서 N에 대한 조사를 실시했다
2	①	조사 결과 N이/가 N에서 N(으)로 증가한 것으로 나타났다
	②	N은/는 N은 A/V-(으)ㄴ 반면에 N은/는 A/V-았/었다
3	①	N 이유는 N(으)로 A/V-기 때문이다
	②	이러한 이유로 N까지 N은/는 N 이상으로 증가할 전망이다

54. 다음을 참고하여 600~700자로 글을 쓰시오. 단 문제를 그대로 옮겨 쓰지 마시오. (50점)

최근 환경 오염 문제가 심각해짐에 따라 우리 생활 곳곳에서 환경을 지키기 위한 다양한 활동이 이루어지고 있다. 환경 오염은 지구 생태계를 파괴하여 우리의 생명을 위협하고 있다고 할 수 있다. 아래의 내용을 중심으로 '환경 오염이 우리 생활에 미치는 영향'에 대한 자신의 생각을 쓰라.

- 최근 환경 오염 문제가 심각해지는 이유는 무엇인가?
- 환경 오염으로 인해 발생하는 문제는 무엇인가?
- 환경을 보호하기 위해 우리가 할 수 있는 것은 무엇인가?

과제1	환경 오염 문제의 원인 - 사회 발전의 속도가 빨라지는 것 - 환경 오염의 심각성을 정확히 인식하지 못하는 것
과제2	환경 오염으로 인해 발생하는 문제 우리가 마시는 물과 먹는 음식에 해로운 성분이 들어감 미세먼지로 마스크 없이 생활할 수 없음
과제3	환경을 보호하기 위해 우리가 할 수 있는 것 개인적으로는 생활 쓰레기를 줄이고 일회용품 사용 자제 사회적으로는 생태계를 보호할 수 있는 법적 근거 마련 필요

사회 발전의 속도가 빨라지면서 환경 오염 문제도 전 세계적으로 심각한 상황이 되어가고 있다. 삶의 편리성을 위해 기업에서 생산되는 제품들이 우리의 토양과 수질 그리고 공기를 점점 더 오염시키고 있다. 또한 편리함만 추구하는 사람들은 실생활에서 많은 쓰레기를 배출한다. 환경 오염의 심각성을 인식하지 못하고 자신의 이익만 생각하는 개인과 기업이 많아지면서 환경 파괴 문제는 더 심각해지는 상황이다. 이렇게 나빠진 공기와 수질 그리고 토양은 우리 삶에 직접적으로 영향을 미친다. 환경 오염 문제들이 이제는 우리의 식탁과 생활에 등장했기 때문이다. 수질 오염으로 인해 우리가 마시는 물과 먹는 음식에는 몸에 해로운 미세 플라스틱이 포함되어 우리의 몸을 해롭게 한다. 토양 오염으로 인해 야채와 농산물은 농약과 중금속 때문에 깨끗하게 씻지 않으면 먹을 수 없게 되었고 대기 오염으로 미세 먼지가 발생하여 마스크 없이는 외출할 수 없게 되었다. 이러한 심각한 문제에서 벗어나기 위해서는 환경 보호를 위한 활동에 적극

적으로 참여해야 한다. 개인과 기업은 생활 쓰레기를 줄이고 일회용품 사용을 자제해야 한다. 또한 국가적으로도 환경 오염이 더 심각해지지 않고 생태계를 보호할 수 있도록 관련 법을 더 강화해야 한다. 모두가 노력할 때만 환경 오염으로 인한 우리의 생활이 파괴되는 것을 막을 수 있다.

정답

1. ③	2. ④	3. ④	4. ②	5. ②
6. ①	7. ②	8. ④	9. ①	10. ④
11. ①	12. ③	13. ②	14. ③	15. ③
16. ①	17. ④	18. ②	19. ②	20. ③
21. ④	22. ②	23. ②	24. ①	25. ④
26. ③	27. ④	28. ①	29. ②	30. ③
31. ②	32. ③	33. ③	34. ①	35. ④
36. ①	37. ③	38. ③	39. ④	40. ③
41. ①	42. ②	43. ①	44. ③	45. ④
46. ③	47. ④	48. ③	49. ①	50. ③

[1-2] (　)에 들어갈 말로 가장 알맞은 것을 고르십시오.

1. ❸

방학을 (하자마자) 친구하고 여행을 갈 것이다.

해설 방학을 하고 난 후 곧 친구와 여행을 가기로 한 것이다.

중요 표현

- V-자마자: 앞 문장의 행동이 끝난 후 바로 뒤 문장의 행동이 바로 일어난다.
  예 수업이 끝나자마자 집에 갔다.

2. ❹

방이 더워서 창문을 (열어 놓았다).

해설 방이 더워서 창문을 열었다.

중요 표현

- V-아/어 놓다: 동작의 완료 상태가 그대로 이어진다.
  예 집에 사람이 없지만 불을 켜 놓았다.

[3-4] 밑줄 친 부분과 의미가 가장 비슷한 것을 고르십시오.

3. ❹ 고장 나는 바람에

컴퓨터가 고장 나서 발표 준비를 다 하지 못했다.

해설 발표 준비를 다하지 못한 이유를 이야기한다.

중요 표현

- A/V-아/어서: 뒤 문장의 원인이나 이유를 나타낸다.
- V-는 바람에: 안 좋은 결과에 대한 이유나 핑계를 이야기한다. 앞 문장의 이유는 대체로 예상하지 못한 일로 인한 것이다.
  예 사고가 나는 바람에 회사에 늦었다.

4. ❷ 있을 수도 있다

한국에 오지 않았다면 고향에서 회사에 다니고 있을지도 모른다.

해설 지금은 한국에 있지만 만약 고향에 있었다면 회사에 다니고 있을 것이라는 가능성에 대한 추측을 하고 있다.

중요 표현

- A/V-(으)ㄹ지도 모른다 = A/V-(으)ㄹ 수도 있다
  : 가능성이 있음을 이야기할 때 사용한다.
  예 여행 가서 아플 수도 있으니까 약을 가지고 가세요.

[5-8] 다음은 무엇에 대한 글인지 고르십시오.

5. ❷ 냉장고

**온도 조절도 알아서 척척~!!
처음 그대로의 신선함을 유지합니다.**

해설 신선함을 유지할 수 있는 것은 냉장고이다.

핵심 어휘 온도 / 조절 / 신선하다

6. ❶ 마트

**가정의 달, 특별 세일
식료품 7만 원 이상 구매 시 장바구니 증정**

해설 식료품을 사는 곳은 마트이다.

핵심 어휘 식료품 / 구매하다 = 사다 / 장바구니

7. ❷ 전기 절약

**전원을 끄면 자연은 켜집니다.
당신의 작은 실천이 지구를 살립니다.**

해설 전원을 끄면 전기를 절약할 수 있다.

핵심 어휘 (전원을) 끄다 / 절약

8. ❹ 주의 사항

*** 개봉 후 1시간 이내에 꼭 드시기 바랍니다.
* 어린이의 손이 닿지 않는 곳에 보관해야 합니다.**

해설 주의해야 하는 것들을 알려주고 있다.

핵심 어휘 개봉 / (손이) 닿다 / 보관하다

[9-12] 다음 글 또는 그래프의 내용과 같은 것을 고르십시오.

9. ❶ 커피 교실은 일주일에 한 번 열린다.

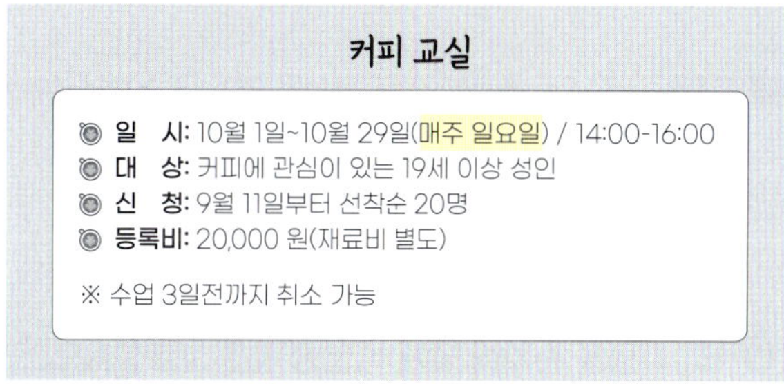

해설 커피 교실은 매주 일요일에 있다.

핵심 어휘 매주 / 열리다

10. ❹ 대학생들의 절반 이상이 인터넷으로 책을 구입한다.

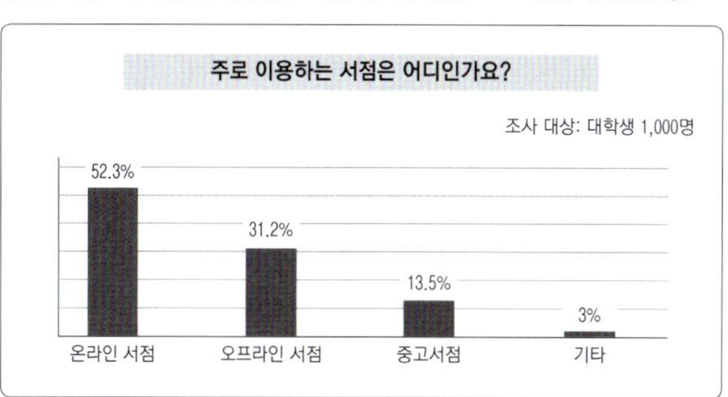

해설 대학생의 절반 이상인 52.3%가 온라인 서점을 이용한다.

핵심 어휘 절반 / 이상 / 구입하다

11. ❶ 제주도는 자전거 여행을 하기 좋은 곳 중 하나이다.

　　매년 6월 3일은 세계 자전거의 날이다. 한국관광공사는 세계 자전거의 날을 맞아 국내 자전거 여행지를 소개하고 있다. 그중에 대표적인 곳으로 경치가 아름답기로 유명한 제주도를 꼽고 있다. 제주도 자전거 길은 해안가를 따라 234km의 거리가 총 10개의 구간으로 나누어져 있다. 시간이 충분하지 않거나 체력이 걱정된다면 한두 구간만 체험해 봐도 좋다.

　해설　국내 자전거 여행지 중 대표적인 곳이 제주도이다.

　핵심 어휘　대표적 / 꼽다

12. ❸ 서울시는 주민들의 불편을 덜어주기 위해 노력했다.

　　목동 운동장은 다양한 스포츠 시설을 갖춘 전문 체육시설이다. 그중 주경기장인 육상트랙은 주민들이 새벽 시간에 많이 이용하는 곳으로 그동안 주민들은 2시간에 천 원의 이용료를 내 왔다. 그러나 최근 서울시는 평소 목동 운동장에서 진행되는 대규모 행사 때문에 불편함을 겪는 주민들을 위해 새벽 시간에 무료로 운동장을 이용할 수 있도록 했다.

　해설　서울시는 행사로 인해 불편을 겪는 주민들을 위해 혜택을 마련했다.

　핵심 어휘　대규모 / 행사 / (불편함을) 겪다

[13-15] 다음을 순서에 맞게 배열한 것을 고르십시오.

13. ❷ (가) – (다) – (라) – (나)

(가) 화상을 입었을 때는 응급 처치가 매우 중요하다.
(나) 찬물로 화상 부위의 열을 식히면 피부 조직 손상을 막을 수 있다.
(다) 응급 처치를 하면 화상이 더 심해지는 것을 막을 수 있기 때문이다.
(라) 화상으로 인한 응급 처치 시에는 가장 먼저 찬물로 화상 부위를 씻어야 한다.

　해설　응급 처치의 중요성(가) → 응급 처치 이유(다) → 응급 처치 순서 (라) → 응급 처치 효과(나)

　핵심 어휘　화상 / 막다 / 부위 / 열 / 식히다 / 손상

14. ❸ (라) – (나) – (다) – (가)

(가) 그리고 곧고 표면이 매끄럽다.
(나) 특히 가을무는 단맛이 풍부하다.
(다) 맛있는 무는 들었을 때 묵직하고 단단하다.
(라) 무는 10월에서 12월 사이의 제철 음식이다.

　해설　무의 제철 시기 (라) → 가을무의 맛(나) → 가을무의 특징①(다) → 가을무의 특징②(가)

　핵심 어휘　제철 / 풍부하다 / 묵직하다 / 단단하다 / 곧다 / 매끄럽다

15. ❸ (다) – (나) – (가) – (라)

(가) 운동이 수면의 질 개선에 도움이 된다는 것이다.
(나) 이런 사람들에게 도움이 될 만한 연구 결과가 발표되었다.
(다) 매일 밤 수면을 취하는 데 어려움을 겪는 사람이 많다고 한다.
(라) 그중에서도 달리기, 걷기 등 유산소 운동이 도움이 된다고 한다.

　해설　수면 문제(다) → 수면 문제 해결 방안 근거(나) → 수면에 도움이 되는 것(가) → 수면에 도움이 되는 운동 소개(라)

　핵심 어휘　(수면을) 취하다 / 연구 / 결과 / 개선 / 유산소 운동

[16-18] (　　)에 들어갈 말로 가장 알맞은 것을 고르십시오.

16. ❶

　　우리 주변에는 계절마다 다양한 꽃들이 피고 진다. 보통 꽃들은 한 번 피면 계속 피어 있다가 며칠이 지나면 지기 마련이다. 그런데 무궁화는 (다른 꽃들과 달리) 꽃봉오리가 떨어지고 나면 다른 꽃송이가 다시 피고 지기를 반복한다. 그래서 7월부터 10월까지 꽃이 계속 피어 있는 것처럼 보인다.

　해설　무궁화와 보통 꽃들의 다른 점을 이야기하고 있기 때문에 '다른 꽃들과 다르다'는 내용이 적절하다.

　핵심 어휘　(꽃이) 피다 / (꽃이) 지다 / 떨어지다 / 반복하다

17. ④

헌혈은 수혈이 필요한 환자의 생명을 구하는 유일한 방법이다. 그러나 헌혈을 하면 건강이 나빠진다는 오해로 헌혈을 꺼리는 사람들이 많다. 사실 우리 몸의 전체 혈액량의 15%는 비상시를 대비해 여유로 가지고 있는 것으로, 헌혈 후 1~2일 정도 충분한 휴식을 취하면 우리 몸은 (일상생활에 지장이 없을 정도로) 회복된다. 그러므로 헌혈을 한다고 해서 건강에 영향을 주는 것은 아니다.

 헌혈이 건강에 나쁘지 않다고 설명하고 있으므로 헌혈 후에도 건강에 문제가 없다는 내용이 적절하다.

 헌혈 / 오해 / 꺼리다 / 회복되다

18. ②

예전에는 개나 고양이를 애완동물이라고 했다. 그 이유는 개나 고양이가 사람에게 즐거움을 준다고 생각했기 때문이다. 하지만 지금은 애완동물 대신 반려동물이라고 부른다. 반려란 항상 가까이에 있는 가족과 같은 존재를 말한다. 강아지나 고양이가 (사람과 함께 살아가며) 심리적으로 안정감과 친밀감을 준다는 의미이다.

 반려의 의미가 항상 가까이에서 함께 한다는 의미이므로 함께 살아간다는 내용이 적절하다.

 심리적 / 안정감 / 친밀감

[19-20] 다음을 읽고 물음에 답하십시오.

겨울철 창문을 닫은 채 장시간 히터를 켜고 운전을 하면 차량 내 이산화탄소 농도가 증가하기 때문에 졸음운전의 위험이 높다. 따라서 졸음운전을 예방하기 위해서는 2시간 이상 운전 시 휴게소 또는 졸음 쉼터에서 휴식을 취하는 것이 좋다. 이때 가벼운 스트레칭으로 목이나 허리의 근육을 풀어주면 도움이 된다. ( ) 운전 시 차량 실내 온도를 서늘한 정도로 유지하거나 자주 창문을 열어 실내 공기를 환기해야 한다.

19. ( )에 들어갈 말로 가장 알맞은 것을 고르십시오.

❷ 또한

 앞 문장은 졸음운전을 예방하기 위한 방법이다. 뒷 문장은 그 내용에 이어 추가적인 예시를 들고 있다.

 (휴식을) 취하다 / 스트레칭 / (근육을) 풀다 / 서늘하다 / 유지하다 / 환기하다

20. 윗글의 주제로 가장 알맞은 것을 고르십시오.

❸ 겨울철 졸음운전을 예방하기 위한 노력이 필요하다.

 졸음운전을 예방하는 방법에 대해 설명하고 있다.

 졸음운전 / 위험 / 예방하다

[21-22] 다음을 읽고 물음에 답하십시오.

요즘 인터넷 방송의 자극적인 영상이 청소년들에게 쉽게 노출되고 있어 문제가 되고 있다. 방송에 나오는 선정적이고 폭력적인 장면은 성인이 보아도 (눈살을 찌푸리게) 한다. 특히 과한 욕설과 폭력적인 장면은 청소년들이 모방할 위험이 있어 성장 발달에 악영향을 끼칠 수도 있다. 문제는 이러한 영상들을 제지할 방법이 없다는 것이다. 방송통신심의위원회는 인터넷 방송은 개인이 자율적으로 제작 및 유포하기 때문에 사전 심의를 할 수 없으며 누군가 신고를 하지 않으면 찾아내기가 어렵다는 입장이다.

21. ( )에 들어갈 말로 가장 알맞은 것을 고르십시오.

❹ 눈살을 찌푸리게

 성인이 보아도 힘든 장면을 청소년들이 볼 수 있다는 의미이므로 부정적인 의미로서 눈 사이를 찡그린다는 의미인 4번이 정답이다.

 자극적 / 노출되다 / 선정적 / 폭력적

22. 윗글의 내용과 같은 것을 고르십시오.

❷ 자극적인 영상은 청소년들에게 유해하다.

 인터넷 방송의 무분별한 노출로 인해 청소년이 받는 악영향을 우려하고 있다.

 모방하다 / 악영향 / 유해하다

[23-24] 다음을 읽고 물음에 답하십시오.

우리 엄마는 매일 아침 자식들에게 전화하는 것으로 일상을 시작했다. 전화 내용은 항상 밥 잘 챙겨 먹고 차 조심하라는 단순하고 반복되는 내용이었다. 나는 종종 바쁘다는 핑계로 울리는 전화벨을 못 들은 척하기도 하고 아침부터 전화냐며 귀찮은 말투로 짜증을 내기도 했다. 그런 엄마의 전화가 어느 날 갑자기 조용해지니 뭔가 아침의 일상이 어색해지고 엄마의 안부까지 걱정이 되기 시작했다. 그러던 중 엄마가 치매 초기라고 진단을 받은 사실을 알게 되었다. 보통 사람보다 유난히 기억력이 좋다는 말을 많이 들었던 엄마가 환갑을 조금 넘긴 나이에 이런 증상이 온 것은 나에게는 적지 않은 충격이었다. 아마도 최근에 벌어진 외삼촌 장례식과 두 번의 교통사고가 주된 원인이 아니었을까 싶다. 물론 엄마가 살아오신 힘든 삶도 영향을 끼쳤을 것이다. 나는 처음으로 나의 엄마가 아닌 한 여성으로 엄마를 바라보기 시작했고 엄마의 많은 행동이 이해되기 시작했다. 그런 탓에 지금은 엄마의 전화를 기다리기도 하고 내가 전화해서는 왜 전화를 안 하냐며 화를 내기도 한다.

23. 밑줄 친 부분에 나타난 '나'의 심정으로 가장 알맞은 것을 고르십시오.

❷ **염려되다**

해설 엄마가 힘든 삶 때문에 많지 않은 나이에 치매 진단을 받았다고 생각하기 때문에 속상하고 엄마의 안부가 걱정되어 전화하면서 하는 말이다

핵심 어휘 치매 / 환갑 / 충격 / 바라보다 / 탓

24. 윗글의 내용과 같은 것을 고르십시오.

❶ **엄마는 최근에 힘든 일을 겪은 적이 있다.**

해설 엄마는 최근에 외삼촌의 장례식과 두 번의 교통사고를 겪었다.

핵심 어휘 (사건이) 벌어지다 / 장례식 / 주되다

[25-27] 다음 신문 기사의 제목을 가장 잘 설명한 것을 고르십시오.

25.

공연장 문턱 넘어 거리로 나선 클래식

❹ **공연장뿐만 아니라 거리에서도 클래식 공연을 볼 수 있게 되었다.**

해설 공연장이 아닌 거리에서도 클래식 공연을 하고 있다는 내용이다.

핵심 어휘 문턱 / 넘다 / 나서다

26.

온라인 범죄 다시 슬금슬금 증가, 관련 법안은 아직도 계류 중

❸ **온라인 범죄가 다시 많아지고 있지만 법안은 아직 통과되지 않았다.**

해설 온라인 범죄가 조금씩 증가하고 있지만 관련 법안은 아직 진행되지 않고 있다.

핵심 어휘 증가 / 계류

27.

건강기능식품 잘못 먹으면 오히려 '독'

❹ **건강기능식품이라도 잘못 먹으면 건강을 해칠 수 있다.**

해설 건강을 위해 먹는 식품을 잘못 먹으면 건강에 안 좋을 수 있다는 내용이다.

핵심 어휘 건강기능식품 / 오히려 / 독 / 해치다

[28-31] (   )에 들어갈 말로 가장 알맞은 것을 고르십시오.

28. ❶

도로공사에 따르면 최근 5년간 고속도로 동물 찻길 사고가 8608건이었다고 한다. 계절로는 5~6월에 사고가 가장 많이 발생했고, 동물 찻길 사고를 많이 당하는 야생동물은 고라니였다. 고라니가 사고를 많이 당하는 이유는 도로와 가까운 낮은 야산에 주로 서식하면서 봄이 되면 먹이 활동 등으로 (움직임이 활발해지면서) 인근 도로로 내려오기 때문인 것으로 분석됐다.

해설 고라니가 봄에 가까운 도로에 내려오는 이유는 먹이를 찾기 위해 움직이기 때문이다.

핵심 어휘 야산 / 서식하다 / 인근

29. ②

성격 검사 방법 중 하나인 MBTI는 제2차 세계 대전 시 인력난으로 인해 여성이 노동 시장에 들어서게 되자 성격에 맞는 직무를 찾기 위해 개발된 것이다. 최근에는 이를 조직 내 팀원 구성에 활용하고 있다. 팀 내의 조화가 공동 목표 달성에 매우 중요한 만큼 (구성원의 강점이 발휘될 수 있도록) MBTI에 근거한 상호 보완적인 성격 유형으로 팀을 구성하는 것이다.

해설 성격 유형으로 팀을 구성하는 이유는 서로의 강점을 발휘하여 목표를 달성하기 위해서다.

핵심 어휘 직무 / 조화 / 발휘되다 / 보완적 / 구성하다

30. ③

동물 가죽을 대체할 수 있는 새로운 형태의 가죽 제품으로 코르크 소재를 활용한 식물성 가죽 제품이 제작되어 판매되고 있다. 식물성 가죽은 가방은 물론 우산, 신발 등 생활 곳곳에서 사용할 수 있는 물건이라면 모두 제작이 가능한 재질이다. 나무로 만든 가죽이어서 (동물 가죽만 못할 것 같다는) 생각을 많이 하는데 동물 가죽과 비교하여도 품질에 큰 차이가 없다. 오히려 외부 마찰이 있을 때 동물 가죽보다 파손도가 적다.

해설 식물성 가죽 제품이 동물 가죽과 품질에 차이가 없다고 설명하고 있으므로 앞에는 반대로 동물 가죽보다 안 좋다라는 내용이 와야 한다.

핵심 어휘 대체하다 / 제작되다 / 재질 / 가죽 / 품질

31. ①

한국에서 출산한 산모는 미역국을 하루에 네 끼 혹은 여섯 끼를 21일 동안 먹는다. 그 이유는 미역이 아이를 낳은 산모의 상처를 아물게 해 줄 뿐만 아니라 피를 맑게 하는 (효과도 탁월하기) 때문이다. 그래서 요즘도 출산을 하면 미역국을 먹어야 제대로 산후 조리를 했다고 여긴다. 우리가 생일이 되면 미역국을 먹는 이유도 나를 낳고 미역국을 드신 어머니께 감사하는 마음을 느끼기 위해서이다.

해설 미역이 산모에게 좋은 점을 이야기하고 있으므로 피를 맑게 하는 효과가 좋다는 내용이 들어가야 한다.

핵심 어휘 출산하다 / 산모 / (상처가) 아물다 / (피가) 맑다 / 탁월하다

[32-34] 다음을 읽고 글의 내용과 같은 것을 고르십시오.

32. ③ 판소리는 노래와 연극이 어우러진 동양의 뮤지컬이다.

판소리는 노래를 부르는 소리꾼이 북을 치는 고수의 북장단에 맞추어 이야기를 엮어 나가는 것이다. 판소리는 이렇게 소리꾼이 악사의 연주 없이 고수의 북장단에만 맞추어 노래를 부르면서 등장인물의 감정을 전달한다는 특징이 있다. 그래서 판소리는 노래뿐만 아니라 이야기로도 내용을 전달하는 1인극의 연극적 성격도 지니고 있어 서양의 뮤지컬과 비슷하다고도 볼 수 있다.

해설 판소리는 노래와 이야기로 내용을 전달하는 서양의 뮤지컬과 비슷하므로 동양의 뮤지컬이라고 할 수 있다.

핵심 어휘 판소리 / 맞추다 / 엮다 / 전달하다 / 어우러지다

33. ③ 관례 의식에서 남녀 모두 땋았던 머리를 올린다.

전통 관례는 어른이 되기 위한 의식으로 오늘날의 성년식에 해당한다. 관례 의식에서 남자는 그동안에 땋았던 머리를 풀고 추켜올린 후 초립이라는 관을 썼고, 여자는 땋았던 머리를 풀고 틀어 올려서 비녀를 꽂았다. 오늘날에는 매년 5월 셋째 월요일을 성년의 날로 정해 만 20세가 된 젊은이들을 축하해 준다. 이처럼 예나 지금이나 성인이 된다는 것은 축하해야 하는 일임에는 틀림없다.

해설 남자는 땋았던 머리를 올려 관을 쓰고 여자는 땋았던 머리를 올려 비녀를 꽂았다.

핵심 어휘 (머리를) 땋다 / (머리를) 풀다 / 추켜올리다 / 틀어 올리다 / 비녀 / 꽂다

34. ① 도로 위 자율주행은 아직 상용화되지 못했다.

자율주행은 공중, 육상, 해양에서 운전자의 조작 없이 목표 지점까지 스스로 주행환경을 인식하고 판단하여 운행하는 것을 말한다. 이 기술은 큰 돌발 상황이 적고 정해진 선로 위를 주행하는 철도 차량에 먼저 적용되어 상용화되었다. 이어 넓은 공간에서 방해물이 거의 없어 충돌 사고 발생 위험이 적은 선박과 항공 산업에도 주운행 시스템으로 자리 잡았다. 현재는 도로 위 변수가 많은 자동차 주행도 가능하도록 연구가 활발히 이루지고 있다.

해설 자동차의 자율주행은 현재 연구 중으로 상용화되기 전이다.

핵심 어휘 적용되다 / 상용화되다 / (자리를) 잡다 / 변수

35. ❹ '막걸리 빚기'는 한국의 전통문화로서 가치가 있다.

막걸리는 오래전부터 서민들이 주로 마셔온 대중적인 술로 농민들의 고된 노동의 피로와 고단함을 잊게 해 주고 다양한 의례나 행사에도 빠지지 않고 등장했다. 뿐만 아니라 막걸리는 재료와 제조 방법이 비교적 간단하여 과거에는 김치나 된장과 같이 집집마다 직접 만들어 먹던 발효 음식 중 하나였다. 최근 한 국민의 제안으로 막걸리 빚기 문화가 국가무형문화재로 지정되었는데 이로써 막걸리 문화가 한국의 전통문화로 자리매김하게 되었다.

> **해설** 최근 막걸기를 빚는 문화가 국가무형문화재로 지정된 것은 그만한 가치를 인정받았다는 것이다.

> **핵심 어휘** 전통문화 / (술을) 빚다 / 지정되다 / 자리매김

36. ❶ 청소년의 먹방 시청은 비만 가능성을 높인다.

'먹방'은 먹는 방송의 줄임말로 진행자가 다양한 음식 먹는 모습을 보여주는 방송이다. 최근 '먹방'을 시청하는 것이 청소년의 비만 위험을 높일 수 있다는 연구 결과가 발표되어 관심을 끌고 있다. 연구에 따르면 먹방을 보면서 빨리 먹기, 많이 먹기, 야식 먹기 등의 식습관을 따라한 결과 식욕이 증진되어 과체중이 될 가능성이 커진다고 한다. 이에 연구팀은 청소년을 대상으로 먹방 시청 시간 및 내용을 제한하고, 건강한 식습관을 기르기 위한 교육도 필요하다고 덧붙였다.

> **해설** 먹방이 청소년 비만을 증가시킬 수 있다.

> **핵심 어휘** 식욕 / 과체중

37. ❸ 뜨거운 음료를 마실 때는 적당히 식혀서 마셔야 한다.

추운 겨울이면 뜨거운 음료를 찾는 사람들이 많은데 대부분 뜨거움을 느끼면서도 마시는 것이 보통이다. 하지만 세계보건기구(WHO)는 65도 이상의 뜨거운 음료를 식히지 않고 그대로 마실 경우 식도암 위험이 8배가 높아진다고 밝혔다. 이는 뜨거운 음료가 식도로 넘어가면서 식도에 염증을 유발시키고, 이런 염증이 반복되면 암이 생길 수 있다는 것이다. 그러므로 커피나 차를 마실 때는 알맞은 온도로 식힌 다음에 목으로 넘기는 것이 좋다.

> **해설** 뜨거운 음료의 위험을 알리고 식힌 다음 마시는 것이 좋다고 이야기하고 있다.

> **핵심 어휘** 뜨겁다 / 식히다 / 식도 / 넘기다

38. ❸ 메타버스 기술의 활용 범위가 점점 확대되고 있다.

누구나 한 번쯤 눈만 뜨면 회사에 도착하는 상상을 해 봤을 것이다. 이것은 더 이상 불가능한 이야기가 아니다. '메타버스'를 활용하여 집에서 온라인으로 출근을 할 수 있기 때문이다. '메타버스'는 3차원 가상 현실세계를 말하는데 온라인에서 자신의 아바타를 만들어 현실과 같은 일상생활을 할 수 있다. 최근에는 기업에서도 해외 거래처들과 회의를 진행하거나 조종사 훈련 및 자동차 조립 훈련 등 직원 교육에도 메타버스 기술을 활용한 다양한 사례가 등장하고 있다.

> **해설** 가상 현실세계를 이용한 활동이 점점 늘어나고 있음을 이야기하고 있다.

> **핵심 어휘** 활용하다 / 사례 / 확대되다

39. ❹ ㉣

> 왕이 된 후 삼촌에게 그 자리를 빼앗기고 왕이 아닌 노산군으로 죽음을 맞이했기 때문이다.

조선 왕릉은 조선의 역대 왕과 왕비들의 무덤을 총칭하는 말이다. (㉠) 조선 왕릉에는 총 27명의 임금과 왕비의 무덤이 있다. (㉡) 조선시대 수도는 현재의 서울로 조선 왕릉은 서울 일부와 경기도 지역에 분포되어 있다. (㉢) 하지만 유일하게 6대 임금인 단종만 강원도 영월군에 안장되어 있다. (㉣) 그 이후 다시 왕으로 인정받아 노산군묘가 왕릉으로 승격되면서 비수도권 지역 중 유일한 조선 왕릉이 되었다.

> **해설** 단종의 묘가 다른 왕릉과 다르게 강원도에도 안장되어 있는 이유를 설명하고 있다.

> **핵심 어휘** 유일하다 / 안장되다 / 빼앗기다 / 승격되다

40. ❸ ㉢

> 그중에서 가장 중요한 것은 일정한 수면 시간을 유지하는 것이다.

면역력이란 질병으로부터 우리 몸을 보호하고 원래 상태로 회복시키는 힘을 말한다. (㉠) 면역력은 평소의 생활 습관과 식습관에 영향을 많이 받는데 나이가 들수록 각종 스트레스가 증가하면서 면역력이 떨어지기 쉽다. (㉡) 이럴 때일수록 무엇보다 생활 습관 관리가 중요하다. (㉢) 수면이 부족할 경우 우리 몸은 질병에 쉽게 노출된다는 연구 결과도 있다. (㉣) 그만큼 잠은 누구에게나 가장 중요한 활동 중의 하나이다.

해설 수면 시간을 유지하는 것은 생활 습관의 하나로 볼 수 있다.

핵심 어휘 면역력 / 회복하다 / 수면 / 노출되다

41. ❶ ㉠

> 보험 회사는 가입자로 하여금 과거 병력을 보험 회사에 알리도록 하고 있다.

보험 회사는 보험 가입자의 개인 정보나 건강 상태를 바탕으로 보험료를 산출한다. (㉠) 고지 의무는 '계약 전 고지 의무'와 '계약 후 고지 의무'로 나뉘는데 이는 계약 전 고지 의무다. (㉡) 계약 후 고지 의무는 직업 등 보험료 산출에 영향을 끼칠 만한 변동사항이 생겼을 때 알리는 것이다. (㉢) 하지만 보험 가입자가 이를 제대로 알리지 않으면 고지 의무 위반으로 보험금은커녕 보험 계약을 해지 당하게 될 수도 있다. (㉣) 따라서 보험 계약자는 계약서 상의 고지 의무 항목을 꼼꼼히 검토한 후 보험 계약을 하도록 해야 한다.

해설 계약 전 고지 의무는 가입자가 과거 병력을 보험 회사에 알리는 것이다.

핵심 어휘 병력 / 산출하다 / 고지 / 의무

선생님의 호출을 받고 들어갔던 교무실의 문을 닫고 나오면서 비로소 나는 안도의 한숨과 함께 다리가 떨리는 것이 느껴졌다. 교실에서 분실 사고가 일어났는데 그게 아마도 친구 아버지의 유품이어서 사건이 꽤 커진 모양이었다. 아이들이 하나 둘씩 선생님에게 불려갈 때도 나는 콧노래를 흥얼거리면서 집에 빨리 갈 생각만 하고 있던 터였다. 언뜻 생각해도 특별히 그 순간 내가 잘못한 것은 없어 보였기 때문이다. 그래서 내 이름이 불렸을 때도 뭐 별것이 있겠냐며 대수롭지 않게 교무실에 들어갔는데 선생님 옆자리에 같이 앉아있던 경찰관을 본 순간 왠지 모르게 주눅이 드는 것은 어쩔 수 없었다. 특별한 질문이 있던 것이 아니었음에도 마치 모든 것을 다 알고 있다는 듯 쏘아보는 눈빛과 경찰관의 무성의한 손놀림에 적잖이 긴장되었다.
우리 반에서 일어난 일인데 어쩜 이렇게 관심이 없니?
돌아 나오는 내 등 뒤로 선생님은 그 한마디를 던지셨다. 성의 없어 보이는 나의 답변에 대한 선생님의 일침이었을 테지만 전학 온 지 4개월밖에 되지 않아 겨우 마음을 붙이고 있던 나에게는 참 쓰라린 말이었다.

42. 밑줄 친 부분에 나타난 '나'의 심정으로 가장 알맞은 것을 고르십시오.

❷ 억울하다

해설 '나'는 잘못이 없는데 선생님에게 꾸중을 들었다.

핵심 어휘 대수롭다 / 겨우 / (마음을) 붙이다 / 쓰라리다

43. 윗글의 내용으로 알 수 있는 것을 고르십시오.

❶ 선생님은 나의 태도를 못마땅해 하셨다.

해설 주인공의 성의 없는 답변에 대해 선생님의 지적이 있었다.

핵심 어휘 성의 / 일침 / 못마땅하다

[44-45] 다음을 읽고 물음에 답하십시오.

　　프랑스 화가 클로드 모네는 이전의 서양 미술이 대상을 상세하고 실제와 같이 묘사를 한 것과 달리 '빛은 곧 색채'라는 원칙으로 동일한 사물이 빛에 따라 달라질 수 있다고 생각하고 즉각적인 인상을 포착하려고 노력한 인물이다. 다시 말해 모네는 우리가 생각하는 일반적인 사물의 고유색과 실제 생활에서 발견하는 색채가 다르다고 생각한 것이다. 그의 대표작인 '루앙 대성당'은 이와 같은 그의 생각이 반영된 작품으로 (　　　　　) 그것을 그린 계절과 시간, 기후 상태에 따라 변하는 모습이 다름을 보여준다. 작품을 완성하기 위해 그는 한 곳에서 동일한 빛과 대기 상태가 존속하는 동안 작품 제작을 마쳐야 했다. 그래서 그는 매 시간, 매 분, 매 초마다 빛의 변화를 느끼며 짧은 시간 내에 작품을 마무리하기 위해 태양이 뜨고 질 때까지 캔버스를 바꿔가며 하나의 대상을 그렸다. 그 과정에서 하루 종일 빛을 직접 보면서 작업하느라 시력이 크게 손상되기까지 했다고 한다.

44. (　　)에 들어갈 말로 가장 알맞은 것을 고르십시오.

　　❸ 같은 대상이라 하더라도

　　[해설] 클로드 모네가 그린 '루앙 대성당'은 그것을 그린 계절과 시간, 기후 상태에 따라 모습이 다르다.

　　[핵심 어휘] 고유색 / 색채 / 반영되다 / 기후

45. 윗글의 주제로 가장 알맞은 것을 고르십시오.

　　❹ 모네는 대상에 비친 빛의 변화를 포착하려 애썼다.

　　[해설] 모네는 사물의 색이 빛에 의해 달라질 수 있다고 생각했다.

　　[핵심 어휘] 빛 / 즉각적 / 포착하다

[46-47] 다음을 읽고 물음에 답하십시오.

　　최근 10년 사이 세계적으로 자연 생태계 유지에 결정적 역할을 하는 꿀벌 생태계가 빠르게 파괴되고 있어 문제가 되고 있다. 이에 UN은 2017년 개체 수가 급감하고 있는 꿀벌을 보존하자는 의미에서 5월 20일을 '세계 벌의 날'로 지정했을 정도다. UN 식량농업기구(FAO)에 따르면 꿀벌이 세계 100대 농작물의 71%를 매개하고 있다고 한다. 꿀벌이 사라지면 꿀벌 의존도가 높은 농작물의 재배가 불가능해질 수 있고 이로 인해 과일과 채소 값이 급등하게 될 거라고 한다. 이러한 문제를 해결하기 위한 방안으로 우리나라는 양봉 산업 지원을 위해 2019년 양봉 산업법을 지정하고 국가적인 '꿀벌 살리기'에 나섰다. 도심에 양봉장을 만들어 벌들이 화단이나 공원에서 꿀을 채취하도록 하는 도시 양봉도 그중 하나이다.

46. 윗글에 나타난 필자의 태도로 가장 알맞은 것을 고르십시오.

　　❸ 자료에 근거해 자연 생태계에서 꿀벌의 중요성을 설명하고 있다.

　　[해설] UN 식량농업기구의 자료를 근거로 꿀벌이 사라졌을 경우의 발생될 문제들과 함께 현재 우리나라에서 진행 중인 해결 방안들을 예시로 설명하고 있다.

　　[핵심 어휘] 농작물 / 매개하다 / 의존도 / 재배 / 급등하다

47. 윗글의 내용과 같은 것을 고르십시오.

　　❹ 꿀벌은 자연 생태계 유지에 매우 중요한 역할을 하고 있다.

　　[해설] 세계 농작물의 생산에 꿀벌이 미치는 영향이 매우 크다고 이야기하고 있다.

　　[핵심 어휘] 생태계 / 유지 / 결정적 / 역할 / 파괴되다

[48-50] 다음을 읽고 물음에 답하십시오.

삼겹살이 국민 음식이 된 것은 그리 오래되지 않았다. 1970~80년대 집집마다 가스레인지가 보급되고 산업화로 인한 육류 소비의 증가가 한몫을 했다고 할 수 있다. 특히, 1997년 IMF 외환위기 이후 돼지고기 수입이 본격화 되면서 삼겹살이 한국인의 국민 음식으로 자리를 잡기 시작하였다. 【이러한 삼겹살은 돼지의 제5 갈비뼈 또는 제6 갈비뼈에서 뒷다리까지의 등심 아래 복부 부위로 근육과 근간지방이 세 개의 층을 이루고 있다고 해서 붙여진 이름이다. 이런 삼겹살은 지방의 고소한 맛과 육단백질의 구수한 맛이 (   ) 그 맛이 일품이다. 예부터 우리말에 '한 겹, 두 겹, 세 겹'이란 말이 통용된 까닭에 '삼겹'이란 말은 엄밀히 따지면 어법에 맞지 않는다. 그럼 언제부터 세겹살이 삼겹살로 바뀌었을까? 그 이유 중에 흥미로운 설은 '개성 유래설'이다. 개성 사람들이 돼지에게도 인삼을 먹였다 해서 숫자 '3'의 '삼'이 아닌 인삼의 '삼'을 붙여 '삼겹살'이라고 불렸다는 주장도 있다.】

48. 윗글을 쓴 목적으로 가장 알맞은 것을 고르십시오.

❸ 삼겹살 이름의 유래에 대해 소개하기 위해

〔해설〕 삼겹살이라고 불리게 된 것에 대해 설명하고 있다.

〔핵심 어휘〕 근육 / 붙여지다 / 예 / 통용되다 / 유래

49. (   )에 들어갈 말로 가장 알맞은 것을 고르십시오.

❶ 잘 어우러져

〔해설〕 삼겹살은 고소한 맛과 구수한 맛 두 개의 맛을 모두 느낄 수 있다.

〔핵심 어휘〕 지방 / 고소하다 / 구수하다 / 일품

50. 윗글의 내용과 같은 것을 고르십시오.

❸ 돼지고기 수입은 삼겹살 소비의 중요한 계기가 되었다.

〔해설〕 돼지고기 수입으로 더 많은 국민들이 삽겹살을 먹으면서 완전한 국민 음식으로 자리 잡게 되었다.

〔핵심 어휘〕 수입 / 본격화 / (자리를) 잡다

실전모의고사 2회

듣기 (1번 ~ 50번)

정답

1. ②	2. ①	3. ③	4. ④	5. ④
6. ②	7. ④	8. ③	9. ④	10. ③
11. ①	12. ②	13. ③	14. ②	15. ①
16. ①	17. ②	18. ③	19. ④	20. ④
21. ①	22. ④	23. ③	24. ①	25. ②
26. ①	27. ①	28. ③	29. ④	30. ②
31. ④	32. ②	33. ④	34. ②	35. ①
36. ③	37. ①	38. ③	39. ④	40. ④
41. ④	42. ③	43. ①	44. ②	45. ③
46. ②	47. ③	48. ①	49. ②	50. ④

[1-3] 다음을 듣고 가장 알맞은 그림 또는 그래프를 고르십시오.

1.

남자: 오랜만에 마트에 왔더니 엄청 많이 샀네요.
여자: 그러니까요. 거의 다 샀으니까 이제 계산하러 가요.
남자: 그래요. 저쪽 계산대가 줄이 짧으니까 저쪽으로 갑시다.

①  ② 

③  ④ 

〔해설〕 남자와 여자는 마트에서 물건을 많이 사고 줄이 짧은 곳으로 가서 계산을 하려고 한다.

〔핵심 어휘〕 (줄이) 짧다

2.

남자: 어제 산 바지인데 다시 입어 보니까 좀 불편하더라
고요. 환불할 수 있을까요?

여자: 네, 손님. 결제한 카드를 주시겠어요.

남자: 잠깐만요. 여기 있어요.

❶

②

③

④

해설 남자가 옷을 환불을 하러 왔다. 여자가 결제한 카드
를 달라고 해서 남자는 여자에게 카드를 준다.

핵심 어휘 환불하다 / 결제하다

3.

남자: 최근 10년간 과일 수입 현황 분석 자료에 따르면
과일 수입량이 2010년 55만 4000톤에서 87만
5000톤으로 58.3% 증가하였습니다. 품목을 살펴
보면 바나나가 32.8%를 차지하고 그다음으로 오
렌지 17.3%, 포도와 체리가 각각 15.4%, 기타가
19.1%로 나타났습니다. 주목할 만한 것으로 기타
품목 중 망고 수입액이 7배 이상 증가하였는데, 이
는 주스, 디저트 등 망고를 사용한 제품의 증가를
원인으로 들 수 있습니다.

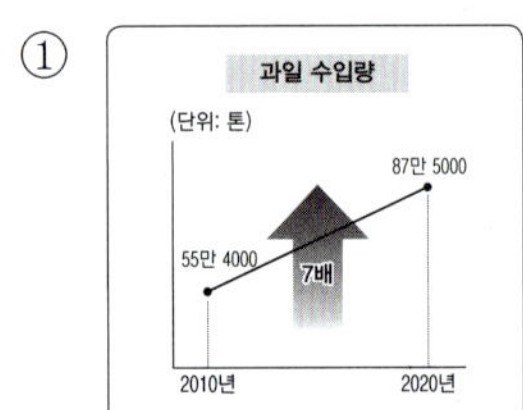
①

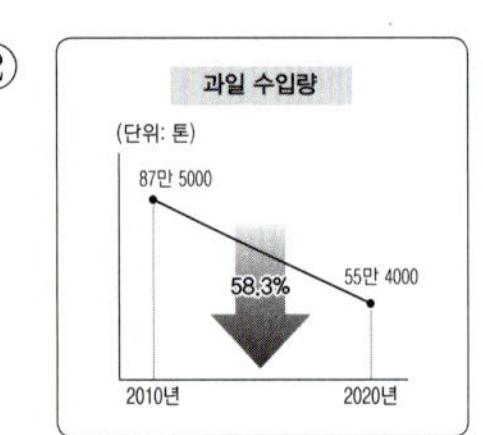
②

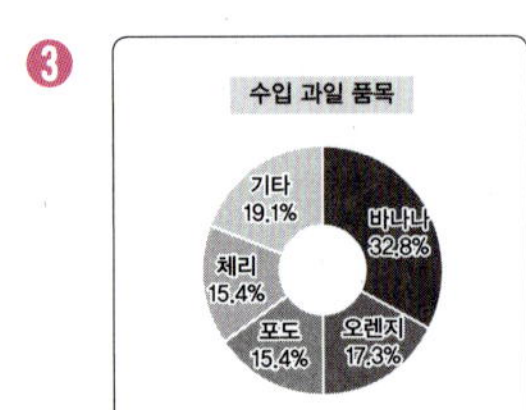
❸

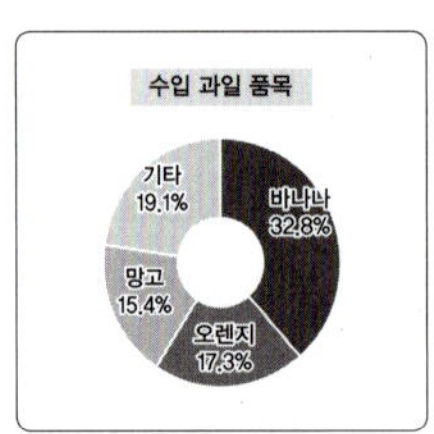
④

해설 수입 과일 품목 중 포도와 체리가 각각 15.4%다. 즉,
포도 15.4%, 체리 15.4%다.

핵심 어휘 수입 / 증가하다 / 품목 / 차지하다 / 각각

[4-8] 다음을 듣고 이어질 수 있는 말로 가장 알맞은 것을 고르십시오.

4. ④

여자: 매출 보고서는 제출했어요?

남자: 제출하기는요.

여자: 내일까지 제출하지 않으면 안 돼요.

해설 남자는 매출 보고서를 아직 제출하지 않았다. 그래
서 여자가 내일까지 제출해야 한다고 말한다.

핵심 어휘 보고서 / 제출하다

5. ④

(초인종 벨소리)

남자: 어, 음식이 벌써 왔나 보네.

여자: 저녁 먹은 지 얼마 안 됐는데 뭘 시킨 거야?

남자: 출출해서 치킨을 주문했어.

해설 여자가 주문한 음식을 물어봤으니 메뉴를 대답해야
한다.

핵심 어휘 (음식을) 시키다 = 주문하다 / 출출하다

6. ❷

남자: 내일 대강당에서 공연 연습하는 거 맞지?

여자: 아니야. 소강당으로 바뀌었다고 하던데. 문자 못
받았어?

남자: 바빠서 아직 확인을 못했어.

해설 여자가 공연 연습 장소가 바뀐 문자를 못 받았냐고
묻고 있다. 남자는 그 질문에 확인을 못했다고 한다.

핵심 어휘 대강당 / 소강당 / 바뀌다 / 확인하다

7. ❹

여자: 어제 제가 친구의 비밀을 그만 실수로 다른 친구에게 말해 버렸어요.
남자: 저런. 친구가 화가 많이 났겠어요. 사과했어요?
여자: 미안하다고 말하려고 전화했는데 안 받아요.

[해설] 남자는 여자가 친구에게 사과를 했는지 묻고 있다. 그 질문에 여자는 친구가 전화를 받지 않는다고 대답한다.

[핵심 어휘] 비밀 / 실수 / 화가 나다 / 사과하다

8. ❸

여자: 장마라서 그런지 비가 너무 자주 오네요.
남자: 이렇게 비가 많이 내리다가 홍수가 나면 어떡하지요?
여자: 저도 홍수가 날까 봐 걱정이에요.

[해설] 남자는 비 때문에 홍수가 날 것을 걱정하고 있고 여자도 남자의 생각과 같다고 이야기하고 있다.

[핵심 어휘] 장마 / 홍수

[9-12] 다음을 듣고 여자가 이어서 할 행동으로 가장 알맞은 것을 고르십시오.

9. ❹ 번호표를 뽑는다.

여자: 카드를 만들려고 하는데요. 얼마나 기다려야 하나요?
남자: 지금 대기하고 계시는 고객이 20명 정도니까 1시간은 기다리셔야 합니다.
여자: 한 시간이나요? 그럼 번호표를 뽑고 나갔다 와도 될까요?
남자: 네, 그런데 순서가 지나면 다시 기다려야 하니까 너무 늦게 오지 마세요.

[해설] 은행에 사람이 많아서 여자는 번호표를 뽑은 후에 나갔다 올 생각이다.

[핵심 어휘] 대기하다 / (번호표를) 뽑다

10. ❸ 김밥을 사러 간다.

여자: 텔레비전 좀 보세요. 김밥이 참 맛있어 보이네요.
남자: 그러게요. 예전에는 집에서 김밥을 자주 만들어 먹곤 했는데.... 오랜만에 우리도 김밥을 만들어 먹을까요?
여자: 재료도 없으니까 그냥 사다가 먹어요. 제가 근처에 맛있는 김밥집을 알아요.
남자: 아, 만든 김밥이 더 맛있는데.... 그렇게 해요.

[해설] 남자는 김밥을 만들어 먹고 싶어 하지만 집에 김밥을 만들 재료가 없다. 그래서 여자가 사다가 먹자고 했다.

[핵심 어휘] 재료 / 그냥

11. ❶ 머리를 자른다.

여자: 머리를 어떻게 해 드릴까요?
남자: 밝은 갈색으로 염색해 주세요.
여자: 먼저 머리를 조금 다듬은 후에 해 드리겠습니다.
남자: 네, 많이 자르지는 마세요.

[해설] 여자는 머리를 조금 자른 후에 염색을 할 것이다.

[핵심 어휘] 염색하다 / (머리를) 다듬다 = 자르다

12. ❷ 회의에 참석한다.

남자: 과장님, 보고서 다 보셨습니까?
여자: 네, 바꿔야 할 부분을 표시해서 메일로 보냈어요.
남자: 바로 확인하겠습니다.
여자: 회의 갔다 올 테니까 그때까지 고쳐 놓도록 하세요.

[해설] 여자는 남자에게 회의에 갔다가 오는 동안 보고서를 고쳐 놓으라고 했다.

[핵심 어휘] 고치다 / 참석하다

[13-16] 다음을 듣고 들은 내용과 같은 것을 고르십시오.

13. ❸ 영화는 사실을 바탕으로 만들어졌다.

> 여자: 이 영화는 실제 이야기래.
> 남자: 사실이라니, 믿어지지 않는데.
> 여자: 아무리 힘들어도 포기하지 않는 남자 주인공의 태도가 정말 감동적이었어.
> 남자: 맞아. 나도 그런 사람이 되고 싶더라고.

> **해설** 여자는 그 영화가 실제로 일어난 일을 영화로 만들었다고 한다.

> **핵심 어휘** 실제 / 사실 / 바탕

14. ❷ 어린 사자가 우유 먹는 모습을 볼 수 있다.

> 여자: 서울 동물원에 오신 여러분을 환영합니다. 오늘은 특별 이벤트로 사육사가 어린 사자들에게 우유를 먹이는 모습을 공개할 예정입니다. 어린 사자가 우유를 먹는 모습을 가까이서 볼 수 있는 흔치 않은 기회입니다. 관람을 원하시는 분들께서는 지금 바로 사자관 앞으로 와 주시기 바랍니다.

> **해설** 사자관에서는 사육사가 어린 사자에게 우유를 먹이는 모습을 보여줄 예정이다.

> **핵심 어휘** 사육사 / 먹이다 / 공개하다 / 예정이다

15. ❶ 산불은 현재 꺼졌다.

> 남자: 어젯밤 북한산에서 발생한 산불로 인근 주민이 대피하는 사건이 발생했습니다. 불은 산의 절반을 태우고 산 아래에 있는 밭과 집들까지 태웠습니다. 산불은 10시간 만에 진화되었으며 인명 피해는 없는 것으로 확인됐습니다. 소방청에서는 최근 건조한 날씨로 인해 산불 발생 우려가 높으므로 각별한 주의가 필요하다고 당부했습니다.

> **해설** 산불은 10시간 만에 꺼졌다.

> **핵심 어휘** 산불 / 발생하다 / 태우다 / 진화되다 / 인명 피해

16. ❶ 인공지능 전문가는 코딩 실력을 갖춰야 한다.

> 남자: 시대가 변함에 따라 인공지능 전문가를 꿈꾸는 대학생들이 많아지고 있습니다. 인공지능 전문가가 되기 위해서는 무엇을 준비해야 합니까?
> 여자: 인공지능 전문가는 컴퓨터 프로그램을 만들어 활용하는 전문 인력입니다. 그래서 컴퓨터 능력을 기르는 것이 가장 중요하고 무엇보다도 코딩을 능숙하게 할 줄 알아야 합니다. 또한 일상생활에서 인공지능을 활용하는 범위가 넓어진 만큼 인간의 심리에 대해서도 잘 알아야 합니다. 따라서 심리학과 인문학도 함께 공부해야만 합니다.

> **해설** 인공지능 전문가가 되기 위해서는 컴퓨터 능력이 가장 중요하며 그중에서 코딩 실력을 갖춰야 한다고 말한다.

> **핵심 어휘** 인공지능 / 코딩 / 능숙하다 / (실력을) 갖추다

[17-20] 다음을 듣고 남자의 중심 생각으로 가장 알맞은 것을 고르십시오.

17. ❷ 유명한 식당이라고 해서 다 맛집은 아니다.

> 남자: 저기 건너편에 새로 생긴 닭갈비집 가봤어? 어제 저녁에 봤는데 사람들이 엄청 많더라.
> 여자: 요즘 SNS에 많이 올라오는 맛집이라서 그런 것 같아.
> 남자: 유명하다고 해서 다 맛있는 건 아니던데….

> **해설** 남자는 유명해도 맛없는 식당이 있다고 했다.

> **핵심 어휘** 맛집 / 유명하다

18. ❸ 집보다 극장에서 영화를 보는 것이 더 좋다.

> 남자: 요즘 인터넷 영화가 유행하면서 영화관에서 영화를 보는 사람들이 많이 줄었대요.
> 여자: 저렴한 가격에 집에서 편하게 영화를 볼 수 있으니까 그런 거 같아요.
> 남자: 근데 아무리 그래도 극장만 못하지 않아요?

> **해설** 남자는 집에서 보는 영화보다 영화관에서 보는 것이 더 좋다고 말한다.

> **핵심 어휘** 줄다 / 저렴하다

19. **④ 뷔페에서는 먹을 만큼만 음식을 가져오는 것이 좋다.**

남자: 무슨 음식을 이렇게 많이 가지고 왔어요? 다 먹을
　　　수 있어요?
여자: 뷔페에 오면 맛있는 음식이 많으니까 저도 모르게
　　　많이 담게 돼요.
남자: 다 먹고 나서 또 가져오면 되잖아요. 그렇게 욕심
　　　을 내다가 다 못 먹고 버리면 아깝잖아요. 음식물
　　　쓰레기 때문에 환경이 오염될 수도 있고요.
여자: 그러네요. 그것까지는 생각 못했어요.

해설 여자가 음식을 많이 담아서 온 것을 보고 남자는 먹
을 만큼만 가지고 와야 된다고 말한다.

핵심 어휘 담다 / 욕심 / 아깝다

20. **④ 생존 수영은 물놀이 사고에서 스스로를 지키는 데
도움이 된다.**

여자: 요즘 초등학생을 대상으로 생존 수영 수업이 이루
　　　어지고 있는데 그 목적이 무엇인가요?
남자: 물놀이 사고는 언제 어디서든 일어날 수 있습니
　　　다. 이때 초등학생들은 아직 체구가 작아 사고 발
　　　생 시 헤엄을 쳐서 위기를 벗어나려다 오히려 사고
　　　를 당하기 쉽습니다. 그래서 수영을 할 줄 몰라도
　　　물속 위급 상황에서 당황하지 않고 자신의 생명을
　　　보호할 수 있도록 하는 교육입니다.

해설 남자는 생존 수영의 목적은 수영을 못해도 물놀이
사고가 났을 때 스스로를 지키는 데에 도움이 되는
것이라고 했다.

핵심 어휘 생존 / 위급 상황 / (생명을) 보호하다

[21-22] 다음을 듣고 물음에 답하십시오.

여자: 꽃가루 알레르기가 생긴 것 같아요. 오늘 하루 종
　　　일 콧물이 나고 눈이 부어서 너무 힘들어요.
남자: 병원에 가 보지 그래요? 증상만 보고 병명을 판단
　　　하는 건 좀 위험한 것 같아요. 알레르기가 아닐 수
　　　도 있잖아요. 병원에 가서 진료를 받아 보고 병명
　　　을 정확하게 아는 게 좋을 것 같아요. 그러다가 증
　　　상이 더 심해지면 어떻게 하려고 그래요.
여자: 별로 심하지 않아서 그냥 약국에서 약을 사 먹으
　　　려고 했는데 병원에 가야 할까요?
남자: 그럼요. 알레르기 종류가 얼마나 많은데 혼자 판
　　　단하는 건 아닌 것 같아요.

21. 남자의 중심 생각으로 가장 알맞은 것을 고르십시오.

① 병명을 스스로 판단하는 것은 위험하다.

해설 남자는 여자에게 병원에 가지 않고 병명을 스스로
판단하는 것은 위험하다고 말한다.

핵심 어휘 병명 / 판단하다

22. 들은 내용과 같은 것을 고르십시오.

④ 남자는 여자에게 병원에서 진단 받을 것을 권유했다.

해설 남자는 여자에게 병원에 가서 진료를 받으라고 이야
기했다.

핵심 어휘 진료 / 증상 / 권유하다

[23-24] 다음을 듣고 물음에 답하십시오.

남자: 안녕하세요? 대학교 졸업증명서를 신청하려고 하
　　　는데요. 여기에서 신청하면 되나요?
여자: 네, 여기 신청서를 써 주시면 됩니다. 발급 시간은
　　　보통 3~4시간 정도 걸립니다. 신청하신 증명서가
　　　도착하면 문자로 알려드리니, 문자를 확인하신 후
　　　주민 센터로 오셔서 찾아가시면 됩니다.
남자: 시간이 좀 오래 걸리네요. 더 빨리 발급 받을 수
　　　없을까요?
여자: 정부24 홈페이지를 이용하시면 바로 발급이 가능
　　　합니다. 제가 방법을 설명해 드리겠습니다.

23. 남자가 무엇을 하고 있는지 고르십시오.

③ 졸업증명서 발급에 대해 문의하고 있다.

해설 여자는 남자에게 졸업증명서를 발급하는 데 걸리는
시간, 수령 방법 등을 알려주고 있다.

핵심 어휘 졸업증명서 / 발급 / 문의하다

24. 들은 내용과 같은 것을 고르십시오.

① 인터넷으로 증명서를 출력할 수 있다.

해설 여자는 남자에게 정부24 홈페이지에서 바로 발급
받을 수 있다고 안내하고 있다.

핵심 어휘 홈페이지 / 바로

[25-26] 다음을 듣고 물음에 답하십시오.

여자: 최근 공공기관에서 사용하는 공공언어에 외국어가 무분별하게 사용되어 국민들에게 불편을 주고 있다고 합니다. 이 문제에 대해 어떻게 생각하시는지요?

남자: 공공언어는 일반 국민을 대상으로 공공의 목적을 위해 사용하는 언어로 정부나 공공기관에서 제공하는 정보에 사용됩니다. 하지만 정보의 혜택을 받아야 하는 일반 국민들이 그 내용을 이해하지 못한다면 언어의 기본 기능을 다하지 못하고 있다고 볼 수 있습니다. 따라서 우리말이 있는데도 불구하고 굳이 외국어를 사용하기 보다는 모두가 이해할 수 있는 쉬운 우리말을 사용하는 것이 옳다고 봅니다.

25. 남자의 중심 생각으로 가장 알맞은 것을 고르십시오.

❷ 공공언어는 누구나 쉽게 이해할 수 있어야 한다.

해설 여자가 공공언어에 외국어 사용의 문제에 대해 질문을 했다. 남자는 공공언어는 국민들이 모두 이해할 수 있는 쉬운 우리말을 사용해야 한다고 말한다.

핵심 어휘 공공언어 / 무분별 / 옳다

26. 들은 내용과 같은 것을 고르십시오.

❶ 공공언어가 제 역할 다하고 있지 못하다.

해설 공공언어는 일반 국민들이 그 내용을 이해하고 정보를 얻을 수 있어야 하지만 무분별한 외국어 사용으로 그 기능을 제대로 하지 못하고 있다.

핵심 어휘 혜택 / 기능 / 역할

[27-28] 다음을 듣고 물음에 답하십시오.

남자: 우리 회사 제품은 젊은 사람들이 주로 구입하니까 제품 광고도 20~30대의 취향에 맞게 제작하는 것이 어떨까요?

여자: 저도 같은 생각입니다. 요즘 젊은 사람들은 유튜브나 블로그, 인스타그램 등 SNS 활동을 많이 하니까 TV 광고보다는 SNS로 제품을 알리는 것이 좋을 것 같습니다.

남자: 좋아요. 그럼 먼저 SNS를 통한 광고 효과와 광고 비용 등 자료 조사를 꼼꼼하게 해 주세요.

여자: 네, 알겠습니다. 조사가 끝난 후 보고 드리겠습니다.

남자: 그래요. 그럼 다음 회의 때 조사 결과를 같이 이야기해 봅시다.

27. 남자가 말하는 의도로 알맞은 것을 고르십시오.

❶ 신제품 광고 방법을 논의하려고

해설 남자는 SNS를 통한 광고 효과 및 광고 비용을 조사 후 신제품 광고 방법에 대해 회의 때 논의를 하려고 한다.

핵심 어휘 광고 / 조사 / 꼼꼼하다

28. 들은 내용과 같은 것을 고르십시오.

❸ 구매자의 취향에 맞는 광고를 하려고 한다.

해설 두 사람은 젊은 사람들이 제품을 많이 구입하므로 SNS를 통해서 광고를 제작하려고 한다.

핵심 어휘 제품 / 취향 / 제작하다 / 알리다

[29-30] 다음을 듣고 물음에 답하십시오.

여자: 요즘 제일 화제가 되고 있는 크리에이터이신데 여행 영상을 제작하여 올리게 된 계기가 있으신가요?

남자: 제가 여행을 좋아해서 혼자 국내외 여행을 하면서 겪은 일들과 정보를 기록으로 남기고 싶어서 영상을 찍기 시작했어요. 그러다가 저처럼 여행을 좋아하는 사람들과 정보를 공유하면 좋겠다 싶어서 영상들을 올렸는데 그걸 많은 분들이 재미있게 봐 주신 거죠.

여자: 그렇군요. 그런데 영상을 찍어서 올리는 이 많은 작업을 혼자 하고 계시나요?

남자: 그럴리가요. 매주 정해진 시간에 영상을 올리려면 혼자 힘으로는 불가능하죠. 팀원들과 아이디어 회의도 자주 하고 영상 작업도 함께 하고 있습니다. 하지만 주제는 제가 좋아하고 흥미있는 것들을 중심으로 잡으려고 합니다. 처음 방송을 시작할 때와 같은 저만의 스타일을 유지하기 위해서죠. 그게 많은 구독자들이 저의 온라인 방송을 좋아해 주시는 이유가 아닐까 합니다.

29. 남자가 누구인지 고르십시오.

❹ 인터넷에 영상을 만들어 올리는 사람

해설 여자가 남자를 여행 영상을 제작하여 인터넷에 올리는 크리에이터라고 소개하고 있다.

핵심 어휘 크리에이터 / 영상 / 제작하다 / 계기

30. 들은 내용과 같은 것을 고르십시오.

❷ 남자는 여행 정보를 공유하기 위해 영상을 올렸다.

해설 남자는 다른 사람에게 여행 정보를 알려 주고 싶었다.

핵심 어휘 정보 / 공유 / 올리다

[31-32] 다음을 듣고 물음에 답하십시오.

남자: 다음 달에 진행될 특별 할인 행사에 업체들의 참여율이 저조합니다. 업체들이 행사에 많이 참여하도록 다양한 지원을 늘릴 필요가 있어 보이는데 가능한가요?

여자: 예산이 두 번이나 삭감된 상태라 추가 지원을 하기는 어렵습니다.

남자: 그럼 추가 예산을 신청해야겠군요. 다음 주에 추가 예산안 회의가 있으니 필요한 예산과 기획안을 작성해서 제출해 주세요.

여자: 알겠습니다. 예산만 추가 배정 된다면 다시 업체들과 개별 상담을 진행하여 행사 참여율을 높여 보도록 하겠습니다.

31. 남자의 중심 생각으로 가장 알맞은 것을 고르십시오.

❹ 행사 참여 업체에 대한 지원이 추가적으로 필요하다.

해설 남자는 많은 업체들이 행사에 참여할 수 있도록 다양한 지원을 늘릴 필요가 있다고 생각한다.

핵심 어휘 업체 / 지원 / 늘리다

32. 남자의 태도로 가장 알맞은 것을 고르십시오.

❷ 문제의 해결 방안을 강구하고 있다.

해설 남자는 행사에 업체들의 참여율이 저조한 것에 대한 문제의 해결 방안으로 추가 예산 신청을 제시하고 있다.

핵심 어휘 참여율 / 저조하다 / 추가 / 예산

여자: 요즘 길거리에서 쓰레기통을 찾기가 어려워졌습니다. 정부가 쓰레기 종량제를 실시하면서 쓰레기 무단 투기를 막기 위해 공공장소의 쓰레기통을 철거했기 때문인데요. 이로 인해 길거리에 버려진 쓰레기가 더 증가하여 거리가 지저분해지고 있습니다. 그리고 시민들의 불만도 이만저만이 아니고요. 쓰레기 무단 투기는 근절되어야 하지만 쓰레기통만 없앤다고 해서 문제가 해결되는 것은 아닙니다. 쓰레기 무단 투기에 대한 감시 체제를 더 늘리고 유동 인구가 많은 주요 도심에는 공공 쓰레기통 확대 등의 현실적인 대책이 마련되어야 할 것입니다.

33. 무엇에 대한 내용인지 알맞은 것을 고르십시오.

❹ 쓰레기 무단 투기 방지 대책

해설 쓰레기통 부족으로 무단 투기 문제가 생겼다. 무단 투기를 막기 위한 의견을 제시하고 있다.

핵심 어휘 무단 투기 / 현실적 / 대책 / 마련되다

34. 들은 내용과 같은 것을 고르십시오.

❷ 길거리에 쓰레기통을 더 증설해야 한다.

해설 유동 인구가 많은 주요 도심에는 공공 쓰레기통을 더 확대해야 한다고 말한다.

핵심 어휘 유동 / 인구 / 공공 / 확대하다 / 증설하다

남자: 어린이날을 맞이하여 행사에 참석해 주신 부모님과 어린이 여러분 감사합니다. 5월 5일은 모든 어린이들이 존중받고 행복하게 자라도록 제정된 날입니다. 하지만 아직도 경제적 어려움으로 끼니조차 챙기지 못하는 가정도 있습니다. 또한 어린 나이에 투병 생활을 하며 하루 하루를 힘겹게 보내는 아이들도 있습니다. 본 행사는 이런 소외된 이웃을 생각하며 마련한 자리입니다. 어린이들이 희망을 잃지 않도록 도움의 손길을 내밀어 주시기 바랍니다. 오늘뿐만 아니라 지속적으로 관심을 가지고 후원해 주시면 더 큰 도움이 될 것입니다. 정기적인 후원을 원하시는 부모님께서는 나가실 때 신청서를 작성해 주시면 됩니다.

35. 남자가 무엇을 하고 있는지 고르십시오.

❶ 소외된 이웃을 위한 후원자를 모집하고 있다.

해설 본 행사는 어린이날을 맞이하여 소외된 이웃을 돕기 위한 후원 행사이다.

핵심 어휘 소외되다 / 후원하다

36. 들은 내용과 같은 것을 고르십시오.

❸ 아직도 경제적 어려움으로 밥을 굶는 가정이 있다.

해설 '끼니'는 일정한 시간에 먹는 밥이다. 따라서 끼니를 챙기지 못하는 것은 밥을 굶는다는 의미이다.

핵심 어휘 경제적 / 끼니 / 챙기다

남자: 요즘은 옛것을 새롭게 즐기는 복고가 젊은이들 사이에서 유행하면서 오래된 동네가 화제가 되고 있는데 이런 경향을 어떻게 보시나요?

여자: 한복이나 한옥 같은 전통스러운 옛것을 즐기는 것에서 더 나아가 60~70년대에 조성된 노후 건물과 노후 거리에 새로운 감각이 더해져 인기를 끌면서 지역 이미지를 개선하는 데는 많은 도움이 되고 있습니다. 하지만 오래되고 낙후된 지역에 카페나 가게들이 경쟁하듯 들어서면서 예상치 못한 문제들이 발생하기도 합니다. 제일 먼저, 낡은 건물을 개조한 곳에 많은 사람들이 한꺼번에 몰리면서 방문객들의 안전 문제가 제기되었습니다. 그리고 낙후지역에 우후죽순으로 가게들이 들어서면서 주차나 소음으로 인해 지역 주민들의 민원도 만만치 않은 상황입니다. 옛것을 다시 가꾸고 즐긴다는 좋은 흐름이 긍정적으로 정착할 수 있도록 사업자와 방문객들뿐만 아니라 관계 기관의 통합적 협조와 관리가 필요하다고 봅니다.

37. 여자의 중심 생각으로 가장 알맞은 것을 고르십시오.

❶ 오래된 동네의 활성화가 유지될 수 있도록 해야 한다.

해설 오래된 동네의 변화가 긍정적으로 정착되기를 바라고 있다.

핵심 어휘 긍정적 / 정착하다 / 협조 / 관리

38. 들은 내용과 같은 것을 고르십시오.

❸ 오래된 동네에 새로운 느낌의 가게들이 많아지고 있다.

해설 노후 건물과 거리에 새로운 감각이 더해져 사람들에게 인기를 끌고 있다고 말한다.

핵심 어휘 감각 / 더하다 / 이미지 / 개선하다

[39-40] 다음을 듣고 물음에 답하십시오.

여자: 그렇다면 고령 운전자의 면허 반납 제도가 실효성이 떨어진다고 보고 있는 것이군요.

남자: 그렇습니다. 고령 운전자 가운데 생계상 이유로 운전이 필요한 경우가 많기 때문입니다. 따라서 단순히 운전을 막기 보다는 고령자의 이동권과 교통안전 문제를 균형적으로 살필 수 있는 대책이 필요합니다. 해외에서는 고령자의 운전 능력에 따라 운전 허용 범위를 다르게 적용하는 추세입니다. 예를 들면 고령 운전자의 면허를 제한적으로 허용하거나 갱신 주기를 단축하는 방안을 도입하고 있습니다. 이 방법은 고령 운전자의 노화로 인한 신체, 인지 기능의 점진적 저하를 고려하면서도 실제 운전 능력을 살펴 이동권을 보장한다는 점에서 현실적 대안으로 보입니다.

39. 이 대화 전의 내용으로 가장 알맞은 것을 고르십시오.

❸ 고령 운전자의 면허증 반납 제도의 효과를 비판했다.

해설 여자는 고령 운전자의 면허 반납 제도가 실제 효과가 별로 없다고 들은 내용을 정리하여 말하고 있다.

핵심 어휘 고령 / 반납 / 제도 / 실효성 / 비판하다

40. 들은 내용과 같은 것을 고르십시오.

❷ 고령 운전자의 다수는 생계 문제로 운전을 하고 있다.

해설 고령 운전자는 생계를 위해 운전하는 사람이 많기 때문에 무조건 면허를 반납하는 것은 좋은 방법이 아니다.

핵심 어휘 생계 / 균형적 / 대책

[41-42] 다음을 듣고 물음에 답하십시오.

여자: 얼마 전 온 나라를 떠들썩하게 했던 중학생 범죄 사건이 있었죠? 이 사건으로 인해 촉법소년 연령 하향에 대한 논의와 소년법 폐지에 대한 목소리가 높아지고 있습니다. 촉법소년이란 형법에 저촉되는 행위를 한 범인이 만 10세 이상 14세 미만인 미성년자를 뜻하는데 이들은 범죄 사실이 있어도 형사 처분을 받지 않습니다. 대신 소년법에 따라 보호 처분을 받게 되지요. 쉽게 말해서 범죄를 저질러도 나이가 어리다는 이유로 감옥에 가거나 처벌 받는 행위를 피하게 됩니다. 최근 이런 소년법을 악용한 사례가 늘고 있습니다. 처벌을 받지 않는다는 인식의 확산으로 상습 절도를 하는 청소년 범죄가 늘어났고 재범률만 높아질 뿐입니다. 이로 인해 소년법을 폐지하자는 의견까지 나오게 된 것이지요. 모든 법령은 시대의 흐름에 맞춰 변화하게 됩니다. 소년법 제정 이후로 많은 시간이 지난 지금, 이 법의 실효성 문제를 다시 고민해 봐야 하지 않을까요?

41. 이 강연의 중심 내용으로 가장 알맞은 것을 고르십시오.

❹ 소년법에 대해 사회적으로 다시 논의할 필요가 있다.

해설 촉법소년에 해당하는 아이들이 소년법을 악용하는 사례가 늘어나면서 현재 소년법에 대한 문제점을 제기하고 있다.

핵심 어휘 촉법소년 / 악용하다 / 처벌 / 확산 / 재범률 / 폐지하다

42. 들은 내용과 같은 것을 고르십시오.

❸ 촉법소년은 형사 처분 대신 보호 처분을 받는다.

해설 촉법소년은 미성년자로 범죄를 저질러도 소년법에 따라 감옥에 가지 않고 보호 처분을 받는다.

핵심 어휘 형사 처분 / 보호 처분 / (범죄를) 저지르다 / 감옥

[43-44] 다음을 듣고 물음에 답하십시오.

남자: 주 4일 근무제란 일주일에 4일만 근무하는 제도로 표준 근로 시간이 주 40시간에서 32시간으로 줄어들게 됩니다. 주 4일 근무는 근무일 단축으로 직원들이 충분한 휴식을 취함으로써 업무 효율성과 생산성을 향상시킬 수 있다고 합니다. 하지만 긍정적인 의견이 있는 반면에 반대 의견도 있습니다. 주 4일 근무를 반대하는 가장 큰 이유는 바로 소득 감소입니다. 주 4일 근무로 근무 시간이 줄어듦에 따라 소득도 줄게 됩니다. 게다가 업무량은 줄지 않고 오히려 업무 강도가 높아져 스트레스가 줄기는커녕 가중될 수 있다는 의견도 있습니다. 주 4일제 도입은 시대 변화에 따른 사람들의 일과 생활의 균형을 요구하는 시대 흐름으로 볼 수 있습니다. 따라서 주 4일 근무제 확산에 앞서 노사 모두 만족할 만한 결과가 나오도록 다각적인 검토와 충분한 논의가 필요할 것입니다.

43. 무엇에 대한 내용인지 알맞은 것을 고르십시오.

❶ 주 4일 근무제의 장단점

해설 　주 4일 근무제로 업무 효율성과 생산성을 향상시킬 수 있는 장점이 있다. 반면에 소득이 감소하고 업무 강도가 높아져 스트레스가 가중될 수 있다는 단점도 있다.

핵심 어휘 　단축 / 효율성 / 생산성 / 가중되다

44. 주 4일 근무제가 필요한 이유로 맞는 것을 고르십시오.

❷ 일과 생활의 균형을 이루기 위해

해설 　주 4일 근무제 도입은 사람들이 일과 생활의 균형을 요구하기 때문에 필요하다고 말한다.

핵심 어휘 　도입 / 균형 / 요구하다

[45-46] 다음을 듣고 물음에 답하십시오.

여자: 커피가 언제 발견되었는지는 불분명합니다. 여러 가지 이야기가 있지만 가장 널리 알려진 기원은 두 개입니다. 먼저, 에디오피아의 목동 칼디 이야기입니다. 목동이었던 칼디는 염소들이 빨간 열매를 먹고 뛰어다니는 것을 보고 자신도 먹게 되었는데 머리가 맑아지고 기분이 상쾌해지는 느낌을 받았다고 합니다. 이후 이슬람 사원의 사제들에게 전파되었고, 사원에 온 많은 사람이 마시게 되었다는 이야기입니다. 다음으로는, 오마르라는 사람의 이야기입니다. 오마르라는 사람은 큰 잘못을 해서 산으로 추방되었는데 너무 배가 고팠던 나머지 새가 먹고 있던 빨간 열매를 먹게 됩니다. 열매를 먹은 오마르는 다시 활기를 되찾았고 이 열매가 가진 효능을 알게 되었다고 합니다. 이후 많은 사람에게 이 열매를 소개하면서 커피가 전파되었다는 이야기입니다.

45. 들은 내용과 같은 것을 고르십시오.

❸ 커피가 언제 발견되었는지는 정확히 알 수 없다.

해설 　커피가 언제 발견되었는지는 불분명해서 알려진 기원만 두 개가 있다.

핵심 어휘 　발견되다 / 불분명하다

46. 여자가 말하는 방식으로 알맞은 것을 고르십시오.

❷ 커피의 기원을 요약하여 설명하고 있다.

해설 　커피가 사람들에게 알려진 기원 두 개를 설명하고 있다.

핵심 어휘 　기원 / 전파되다 / 요약하다

[47-48] 다음을 듣고 물음에 답하십시오.

여자: 기업이 보유하고 있는 물적자원을 적절하게 이용하지 못해 매년 많은 자원이 낭비되고 있습니다. 이로 인한 경제적 손실이 적지 않다고 하는데 원인이 무엇일까요?

남자: 물적자원을 적절하게 이용하지 못하는 것에는 다양한 원인이 있습니다. 그중에서 크게 세 가지를 언급하자면 보관 장소를 파악하지 못하는 경우와 물건이 훼손되어 사용할 수 없게 되는 경우가 있습니다. 마지막으로 분실되는 경우입니다. 어떤 이유든 물적자원이 필요한 상황에서 적시에 공급되지 않는다면 업무 진행에 차질이 빚어질 수 있을 뿐만 아니라 예산 낭비로 이어질 수 있습니다. 따라서 구입한 물적자원이 적재적소에 제공될 수 있도록 관리체계를 정비하는 것이 매우 중요합니다.

47. 들은 내용과 같은 것을 고르십시오.

❸ 물적자원 관리 소홀로 예산이 낭비되고 있다.

해설 물적자원을 제대로 관리하지 않으면 업무 진행에 문제가 생기고 예산도 낭비된다고 한다.

핵심 어휘 물적자원 / 소홀 / 예산 / 낭비

48. 남자의 태도로 알맞은 것을 고르십시오.

❶ 물적자원 관리의 중요성을 강조하고 있다.

해설 남자는 구입한 물적자원이 적절하게 사용될 수 있도록 관리를 잘해야 한다고 말하고 있다.

핵심 어휘 훼손되다 / 차질 / 빚다 / 적재적소 / 정비하다

[49-50] 다음을 듣고 물음에 답하십시오.

남자: 한국에는 여러 개의 정당이 있습니다. 이 정당은 크게 두 가지로 나눌 수 있는데 바로 여당과 야당입니다. 여당은 대통령을 배출한 정당을 말합니다. 따라서 대통령이 속해 있는 여당은 한 개일 수밖에 없습니다. 야당은 여당을 제외한 나머지를 모두 일컫는 말로 보통 여러 개의 정당인 경우가 많습니다. 여당과 야당은 때로는 서로를 견제하고 때로는 협력하면서 나라를 이끌게 됩니다. 여당은 대통령이 속해 있기에 많은 권한을 갖고 자신들의 방향대로 정치를 해 가려 하지만 야당은 이런 여당을 견제하면서 잘못되거나 독단적인 방향으로 가지 않도록 정책을 감시합니다. 이렇게 여당과 야당은 서로 상호보완적인 관계로 가야 합니다. 다음 선거에서는 이 위치가 언제든 뒤바뀔 수 있기 때문입니다.

49. 들은 내용과 같은 것을 고르십시오.

❷ 대통령이 속한 정당이 여당이 된다.

해설 여당은 대통령을 배출한 정당이다.

핵심 어휘 여당 / 야당 / 대통령 / 배출하다 / 속하다

50. 남자가 말하는 방식으로 알맞은 것을 고르십시오.

❹ 정당의 역할에 대해 명확히 설명하고 있다.

해설 남자는 여당과 야당의 정의를 이야기하면서 각각의 역할에 대해서 명확하게 설명하고 있다.

핵심 어휘 정당 / 역할 / 명확하다

[51-52] 다음 글의 ㉠과 ㉡에 알맞은 말을 각각 쓰시오. (각 10점)

51.

책상과 의자 팝니다

사무실에서 사용한 책상인데 학생용으로도 사용할 수 있습니다.
1년밖에 사용하지 않아서 (㉠ **새것처럼**) 깨끗합니다.
책상과 의자 모두 10만 원에 팝니다. 물건은 가져다드리지 않습니다.
직접 (㉡ **가지러 오세요**).

어휘 해설 새것처럼 깨끗하다 / 가지다

표현 해설

- **N처럼(같이)**
  사용 기간이 짧아서 깨끗하다고 했다. 얼마나 깨끗한지를 설명할 수 있는 '처럼(같이)'을 사용해야 한다.

- **V-(으)러 가다/오다**
  물건을 가져다주지 않는다고 했으므로 직접 와야 한다.
  그래서 '-(으)러 오다' 표현을 사용해야 한다.

52.

　우주에는 지구를 비롯해서 수많은 행성이 있다. 그 중에서 생물이 살고 있는 곳은 (㉠ **지구밖에 없다**). 그 이유는 생물이 (㉡ **살기 위한**) 다양한 조건 중에서 가장 중요한 것은 물이기 때문이다. 하지만 아직 지구 외에 다른 행성에서는 물이 발견되지 않았다.

어휘 해설 지구 / 생물이 살다

표현 해설

- **N밖에**
  지구에만 생물이 살고 있다.

- **V-기 위한**
  지구에만 물이 있고, 그것이 중요한 것은 생물이 살 수 있는 조건이다. 따라서 목적을 나타내는 표현을 사용해야 한다.

53.

다음은 '반려동물 가구 수 변화'에 대한 자료이다. 이 내용을 200~300자의 글로 쓰시오. 단, 글의 제목은 쓰지 마시오. (30점)

- 조사 기관: 동물 협회

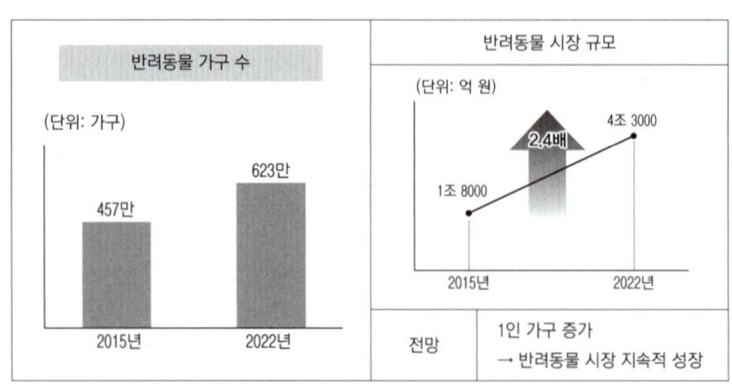

　동물 협회에서 반려동물 가구 수 변화에 대한 조사를 실시했다. 조사 결과에 따르면 반려동물 가구 수가 2015년 457만 가구에서 2022년 623만 가구로 증가한 것으로 나타났다. 반려동물 시장 규모는 같은 기간 1조 8천억 원에서 4조 3000억 원으로 2.4배나 급성장하였다. 1인 가구 증가로 반려동물 시장은 지속적으로 성장할 전망이다.

과제		표현
1		N에서 N에 대한 조사를 실시했다(=에 대해서 조사했다)
2	①	조사 결과에 따르면 N이/가 N에서 N(으)로 증가한 것으로 나타났다
	②	N은/는 같은 기간 N에서 N(으)로 N배나 급성장하였다
3		N(으)로 N은/는 A/V-(으)ㄹ 전망이다

54. 다음을 참고하여 600~700자로 글을 쓰시오. 단, 문제를 그대로 옮겨 쓰지 마시오. (50점)

우리는 새로운 도전을 하기 전에 실패를 걱정하고 도전을 망설인다. 하지만 도전이 없다면 성공도 없고 변화도 없다. 아래의 내용을 중심으로 '새로운 도전이 우리 삶에 미치는 영향'에 대한 자신의 생각을 쓰라.

- 도전을 망설이는 이유는 무엇인가?
- 실패에 대한 두려움을 극복하는 방법은 무엇인가?
- 도전을 통해 우리가 얻을 수 있는 것은 무엇인가?

과제1	도전을 망설이는 이유 - 실패에 대한 두려움
과제2	실패에 대한 두려움을 극복하는 방법 - 실패를 새로운 경험으로 받아 들이기 - 또 다른 새로운 도전으로 연결하기
과제3	도전을 통해 우리가 얻을 수 있는 것 - 더 많은 유익한 경험 - 삶을 좋은 방향으로 변화시킬 수 있음

　새로운 일이나 목표에 도전하거나 새로운 시도를 꿈꾸는 사람들이 많다. 그러나 이것을 바로 실행하거나 삶에 적용하는 사람은 많지 않다. 모든 도전이 성공으로 바로 연결되지는 않기 때문이다. 따라서 대부분 용기를 내지 못하고 도전을 포기하게 된다. 실패에 대한 두려움이 도전을 막는 가장 큰 걸림돌이다.

　이러한 이유로 무엇보다 새로운 일에 도전할 때 실패에 대한 두려움을 버리는 것이 중요하다. 결과가 나쁘다고 해서 인생이 실패하거나 큰 문제가 생기는 것은 아니다. 실패는 언제든 누구든 경험할 수 있는 일이기 때문에 괜찮다고 스스로 생각할 필요가 있다. 그리고 실패의 경험이 나쁜 것만도 아니다. 실패를 좋은 경험으로 연결해서 새로운 도전과 성공을 위한 발판으로 삼는다면 실패 역시 좋은 경험으로 받아들일 수 있게 된다. 이러한 경험을 바탕으로 새로운 도전을 시도한다면 성공할 가능성이 커지게 된다.

　결과에 상관없이 새로운 분야에 도전하는 것으로도 유익한 경험을 할 수 있다. 인생의 성공은 꼭 물질적으로만 평가할 수 있는 것이 아니다. 새로운 도전을 통해 다른 사람들이 하지 못하는 경험을 하고, 이를 바탕으로 더 좋은 기회를 가질 수 있게 된다면 또 다른 성공이라고 할 수 있다. 새로운 도전은 우리 인생을 다양한 경험으로 풍부하게 만들고 삶의 방향을 좋은 쪽으로 변화시키게 한다.

정답

1. ①	2. ②	3. ③	4. ④	5. ①
6. ②	7. ①	8. ②	9. ④	10. ②
11. ④	12. ③	13. ④	14. ②	15. ①
16. ③	17. ③	18. ②	19. ①	20. ④
21. ②	22. ②	23. ③	24. ④	25. ②
26. ①	27. ④	28. ①	29. ③	30. ④
31. ③	32. ③	33. ③	34. ①	35. ③
36. ②	37. ③	38. ③	39. ④	40. ④
41. ②	42. ②	43. ①	44. ③	45. ①
46. ④	47. ①	48. ②	49. ④	50. ①

[1-2] (　)에 들어갈 말로 가장 알맞은 것을 고르십시오.

1. **❶**

하늘이 (**흐려지더니**) 비가 내리기 시작했다.

해설 하늘이 흐려졌다. 그 결과 비가 내리기 시작했다.

중요 표현
- A/V-더니: 뒤 문장은 앞 문장 내용의 결과다.
  예 동생이 열심히 운동을 하더니 건강해졌다.

2. **❷**

계단을 뛰어 내려가다가 (**넘어질 뻔했다**).

해설 뛰어 내려가는 도중에 넘어지려고 했지만 넘어지지 않았다.

중요 표현
- V-(으)ㄹ 뻔하다: 앞의 상황이 실제로 일어나지는 않았지만 그럴 가능성이 매우 높았음을 나타낸다.
  예 공항에 늦게 도착해서 비행기를 놓칠 뻔했다.

[3-4] 밑줄 친 부분과 의미가 가장 비슷한 것을 고르십시오.

3. **❸ 살까 하다가**

새 차를 <u>사려다가</u> 돈이 부족해서 중고차를 샀다.

해설 새 차를 사고 싶었지만 돈이 부족해서 중고차를 샀다.

핵심 어휘 부족하다 / 중고차

중요 표현
- V-(으)려다가 = V-(으)ㄹ까 하다가: 어떤 행동을 할 계획이 있었으나 다른 원인으로 계획을 이루지 못할 때 사용한다.
  예 제주도로 여행을 갈까 하다가 휴가가 짧아서 가까운 곳으로 가기로 했다.

4. **❹ 받을 수밖에 없다**

아이는 부모의 영향을 가장 많이 <u>받기 마련이다</u>.

해설 아이가 부모로부터 많은 영향을 받는 것은 당연하다.

중요 표현
- A/V-기 마련이다: '당연히 그렇다'라는 의미로 사용한다.
  예 가을이 가면 겨울이 오기 마련이다.
- A/V-(으)ㄹ 수밖에 없다: '다른 방법은 없다'라는 의미로 사용한다.
  예 지하철이 끊겨서 택시를 탈 수밖에 없었다.

[5-8] 다음은 무엇에 대한 글인지 고르십시오.

5. **❶ 침대**

호텔에 온 듯한 편안함
당신의 잠자리를 지켜 드리겠습니다.

해설 호텔에 온 것 같은 편안한 느낌으로 잠을 잘 수 있는 것이다.

핵심 어휘 편안함 / 잠자리 / 지키다

6. **❷ 은행**

티끌 모아 태산
적금 하나로 노후 준비 완료

해설 조금씩 돈을 모아서 노후 준비를 할 수 있는 곳이다.

핵심 어휘 티끌 모아 태산 / 적금 / 노후

7. ❶ 질병 예방

[해설] 손을 씻는 것이 병에 걸리지 않는 방법이라고 말하고 있다.

[핵심 어휘] 올바르다 / 습관 / 예방

8. ❷ 사용 방법

[해설] 자동판매기 사용 방법이다.

[핵심 어휘] 단말기 / 버튼 / 누르다

[9-12] 다음 글 또는 그래프의 내용과 같은 것을 고르십시오.

9. ❹ 토요일 오후 1시에는 진료를 받을 수 있다.

건강 한의원

진료 시간 안내			
월/수/금	9:00~18:00	점심시간	12:30~14:00
토요일	9:00~15:00 (점심시간 없음)		

* 화/목 야간진료 21시까지

※ 일요일, 공휴일 휴진

[해설] 토요일은 오전 9시부터 오후 3시까지 점심시간 없이 진료를 하므로 오후 1시에 진료를 받을 수 있다.

[핵심 어휘] 진료 / 야간

10. ❷ 한국인의 커피 소비량은 매년 증가하고 있다.

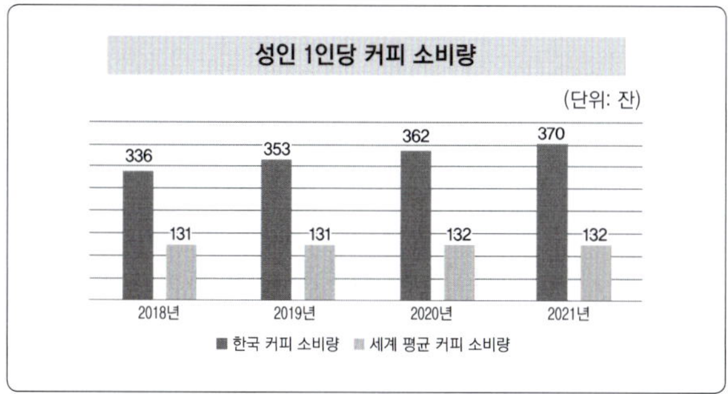

[해설] 한국인의 커피 소비량은 매년 조금씩 증가하고 있다.

[핵심 어휘] 소비량 / 평균

11. ❹ 김치의 가치를 알리기 위해 김치의 날을 지정했다.

김치의 영양적 가치와 중요성을 알리기 위해 2020년부터 11월 22일을 김치의 날로 정하였다. 이날이 김치의 날로 정해진 이유는 다양한 김치 재료 하나하나가 모여 22가지의 효능을 내기 때문이다. 올해 김치의 날은 전통 가옥인 한옥과 전통 음식인 김치의 조화를 연출하기 위해 서울 남산골 한옥마을에서 기념식이 열렸다. 그리고 한옥마을 야외에서 다양한 행사도 진행되었다.

[해설] 김치의 가치와 중요성을 알리기 위해 김치의 날을 정했다고 말하고 있다.

[핵심 어휘] 영양적 / 가치

12. ❸ 건축가는 누구나 이해하기 쉽게 집의 구조를 설명한다.

요즘 사람들에게 가장 관심 있는 것은 집이 아닐까 싶다. 최근 사람들의 이런 관심을 반영한 방송 프로그램이 인기다. 이 프로그램은 건축가의 눈으로 주거 공간을 분석하고 해설해 주는 것이 특징이다. 건축가는 귀농한 부부가 직접 지은 작은 집부터 200년이 넘는 역사를 간직한 고택까지 개성 넘치는 다양한 집들의 구조를 시청자가 이해하기 쉽게 설명해 준다.

[해설] 건축가가 다양한 집들의 구조를 쉽게 설명해 주는 방송 프로그램에 대한 설명이다.

[핵심 어휘] 주거 / 공간 / 분석하다 / 해설하다 / 구조

[13-15] 다음을 순서에 맞게 배열한 것을 고르십시오.

13. ❹ (다) – (나) – (가) – (라)

(가) 프라이팬의 기름때는 밀가루를 사용해서 닦으면 좋다.
(나) 그러면 수세미에 기름때가 묻어서 다시 사용하기 힘들다.
(다) 보통 볶음 요리를 한 후 프라이팬의 기름을 수세미로 닦는다.
(라) 밀가루가 기름을 흡수해 수세미를 더럽히지 않을 수 있기 때문이다.

[해설] 수세미로 기름을 닦는다(다) → 수세미가 더러워진다(나) → 밀가루로 닦으면 좋다(가) → 밀가루를 사용하면 좋은 이유(라)

[핵심 어휘] 기름때 / 묻다 / 흡수하다 / 더럽히다

14. ❷ **(가) – (다) – (나) – (라)**

(가) 봄이 되면 춘곤증으로 힘들어하는 사람들이 많다.
(나) 대표적인 증상으로는 졸음, 집중력 저하, 소화 불량 등이 있다.
(다) 춘곤증은 계절의 변화에 우리 몸이 잘 적응을 못해서 생기는 증상이다.
(라) 춘곤증을 줄이고 예방하기 위해서는 충분히 숙면을 취하는 것이 중요하다.

해설 춘곤증으로 인한 문제(가) → 춘곤증에 대한 설명(다) → 춘곤증의 증상(나) → 춘곤증 해결 방법(라)

핵심 어휘 춘곤증 / 졸음 / 저하 / 소화 불량 / 숙면 / 취하다

15. ❶ **(나) – (다) – (라) – (가)**

(가) 그러나 북을 함부로 치면 매우 큰 벌을 받았다.
(나) 신문고는 조선 시대에 백성을 위해 설치된 북이다.
(다) 백성들은 억울한 일이 있으면 이 북을 쳐서 임금에게 알렸다.
(라) 임금은 북이 울리는 소리를 직접 듣고 억울한 사연을 처리하도록 하였다.

해설 신문고에 대한 설명(나) → 신문고의 기능(다) → 임금이 하는 일(라) → 신문고 이용 시 주의할 점(가)

핵심 어휘 백성 / 설치되다 / 북 / 억울하다 / 임금 / 사연 / 처리하다 / 함부로 / 벌

[16-18] (　　　)에 들어갈 말로 가장 알맞은 것을 고르십시오.

16. ❸

누구나 한 번쯤 지인에게 빌려준 돈을 (제때 돌려받지 못해서) 속상해한 적이 있을 것이다. 이럴 때 이용할 수 있는 유익한 법적 제도가 있다. 바로 지급명령 제도이다. 이 제도는 소송을 하지 않고 간편하게 돈을 받을 수 있는 방법으로 금액에 제한이 없을 뿐만 아니라 증거도 필요하지 않은 것이 특징이다.

해설 빌려준 돈을 돌려받지 못할 때 속상하다.

핵심 어휘 제때 / 돌려받다 / 유익하다

17. ❸

1970년대와 80년대에 걸쳐 한국인들에게 웃음과 위로를 주었던 텔레비전 코미디 프로그램의 대본이 책으로 출간되었다. 그 당시 영상을 거의 찾아보기 힘든 지금 이 대본집을 통해 당대 유명했던 코미디언들의 (연기를 다시 떠올리며) 국민 코미디의 향수를 느낄 수 있게 되었다.

해설 대본집은 연기할 때 필요한 기본이 되는 글을 모아 둔 책이므로 영상이 없는 그때의 연기를 다시 상상할 수 있다.

핵심 어휘 위로 / 대본 / 출간되다 / 당대 / 떠올리다 / 향수

18. ❷

쌀을 씻을 때 나오는 뿌연 물을 쌀뜨물이라고 한다. 사람들은 보통 이 물을 버리는데 쌀뜨물에는 단백질과 미네랄, 비타민 등의 (영양소가 풍부해서) 일상생활에서 유용하게 활용될 수 있다. 예를 들면 국물 요리에 사용하면 깊은 맛을 낼 수 있고 세안 할 때 사용하면 미백 효과도 줄 수 있다

해설 단백질, 미네랄, 비타민 등은 영양소다.

핵심 어휘 영양소 / 풍부하다 / 유용하다 / 활용되다

[19-20] 다음을 읽고 물음에 답하십시오.

겨울철 눈길 운전 시 도로가 미끄럽기 때문에 사고가 일어나기 쉽다. (　　　　　) 기온이 갑자기 떨어져 도로 위에 녹았던 눈이 다시 얇은 빙판으로 얼어붙는 블랙아이스를 조심해야 한다. 블랙아이스는 도로 위 아스팔트와 같은 색으로 얼어붙어 잘 보이지 않기 때문에 햇빛이 잘 들지 않는 고가도로나 터널 입구에 진입할 때는 천천히 속도를 낮춰 운전하는 것이 좋다.

19. (　　　)에 들어갈 말로 가장 알맞은 것을 고르십시오.

❶ 특히

해설 겨울에 운전할 때 블랙아이스를 더욱 조심해야 한다. 그러므로 '다른 것보다 더욱'이라는 뜻을 가진 특히가 적절하다.

핵심 어휘 기온 / 떨어지다 / 녹다 / 빙판

20. 윗글의 주제로 가장 알맞은 것을 고르십시오.

④ 겨울에는 길이 미끄러우므로 안전 운전을 해야 한다.

해설　겨울철 도로가 얼어 속도를 줄이면서 사고가 나지 않도록 운전할 것을 이야기하고 있다.

핵심 어휘　블랙아이스 / 진입하다 / 속도 / 낮추다

[21-22] 다음을 읽고 물음에 답하십시오.

최근 채솟값이 급등하면서 채소를 기본으로 제공해야 하는 음식점 자영업자들의 시름이 깊어지고 있다. 한국 농수산식품유통공사에 따르면 깻잎은 100g에 3,052원으로 삼겹살 100g에 2,800원보다 252원이나 더 비싸다. 게다가 그나마 가격이 저렴했던 상추마저도 한 장당 200원까지 가격이 올랐다고 한다. 이로 인해 채소를 기본으로 제공하는 고깃집은 부재료 값이 고깃값보다 더 많이 들어 (　　　　) 셈이다.

21. (　　)에 들어갈 말로 가장 알맞은 것을 고르십시오.

❷ 배보다 배꼽이 더 커진

해설　값을 지불하는 고기보다 기본으로 제공하는 채소값이 더 비싸진 상황이다.

핵심 어휘　기본 / 제공하다 / 부재료

22. 윗글의 내용과 같은 것을 고르십시오.

❷ 채솟값으로 고기집이 어려움을 겪고 있다.

해설　채소를 기본으로 제공하는 고깃집이 고기 가격보다 채솟값이 더 비싸져 걱정을 하고 있다.

핵심 어휘　급등하다 / 시름

[23-24] 다음을 읽고 물음에 답하십시오.

나는 지금도 처음 학교에 가던 날을 생생히 기억한다. 그날은 봄날의 햇볕이 아직 찾아오기 전 약간 쌀쌀한 바람이 부는 날이었다. 담임 선생님은 긴 생머리만큼이나 발랄하고 생기 있는 분이었다. 나는 나의 첫 담임 선생님을 매우 좋아했고 그만큼 학교에 다니는 게 참 재미있었다. 그때 무엇을 공부했는지 지금은 정확히 생각나지 않지만 다양한 놀이나 게임을 많이 했던 것은 기억난다. 덕분에 나는 학교생활에 푹 빠졌고 방학이나 주말에도 학교 가는 날만을 손꼽아 기다렸다. 이렇게 항상 즐거웠던 초등학교 시절 기억 때문에 나에게 학교는 시험을 치르고 공부를 하기 위한 장소이기보다는 좋아하는 친구들과 선생님들을 만나는 즐겁고 행복한 곳으로 지금까지도 기억되고 있다. 그리고 생각해 보면, 친구들과 모임을 만들어 매주 주변 사람들을 인터뷰하러 다녔던 것이 지금 내가 기자라는 직업을 가지게 한 게 아닌가 싶다. 눈깜짝할 사이에 훅 지나가버린 나의 빛나고 아름다운 학창 시절에 대한 기억은 삶에 지칠 때마다 나에게 힘을 준다.

23. 밑줄 친 부분에 나타난 '나'의 심정으로 가장 알맞은 것을 고르십시오.

❸ 기대하다

해설　'나'는 선생님을 좋아해서 학교생활이 재미있었다.

중요 표현　빠지다 / 손꼽아 기다리다

24. 윗글의 내용과 같은 것을 고르십시오.

❹ 나의 학창 시절 추억은 지금까지도 소중하다.

해설　학창 시절의 기억이 힘들때마다 힘을 준다고 하였으니 지금도 소중한 추억이라고 할 수 있다.

핵심 어휘　빛나다 / 지치다

[25-27] 다음 신문 기사의 제목을 가장 잘 설명한 것을 고르십시오.

25.

암 투병 죽음의 문턱에서 생존

❷ 암에 걸려 죽을 뻔했지만 이겨내고 말았다.

해설 암에 걸려 죽을뻔 했지만 살았다.

핵심 어휘 투병 / 문턱 / 생존

26.

예금 금리 동결 결정, 금융업계 '울상'

❶ 예금 금리가 고정되어 금융업계는 불만이다.

해설 예금 금리가 변동이 없는 것으로 결정되었고 금융업계에서는 이 결정에 불만이다.

핵심 어휘 금리 / 동결 / 울상

27.

불법 좌회전 트럭에 대형 참사, 보행자 4명 사망

❹ 트럭이 규칙을 지키지 않아 길을 건너던 4명의 사람들이 사고를 당했다.

해설 불법으로 좌회전한 트럭으로 인해 길을 가던 4명이 사망했다.

핵심 어휘 불법 / 대형 / 참사 / 보행자 / 사망

[28-31] (   )에 들어갈 말로 가장 알맞은 것을 고르십시오.

28. ❶

'무착륙 국제관광비행'이란 출국 후 비행기에 탑승한 채 목적지까지 갔다가 착륙과 입국 절차 없이 출국한 공항으로 재입국하는 형태의 비행을 말한다. 비록 해외에서 여행을 하지는 못하지만 탑승 수속, 면세점 이용, 기내식만으로도 (여행의 기분을 느낄 수 있기 때문에) 이용자가 점차 늘고 있는 추세이다. 이로 인해 무착륙 국제관광비행에 참여하는 항공사가 점차 확대될 전망이다.

해설 무착륙 국제관광비행은 해외에서 여행은 못하지만 탑승 수속, 면세점 이용, 기내식 등으로 여행의 기분을 느낄 수 있다.

핵심 어휘 무착륙 / 탑승 / 수속 / 추세 / 확대되다

29. ❸

마라톤은 총 거리가 42.195km로 매우 길고 경기장이 아닌 도로를 달리는 경기이기 때문에 더위나 주변 소음, 오르막 및 내리막길의 경사에 영향을 받을 수밖에 없다. 따라서 마라톤 선수는 단거리 선수와 다르게 (체력을 낭비하지 않기 위해) 보폭을 좁게 달리는 것을 볼 수 있다. 마라톤 경기의 승패는 오랜 시간 체력을 어떻게 쓰느냐에 따라 달라지기 때문이다.

해설 마라톤은 체력을 어떻게 쓰느냐에 따라 승패가 달라지므로 체력을 낭비하지 않게 달려야 한다.

핵심 어휘 단거리 / 체력 / 낭비하다 / 보폭 / 승패

30. ❹

스쿠버다이빙의 필수 장비인 공기통과 잠수복 덕분에 우리는 물속에서 오랫동안 자유롭게 있을 수 있다. 공기통에는 물속에서 30~40분 정도 버틸 수 있는 양의 공기가 압축되어 있어 우리의 호흡을 도와준다. 그리고 잠수복은 물이 공기보다 체온을 25배나 더 빨리 뺏어가기 때문에 우리의 (체온이 떨어지지 않도록) 해 준다.

해설 잠수복은 물속에서는 체온이 빨리 떨어지는 것을 막아준다.

핵심 어휘 잠수복 / 체온 / 뺏다 / 떨어지다

31. ❸

미술 작품을 보다 보면 작품 한쪽에 자리 잡은 서명을 볼 수 있다. 그림 속 서명은 16세기 독일 화가 알브레히트 뒤러가 자신의 자화상에 작품의 진위를 나타내기 위해 최초로 사용한 후 작가를 알리는 또 하나의 메시지가 되었다. 화가는 서명의 위치, 재료, 색감 등으로 (자신의 이미지를 나타내면서) 작품을 돋보이게 한다. 이처럼 서명은 미술 작품 감상의 또 다른 재미를 느낄 수 있게 하기도 한다.

> **해설** 화가는 서명의 위치, 재료, 색감 등을 자신을 알리는 메시지로 사용한다.

> **핵심 어휘** 서명 / 진위 / 색감 / 돋보이다

[32-34] 다음을 읽고 글의 내용과 같은 것을 고르십시오.

32. ❸ 의혼은 남녀의 집안에서 서로 혼인을 의논하는 절차이다.

혼례는 남녀가 부부가 되는 데 따르는 모든 의식 절차를 가리키는 말로 예전에는 인생의 가장 큰 일이라 하여 엄중하게 의식을 치렀다. 전통 혼례는 서로의 집에서 혼인을 의논하는 의혼, 신랑의 집에서 사람을 보내 신부 집에 청혼하는 납채, 신랑 집에서 신부 집으로 예물을 보내는 납폐, 신랑이 신부 집에 가서 혼례식을 치르는 친영 등 모든 절차들은 까다롭게 정해진 순서대로 해야 했다.

> **해설** 전통 혼례 절차 중 의혼은 신랑과 신부의 집에서 혼인을 의논하는 과정이다.

> **핵심 어휘** 혼례 / 의식 / 절차 / 엄중하다 / 치르다 / 혼인

33. ❸ 공유 경제는 거래 당사자들이 경제적 이익을 얻을 수 있다.

공유 경제란 한번 생산된 제품을 여럿이 공유해 쓰는 협력 소비를 기본으로 하는 경제 시스템을 의미한다. 쉽게 말해 '나눠 쓰기'란 뜻으로 활용도가 떨어진 물건이나 부동산 등을 다른 사람들과 함께 공유함으로써 자원 활용을 극대화 하는 경제 활동이다. 이러한 거래로 거래 당사자들이 이익을 취할 수 있을 뿐만 아니라 거래 자체가 자원 절약과 환경 문제 해소를 가능하게 한다는 측면에서 긍정적인 점도 많다.

> **해설** 공유 경제 활동은 공유하는 사람과 공유 받는 사람에게 모두 경제적으로 이익이 된다.

> **핵심 어휘** 공유 / 자원 / 극대화 / 당사자 / 이익 / 취하다

34. ❶ 월요병은 심리적 긴장이 그 원인이다.

일요일 저녁만 되면 무기력해지거나 우울해지는 직장인이 많다. 바로 '월요병' 때문이다. 월요병은 새로운 한 주를 시작해야 한다는 심리적 긴장감에 일요일 오후만 되면 불안, 우울 등의 증상이 나타나는 것으로 공식 병명은 아니다. 한 연구에 의하면 이러한 증상을 줄이는 데 규칙적인 생활 패턴이 도움이 된다고 한다. 또한 호두 같은 견과류를 먹는 것도 좋다고 한다.

> **해설** 월요병은 심리적으로 긴장을 하여 여러 증상이 나타나는 것이다.

> **핵심 어휘** 무기력 / 우울하다 / 심리적

[35-38] 다음을 읽고 글의 주제로 가장 알맞은 것을 고르십시오.

35. ❸ 적당한 스트레스는 뇌 기능 향상에 도움이 된다.

바쁘게 살아가는 현대인들에게 스트레스는 만병의 근원이라고도 불린다. 과도한 스트레스는 심리적으로 불안을 느끼게 하고 신체 건강에도 좋지 않은 영향을 끼치기 때문이다. 하지만 이런 스트레스가 반드시 나쁜 것만은 아니다. 최근 한 연구에서 적당한 스트레스는 두뇌 기능을 향상 시킨다는 결과가 나왔다. 사람의 뇌는 스트레스를 받을 때 호르몬을 분비하는데 그 호르몬이 사람의 기억력과 능률을 향상시키는데 도움이 된다고 한다.

> **해설** 적당한 스트레스는 오히려 도움이 된다고 이야기하고 있다.

> **핵심 어휘** 만병 / 근원 / 과도하다 / 호르몬 / 분비하다 / 능률

36. ❷ 응급 처치로 화상으로 인한 손상을 줄일 수 있다.

화상을 입었을 때 흉터나 후유증을 줄이기 위해서는 신속하고 올바른 응급 처치가 중요하다. 응급 처치 시 가장 먼저 화상을 입은 부위를 찬물에 담가 열을 식혀 화상의 상처가 커지지 않도록 한다. 다음으로는 젖은 상처 부위를 거즈로 부드럽게 두드려 건조시킨 후에 화상 연고를 바른다. 이때 가장 중요한 것은 물집이 터지면 2차 감염의 위험이 커지기 때문에 물집을 절대 터뜨리지 말아야 한다는 것이다.

> **해설** 화상을 입었을 때는 응급 처치를 해야 한다. 응급

처치를 하면 상처가 커지지 않을 수 있다.

핵심 어휘 화상 / 흉터 / 후유증 / 부위 / 담그다 / 식히다 / 상처

37. ❸ 문해력을 높이기 위해서 독서 습관을 길러야 한다.

문해력은 글쓴이의 의도 및 글의 의미를 이해하고 해석해 내는 능력이다. 그러나 미디어에 익숙한 아이들은 사진과 영상이 없는 책을 읽을 때 글의 의미를 찾지 못해서 어려움을 겪는 경우가 많다. 시험에서 문제의 의도를 파악하지 못해 풀지 못하는 경우도 종종 있다. 이는 문해력이 낮기 때문이다. 따라서 아이들의 문해력 향상을 위해서는 평소에 독서 습관을 길러 주는 것이 좋으며 책을 읽은 후에 자신의 생각을 써 보는 독후 활동을 하는 것도 도움이 된다.

해설 문해력을 높이기 위해 평소 책을 읽는 습관을 길러 주는 것이 좋다고 이야기한다.

핵심 어휘 의도 / 의미 / 해석하다

38. ❸ 부캐를 통해 다양한 삶을 살아볼 기회를 얻을 수 있다.

요즘 방송에서는 연예인들이 본래 캐릭터, 즉 본캐는 가수지만 다양한 프로그램에서 배우나 MC 등의 다른 삶을 살고 있는 모습을 종종 보여준다. 이를 '부캐'라고 한다. '부캐'는 원래 게임에서 자주 사용하는 용어로 본캐로 하지 못했던 것을 즐기기 위해 만들어 놓은 캐릭터이다. 요즘에는 직장인들에게까지 그 사용이 확대되어 낮에는 직장에서 일을 하고 퇴근 후 부캐로 직장에서는 표출할 수 없는 자신의 재능을 살린 활동을 하면서 삶의 원동력을 얻기도 한다.

해설 부캐는 본캐 이외에 자신이 즐기며 할 수 있는 또 다른 활동을 하는 것이다.

핵심 어휘 캐릭터 / 확대하다 / 표출하다 / (재능을) 살리다 / 원동력

[39-41] 주어진 문장이 들어갈 곳으로 가장 알맞은 것을 고르십시오.

39. ❹ ㉣

수입되는 수산물이 현지에서도 제대로 관리되고 있는지 직접 방문하여 검사도 한다.

국내에 수입되는 수산물은 식약처의 엄격한 관리를 받는다. (㉠) 먼저 수입과 동시에 지정된 장소에서 서류, 임상, 정밀 검사까지 총 3단계의 검역을 거친다. (㉡) 가공식품에 들어가는 수산물은 수입 검역뿐만 아니라 가공 단계의 모든 과정까지 점검 받아야 한다. (㉢) 하지만 국내 작업 현장 점검만으로 업무가 종료되는 것은 아니다. (㉣) 해외 업체의 주요 정보를 확인하고 직접 만나 결과에 따른 조치 사항도 안내한다.

해설 해외 현지 방문에 대한 문장이므로 국내 점검만으로 끝이 아니다라는 문장 뒤에 와야 한다.

핵심 어휘 수입되다 / 수산물 / 현지 / 점검 / 조치

40. ❹ ㉣

안타깝게도 현재까지 근본적인 예방 치료제는 아직 없다고 한다.

파킨슨병은 뇌의 도파민성 신경 세포를 비롯한 다양한 신경 세포의 소실로 발생하는 퇴행성 뇌 질환이다. (㉠) 파킨슨병의 발병 원인은 아직 명확하게 밝혀지지 않았다. (㉡) 살충제와 같은 농약 성분, 대기 오염 물질 등의 환경적인 영향이 주요 요인으로 꼽히고 있다. (㉢) 유전자 돌연변이로 인한 신체적 요인은 전체 파킨슨병 환자 중 불과 5%에서만 발견된다. (㉣) 다만 약물 치료로 증상을 호전시킬 수 있으며, 건강 상태가 좋은 경우 수술도 가능하다.

해설 파킨슨병의 설명과 현재 상황에 대한 설명 후 ㉣ 뒤부터 치료에 대한 이야기가 시작되므로 그 전에 와야 한다.

핵심 어휘 안타깝다 / 다만 / 호전시키다

41. ❷ ㉡

> 이런 제사를 위해 단을 쌓은 곳이 사직단이다.

　예로부터 국토와 오곡은 국가와 민생의 근본이 되는 것이었다. (㉠) 국가와 민생의 안정을 기원하기 위해 토지와 오곡을 관장하는 신에 대해 제사를 지냈다. (㉡) 전통적으로 사직단은 도성의 서쪽에 위치하며 사단은 동쪽, 직단은 서쪽에 설치되었다. (㉢) 기록에 따르면 사직단은 삼국시대부터 설치되어 조선 시대까지 쭉 이어져 내려왔다고 한다. (㉣) 현재는 서울 종로에 사직단이 남아 있다.

해설 사직단의 개념에 대한 문장이므로 사직단을 설명하는 내용 이전에 와야 한다.

핵심 어휘 제사 / 국토 / 오곡 / 민생 / 기원하다

[42-43] 다음을 읽고 물음에 답하십시오.

　나흘 전 감자 조각만 하더라도 나는 저에게 조금도 잘못한 것은 없다. 언제 구웠는지 아직도 더운 김이 홱 끼치는 굵은 감자 세 개가 손에 뿌듯이 쥐었다.
　"느 집엔 이거 없지?"
　생색 있는 큰소리를 하고는 제가 준 것을 남이 알면은 큰일 날 테니 여기서 얼른 먹어 버리란다. 그리고 또 하는 소리가,
　"너 봄 감자 맛있단다."
　"난 감자 안 먹는다, 너나 먹어라."
　나는 고개도 돌리지 않고 일하던 손으로 그 감자를 도로 어깨너머로 쑥 밀어 버렸다.
　그랬더니 가는 기색이 없고 째근째근 하고 심상치 않게 숨소리가 점점 거칠어진다. 이건 또 뭐야, 싶어서 그때서야 비로소 돌아다보니 나는 참으로 놀랐다. 우리가 이동리에 들어온 것은 근 삼 년째 되어 오지만 여태껏 가무잡잡한 점순이의 얼굴이 이렇게까지 홍당무처럼 새빨개진 법이 없었다. 게다 눈에 독을 올리고 한참 나를 요렇게 쏘아보더니 나중에는 눈물까지 어리는 것이 아니냐. 본시 부끄럼을 타는 계집애도 아니려니와 또한 분하다고 눈에 눈물을 보일 얼병이도 아니다. (중략) 점순이는 바구니를 다시 집어 들더니 이를 꼭 악물고는 엎어질 듯 자빠질 듯 논둑으로 달아나는 것이다.(중략) 그 뒤로 나를 보면 잡아먹으려고 기를 복복 쓰는 것이다.

42. 밑줄 친 부분에 나타난 '점순이'의 심정으로 가장 알맞은 것을 고르십시오.

❷ 창피하다

해설 점순이는 글쓴이 남자에게 감자를 건넸으나 거절당했다. 당황하고 부끄러워 얼굴이 빨개지고 자빠질 듯 논둑으로 달아나는 것으로 보아 짐작할 수 있다.

핵심 어휘 (독을) 올리다 / (이를) 악물다 / 엎어지다 / 자빠지다 / 논둑

43. 윗글의 내용으로 알 수 있는 것을 고르십시오.

❶ 그날 점순이의 태도는 의외였다.

해설 점순이의 얼굴이 빨래지고 눈물을 보이는 행동을 보고 나는 이상하다고 생각했다.

핵심 어휘 본시 / (부끄럼을) 타다 / 분하다

[44-45] 다음을 읽고 물음에 답하십시오.

　물질은 크게 고체, 액체, 기체로 나뉘는데 주변 환경에 따라 기체가 액체로, 다시 액체가 고체로 변하거나 그 반대로 변화하는 것이 일반적이다. 하지만 가끔 고체가 액체의 과정을 거치지 않고, 곧바로 기체로 변화하는 현상도 있다. 이러한 현상을 바로 '승화'라고 한다. 우리가 냉동 보관을 위해 사용하는 고체 이산화탄소인 드라이아이스가 '승화'의 한 예다. 드라이아이스는 고체 상태였다가 상온에서 곧바로 기체 형태로 승화하는데, 이때 주위의 많은 열들을 빼앗기 때문에 주변의 온도를 낮춘다. 또한 공연장이나 마술쇼에서 신비한 분위기를 연출하기 위해 무대에서 하얀 기체를 내뿜는 장면을 누구나 한 번쯤은 봤던 경험이 있을 것이다. 이러한 무대 효과 역시 드라이아이스의 승화 작용을 이용한 것으로, 드라이아이스가 따뜻한 물을 접촉하면 ( ) 속도가 매우 빨라지면서 더 많은 기체 형태의 이산화탄소가 발생한다. 이때 주변의 온도가 일시적으로 내려가면서 공기 중의 수증기가 응결되어 안개가 만들어지게 되는 것이다.

44. ( )에 들어갈 말로 가장 알맞은 것을 고르십시오.

❸ 고체에서 기체로 승화되는

해설 드라이아이스는 고체에서 기체로 바로 승화하는데 따뜻한 물을 만나면 더욱 급변한다.

핵심 어휘 고체 / 상온 / 기체 / 승화하다 / 접촉하다

45. 윗글의 주제로 가장 알맞은 것을 고르십시오.

❶ 물질의 승화 과정이 생활에 활용되고 있다.

[해설] 드라이아이스는 고체에서 기체로 바로 승화한다. 그러한 특징으로 우리 생활에서 냉각제나 공연장에서 무대 효과로 활용되고 있다.

[핵심 어휘] 신비하다 / 내뿜다

[46-47] 다음을 읽고 물음에 답하십시오.

누군가 시간과 노력을 들여 만들어낸 창작물의 가치와 저작자의 권리를 보호하는 저작권 제도는 이미 법으로 규정되어 있어 이에 대한 이의를 제기할 수 없다. 그러나 최근 또 다른 저작권 문제가 창작자들에게 화두를 던지고 있다. 바로 인공지능이 생성한 창작물을 저작권으로 보호해야 하는지에 대한 것으로 업계에서는 의론이 분분하다. 한편에서는 현재 인공지능의 창작물은 기존의 창작물을 기반으로 알고리즘에 의해 유사한 작품을 만들어 낼 수 있다. 이로 인해 저작권 침해의 가능성이 높다고 볼 수 있어서 인공지능 창작물에 저작권을 부여하는 문제는 시기상조라고 보고 있다. 따라서 저작물은 인간의 사상이나 감정을 표현한 창작물로 인간처럼 스스로 사고하고 감정을 가질 수 있는 정도의 인공지능이 아닌 한 인정할 수 없다는 분위기다. 반면에 인공지능이 생성한 창작물 비중이 기하급수적으로 늘어나는 지금이야말로 이에 대한 대책 마련이 하루 빨리 이루어져야 한다는 목소리도 적지 않다.

46. 윗글에 나타난 필자의 태도로 가장 알맞은 것을 고르십시오.

❹ 인공지능의 저작권 문제에 대한 업계의 반응을 설명하고 있다.

[해설] 인공지능의 저작권에 대해 다양한 의견들을 이야기하고 있다

[핵심 어휘] 창작물 / 저작권 / 부여하다 / 시기상조 / 대책

47. 윗글의 내용과 같은 것을 고르십시오.

❶ 저작권 부여 기준에 대해 새로운 문제가 생겼다.

[해설] 인공지능이 생성한 창작물의 저작권 논란이 있다.

[핵심 어휘] 인공지능 / 생성하다 / 업계 / 의론 / 분분하다

[48-50] 다음을 읽고 물음에 답하십시오.

국내 전력 공급 방식은 해안가에 있는 화력 발전소와 원자력 발전소에서 생산된 전기가 대도시로 송전되는 중앙 집중형으로 전국적으로 전력의 수요, 공급의 비대칭 문제가 존재했다. 이에 얼마 전 국회에서 '분산에너지 활성화 특별법'이 통과됐다. 분산에너지란 사용 지역 인근에서 생산, 소비되는 에너지로 전력 수요 지역 인근에 분산에너지 시스템이 설치되어 송전선로 건설을 최소화 할 수 있는 자원이다. 따라서 분산에너지 체계로의 전환은 지역의 (   ) 효과와 더불어 대규모 송전망 투자가 절감되고 전력 계통 안정화 효과도 있을 것이다. 또 중앙 집중형 전력 체계에서는 전국 어디서나 똑같은 전기 요금을 부과한 것과 달리 분산에너지 체계로 전환되면 발전량보다 전력 소비량이 많아 송·배전 부담이 큰 서울·수도권의 전기 요금은 오르고 소비량보다 발전량이 많은 지역의 요금은 낮아질 수 있다. 게다가 전력 다소비 기업이 전기 요금 부담을 낮추고자 발전량이 많은 지역으로 이전하게 된다면 국가적으로도 지역균형발전과 함께 송·배전설비 확충을 위한 비용 부담을 줄일 수 있을 것으로 기대된다.

48. 윗글을 쓴 목적으로 가장 알맞은 것을 고르십시오.

❷ 분산에너지 활성화의 이점을 설명하려고

[해설] 분산에너지로 전력을 공급하면 좋은 점에 대해서 설명하고 있다.

[핵심 어휘] 전환되다

49. (   )에 들어갈 말로 가장 알맞은 것을 고르십시오.

❹ 전력 수요와 공급을 일치시키는

[해설] 분산에너제 체계로 전환되면 중앙 집중형의 전력수요, 공급의 비대칭 문제가 해결 될 수 있다.

[핵심 어휘] 수요 / 공급 / 비대칭 / 투자 / 절감되다

50. 윗글의 내용과 같은 것을 고르십시오.

❶ 분산에너지 체계는 지역균형발전에 도움이 된다.

[해설] 전력을 많이 소비하는 기업이 전기 요금을 아끼기 위해 지방 도시로 이전할 수 있으므로 기업 이전으로 지역의 균형발전을 기대해 볼 만하다.

[핵심 어휘] 부담 / 이전하다 / 지역균형발전 / 설비 / 확충

듣기 (1번 ~ 50번)

정답

1. ①	2. ④	3. ②	4. ④	5. ①
6. ①	7. ④	8. ①	9. ③	10. ③
11. ①	12. ④	13. ④	14. ③	15. ④
16. ①	17. ④	18. ③	19. ③	20. ①
21. ③	22. ②	23. ②	24. ①	25. ④
26. ②	27. ②	28. ③	29. ①	30. ③
31. ④	32. ③	33. ②	34. ②	35. ④
36. ②	37. ④	38. ③	39. ④	40. ②
41. ②	42. ②	43. ①	44. ①	45. ②
46. ②	47. ①	48. ③	49. ②	50. ①

[1-3] 다음을 듣고 가장 알맞은 그림 또는 그래프를 고르십시오.

1.

여자: 어, 휴대폰이 왜 이러지?
남자: 제가 한번 볼게요. 배터리가 없어서 꺼진 것 같은데요.
여자: 아침에 충전하고 나왔는데, 이상하네요.

해설 여자의 휴대폰이 갑자기 꺼져서 남자가 여자의 휴대폰 상태를 확인한다.

핵심 어휘 배터리 / 꺼지다 / 충전하다

2.

남자: 여보세요. 여기 1502호인데요. 오늘 저녁 6시 반 식사 예약 가능할까요?
여자: 네, 몇 분이세요?
남자: 4명이요. 어른 2명, 아이 2명이에요.

해설 남자는 호텔 방에서 전화로 식당을 예약하고 있다. 예약 인원은 어른 2명과 아이 2명이므로 가족이라는 것을 알 수 있다.

핵심 어휘 예약하다

3.

남자: 국민 10명 중 8명이 현재 재테크를 하고 있으며, 재테크 방식으로는 예금·적금이 87.2%로 가장 많았습니다. 이어서 주식 42.9%, 부동산 12.7% 기타 8.9% 순으로 나타났습니다. 돈을 모으는 목적이 무엇이냐는 질문에 대해서는 내 집 마련이 절반 이상을 차지하여 가장 높게 나타났고, 그 다음으로 노후 자금 마련이 45.3%, 결혼 자금이 31.6%, 자녀 양육·부모 부양이 24.1%, 기타 12.4% 등으로 그 뒤를 이었습니다.

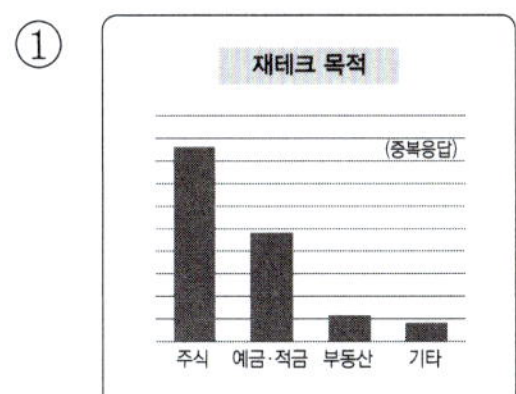
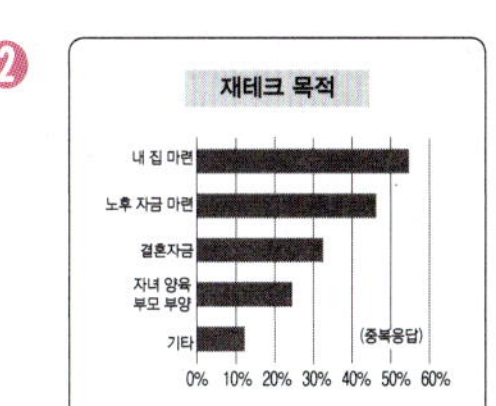
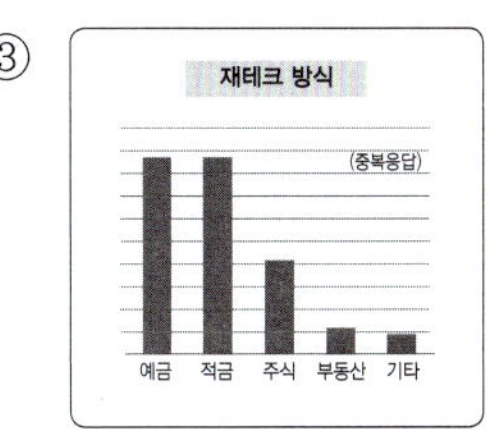
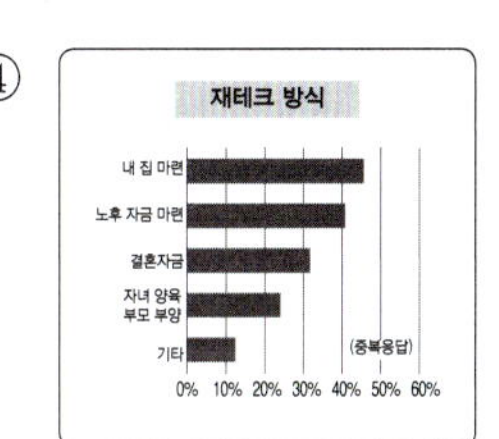

해설 재테크 목적은 내 집 마련이 50% 이상으로 가장 많
았고 노후 자금 마련, 결혼 자금, 자녀 양육 및 부모
부양, 기타 순서로 조사되었다.

핵심 어휘 재테크 / (돈을) 모으다 / 절반 / 이상

[4-8] 다음을 듣고 이어질 수 있는 말로 가장 알맞은 것을 고르십시오.

4. ④

여자: 많이 피곤한 모양이네요. 눈이 빨개요.
남자: 어제 발표 준비하느라 밤을 새워서 그래요.
여자: 오늘은 집에 일찍 가서 쉬도록 해요.

해설 남자가 잠을 못 자서 피곤하다고 했다. 여자는 남자
에게 집에 가서 쉬라는 조언을 할 수 있다.

핵심 어휘 빨갛다 / (밤을) 새우다

5. ①

남자: 중요한 서류를 사무실에 두고 와서 갔다 와야 할
것 같아요.
여자: 약속 시간까지 얼마 안 남았는데 다른 직원한테
갖다달라고 하는 게 어때요?
남자: 그게 낫겠네요.

해설 남자가 서류를 사무실에 두고 나와서 다시 가려고
하니까 여자는 다른 직원에게 부탁해 보라고 말한
다. 남자는 여자가 말한 방법이 좋다고 말한다.

핵심 어휘 중요하다 / 서류 / 갖다주다 / 낫다

6. ①

남자: 어제 왜 학교에 안 왔어?
여자: 발목을 삐어서 병원에 갔다 오느라 못 왔어.
남자: 지금은 좀 어때?

해설 여자가 발목을 삐어서 병원에 갔다 왔다고 했으므로
남자는 다친 곳이 괜찮은지 묻는다.

핵심 어휘 발목 / 삐다

7. ④

남자: 콘서트 표는 예매했어요?
여자: 아니요, 예매가 시작된 지 10분 만에 다 팔려서 못
샀어요.
남자: 그렇게 빨리 매진되다니 말도 안 돼요.

해설 남자는 콘서트 표가 10분 만에 다 매진되었다는 이
야기를 듣고 놀란다.

핵심 어휘 예매하다 / 팔리다 / 매진되다

8. ①

여자: 방 안이 좀 추운 것 같아요.
남자: 아까 청소하면서 제가 창문을 좀 열어 놓았거든
요.
여자: 이제 닫아도 될까요?

해설 남자가 청소하느라 창문을 열어 놓았다. 여자는 방
안이 좀 춥다고 말하고 창문을 닫아도 되는지 물어
본다.

핵심 어휘 이제

[9-12] 다음을 듣고 여자가 이어서 할 행동으로 가장 알맞은 것을 고르십시오.

9. ③ 메모를 남긴다.

여자: 대리님이 전화를 안 받는데 어디에 가셨는지 알아
요?
남자: 아니요, 잠깐 자리를 비우신 거 아닐까요? 곧 오시
겠지요.
여자: 급하게 드릴 말씀이 있는데…….
남자: 그럼 메모라도 적어 놓지 그래요? 들어오시면 바로
보시게요.

해설 여자가 대리님을 찾는데 자리에 안 계시는 상황이
다. 남자는 여자에게 메모를 남기는 것이 어떠냐고
제안한다.

핵심 어휘 (자리를) 비우다 / 급하다 / 메모 / 적다

10. ❸ 남자의 전화를 기다린다.

여자: 여보세요? 민호 씨, 오늘 같이 영화 보기로 한 거
　　　잊지 않았죠?
남자: 아, 맞다. 요즘 너무 정신이 없어서 깜빡했어요.
여자: 그럼 영화표도 예매 안 했겠네요. 주말이라서 표
　　　가 없을 텐데.
남자: 걱정 마세요. 제가 확인해 보고 전화할게요.

　해설　남자가 주말에 여자와 영화를 보기로 약속했는데 잊
　　　어버렸다. 그래서 남자는 지금 영화표를 알아보고
　　　여자에게 전화하겠다고 했다.

　핵심 어휘　정신이 없다 / 깜빡하다

11. ❶ 휴식을 한다.

여자: 근력 운동은 처음 해 보는 거라서 그런지 좀 힘드
　　　네요.
남자: 그럴 수 있습니다. 근력 운동은 자세가 중요하니까
　　　저를 잘 따라하세요.
여자: 네, 이렇게 허리를 펴면 되겠지요?
남자: 아주 잘하시네요. 이제 잠깐 쉬고 하겠습니다.

　해설　남자가 여자에게 근력 운동을 가르치고 있다. 남자
　　　가 잠깐 쉬고 하자고 했으므로 여자는 휴식을 할 것
　　　이다.

　핵심 어휘　근력 운동 / 따르다 / 자세 / (허리) 펴다

12. ❹ 회의 날짜를 조정한다.

남자: 과장님, 내일 갑자기 지방 출장이 잡혀서 회의 참
　　　석이 어려울 것 같습니다.
여자: 그래요? 그러면 회의를 연기해야 되겠는데요. 언제
　　　돌아와요?
남자: 이번 주말에 옵니다.
여자: 그럼 다음 주로 날짜를 다시 잡아 볼게요.

　해설　남자는 출장 때문에 회의 참석을 못 한다. 그래서 여
　　　자는 다음 주로 회의 날짜를 바꿀 것이다.

　핵심 어휘　출장 / (일정이) 잡히다 / 참석하다 / 연기하다 / (날
　　　짜를) 잡다 / 조정하다

[13-16] 다음을 듣고 들은 내용과 같은 것을 고르십시오.

13. ❹ 여자는 집 근처에서 아르바이트를 하고 싶어 한다.

여자: 방학동안 아르바이트를 하려고 하는데 찾기가 쉽
　　　지 않네.
남자: 그래? 아르바이트 채용 정보 사이트에 보면 많을
　　　텐데.
여자: 많기는 한데 시간이 괜찮으면 거리가 멀고, 집 근
　　　처면 시간이 안 맞고 해서.
남자: 음, 네가 원하는 조건이 다 맞는 곳을 찾기는 쉽지
　　　않지.

　해설　여자가 방학에 아르바이를 하고 싶어서 찾고 있다.
　　　그런데 여자가 원하는 조건에 맞는 곳이 없다.

　핵심 어휘　조건 / 맞다

14. ❸ 축제에는 더위를 피할 수 있는 장소가 있다.

여자: 시민 여러분, 내일부터 일주일 동안 중앙공원에서
　　　어울림 축제가 열립니다. 이번 축제에는 온 가족
　　　이 즐길 수 있는 다양한 행사가 준비되어 있습니
　　　다. 어른과 아이들이 함께 할 수 있는 다양한 체험
　　　행사를 비롯해서 누구나 참가할 수 있는 노래자랑
　　　대회까지 정말 많은 행사가 여러분을 기다리고 있
　　　습니다. 더위에 지치지 않도록 그늘막도 마련되어
　　　있으니 오셔서 더위를 잊고 축제를 즐기시기 바랍
　　　니다.

　해설　축제 행사장에 그늘막이 준비되어 있어 더위를 피할
　　　수 있다.

　핵심 어휘　더위 / 지치다 / 그늘막 / 피하다

15. ❹ 사고 발생 후 4시간 만에 통행이 재개됐다.

남자: 오늘 오전 6시경 부산에서 다리를 건너던 차량이
　　　전복되는 사고가 발생했습니다. 이 사고로 두 시간
　　　이나 다리가 통제되는 바람에 출근하던 시민들이
　　　큰 불편을 겪었습니다. 사고 수습은 4시간이 지난
　　　오전 10시경 완료되어 현재는 도로 통행이 정상화
　　　되었습니다. 경찰은 이번 사고의 원인을 운전자의
　　　졸음운전으로 추정했고 정확한 사고 원인은 조사
　　　중이라고 했습니다.

　해설　사고가 난 다리는 4시간 동안 통제되었다가 4시간
　　　후에 다시 통행을 시작하였다.

　핵심 어휘　전복되다 / 통제되다 / 수습 / 통행 / 정상화 / 재개
　　　되다

16. ❶ 식물마다 물을 주는 주기가 다르다.

남자: 다양한 식물을 많이 키우시는데요. 식물을 잘 관리하는 비법이 있을까요?

여자: 각 식물마다 특징이 다르기 때문에 식물의 특성에 맞춰서 햇볕을 쬐어주거나 물의 주기를 조절해야 합니다. 식물의 특성을 무시하고 일률적으로 물을 주다가는 식물이 죽기도 하거든요. 그리고 통풍도 중요합니다.

[해설] 여자는 식물마다 특성이 다르기 때문에 물을 주는 주기도 달라야 한다고 말한다.

[핵심 어휘] 식물 / 관리하다 / 비법 / 쬐다 / 주기 / 조절하다 / 무시하다 / 일률적

[17-20] 다음을 듣고 남자의 중심 생각으로 가장 알맞은 것을 고르십시오.

17. ❹ 치아와 잇몸 관리를 꾸준히 해야 한다.

남자: 지난번에 잇몸에서 피가 난다고 하지 않았어요? 병원은 다녀왔어요?

여자: 네, 잇몸 염증이 심하대요. 별로 안 아파서 큰 문제가 아니라고 생각했는데.

남자: 그랬군요. 치아만큼 잇몸도 신경 써서 관리해 줘야 해요. 지금부터라도 정기적으로 치아와 잇몸 검사를 받으세요.

[해설] 남자는 여자에게 치아와 잇몸 모두 관리를 잘해야 한다고 말했다.

[핵심 어휘] 치아 / 잇몸 / 신경을 (쓰다) / 정기적

18. ❸ 잠은 일상생활을 하는 데 아주 중요하다.

남자: 요즘 자주 피곤해하고 일하다가 실수도 많이 하던데 무슨 일 있어?

여자: 잠이 안 와서 늦게까지 드라마를 봐서 그래.

남자: 잠을 충분히 못 자니까 하루 종일 피곤하고 생활이 힘들 수밖에 없지. 일상생활에 영향을 받지 않으려면 잠을 푹 자야 해.

[해설] 남자는 여자에게 잠을 충분히 자야 일상생활에 영향을 주지 않는다고 조언하고 있다.

[핵심 어휘] 충분하다 / 영향

19. ❸ 전동 킥보드 관련 사고를 줄이기 위한 대책이 필요하다.

여자: 얼마 전에 신문 기사에서 전동 킥보드 관련 교통사고 건수가 많이 증가했다는 기사를 본 적이 있어.

남자: 나도 그 기사를 봤어. 요즘 전동 킥보드를 보도에서 타는 것이 문제라던데.

여자: 그러게 말이야. 보도에서 보행자들이 안심하고 다닐 수 있었으면 좋겠는데.

남자: 전동 킥보드 이용 규칙을 무시하는 사람들이 문제인 것 같아. 지금보다 단속을 더 강화하는 것도 사고를 줄이는 방법이 되지 않을까?

[해설] 남자는 전동 킥보드에 대한 단속을 더 강화하는 등의 대책이 필요하다고 말했다.

[핵심 어휘] 전동 킥보드 / 증가하다 / 단속 / 강화하다

20. ❶ '예술가의 집'의 공간 활용도가 높아졌다.

여자: 문화 예술인들의 창작과 소통을 지원하는 '예술가의 집'이 이번에 새롭게 단장하면서 관심을 끌고 있는데요. 구체적으로 어떻게 변했나요?

남자: '예술가의 집'은 그동안 시설이 오래되어 이용에 불편한 점이 많다 보니 활용도가 낮은 문제가 있었습니다. 그래서 낙후된 시설을 교체하면서 공간 활용도를 높이기 위해 신경을 많이 썼습니다. 개인 작업 공간뿐만 아니라 공동 작업 공간도 별도로 마련하여 예술인들이 공간을 자유롭게 이용할 수 있게 하였습니다.

[해설] '예술가의 집'은 오래되어 이용에 불편한 점이 많았다. 그래서 활용도가 낮았는데 이번에 새롭게 단장하면서 공간 활용도가 높아졌다.

[핵심 어휘] 단장하다 / 활용도 / 공간

[21-22] 다음을 듣고 물음에 답하십시오.

여자: 최근 독립서점이 전국적으로 많이 생기고 있는데 그 이유가 뭘까요?

남자: 일반 서점은 많은 사람들이 이용할 수 있도록 다양한 분야의 책을 진열해 놓고 판매합니다. 반면에 독립서점에는 서점 주인의 취향을 바탕으로 특정 분야의 책들이 많이 구비되어 있습니다. 그래서 우연히 들렀든 일부러 찾아갔든 자신의 취향에 맞는 책이 가득한 공간은 독자에게 완벽한 공간이 됩니다. 그래서 그곳의 매력에 빠질 수밖에 없고요.

여자: 그럼 서점마다 개성이 강할 것 같은데요.

남자: 그렇지요. 그것이 독립서점이 존속하는 가장 큰 이유인 것입니다.

21. 남자의 중심 생각으로 가장 알맞은 것을 고르십시오.

❸ 독립서점은 특정 분야의 책으로 독자의 관심을 끌기에 충분하다.

해설 남자는 독립서점이 일반 서점과 달리 특정 분야의 책들이 많이 구비되어 있어 독자의 관심을 끌 수 있다고 생각한다.

핵심 어휘 취향 / 매력 / 빠지다

22. 들은 내용과 같은 것을 고르십시오.

❷ 독립서점의 도서는 서점 주인의 취향이 반영되어 있다.

해설 독립서점은 서점 주인의 취향을 바탕으로 특정 분야의 책들이 많이 구비되어 있다.

핵심 어휘 특정 / 분야 / 구비되다 / 반영되다

[23-24] 다음을 듣고 물음에 답하십시오.

여자: 저, 휴대폰을 물속에 빠뜨렸는데 그때부터 휴대폰이 켜지지 않아요. 여기에서 수리가 가능할까요?

남자: 이건 수리 센터로 가셔서 수리하셔야 합니다. 저희는 제품 판매와 문제가 있는 제품에 대한 교환만 해 드려요.

여자: 아, 그래요? 그럼 여기에서 가장 가까운 수리 센터가 어디에 있나요?

남자: 길 건너 지하철역 1번 출구에서 200미터만 걸어가면 있습니다. 토요일에는 1시 까지 수리를 받을 수 있으니까 지금 바로 가 보세요.

23. 남자가 무엇을 하고 있는지 고르십시오.

❸ 수리 센터의 위치를 안내해 주고 있다.

해설 여자가 가까운 수리 센터를 묻고 있고 남자는 여자에게 수리 센터의 위치를 안내해 준다.

핵심 어휘 건너 / 위치

24. 들은 내용과 같은 것을 고르십시오.

❶ 여자의 휴대폰은 젖어서 고장 났다.

해설 여자가 휴대폰을 물속에 빠뜨려서 휴대폰이 켜지지 않는다. 따라서 휴대폰이 물에 젖었다.

핵심 어휘 빠뜨리다 / 켜지다 / 젖다 / 고장 나다

[25-26] 다음을 듣고 물음에 답하십시오.

여자: 박사님, 요즘은 계절에 상관없이 맛있는 과일을 사계절 내내 먹을 수 있는데요, 그럼에도 불구하고 제철 과일을 꼭 먹어야 하는 이유가 무엇인가요?

남자: 제철이 아닌 과일은 완전히 숙성되기 전에 수확하기 때문에 풍미나 질감이 떨어져 과일 고유의 자연스러운 맛이 떨어질 수 있습니다. 또 자연 상태가 아닌 인공적 환경에서 재배되거나 화학 물질 처리를 하는 경우가 많아 영양소가 손실될 수도 있고요. 반면에 제철 과일은 과일이 가장 잘 익었을 때 수확하고 장기간 보관을 거치지 않기 때문에 영양소 파괴가 적어 건강에 좋다고 할 수 있습니다.

25. 남자의 중심 생각으로 가장 알맞은 것을 고르십시오.

❹ 제철 과일은 영양이 풍부하여 건강에 유익하다.

해설 남자는 제철 과일은 잘 익었을 때 수확하기 때문에 영양소 파괴가 적어 건강에 좋다고 한다.

핵심 어휘 제철 / 익다 / 수확하다 / 영양소 / 파괴 / 유익하다

26. 들은 내용과 같은 것을 고르십시오.

❷ 과일의 수확을 앞당기면 맛이 떨어질 수 있다.

해설 제철이 아닐 때 수확한 과일은 완전히 숙성되지 않았기 때문에 맛이 떨어질 수 있다.

핵심 어휘 숙성되다 / 풍미 / 질감 / (맛이) 떨어지다

남자: 우리 마을에 새로 생기는 리조트 건설에 대한 공청회가 열린다고 하던데 같이 가서 우리의 의견을 이야기해요.

여자: 그래요. 건설회사에서는 리조트 건설로 창출되는 좋은 점만 강조하고 개발로 발생할 수 있는 문제들은 감추고 있는 것 같아서 할 말이 많아요.

남자: 맞아요. 문제는 언젠가 나타나기 마련이에요. 개발에 앞서 마을의 환경을 어떻게 보호할지부터 논의되어야 한다고 봐요.

여자: 누가 아니래요. 공청회를 통해서 주민들의 의견이 충분히 반영될 수 있도록 주민들이 적극적으로 참여해서 의견을 많이 내면 좋겠어요.

남자: 그럼 주민들이 공청회에 더 많이 참여할 수 있도록 발로 뛰어 봐야겠어요.

27. 남자가 말하는 의도로 알맞은 것을 고르십시오.

❷ 주민들의 공청회 참여를 유도하려고

해설 남자는 리조트 건설로 생길 수 있는 문제점을 주민들이 공청회에서 이야기해야 한다고 생각한다. 그래서 공청회에 많이 주민들이 참여하도록 할 것이다.

핵심 어휘 공청회 / 참여하다 / 유도하다

28. 들은 내용과 같은 것을 고르십시오.

❸ 개발자들은 리조트 건설의 장점만 부각시키고 있다.

해설 여자가 건설회사에서 좋은 점만 강조하고 있다고 말한다.

핵심 어휘 창출되다 / 강조하다 / 감추다 / 부각시키다

여자: 한국에서 휴대폰을 사용하는 사람들은 이 대화앱을 거의 다 사용한다고 해도 과언이 아닌데요. 비슷한 대화앱들이 많지만 그중에서 사람들이 이걸 가장 많이 사용하는 이유가 뭐라고 생각하세요?

남자: 가장 큰 이유는 단순하고 쉽기 때문이 아닐까 합니다. 비용도 들지 않고요. 제가 만든 앱은 회원가입 절차도 간단하고 광고도 거의 없기 때문에 인기가 많은 것 같습니다. 그래서 가입 후 탈퇴율도 낮고요.

여자: 그럼 수익은 어떻게 창출하시나요?

남자: 대화앱과 연동되는 자체의 쇼핑 사이트를 직접 운영하면서 수익을 내고 있습니다.

29. 남자가 누구인지 고르십시오.

❶ 휴대폰 앱을 개발한 사람

해설 남자가 자신이 만든 앱을 사람들이 많이 사용하는 이유에 대해서 설명하고 있다. 따라서 남자는 휴대폰 앱의 개발자이다.

핵심 어휘 개발하다

30. 들은 내용과 같은 것을 고르십시오.

❸ 이 앱은 번거로운 회원가입 절차를 줄였다.

해설 남자가 개발한 휴대폰 앱이 인기 있는 이유는 회원가입의 절차가 간단하고 광고도 없기 때문이다.

핵심 어휘 회원가입 / 절차 / 간단하다 / 번거롭다

[31-32] 다음을 듣고 물음에 답하십시오.

남자: 우리 학교는 봉사 활동이나 자격증 취득 같은 비교과 프로그램이 잘되어 있음에도 불구하고 참여율이 너무 낮군요. 학생들의 관심을 끌기 위해서는 다양한 장학 혜택을 더 강조하는 것이 좋을 것 같습니다. 각 학과를 통한 간접 홍보뿐만 아니라 학생들이 실제로 많이 사용하는 인터넷을 통한 적극적인 홍보도 필요할 것 같습니다.

여자: 장학 혜택에 대한 내용은 이미 홍보 자료에 모두 나와 있습니다.

남자: 이렇게 작은 글씨는 쓰나 마나예요. 눈에 잘 띄지 않는데 홍보 효과가 있을 리가 있겠어요? 홍보 내용과 방법이 모두 다시 논의되어야 할 거 같아요.

여자: 그러면 다시 한번 고민해 보겠습니다.

31. 남자의 중심 생각으로 가장 알맞은 것을 고르십시오.

❹ 프로그램의 참여도를 높이기 위해 홍보 방법을 개선해야 한다.

해설　남자는 그동안의 홍보 방법이 효과가 없다고 이야기하고, 다른 홍보 방법을 사용해야 한다고 주장한다.

핵심 어휘　(눈에) 띄다 / 논의되다 / 개선하다

32. 남자의 태도로 가장 알맞은 것을 고르십시오.

❸ 문제 해결을 위한 방안을 제시하고 있다.

해설　비교과 프로그램의 참여율을 높이기 위해 적극적인 홍보가 필요하다고 이야기한다.

핵심 어휘　(관심을) 끌다 / 적극적

[33-34] 다음을 듣고 물음에 답하십시오.

여자: 여러분은 씨름하면 어떤 생각이 드십니까? 명절이면 으레 하는 행사로만 여기지는 않습니까? 우리 민족 고유의 운동 경기인 씨름은 유네스코에까지 등재된 소중한 문화유산입니다. 그러나 현재는 사람들에게 그 가치를 인정받지 못하고 있습니다. 이에 대한 씨름협회가 새로운 도전을 시도하였습니다. 그동안 씨름의 전통성을 지키기 위해 선수 등록을 한국인만 가능하도록 고집하였으나 현재는 외국인 선수도 등록할 수 있도록 규정을 바꾸었습니다. 비록 청소년 씨름 경기에 한하여 외국인 선수를 제한적으로 허용하고 있지만 앞으로는 더 확대될 것으로 기대하고 있습니다. 전통성만 강조하기보다 이처럼 시대의 변화에 발맞춰 가는 것이 더 필요한 것 같습니다.

33. 무엇에 대한 내용인지 알맞은 것을 고르십시오.

❷ 씨름계의 새로운 변화

해설　씨름 협회가 청소년 씨름 경기에서 외국인 선수를 받기로 하였다. 예전에는 한국인 선수만 참가할 수 있었으나 씨름협회가 새로운 도전을 한 것이다.

핵심 어휘　씨름 / 협회 / 도전 / 시도하다 / 변화

34. 들은 내용과 같은 것을 고르십시오.

❷ 외국인도 씨름 선수 등록이 일부 가능해졌다.

해설　청소년 씨름 경기에서 외국인 선수를 제한적으로 허용하기로 하였다.

핵심 어휘　선수 / 일부 / 제한적 / 허용하다

남자: 여러분은 지금 어디를 향해 그토록 열심히 달려가고 있습니까? 여러분이 달려가는 그 길에 나침판이 되고 싶은, 작가 김민철입니다. 성인이 되었지만 꿈이 무엇인지조차 잊어버리고 살아가는 여러분, 오늘 저는 여러분의 이루지 못한 꿈이 실현 가능하다는 긍정적 메시지를 가지고 이 자리에 섰습니다. 이 책을 쓰기 전까지 저도 여러분과 마찬가지로 현실에 안주하여 꿈을 잊어버리고 살아가는 평범한 회사원이었습니다. 그러나 지금은 제 꿈을 찾고 그 길을 향해 열심히 달려가는 멋진 작가가 되었습니다. 이번 책이 나오기 전까지 시행착오가 많았지만 여러분의 뜨거운 성원에 힘입어 두 번째 책을 출판할 수 있게 되었습니다. 지금까지 응원해주고 기다려주신 독자분들께 감사를 표하며 이제는 이 책이 여러분께 비타민과 같은 존재가 되기를 기대해 봅니다. 오늘 팬 사인회에 오신 여러분, 저와 함께 꿈을 꾸는 사람이 되어 보지 않으시겠습니까?

35. 남자가 무엇을 하고 있는지 고르십시오.

❹ 독자들에게 책을 소개하며 응원의 메시지를 보내고 있다.

해설 　작가는 책의 내용을 소개하며 독자들이 꿈을 이룰 수 있다는 메시지를 보내고 있다.

핵심 어휘 　꿈 / 실현 / 긍정적 / 메시지 / 응원

36. 들은 내용과 같은 것을 고르십시오.

❷ 책이 출간되기까지 많은 어려움이 있었다.

해설 　남자는 책이 나오기 전까지 시행착오가 많았다고 말한다.

핵심 어휘 　시행착오 / 성원 / 힘입다 / 출간되다

남자: 박사님, 요즘 눈 관련 질병이 있는 사람들이 정말 많습니다. 평소에 할 수 있는 눈 건강 관리 방법에는 어떤 것이 있을까요?

여자: 실내 공기가 건조하면 눈이 쉽게 피로감을 느낄 수 있기 때문에 적절한 실내 습도를 유지하는 것이 좋습니다. 최소 45% 습도를 유지하고 건조한 공기나 에어컨 바람이 눈에 직접 닿지 않게 통풍구와 거리를 두고 생활할 수 있도록 하세요. 또 현대인에게 필수품인 스마트폰이나 컴퓨터를 장시간 사용할 경우 자연스럽게 눈의 깜빡임이 줄어들어 눈이 건조하게 됩니다. 시간을 정해놓고 눈을 감는 등 휴식을 취해야 합니다. 저희는 20분마다 20초 휴식을 권고하고 있습니다. 마지막으로 따뜻한 물수건 등을 이용해 피로한 눈에 온찜질을 하거나 가벼운 마사지를 하면 눈의 피로를 푸는 데 도움이 됩니다. 이처럼 생활 속 작은 실천으로도 눈 건강을 오래도록 유지할 수 있습니다.

37. 여자의 중심 생각으로 가장 알맞은 것을 고르십시오.

❹ 눈 건강을 위해 평소에 눈이 피로하지 않도록 관리하는 것이 좋다.

해설 　여자는 눈 건강을 위해 관리를 잘해야 한다고 이야기하고 있다.

핵심 어휘 　건조하다 / 피로감 / 적절한 / 습도 / 유지하다

38. 들은 내용과 같은 것을 고르십시오.

❸ 눈이 피로할 때 눈을 따뜻하게 해 주는 것이 좋다.

해설 　눈이 피로할 때는 온찜질이 피로를 푸는 데에 도움이 된다고 한다.

핵심 어휘 　온찜질 / 마사지 / 피로 / 풀다

여자: 과학자 노벨은 노벨상을 만듦으로써 자신의 발명품으로 인해 희생된 사람들을 위로한다고도 볼 수 있겠네요.

남자: 그렇지요. 노벨이 발명한 다이너마이트는 탄광, 터널, 건설 등 매우 많은 곳에서 사용되기는 했지만 발명 의도와 달리 오히려 전쟁에 더 많이 사용되었고 그로 인해 많은 사람들이 희생됐으니까요. 그래서 자신이 발명품으로 쌓은 부를 다시 인류 문명 발전에 기여한 사람들을 위해 쓰기로 결심한 것이지요. 그렇기 때문에 노벨상 심사 기준이 까다로울 수밖에 없고요. 이런 이유로 역대 노벨상 수상자들의 평균 연구 기간은 30년 이상이고 평균 나이도 70세 가까이 됩니다. 노벨상은 학자들이 평생 연구해 온 업적을 세계적으로 인정해 주는 상이니만큼 그 상이 주는 명예와 권위는 가치로 따지기 힘들 정도입니다.

39. 이 대화 전의 내용으로 가장 알맞은 것을 고르십시오.

❹ 노벨은 많은 사람의 죽음이 안타까워 노벨상을 만들었다

해설 노벨상은 다이너마이트로 인해 희생된 사람들을 위로하기 위해 만들었다고 했다. 노벨의 안타까운 마음을 알 수 있다.

핵심 어휘 희생되다 / 위로하다 / 발명하다 / 의도

40. 들은 내용과 같은 것을 고르십시오.

❷ 노벨은 자신이 번 돈을 가치 있게 쓰기로 했다.

해설 노벨은 발명품으로 쌓은 부를 인류 문명 발전에 기여한 사람들을 위해 쓰기로 결심하였다.

핵심 어휘 부 / 쌓다 / 인류 문명 / 발전 / 기여하다 / 가치

여자: 오늘 강연은 무인 자동차 시대에 관한 것입니다. 머지않아 다가올 무인 자동차 시대, 여러분, 한번 상상해 보십시오. 자동차로 목적지까지 이동하는 동안 운전하지 않고 편하게 책도 볼 수 있고 드라마도 볼 수 있습니다. 가족들과 눈을 맞추며 이야기를 할 수 있고 피곤하면 차 안에서 잠을 잘 수도 있습니다. 이렇듯 차 안에서 운전자가 사라지는 시대가 멀지 않았습니다. 대부분의 자동차 회사들은 이미 무인 자동차 시범 운영을 진행하고 있습니다. 기술적으로는 이미 완성 단계에 와 있다고 합니다. 다른 차와의 충돌 가능성도 매우 낮고 주행 능력도 매우 뛰어납니다. 무인 자동차 시대는 이제 마지막 관문인 법적 문제만 해결된다면 곧 직면할 우리의 미래입니다.

41. 이 강연의 중심 내용으로 가장 알맞은 것을 고르십시오.

❷ 무인 자동차 시대는 머지않은 우리의 미래이다.

해설 차 안에서 운전자가 사라지는 무인 자동차 시대가 곧 다가올 것이다.

핵심 어휘 무인 자동차 / 시대 / 머지않다 / 사라지다

42. 들은 내용과 같은 것을 고르십시오.

❷ 무인 자동차의 상용화까지는 아직 법적 문제가 남아있다.

해설 무인 자동차는 기술적으로 이미 완성 단계에 와 있다. 이제는 법적 문제만 남아있다.

핵심 어휘 관문 / 법적 / 해결되다 / 직면하다

남자: 누구나 한 번쯤 내가 본 사물과 실제 사물의 모습이 다르게 보이는 경험을 해 본 적이 있을 것입니다. 이것을 착시 현상이라고 하는데 이러한 착시 현상은 사람들의 호기심과 관심을 불러일으켜 사람들로 하여금 그곳에 시선을 멈추게 하는 효과가 있습니다. 그래서 기업이나 광고 회사에서는 소비자의 호기심을 자극하기 위해 이러한 착시 효과를 이용하여 광고를 만들기도 합니다. 최근에는 교통사고 예방을 위한 목적으로 착시 효과가 사용되어 눈길을 끌고 있습니다. 대표적인 것으로 3D 횡단보도를 들 수 있습니다. 3D 횡단보도는 운전자가 멀리서 보면 도로에 기둥이 서 있는 것처럼 보이게 해서 차량 속도를 늦추게 하는 효과가 있습니다. 운전자는 횡단보도 가까이 와서야 기둥이 도로 바닥에 그려진 횡단보도 선이라는 것을 알게 되는 것이죠.

43. 무엇에 대한 내용인지 알맞은 것을 고르십시오.

❶ 착시 효과의 응용

해설 착시 효과를 광고와 교통사고 예방을 위해 사용하였다.

핵심 어휘 호기심 / 자극하다 / 예방 / (눈길을) 끌다 / 응용

44. 3D 횡단보도를 설치한 이유로 맞는 것을 고르십시오.

❶ 운전자가 서행하게 하려고

해설 차량의 속도를 늦추게 하려고 3D 횡단보도를 설치하였다.

핵심 어휘 기둥 / 차량 / 속도 / 늦추다

여자: 여러분 동물 실험에 대해 어떻게 생각하십니까? 동물 실험은 인간이 과학적인 목적을 달성하기 위해서 동물을 대상으로 실험하는 것을 의미합니다. 화장품이나 의약품 등 인간을 위해 사용되는 제품을 만들 때 안전성 확인을 위해 동물 실험을 진행합니다. 그러나 이 과정에서 많은 동물이 죽거나 다치게 됩니다. 인간을 위한 목적과 명분으로 진행되는 이런 동물 실험을 과연 묵과해도 될까요? 인간의 권리보다는 약하지만, 동물에게도 권리가 있습니다. 동물의 권리에 대해 세밀하게 들여다보고 사회적으로 논의해야 할 필요가 있습니다. 지금도 진행되는 많은 연구와 실험으로 죽음의 위기에 놓인 동물들을 생각한다면 더 이상 간과할 수 없는 문제입니다. 동물 실험에 관한 비판적인 의견들을 제시하는 많은 전문가의 의견을 경청해야 할 때입니다.

45. 들은 내용과 같은 것을 고르십시오.

❷ 동물 실험으로 수많은 동물들이 희생되고 있다.

해설 화장품이나 의약품 등의 안전성을 확인하기 위해서 많은 동물이 죽거나 다치게 된다.

핵심 어휘 실험하다 / 안정성 / 희생되다

46. 여자가 말하는 방식으로 알맞은 것을 고르십시오.

❷ 동물 실험 중단 필요성을 제안하고 있다.

해설 여자는 동물도 권리가 있다고 주장한다. 인간을 위해서 동물 실험 진행하는 것을 더 이상 허용할 수 없다고 말한다.

핵심 어휘 권리 / 위기 / 간과하다

[47-48] 다음을 듣고 물음에 답하십시오.

여자: 박사님, 그동안 유전자를 인위적으로 결합시킨 유전자 변형 농수산물에 대한 소비자들의 우려가 상당이 컸는데요, 이번에 새로 출시된 유전자를 교정한 샐러드용 채소는 그것과 뭐가 다른 건가요?

남자: 유전자 교정 작물은 다른 생명체의 유전자를 추가하지 않는다는 점에서 유전자 변형 작물과 다릅니다. 유전자 교정은 유전자 가위 기술을 이용하여 농작물의 DNA 중 일부를 우리가 원하는 대로 정확하게 자르고 붙일 수 있기 때문에 자연적 돌연변이와 본질적으로 차이가 없다고 할 수 있습니다. 이런 유전자 가위 기술은 유전자 교정 작물의 핵심 기술입니다. 따라서 유전자를 교정한 샐러드용 채소는 안심하고 드셔도 됩니다.

47. 들은 내용과 같은 것을 고르십시오.

❶ 유전자 교정 작물은 DNA를 편집한 것이다.

〔해설〕 유전자 교정 작물은 유전자 가위 기술을 이용하여 농작물의 DNA 중 일부를 자르고 붙이는 기술이다.

〔핵심 어휘〕 유전자 / 교정 / DNA / 편집하다

48. 남자의 태도로 알맞은 것을 고르십시오.

❸ 유전자 가위 기술을 긍정적으로 평가하고 있다.

〔해설〕 남자는 유전자 가위 기술은 유전자 교정 작물의 핵심 기술이라고 말한다.

〔핵심 어휘〕 핵심 / 기술 / 안심하다

[49-50] 다음을 듣고 물음에 답하십시오.

남자: 시를 읽다 보면 어떤 구절은 바로 눈앞에서 그려지는 것처럼 생생하게 느껴질 때가 많습니다. '김이 모락모락 나는 밥' 이런 단어를 보면 마치 내 눈앞에 밥이 있는 것처럼 말이죠. 시가 이런 느낌을 주는 것은 바로 시에 들어가는 감각적 표현 때문입니다. 감각적 표현은 직접 보고, 듣고, 냄새 맡고, 만지는 것 같은 느낌을 주는 표현을 말하는데 문학적 표현의 한 종류라고 할 수 있습니다. 비유적 표현, 서술적 표현 등과 같이 여러 표현 방법 중의 하나입니다. 시각, 후각, 청각, 촉각, 미각 다섯 가지 감각을 아주 다채롭고 구체적인 단어로 표현합니다. 이런 감각적 표현으로 인해 독자는 문학 작품을 읽을 때마다 마치 눈앞에 펼쳐지는 한 폭의 그림처럼 직접적이고 직관적으로 작품을 느낄 수 있게 됩니다.

49. 들은 내용과 같은 것을 고르십시오.

❷ 감각적 표현은 시를 직관적으로 느낄 수 있게 한다.

〔해설〕 남자는 감각적 표현으로 인해 독자들이 작품을 읽을 때 직접적이고 직관적으로 작품을 느낄 수 있다고 말한다.

〔핵심 어휘〕 감각적 / 직접적 / 직관적

50. 남자가 말하는 방식으로 알맞은 것을 고르십시오.

❶ 감각적 표현의 장점을 부각시키고 있다.

〔해설〕 남자는 감각적 표현을 사용하면 독자들이 작품을 읽을 때 실감을 느낄 수 있다고 말하면서 장점을 부각시키고 있다.

〔핵심 어휘〕 생생하다 / 다채롭다 / 구체적 / 펼쳐지다 / 부각시키다

[51-52] 다음 글의 ㉠과 ㉡에 알맞은 말을 각각 쓰시오. (각 10점)

51.

> 사랑하는 선생님께.
>
> 안녕하세요? 그동안 잘 지내셨지요?
> 고등학교를 (㉠ **졸업한 지**) 벌써 1년이 다 되어 갑니다. 대학에 입학한 후에 학교생활에 적응하느라고 연락을 자주 못 드렸습니다. 죄송합니다. 하지만 앞으로는 자주 (㉡ **연락을 드리겠습니다**). 항상 행복하시고 건강하시기 바랍니다.
>
> 박승명 올림.

어휘 해설 졸업하다 / 연락을 하다(연락을 드리다)

표현 해설

- **V-(으)ㄴ 지**
  이 사람은 지금 대학생이다. 고등학교 졸업 후 시간이 얼마나 지났는지 이야기해야 하므로 시간의 경과를 나타내는 표현을 사용해야 한다.

- **V-겠-**
  앞으로 할 일에 대한 이야기를 하고 있으므로 의지의 표현을 사용해야 한다.

52.

> 　달걀은 맛도 좋지만 영양도 풍부한 완전식품으로 우리 식탁에 자주 올라온다. 이렇게 건강에 좋은 달걀을 더욱 신선하고 건강하게 먹으려면 보관 방법이 매우 중요하다. 그래서 달걀을 (㉠ **신선하게**) 유지하기 위해서는 냉장고 문 쪽보다는 냉장고 안쪽에 보관하는 것이 좋다. 우리가 냉장고 문을 자주 열고 닫아서 문 쪽은 온도가 일정하지 않고 자주 (㉡ **변하기 때문이다**).

어휘 해설 신선하다 / (온도가) 변하다

표현 해설

- **A-게**
  신선한 달걀이 건강에 좋다. 따라서 달걀 보관 상태를 설명하고 있다.

- **A/V-기 때문이다**
  달걀을 냉장고 문쪽에 보관하면 안 되는 이유를 설명하고 있다.

53. 다음은 '서울시 인구 변화'에 대한 자료이다. 이 내용을 200~300자의 글로 쓰시오. 단, 글의 제목은 쓰지 마시오. (30점)

- 조사 기관: 사회문제 연구소

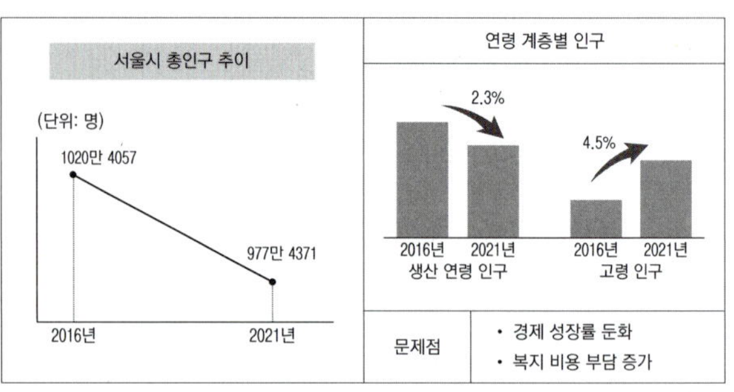

사회문제 연구소에서 서울시 인구 변화에 대해서 조사했다. 조사 결과에 따르면 서울시 총인구 추이가 2016년 1020만 4057명에서 2021년 977만 4371명으로 감소한 것으로 나타났다. 연령 계층별 인구는 같은 기간 생산 연령 인구는 2.3% 감소한 반면에 고령 인구는 4.5%나 증가한 것으로 나타났다. 이렇게 고령 인구의 증가로 인한 문제점으로 경제 성장률 둔화와 복지 비용 부담 증가를 들 수 있다.

과제		표현
1		N에서 N에 대해서 조사했다(=에 대한 조사를 실시했다)
2	①	조사 결과에 따르면 N이/가 N에서 N(으)로 감소한 것으로 나타났다
	②	N은/는 같은 기간 N는 A/V-(으)ㄴ 반면에 N은/는 N(이)나 증가한 것으로 나타났다
3		이렇게 N(으)로 인한 문제점으로 N와/과 N을/를 들 수 있다

54. 다음을 참고하여 600~700자로 글을 쓰시오. 단, 문제를 그대로 옮겨 쓰지 마시오. (50점)

> 현대인들은 매일 분주한 일상으로 주말조차 제대로 쉬지 못하는 경우가 많다. 하지만 건강한 생활을 위해서는 일과 휴식의 조화가 필요하다. 아래의 내용을 중심으로 '여가 생활이 중요한 이유'에 대한 자신의 생각을 쓰라.

- 여가 생활이 부족하면 나타나는 문제는 무엇인가?
- 충분한 여가 생활을 위해 필요한 것은 무엇인가?
- 여가 생활이 우리 삶에 미치는 영향은 무엇인가?

과제1	여가 생활이 부족하면 나타나는 문제 - 건강이 나빠지게 됨 - 바쁜 생활로 인한 인간관계 문제가 생김
과제2	충분한 여가 생활을 위해 필요한 것 - 개인적으로 일을 우선하는 태도를 바꿀 것 - 사회적으로 주말에 쉴 수 있는 구조가 필요함
과제3	여가 생활이 우리 삶에 미치는 영향 - 개인의 휴식 및 여가 생활은 건강한 사회에 필수 요소 - 일을 더 생산적이고 효율적으로 할 수 있음

충분한 여가 생활이 우리 삶에 중요하다는 것은 아무리 강조해도 지나치지 않다. 여가 생활이 부족하면 여러 가지 문제가 발생할 수 있는데 가장 큰 문제는 건강이 나빠지는 것이다. 충분한 휴식 없이 일만 하게 되면 우리 몸은 스트레스를 받고 긴장한 상태로 지내게 된다. 이러한 스트레스는 모든 병의 원인이 된다. 또한 바쁜 생활로 인해 주위 사람과 자주 만날 수 없게 되어 대화와 소통의 부재로 인간관계에 문제가 생길 수도 있다.

이러한 문제가 생기지 않기 위해서는 먼저 일을 우선하는 태도를 바꿔야 한다. 주말에는 충분한 휴식을 갖고 다양한 취미 활동을 하면서 일과 삶의 균형을 맞출 필요가 있다. 또한 회사에서도 구조적으로 구성원들이 충분히 쉴 수 있는 시간을 만들어 주어야 한다. 주말은 개인이 여가 활동을 하고 쉬는 시간이라는 사회적 인식이 필요하다.

여가 활동과 휴식은 우리 삶에 긍정적인 영향을 미친다. 주말에 사람들을 만나고 취미 활동을 하다 보면 새로운 아이디어도 생기고 창의적이고 긍정적인 생각을 할 수 있다. 이러한 생각은 더 효율적이고 생산적으로 일할 수 있는 원동력이 된다. 휴식과 여가 활동을 통해 새로운 에너지를 얻는 개인이 많아지면 사회적으로 건강한 시민이 많아지는 것이다. 따라서 개인이 충분히 여가 활동을 갖는 것이 사회 전반에 도움이 될 수 있다.

정답

1. ②	2. ①	3. ①	4. ③	5. ②
6. ④	7. ①	8. ②	9. ①	10. ②
11. ①	12. ④	13. ②	14. ④	15. ①
16. ③	17. ③	18. ②	19. ④	20. ③
21. ④	22. ①	23. ①	24. ②	25. ③
26. ④	27. ③	28. ③	29. ④	30. ③
31. ④	32. ②	33. ①	34. ③	35. ④
36. ③	37. ③	38. ③	39. ①	40. ②
41. ④	42. ①	43. ②	44. ③	45. ①
46. ④	47. ④	48. ④	49. ④	50. ②

[1-2] ( )에 들어갈 말로 가장 알맞은 것을 고르십시오.

1. ❷

어제 술을 많이 (마셨더니) 속이 쓰리다.

해설 술을 많이 마셔서 속이 아프다.

핵심 어휘 (속이) 쓰리다

중요 표현
- A/V–았/었더니: 과거의 사실이 뒤 문장 내용의 원인이 될 때 사용한다.
  예 많이 걸었더니 다리가 아프다.

2. ❶

부모님은 동생만 (예뻐하신다).

해설 부모님은 동생만 좋아하신다.

중요 표현
- A–아/어하다: 3인칭 화자의 느낌이나 기분을 표현할 때 사용한다.
  예 나는 괜찮은데 친구들은 기숙사 생활을 불편해한다.

[3-4] 밑줄 친 부분과 의미가 가장 비슷한 것을 고르십시오.

3. ❶ 설명처럼

불고기도 요리책에 있는 설명대로 하면 만들기 어렵지 않다.

해설 요리책에 있는 그대로 따라서 하면 된다.

중요 표현
- N대로: 앞에 오는 말에 근거하여 그대로 한다라는 의미를 나타낼 때 사용한다.
  예 싸우지 말고 법대로 합시다.
- N처럼: 서로 모양이 비슷하거나 같음을 나타낼 때 사용한다.
  예 나도 한국 사람처럼 한국말을 잘하고 싶다.

4. ❸ 전달할 따름이다

나는 그저 이야기를 전달할 뿐이다.

해설 나는 이야기만 전했다.

핵심 어휘 그저 / 전달하다

중요 표현
- A/V–(으)ㄹ 따름이다 = A/V–(으)ㄹ 뿐이다: 현재 상황 이외에 다른 가능성이나 상황은 없음을 나타낼 때 사용한다.
  예 나는 공부하는 학생일 따름이다.

[5-8] 다음은 무엇에 대한 글인지 고르십시오.

5. ❷ 청소기

소리 없이 강하다!
미세먼지까지 싹 빨아드립니다.

해설 먼지까지 빨아들이는 것은 청소기이다.

핵심 어휘 미세먼지 / 싹 / 빨아들이다

6. ❹ 여행사

휴가도 가기 전에 지쳤다고요?
교통, 숙소, 비자까지 모두 맡겨 주세요!

해설 교통과 숙소 예약, 비자 업무를 해 주는 곳은 여행사이다.

핵심 어휘 지치다 / 맡기다

7. ❶ 교통안전

> 어린이 보호 구역에서는 잠시 멈추십시오.
> 어린이는 우리의 미래입니다.

해설 어린이 보호 구역은 어린이를 안전하게 보호하기 위한 곳으로 운전자는 교통안전에 주의해야 한다.

핵심 어휘 보호 / 구역 / 멈추다

8. ❷ 가입 혜택

> * 2월에 신규 가입을 하시면 10% 할인을 해 드립니다.
> * 인터넷과 TV를 함께 결합하시면 20% 싼 요금으로 사용하실 수 있습니다.

해설 여러 가지 가입 혜택에 대해 알리고 있다.

핵심 어휘 가입하다 / 혜택

[9-12] 다음 글 또는 그래프의 내용과 같은 것을 고르십시오.

9. ❶ 이 행사는 매년 개최된다.

제8회 서울 김장 문화제

올해도 함께 담근 김치를 어려운 이웃에게 나누는 김치 나눔 문화 축제를 개최합니다. 많은 분들의 참여를 기다리겠습니다.

□ 일자: 2025년 10월 31일(금)~11월 2일(일)
□ 장소: 서울 광장
□ 행사: 체험 프로그램 (김장 체험 1, 2일차), 전시 프로그램 (김치의 역사)
□ 참가 신청: 서울시 홈페이지(http://www.seoulkimchi.kr)

해설 김장 문화제는 제8회이다. '올해도'라는 표현을 보면 매년 열리는 문화제라는 것을 알 수 있다.

핵심 어휘 담그다 / 나누다 / 개최하다 / 참여

10. ❷ 술을 안 마시는 대학생이 20%가 넘는다.

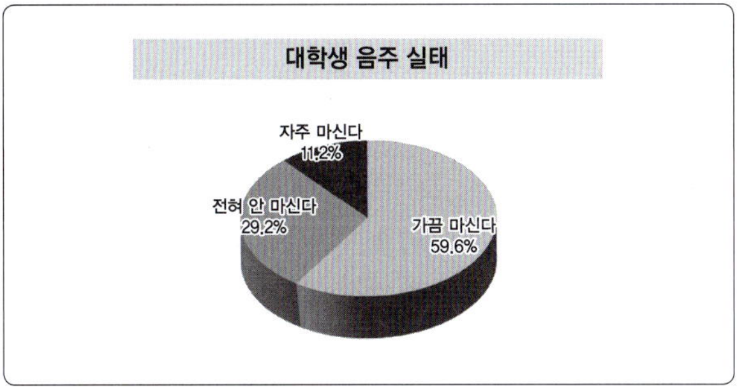

해설 술을 안 마시는 대학생은 29.2%로 20%가 넘는다.

핵심 어휘 음주 / 실태 / 넘다

11. ❶ '차박'은 가볍게 떠날 수 있는 여행이다.

보통 여행을 가려면 교통편부터 호텔 예약까지 준비할 것이 많아 미리 계획을 세우지 않으면 떠나기 쉽지 않다. 그래서 요즘 젊은이들 사이에 자동차에서 잠을 자는 '차박'이 유행이다. '차박'은 돗자리와 접이식 테이블, 담요 정도의 간단한 장비만으로도 가능해 부담 없이 떠나기 쉽다는 장점이 있다.

해설 차박은 간단한 장비로 떠날 수 있는 여행이다.

핵심 어휘 돗자리 / 접이식 / 담요 / 장비 / 부담

12. ❹ 무선 충전 도로 덕분에 전기차의 충전이 편리해졌다.

스웨덴에 전기차 무선 충전 도로가 설치되었다. 이는 전기차를 위한 세계 최대 규모의 무선 충전 도로로 전기차가 이 길을 달리면 도로를 통해 전기를 공급 받을 수 있게 된다. 따라서 자동차의 주행거리가 훨씬 더 길어지고 전기 충전소에서 낭비되는 시간도 줄일 수 있다.

해설 무선 충전 도로를 달리면 충전이 되기 때문에 따로 충전소에 가지 않아도 돼서 편리하다.

핵심 어휘 무선 / 충전 / 공급 / 주행거리 / 낭비되다

[13-15] 다음을 순서에 맞게 배열한 것을 고르십시오.

13. ❷ (다) – (나) – (라) – (가)

(가) 약초의 효능이 이야기와 함께 전수된 셈이다.
(나) 인삼부터 황기, 더덕, 하수오 등이 그러한 약초에 속한다.
(다) 과거에 사람들은 병을 치료하기 위해 다양한 약초를 사용했다.
(라) 이러한 약초의 효험은 민담이나 전설을 통해 우리에게 전해져 왔다.

해설 약초에 관한 도입(다) → 약초 종류(나) → 약초의 효험 전수 방법(라) → 약초의 효능 전수 경로(가)

핵심 어휘 약초 / 효험 / 전해지다 / 전수되다

14. ❹ (라) – (다) – (가) – (나)

(가) 창작자의 의도가 중시되며 주로 단편으로 제작된다.
(나) 올해는 127편의 작품들이 영화제 기간 동안 상영될 예정이다.
(다) 독립영화는 상업영화와 달리 이윤 추구를 중요하게 생각하지 않는다.
(라) 한 해의 독립영화를 결산하는 서울독립영화제가 얼마 전 막을 올렸다.

해설 독립영화제 개최 소식(라) → 독립영화와 상업영화의 차이점(다) → 독립영화의 특징(가) → 영화제 상영 작품 수(나)

핵심 어휘 이윤 / 추구 / 창작자 / 의도 / 단편 / 상영되다

15. ❶ (가) – (다) – (나) – (라)

(가) 와인은 포도의 즙을 발효시켜 만든 술이다.
(나) 그래서 와인의 이름이 길고 다양할 수밖에 없다.
(다) 포도의 원산지와 품종에 따라 그 이름이 지어진다.
(라) 이처럼 와인은 이름으로 술의 정보를 알 수 있다는 것이 특징이다.

해설 와인 설명(가) → 와인 이름의 유래(다) → 와인 이름이 긴 이유(나) → 와인의 특징(라)

핵심 어휘 발효 / 원산지 / 품종

[16-18] ( )에 들어갈 말로 가장 알맞은 것을 고르십시오.

16. ❸

우리가 실내에 있을 때 지진이 발생한다면 어떻게 해야 할까? 만약 고층 건물에 있다면 창문으로부터 떨어진 건물 중앙으로 피하는 것이 좋다. 왜냐하면 창문이 깨져 다칠 수도 있기 때문이다. 그리고 3층 정도의 높지 않은 건물에서는 탁자 밑으로 피했다가 신속하게 (밖으로 이동하는) 것이 좋다. 왜냐하면 저층 건물은 고층 건물과 달리 무너질 가능성이 더 높기 때문이다.

해설 저층 건물이 무너질 가능성이 더 높다고 했기 때문에 3층 정도의 높지 않은 건물에서는 밖으로 나가야 한다.

핵심 어휘 지진 / 피하다 / 무너지다

17. ❸

최근 한 실험에 의해 식물도 사람이나 동물처럼 스트레스를 받는다는 것이 밝혀졌다. 실험 결과에 의하면 식물은 주로 일조량의 변화와 폭우나 가뭄으로 인한 강수량의 증감 등으로 스트레스를 받는다고 한다. 그리고 이런 스트레스를 받은 식물은 40~80kHz의 고주파 소리를 내었는데 (스트레스가 심할수록) 소리의 발생 빈도가 높은 것이 확인되었다.

해설 스트레스를 받으면 고주파 소리를 내므로 소리를 자주 낸다는 것은 스트레스를 많이 받는다는 의미이다.

핵심 어휘 밝혀지다 / (소리를) 내다 / 빈도

18. ❷

초보 운전자에게 가장 어려운 것은 우회전이다. 좌회전은 신호만 잘 지키면 되지만 우회전은 별도의 신호가 없어서 운전자가 다른 차량의 흐름과 횡단보도의 보행자 유무 등 주변 상황을 살핀 후 주행해야 하기 때문이다. 이에 정부에서는 (운전자 부주의로 인한) 사고를 예방하고 돌발 상황에 대처할 수 있는 시간적 여유를 확보하기 위해서 우회전 일시 정지를 의무화했다.

해설 운전자에게 가장 어려운 것이 우회전이기 때문에 운전자 부주의로 인한 사고 예방을 위해 일시 정지를 의무화했다는 내용이다.

핵심 어휘 우회전 / 별도 / 주행하다 / 부주의 / 돌발 / 대처하다

[19-20] 다음을 읽고 물음에 답하십시오.

계단은 인간의 수직이동을 도와주는 건축적 구조물로 우리는 하루에도 몇 번씩 계단을 오르내린다. 하지만 우리가 평소에 ( ) 오르내리는 계단은 그 수직적 구성 때문에 영화계에서 계급이나 계층을 나타내는 소재로 많이 쓰인다. 한국 영화 '기생충'도 영화 속에서 계단을 통해 부자와 가난한 사람들의 격차를 보여주고 있다. 부잣집의 고급주택은 언덕 위로 설정되어 있으며 가난한 주인공의 집은 계단 아래 반지하방인 것이 바로 그것이다.

19. ( )에 들어갈 말로 가장 알맞은 것을 고르십시오.

❹ 무심히

해설 계단은 우리가 생활 속에서 익숙하게 사용하는 곳으로 특별히 어떤 의미를 두지 않는다.

핵심 어휘 건축적 / 구조물 / 무심히

20. 윗글의 주제로 가장 알맞은 것을 고르십시오.

❸ 영화 속의 계단은 등장인물의 신분 차이를 나타낸다.

해설 영화에 나오는 계단은 계급이나 계층을 상징하는 소재로 많이 쓰이는 것을 예를 통해 설명하고 있다.

핵심 어휘 계급 / 계층 / 소재 / 격차

[21-22] 다음을 읽고 물음에 답하십시오.

최근 미세먼지로 인해 시민들의 외부 활동에 제약이 많아졌다. 이에 따라 서울시는 오는 6월부터 미세먼지를 줄이기 위한 '나무 심기 프로젝트'를 실시할 예정이다. 이번 프로젝트를 통해 미세먼지가 줄어들기를 바라는 사람들이 많다. 반면에 이번 프로젝트는 시간과 비용대비 미세먼지 감소 효과가 적을 것이라고 우려하는 목소리도 적지 않다. 그래도 나는 (　　　　　)라는 말처럼 꾸준히 나무를 심다 보면 언젠가는 깨끗한 공기를 마실 날이 오지 않을까 기대해 본다.

21. (　　)에 들어갈 말로 가장 알맞은 것을 고르십시오.

❹ 천리 길도 한 걸음부터

해설 나무 심기 프로젝트에 대해 사람들의 부정적인 의견이 있지만 무슨일이든 그 시작이 중요하다고 이야기하고 있다.

핵심 어휘 미세먼지 / 제약 / 실시하다

22. 윗글의 내용과 같은 것을 고르십시오.

❶ 모든 사람들이 나무 심기에 긍정적인 것은 아니다.

해설 나무심기 프로젝트에 들이는 시간과 비용에 비해 효과가 크지 않을 것을 우려하는 사람들도 있다.

핵심 어휘 반면에 / 감소 / 효과 / 우려하다

[23-24] 다음을 읽고 물음에 답하십시오.

나는 지난해 할머니가 돌아가셨을 때 주변 분들이 베풀어 주신 위로와 격려를 지금까지도 잊지 못한다. 그 분들의 관심과 위로가 없었더라면 장례식 때는 물론이고 그 이후 시간을 무사히 보낼 수 없었을 거라고 생각한다. 내게 할머니는 바쁘신 부모님을 대신해서 나를 보살펴 주신 보호자이자 내가 하는 일은 뭐든지 응원해 주시는 든든한 지원자였다. 그래서 성인이 되고 나서도 나는 늘 할머니와 이야기하면서 새로운 일을 시작할 힘을 얻곤 했다. 그런 나에게 할머니의 부재란 상상조차 하고 싶지 않은 일이었다. 병원에서 소식을 듣고 그 자리에 멍하니 한참을 서 있었다. 택시 안에서 '나는 이제 누구한테 기대야 하는 거지?'라는 생각이 들면서 택시 안이 캄캄한 동굴로 느껴졌다. 하지만 할머니 장례를 치르면서 내 주변에 많은 사람들이 있었다는 것을 알게 되었고 그들이 할머니의 빈자리를 채워 줄 거라는 막연한 기대를 가질 수 있었다. 할머니께서는 나에게 매우 행복한 기억을 남겨 주셨을 뿐만 아니라 주변의 소중한 이들을 아끼고 소중히 여길 수 있는 기회도 주신 것이다.

23. 밑줄 친 부분에 나타난 '나'의 심정으로 가장 알맞은 것을 고르십시오.

❶ 당황하다

해설 평소 의지하던 할머니가 돌아가신 후 제자리에서 움직일 수 없었다는 것을 매우 당황스러울 때 하는 행동이다.

핵심 어휘 보살피다 / 보호자 / 든든하다 / 지원자 / 멍하니

24. 윗글의 내용과 같은 것을 고르십시오.

❷ 나의 힘든 시간을 함께 해준 고마운 사람들이 있다.

해설 할머니가 돌아가시고 힘들 때 주변 사람들이 많이 도와주었다고 하였다.

핵심 어휘 베풀다 / 위로 / 격려 / 채우다 / 소중하다

25.

아파트 규제 강화, 오피스텔로 자금 모두 몰려

❸ **아파트 규제가 심해지면서 오피스텔로 투자가 집중되고 있다.**

해설 아파트 규제가 강화되면서 오피스텔을 사려는 사람들이 많아지고 있다.

핵심 어휘 강화 / 자금 / 몰리다

26.

한여름 삼복더위를 이겨낸다는 보양식, 진짜 내 몸에 좋을까?

❹ **여름 보양식이 몸에 반드시 좋은 것이 아닐 수 있다.**

해설 더운 여름에 보양식이 꼭 건강에 좋지 않을 수도 있다는 내용이다.

핵심 어휘 삼복더위 / 이기다 / 보양식

27.

저작권 인식 바닥, 연극 불법 생중계

❸ **저작권 인식이 없는 관객이 공연을 불법으로 생중계했다.**

해설 저작권에 대한 인식이 부족하여 저작권이 있는 연극을 불법으로 생중계하는 일이 생겼다.

핵심 어휘 저작권 / 인식 / 바닥 / 불법

28. ❸

무더운 여름 숲속에 가면 도시보다 기온이 낮다는 것은 익히 알고 있는 사실이다. 최근 숲이 아닌 한 그루의 나무만으로도 주위의 온도를 낮추는 냉각 효과가 있다는 연구 결과가 발표됐다. 특히, 저녁 시간대 나무 주변의 기온은 나무가 없는 지역보다 최고 1.4도 낮아지며, 새벽까지 기온이 낮게 유지되었다. 이러한 연구 결과에 비춰볼 때 열섬현상으로 골치를 앓고 있는 도시에서는 곳곳에 한 그루의 나무라도 더 심는 것이 (도시의 열을 완화시키는) 전략임을 시사하고 있다.

해설 더워지고 있는 도시에 나무를 심어서 주변의 온도를 낮추는 것이 도시의 열을 낮추는 방법 중 하나이다.

핵심 어휘 기온 / 열섬현상 / 골치 / 완화시키다 / 전략 / 시사하다

29. ❹

자신이 하는 일마다 성공해서 실패를 모르는 사람을 미다스의 손이라고 부른다. 이는 그리스 신화 속에서 미다스 왕이 그의 손이 닿는 것마다 모두 황금으로 변하는 것에서 유래한 말로 오늘날 (돈을 버는 재주가 뛰어나다는) 긍정적인 의미를 가지고 있다. 하지만 미다스 왕은 자신의 욕심으로 가장 사랑하는 딸마저 황금으로 변하게 하면서 비극적 결말을 맞는다. 이처럼 미다스의 손 이야기는 인간의 끝없는 탐욕은 결국에는 화를 부른다는 교훈도 내포하고 있다.

해설 손에 닿는 것마다 황금으로 변하는 미다스의 손은 돈을 버는 재주가 좋은 사람에 비유할 수 있다.

핵심 어휘 성공 / 실패 / 신화 / (손이) 닿다

30. ❸

청소년의 PC게임 과몰입이 사회적 문제가 되면서 정부에서는 청소년의 심야 시간 온라인 게임을 금지하는 게임 셧다운제를 실시했다. 하지만 현재 청소년들은 PC게임보다 모바일 게임을 주로 즐긴다. 이에 (시대에 맞지 않는다는) 이유로 게임 셧다운제가 실시된 지 10년 만에 폐지됐다. 이에 정부는 게임 셧다운제 대안으로 청소년을 대상으로 하는 다양한 교육을 확대하고 게임 과몰입 청소년을 상대로 한 상담·치유 지원을 강화하기로 했다.

해설 게임 셧다운제가 폐지된 이유는 요즘 청소년들은 주로 모바일 게임을 즐기기 때문이다.

핵심 어휘 과몰입 / 심야 / 금지하다 / 폐지되다

31. ❹

논문은 어떤 주제에 대해서 자신의 연구물을 체계적으로 정리해서 작성하는 글로 작성자는 그 내용을 뒷받침하는 근거가 되는 자료에 대한 출처를 분명하게 제시해야 한다. 만약 이를 지키지 않는다면 표절로 간주될 수 있다. 표절은 다른 사람이 창작한 저작물의 일부 또는 전부를 자신의 것처럼 사용하는 것으로 (타인의 저작 행위를) 무시했다는 점에서 도덕적, 윤리적 비난을 피할 수 없다.

해설 다른 사람의 창작물을 자신의 것처럼 사용하는 것은 다른 사람의 저작 권리를 침해하는 것이다.

핵심 어휘 뒷받침 / 근거 / 출처 / 간주되다 / 창작하다 / 저작

[32-34] 다음을 읽고 글의 내용과 같은 것을 고르십시오.

32. ❷ 상례는 사후에 진행되는 장례 절차를 말한다.

상례는 전통적으로 시신을 관에 모신 후 상여에 싣고 묘지로 이동하여 무덤을 만드는 절차부터 죽은 사람의 영혼이 머문다고 생각한 위패를 모시고 집으로 돌아오는 절차까지를 말한다. 과거에는 묘지로 이동하기 전 죽은 이에 대한 추모에만 3주 또는 한 달 정도가 걸렸다고 한다. 하지만 요즘은 상례 대부분의 절차가 많이 간소화되면서 일반적으로 삼일장을 지내며, 특별한 경우에 한해 오일장이나 칠일장으로 하기도 한다.

해설 상례는 죽은 사람의 무덤을 만들고 위패를 모시는 과정의 장례 절차이다.

핵심 어휘 시신 / 관 / 상여 / 영혼 / 위패

33. ❶ 트라우마에 대한 사람들의 인식이 변화되었다.

트라우마란 직간접적으로 경험한 충격적인 사건이나 상황으로 인해 발생하는 정신적인 충격 상태를 말한다. 그에 따른 증상은 개인에 따라 다양한 형태로 나타날 수 있으며, 대표적으로 불안, 우울, 공포, 수면 장애, 악몽 등이 있다. 예전에는 트라우마가 소수의 개인이 겪는 질병으로 치부되었지만 국가적 재난과 사건, 사고들을 간접적으로 경험하게 되는 최근에는 누구나 겪을 수 있는 문제로 관심을 받고 있다.

해설 예전에는 소수의 개인 질병으로 생각되었지만 요즘은 많이 사람들이 겪는 병으로 알려졌다.

핵심 어휘 충격 / 질병 / 치부되다 / 재난

34. ❸ 정부는 국내 자살률을 낮추기 위해서 힘쓰고 있다.

지난해 자살로 인한 사망자 수가 전년보다 소폭 감소했다고 정부가 발표했다. 하지만 경제협력기구(OECD)의 자살률이 평균 23.6명인 것에 비하면 여전히 높은 수치이다. 자살률이 사회적으로 악영향을 미치는 만큼 정부는 국내 자살률을 낮추기 위해 다방면으로 총력을 다하고 있다. 정부에서 내놓은 자살 예방 대책안의 세부 계획에 대해 전문가들은 국내 자살률을 낮추는 데 큰 효과가 있을 것으로 보고 있다.

해설 정부는 국내 자살률을 낮추기 위해 여러 가지 방법으로 최선의 노력을 다하고 있다고 이야기하고 있다.

핵심 어휘 자살 / 낮추다 / 다방면 / 총력

[35-38] 다음을 읽고 글의 주제로 가장 알맞은 것을 고르십시오.

35. ❹ 거리의 청결을 위해 스스로 모범적인 행동을 보여야 한다.

벚꽃이 흩날리는 봄이 되면 벚꽃길은 수많은 인파가 몰려들어 발 디딜 틈조차 없을 정도이다. 그러나 사람들이 떠나고 나면 쓰레기로 덮여 매쾌한 냄새 때문에 근처에 가기도 꺼려지는 거리가 된다. 이로 인해 도시마다 매년 '청결한 거리 지키기' 캠페인을 하고 있지만 지켜지지 않는 실정이다. 깨끗한 거리를 만들기 위해서는 그 누구도 아닌 우리 스스로가 솔선수범해야 한다.

해설 깨끗한 거리를 만들기 위해 스스로가 먼저 행동해야 한다고 이야기하고 있다.

핵심 어휘 덮이다 / 매쾌하다 / 꺼려지다 / 솔선수범

36. ❸ 정부는 더 많은 학생들이 혜택을 누릴 수 있도록 해야 한다.

한 대학에서 시작한 '천 원짜리 아침' 캠페인이 관심을 끌면서 대학마다 '천 원짜리 아침' 열풍이 불고 있다. 이 캠페인은 정부와 대학이 함께 만든 것으로 이번 캠페인을 통해 대학생들의 올바른 식습관을 형성하고 국내 쌀 소비를 증가시켜 농민을 도울 수 있다. 현재는 재정이 넉넉한 일부 대학에서만 시행되고 있으며 예산이 부담되어서 시행하지 못하는 대학도 있다. 따라서 정부는 모든 학교가 참여할 수 있도록 재정적인 지원을 할 필요가 있다.

해설 많은 학교에서 학생들이 저렴한 아침 먹을 수 있도록 정부가 지원해야 한다고 이야기하고 있다.

핵심 어휘 열풍 / 재정 / 넉넉하다 / 시행되다 / 예산 / 누리다

37. ❸ 칭찬의 방법에 따라 아이들에게 다른 영향을 끼친다.

칭찬 한 마디가 주는 효과는 매우 크다. 칭찬을 듣고 자란 아이가 그렇지 못한 아이보다 자존감이 높기 때문이다. 하지만 잘못된 칭찬은 지양해야 한다. "1등을 축하해"처럼 결과만 칭찬한다면 아이들이 과정이 아닌 결과에만 집중하게 만든다. 그래서 결과가 좋지 못하더라도 과정을 칭찬하는 것이 바람직하다. 올바른 칭찬은 아이들의 내면의 힘을 기르는 데 도움이 될 뿐만 아니라 자존감도 높일 수 있다.

해설 결과에 따른 칭찬보다 과정에 대한 칭찬이 아이들에게 좋다라는 이야기이다.

핵심 어휘 칭찬 / 자존감 / 지양하다 / 바람직하다 / 내면

38. ❸ 반려동물 관련 사업이 꾸준히 성장할 것이다.

젊은층들의 반려동물 양육이 늘면서 반려동물 관련 산업 규모가 확대되고 있다. 이로 인해 다양한 종류의 먹이와 생활용품 등이 인기를 끌고 있으며 동물 전용 유치원, 호텔, 음식점 등의 수요도 높아지는 실정이다. 이러한 추세가 계속 된다면 앞으로 더 많은 종류의 반려동물을 위한 상품이 출시될 것이며 판매량이 증가하고 산업 규모 역시 확대될 것으로 전망된다.

해설 반려동물 양육의 증가로 인한 반려동물 관련 사업의 전망이 밝다는 내용이다.

핵심 어휘 양육 / 확대되다 / 수요 / 추세 / 전망되다

[39-41] 주어진 문장이 들어갈 곳으로 가장 알맞은 것을 고르십시오.

39. ❶ ㉠

이러한 명태는 우리나라의 대표적인 수산물로 가공 방법, 포획 방법 등에 따라 다양한 이름으로 불리는 특징이 있다.

명태는 우리나라에서 예부터 혼례·제사·고사 등에 두루 쓰인 생선으로 한국인에게 가장 친숙한 생선으로 꼽을 수 있다. (㉠) 먼저 겨울철에 잡아 얼린 것은 동태, 얼리지 않은 것을 생태라고 한다. (㉡) 또 명태를 오랫동안 보관하는 방법으로 말리는 방식이 있다. (㉢) 말려서 수분이 완전히 빠진 것을 북어, 반쯤 말린 것을 코다리, 얼리고 말리는 과정을 반복해 가공한 것을 황태라고 한다. (㉣) 게다가 명태의 알과 창자는 젓갈로도 담궈 먹어 일단 잡으면 버릴 것이 없는 생선으로도 유명하다.

해설 명태는 다양한 이름으로 불리는 특징에 대해 이야기하였으므로 명태의 이름 제시 전에 나와야 한다.

핵심 어휘 두루 / 꼽다 / 얼리다 / 말리다 / 수분

40. ❷ ㉡

심우주에서는 국제우주정거장(ISS)처럼 정기적으로 식품을 공급해줄 수 없기 때문이다.

심우주를 장기간 여행하게 될 미래의 우주 비행사에게 영양학적으로 완전하고 칼로리 균형이 잡힌 '최고의 우주 샐러드'가 발표됐다. (㉠) 우주 샐러드 재료는 콩, 양귀비씨, 보리, 케일, 땅콩, 고구마, 해바라기씨로 우주에서 자급자족할 수 있는 것들로 구성되었다. (㉡) 전문가에 따르면 우주 샐러드 재료의 특징은 좁은 공간에서의 재배가 가능하고, 토양 없이도 재배할 수 있다는 것이다. (㉢) 다음 과제로 우주에서 작물을 키울 재배실과 시스템 설계가 남아 있다. (㉣)

해설 심우주에서는 식품을 공급받을 수 없기 때문에 우주에서 직접 키워서 먹을 수 있는 재료로 구성된 우주샐러드가 필요한 것이다.

핵심 어휘 자급자족 / 재배 / 토양

41. ❹ ㉣

> 이 대장경판의 개수가 8만 장이 넘는다고 해서 '팔만대장경'이라고도 불린다.

대장경은 부처의 가르침과 승려가 지켜야 할 규칙, 그리고 제자들이 부처의 말을 해설한 글들을 모두 모아 정리한 불교 경전을 말한다.(㉠) 그래서 오래 보존할 수 있도록 석판이나 목판으로 만들었으며 대장경판을 만드는 것만으로도 복을 받을 수 있다고 생각했다. (㉡) 그러면서 대장경판은 불교를 믿는 사람들에게 점점 불상처럼 신앙의 대상이 되었다.(㉢) 현존하는 대표적인 대장경판으로는 고려시대 제작된 합천 해인사 대장경판이 있다. (㉣) 불교에서 8만은 헤아릴 수 없을 정도로 많은 부처의 가르침을 담았기 때문에 그렇게 부르기도 한다.

해설 대장경판 개수에 대해 이야기하고 있으므로 숫자에 대해 설명하는 문장 앞에 오는 것이 자연스럽다.

핵심 어휘 승려 / 부처 / 경전 / 석판 / 목판 / 신앙 / 헤아리다

고향에서 농사를 지으시다 5년 전 도시로 나오신 아버지는 아직도 농사짓던 얘기를 가끔 하신다. 평소에는 볼 수 없었던 손짓까지 사용하시면서 약간 격앙된 목소리로 몇 번씩 설명을 하시는 것이다. (중략)

오랜만에 가족 전체가 식사하는 자리였다. 소주도 한잔 드셨겠다 상추를 가지고 노는 아이를 보시더니 어김없이 농사짓던 이야기를 시작하셨다.

"식당이나 마트에서 언제나 살 수 있다고 귀한 줄 모르는데… 이 놈들 키우려면 아침저녁으로 가서 물 주면서 잘 있었는지 밤새 멧돼지가 파 먹고 간 건 없는지 살펴야 해. 그 뿐일 줄 알아? 유난히 큰 잎은 빨리 떼줘야 안의 속잎들이 잘 자라. 그것도 큰 잎이 되기 전에 얼른 솎아야 해. 그냥 여기까지 올 수 있는 게 아냐."

일종의 영웅담처럼 이야기하시는 것을 무심코 듣다가 어느 부분에서 심사가 뒤틀렸는지 나는 일부러 아버지의 비위를 건드렸다.

"상추는 그렇게 잘 키우시면서 우리한테는 왜 그러셨어요? 화만 내시고 우리가 뭐 하는지 관심도 없으셨잖아요. 지금도 그렇지만…."

예상치 못한 나의 반응에 시끄럽던 식사 자리는 약간의 정막이 흘렀다.

"그땐 다 그렇게 키우는 줄 알았지."

막 들던 소주잔을 내려놓으면서 풀 죽은 아이처럼 굳은 살 박힌 손만 문지르셨다.

'예전 같으면 뭐라도 던지면서 버럭 화를 내셨을 텐데….'

나는 다 구워진 고기 하나를 아버지 접시 위에 놓아드렸다. 아버지는 내 눈을 한번 쳐다보시고는 젓가락을 드셨다.

42. 밑줄 친 부분에 나타난 '나'의 심정으로 가장 알맞은 것을 고르십시오.

❶ 서운하다

해설 상추를 키울 때는 정성을 다하면서 나에겐 그렇게 하지 않은 아버지에게 느끼는 감정이다.

핵심 어휘 (심사가) 뒤틀리다 / 비위 / 건드리다 / 서운하다

43. 윗글의 내용으로 알 수 있는 것을 고르십시오.

❷ 아버지는 평소에 자식들에게 무심하다.

해설 지금도 자식들에게 화만 내고 관심이 없다고 이야기하고 있다.

핵심 어휘 정막 / 흐르다 / 키우다 / 풀 / 문지르다 / 무심하다

빅데이터는 기존의 정보 관리 기술로는 저장, 관리, 분석을 할 수 없는 초월적인 규모의 데이터를 의미한다. 이러한 빅데이터는 컴퓨터와 인터넷, 모바일 기기 이용의 생활화로 사람들이 도처에 남긴 데이터의 축적으로 이루어졌다. 클라우딩 컴퓨팅 등 기술적 발전이 빅데이터 분석을 가능하게 했고, 이렇게 분석된 자료는 미래 경쟁력의 우위를 좌우하는 중요한 자원으로 활용될 수 있다는 점에서 주목받고 있다. 따라서 기업들은 빅데이터를 이용해 고객 중심의 비즈니스 성과를 창출하고 기업의 운영을 최적화하는 등 (   ) 목적으로 활용하고 있다. 빅데이터를 활용한 다양한 사례는 과거에 불가능했던 일이 가능함을 보여주고 있어 앞으로 의료, 유통, 마케팅 등 사회 전반에서의 빅데이터 활용이 더욱 늘어날 전망이다.

44. (   )에 들어갈 말로 가장 알맞은 것을 고르십시오.

❸ **다양한 경영 활동을 강화하려는**

해설 빅데이터를 활용한 기업의 경영 관련 내용을 나열하고 있다.

핵심 어휘 축적 / 분석 / 성과 / 창출하다 / 최적화

45. 윗글의 주제로 가장 알맞은 것을 고르십시오.

❶ **빅데이터의 활용 분야는 점차 확대될 것이다.**

해설 빅데이터가 중요한 자원이 되고 활용 분야 또한 늘어날 것이라고 이야기하고 있다

핵심 어휘 경쟁력 / 우위 / 좌우하다 / 주목받다

시각 장애인의 눈과 발이 되어 살아가는 안내견은 장애인들의 보행을 보조할 뿐만 아니라 장애인 스스로 독립된 삶을 영위하고 사회의 일원으로 살아갈 수 있도록 도와준다. 주변에서 이러한 안내견을 만나게 되면 우리가 주의해야 할 것이 있다. 안내견이 아무리 기특하고 영리하다고 생각해도 함부로 만지지 않도록 해야 한다. 그 이유는 시각 장애인은 안내견의 목줄을 통해서 도로의 상황을 확인하고 안내견의 움직임에 따라 보행하며 주변의 위험을 피하기 때문이다. 따라서 안내견을 만지면 시각 장애인의 보행에 방해가 될 수 있고 예기치 못한 사고로 이어질 수 있다. 예를 들면 안내견은 색을 구별하지 못하기 때문에 주변 사람이 무단횡단을 하면 건너도 되는 상황으로 인식할 수 있어 위험한 상황이 발생할 수 있다. 그러므로 주변 사람들이 무단횡단을 하는 행동 또한 안내견의 활동을 방해할 수 있다.

46. 윗글에 나타난 필자의 태도로 가장 알맞은 것을 고르십시오.

❹ **안내견의 행동에 영향을 주는 것에 대해서 설명하고 있다.**

해설 안내견을 만나면 조심해야하는 것들에게 대해 이야기하고 있다.

핵심 어휘 안내견 / 주의하다

47. 윗글의 내용과 같은 것을 고르십시오.

❹ **안내견은 시각 장애인을 위험으로부터 보호한다.**

해설 시각 장애인은 안내견의 움직임에 따라 주변의 위험을 피할 수 있다.

핵심 어휘 목줄 / 움직임 / 보행하다 / 위험 / 피하다

[48-50] 다음을 읽고 물음에 답하십시오.

전 세계가 기후변화 대응의 일환으로 탄소중립을 실천하기 위해 노력하고 있다. 탄소중립은 이산화탄소 배출량을 줄이고 대기 중으로 배출되는 탄소를 제거하거나 흡수해 순 배출량을 '0'으로 만드는 것이다. 이에 각 분야에서 탄소중립을 위한 다양한 실천 방안을 제시하고 있는데 그중 목조 건축이 주목을 받고 있다. 그 이유는 주요 건축 재료인 시멘트, 강철 등은 생산 시 배출되는 탄소가 전 세계 배출량의 약 38%차지하고 있기 때문이다. 반면에 나무는 이산화탄소를 흡수하는 성질을 가지고 있어 탄소배출 저감에 매우 효과적이다. 게다가 목조 건축을 위해 벌목을 하면 환경이 파괴될 것이라는 예상과 달리 산림의 (   ) 방법이 되기도 한다. 어느 정도 성장이 끝난 나무는 성장하는 어린 나무보다 탄소 흡수 능력이 떨어져 시기에 맞춰 벌채하고 다시 심는 것이 효과적이다. 현재 한국은 목조 건축에 사용되는 목자재 대부분을 수입에 의존하고 있는데 국산 목재 사용 비율을 높이고, 도시 건설, 생활 소품 등 다양한 소재에서 국산 목재를 활용하는 등 우리나라 산림을 적극 이용한다면 탄소중립에 한 발짝 더 다가갈 수 있을 것이다.

48. 윗글을 쓴 목적으로 가장 알맞은 것을 고르십시오.

④ 목조 건축이 탄소중립 실현에 기여함을 설명하기 위해

`해설` 탄소 중립을 위한 방법 중 목조 건축이 주목 받는 이유를 설명하고 있다.

`핵심 어휘` 기후 / 대응 / 일환 / 주목 / 저감 / 기여하다

49. (   )에 들어갈 말로 가장 알맞은 것을 고르십시오.

④ 탄소 흡수 능력을 높일 수 있는

`해설` 어느 정도 성장이 끝난 나무는 탄소 흡수 능력이 떨어지므로 벌목해서 사용하고 어린나무를 심는 것은 탄소 흡수 능력을 높일 수 있는 방법이다

`핵심 어휘` 벌목 / 파괴되다 / 벌채하다 / 심다

50. 윗글의 내용과 같은 것을 고르십시오.

② 다 자란 나무는 어린 나무에 비해 탄소 흡수량이 적다.

`해설` 어느 정도 성장이 된 나무는 탄소 흡수 능력이 떨어져 시기에 맞춰 벌채하는 것이 좋다고 말하고 있다

`핵심 어휘` 성장 / 어린 / 흡수 / 능력 / 떨어지다

듣기 (1번 ~ 50번)

정답

1. ③	2. ②	3. ②	4. ①	5. ④
6. ①	7. ①	8. ④	9. ②	10. ④
11. ③	12. ④	13. ④	14. ②	15. ①
16. ③	17. ②	18. ④	19. ④	20. ④
21. ②	22. ③	23. ②	24. ②	25. ④
26. ②	27. ③	28. ①	29. ①	30. ④
31. ④	32. ④	33. ①	34. ④	35. ②
36. ①	37. ④	38. ③	39. ③	40. ④
41. ④	42. ①	43. ②	44. ②	45. ④
46. ③	47. ③	48. ③	49. ①	50. ①

[1-3] 다음을 듣고 가장 알맞은 그림 또는 그래프를 고르십시오.

1.

남자: 정수기를 여기에 설치할까요?
여자: 네, 그렇게 해 주세요. 사용 방법도 알려 주시지요?
남자: 그럼요, 설치가 완료되면 설명해 드리겠습니다.

`해설` 남자가 정수기를 설치하려고 한다.

`핵심 어휘` 정수기 / 설치하다 / 완료되다 / 설명하다

2.

① 
② 

③ 
④ 

해설 두 사람은 지하철을 타고 왔다. 밖에 눈이 내리고 있고 길에 눈이 많이 쌓여 있는 것을 보면서 이야기하고 있다.

핵심 어휘 웬일 / 폭설 / 쌓이다

3.

남자: 뉴스 보도에 따르면 서울 시내 곳곳에 있는 학원의 숫자가 2020년부터 꾸준히 증가하여 2024년 현재 2만 4284개에 달한다고 합니다. 이것은 서울 시민 전체가 이용하는 편의시설인 카페 1만 7026개, 편의점 8579개, 약국 5489개보다도 많은 상황입니다.

① 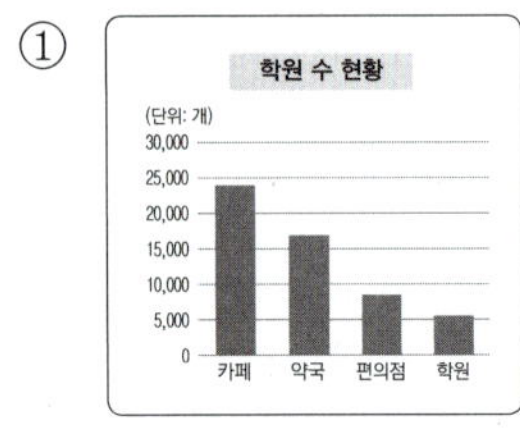

② 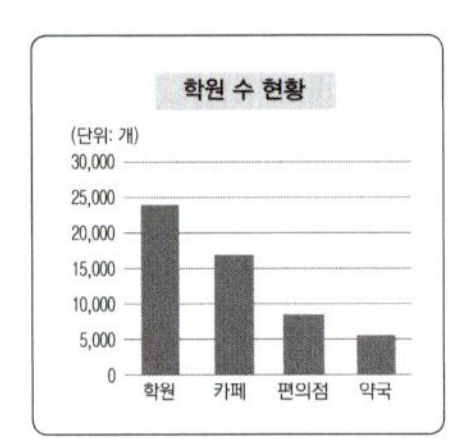

③ 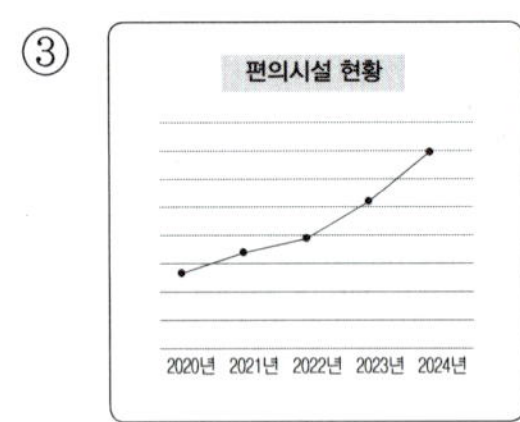

④ 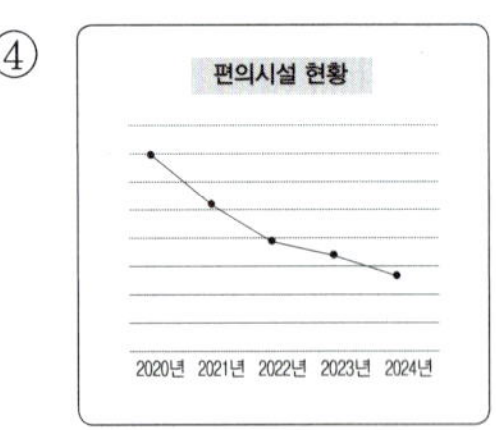

해설 서울 시내 학원의 숫자가 편의시설보다 많다.

핵심 어휘 꾸준히 / 증가하다 / 달하다

[4-8] 다음을 듣고 이어질 수 있는 말로 가장 알맞은 것을 고르십시오.

4. ❶

여자: 내일 몇 시에 공연을 한다고 했지?
남자: 저녁 7시야. 첫 공연이라 너무 떨려.
여자: 잘할 수 있을 거야.

해설 남자가 공연 전에 긴장을 했다. 그래서 여자는 남자를 격려하는 말을 한다.

핵심 어휘 떨리다

5. ❹

남자: 노트북이 고장 났는데 바빠서 아직 못 고쳤어.
여자: 학교 앞에 수리 센터가 있던데 거기에 가 봐.
남자: 그래? 집에 가는 길에 가 보면 되겠네.

해설 남자는 노트북이 고장 났는데 아직 못 고쳤다. 그래서 여자가 학교 앞에 수리 센터가 있다고 알려줬다.

핵심 어휘 고장 / 고치다 / 수리 센터

6. ❶

남자: 저기가 그 식당인 것 같은데 주차장이 없는 것 같아요. 어떡하지요?
여자: 미리 전화해 보고 올 걸 그랬네요.
남자: 큰 식당이라 당연히 있을 줄 알았지요.

해설 여자가 식당에 주차장이 있는지 미리 알아보지 않은 것을 후회하니까 남자는 식당이 커서 주차장이 있을 줄 알았다고 대답한다.

핵심 어휘 미리 / 당연히

7. ❶

여자: 어제 발표를 정말 잘하던데요.
남자: 정말요? 실수할까 봐 정말 열심히 준비했거든요.
여자: 그런 것 같았어요.

해설 남자가 발표 준비를 열심히 했다는 말을 듣고 여자는 열심히 준비한 것 같았다고 말한다.

핵심 어휘 발표 / 실수하다 / 준비하다

8. ④

여자: 요즘 단풍이 절정이라서 등산가는 사람들이 정말
　　　많더라고요. 우리도 주말에 산에 갈래요?
남자: 저는 힘든 산을 왜 올라가는지 이해가 안 돼요.
여자: 산에 올라갈수록 경치가 얼마나 아름다운데요.

해설　남자는 산에 올라가는 이유를 모르겠다고 말한다.
그래서 여자가 산에 올라가면 좋은 점을 남자에게
이야기해 준다.

핵심 어휘　단풍 / 절정 / 이해되다

**[9-12] 다음을 듣고 여자가 이어서 할 행동으로 가장
알맞은 것을 고르십시오.**

9.　② 도서관에 간다.

여자: 여보세요? 민호 씨, 아까 왜 전화했어요?
남자: 논문 자료를 찾고 있는데 도와줄 수 있어요?
여자: 그럼요, 지금 어디에 있어요? 제가 갈게요.
남자: 고마워요. 지금 학교 도서관에 있어요.

해설　남자가 논문 자료를 찾는 것을 여자에게 도와달라고
부탁한다. 여자는 남자가 있는 곳으로 간다고 했다.

핵심 어휘　논문 / 자료

10.　④ 책을 가지러 집에 간다.

여자: 민호 씨, 제가 민호 씨한테 빌린 책을 깜박하고 집
　　　에 놓고 왔어요.
남자: 그래요? 오늘 수업 시간에 꼭 필요한데…….
여자: 몇 시 수업이에요? 수업 전까지 제가 갖다줄게요.
남자: 2시 수업이니까 그 전까지만 주시면 돼요.

해설　여자가 남자에게 빌린 책을 집에 놓고 왔는데 남자
는 오늘 그 책이 필요하다고 말한다. 그래서 여자는
집에 가서 책을 가지고 올 것이다.

핵심 어휘　깜박하다 / 갖다주다

11.　③ 참석자를 확인한다.

여자: 보고서 표지까지 만들었으니까 이제 다 끝났어.
남자: 네 덕분에 빨리 마무리 할 수 있었어. 고마워.
여자: 자료는 몇 부를 준비하면 될까?
남자: 5부면 될 것 같아. 복사는 내가 할 테니까 넌 회의
　　　참석자 명단 좀 확인해 줘.

해설　두 사람은 회의를 준비하고 있다. 남자가 여자에게
회의 참석자 명단을 확인해 달라고 부탁하였다.

핵심 어휘　회의 / 참석자 / 명단

12.　④ 모임 장소를 알아본다.

남자: 다음 주에 야구 결승전이 있는데 어디에서 볼 거
　　　예요?
여자: 야구장에서 보고 싶었는데 표가 이미 매진됐더라
　　　고요. 그래서 친구들하고 식당에서 같이 보기로
　　　했어요. 괜찮으면 같이 봐요.
남자: 좋아요. 어디로 가면 돼요?
여자: 아직 안 정했어요. 이제 찾아 보려고요.

해설　여자는 친구들과 같이 식당에서 야구 경기를 보기
로 했지만 장소는 아직 정하지 않았다. 그래서 그 장
소를 알아볼 것이다.

핵심 어휘　결승전 / 정하다 / 이제

[13-16] 다음을 듣고 들은 내용과 같은 것을 고르십시오.

13.　④ 남자는 교육학 개론 수업을 신청할 생각이다.

여자: 수강 신청 했어? 이번 학기에는 월요일에 무슨 수
　　　업을 들을 거야?
남자: 음, 나는 교육학 개론 수업을 들을까 해.
여자: 아, 그렇구나. 어렵지 않을까?
남자: 선배들이 그러는데 재미있고 어렵지 않대.

해설　여자가 무슨 수업을 들을 것인지 묻자 남자는 교육
학 개론 수업을 들을 생각이라고 대답한다.

핵심 어휘　수강 신청 / 교육학 개론

14. ❷ 큐브를 완성한 시간으로 등수가 결정된다.

> 여자: 제20회 국제 큐브 대회에 오신 여러분을 환영합니다. 잠시 후 한 시부터 대회가 시작됩니다. 예선 참가자분들은 모두 앞으로 나와 주시길 부탁드립니다. 오늘 대회 종목은 큐브 빨리 맞추기이며 빨리 맞춘 순서대로 등수가 정해집니다. 예선전을 거쳐 결승전까지 모두 오늘 하루 동안 진행됩니다.

> 해설　국제 큐브 대회에서 안내를 하고 있다. 큐브를 가장 빨리 맞춘 사람이 1등이다.

> 핵심 어휘　큐브 / 맞추다 / 순서 / 등수 / 정해지다

15. ❶ 정전 사고로 주민들이 불편을 겪었다.

> 남자: 어제 오후 9시경, 서울에 있는 한 아파트에서 정전 사고가 발생했습니다. 이 정전으로 난방 시스템까지 멈춰 버려 아파트 주민들은 어둠 속에서 추위와 싸워야 했습니다. 해당 아파트는 지어진 지 15년이 넘은 아파트로 오래된 전기 설비가 그 원인이었습니다. 입주민들의 안전한 생활을 위해서 오래된 설비들의 사전 점검이 중요함을 다시 한번 일깨우는 사건이었습니다.

> 해설　정전 사고로 인해 난방 시설이 작동되지 않아서 주민들이 추위에서 떨어야 하는 등의 불편을 겪었다.

> 핵심 어휘　정전 / 난방 / 어둠 / 추위 / (불편을) 겪다

16. ❸ 많은 독자들이 웹툰의 가족 이야기에 공감했다.

> 남자: 작가님의 이번 웹툰이 인기가 있는 이유가 뭐라고 생각하십니까?
> 여자: 따뜻한 가족의 이야기가 독자들에게 잘 전달됐기 때문이라고 생각합니다. 요즘 가족 간에 대화가 부족하고 서로 바쁘다는 이유로 얼굴만 겨우 보는 정도인데요. 이 작품에서 우리 모두가 꿈꾸는 이상적인 가족 관계를 그린 것이 모두에게 울림을 준 것 같습니다.

> 해설　여자가 그린 웹툰은 가족의 이야기를 그린 것으로 독자들이 따뜻한 가족 이야기에 감동을 받았다고 말한다.

> 핵심 어휘　웹툰 / 꿈꾸다 / 이상적 / 울림

[17-20] 다음을 듣고 남자의 중심 생각으로 가장 알맞은 것을 고르십시오.

17. ❷ 회의 자료를 철저히 준비해야 한다.

> 남자: 이런 자료로는 제대로 된 회의를 진행하기 어려울 것 같습니다. 자료를 더 보충해서 다시 회의를 합시다.
> 여자: 일단 회의를 진행하고 부족한 부분은 다음 회의 때 보충하면 어떨까요?
> 남자: 자료가 부실하면 회의는 하나 마나입니다.

> 해설　남자는 회의 자료가 충분하지 않으면 회의를 할 필요가 없다고 생각한다.

> 핵심 어휘　자료 / 보충하다 / 부실하다 / 철저히

18. ❹ 성공적인 공연을 위해 공연장 시설을 개선해야 한다.

> 남자: 다음 공연은 시설을 대대적으로 수리한 후 진행하는 게 좋을 거 같아. 시설이 불편했다는 후기가 많더라고.
> 여자: 그래? 나는 티켓 가격이 높아 평점이 높지 않았다고 생각했어.
> 남자: 아니야. 후기 내용을 모두 분석해 봤는데 시설에 대한 불만이 제일 높았어. 이걸 개선하지 않으면 다음 공연도 성공하기 어려울 거야.

> 해설　남자는 관객들이 공연 시설에 대한 불만이 가장 많았기 때문에 시설을 개선해야 한다고 생각한다.

> 핵심 어휘　시설 / 수리하다 / 진행하다 / 불만 / 개선하다

19. ❹ 부모는 아이들에게 공공장소에서의 규칙을 알려줘야 한다.

> 남자: 식당에서 아이들이 저렇게 시끄럽게 떠드는데 아이의 부모는 전혀 신경을 안 쓰네요.
> 여자: 맞아요. 그래서 요즘 어린이의 출입을 금지하는 식당이나 카페가 늘고 있대요.
> 남자: 이 문제는 어린이의 출입을 금지할게 아니라 어른들이 아이들에게 공공장소에서의 예절을 가르쳐줘야 한다고 봐요.
> 여자: 저도 그렇게 생각해요.

> 해설　남자는 부모가 아이들에게 공공장소에서의 규칙을 가르쳐줘야 한다고 생각한다.

> 핵심 어휘　공공장소 / 규칙 / 예절 / 알려주다

20. ❹ **학생들의 의견이 반영된 직업 체험은 반응이 좋다.**

여자: 이 학교에서 실시하는 직업 체험 프로그램에 대한 학생들의 만족도가 높다고 하던데 구체적으로 말씀해 주세요.

남자: 네, 저희 학교의 직업 체험 프로그램은 보통의 형식적인 직업 체험과 달리 각 분야의 전문가들을 직접 만나서 현장의 생생한 상황을 듣고, 체험할 수 있다는 것이 특징입니다. 이러한 체험은 학생들의 요구가 반영된 것이어서 학생들의 참여도도 높다고 봅니다.

해설 직업 체험 프로그램이 인기가 높은 원인에 대해서 이야기하고 있다. 남자는 학생들이 원하는 것을 반영하여 프로그램을 만들었기 때문에 학생들의 참여도가 높다고 말한다.

핵심 어휘 만족도 / 요구 / 반영되다 / 참여도

[21-22] 다음을 듣고 물음에 답하십시오.

여자: 선생님, 요즘 무릎 통증이 심해서 계단을 올라갈 때 너무 힘들어요.

남자: 엑스레이를 보니 관절염 초기인 것 같습니다.

여자: 수술해야 하는 건 아니지요?

남자: 앞으로 상태를 봐야 알겠지만 관절염이라고 다 수술을 해야 하는 것은 아닙니다. 관절염 초기에는 약물 치료와 물리 치료만으로도 통증이 호전될 수 있습니다. 그리고 평소 관절에 무리를 주는 생활 습관을 고치는 것도 중요합니다. 하지만 그러지 않고 치료 시기를 놓친다면 통증은 점점 더 심해질 거고 결국에는 수술을 할 수밖에 없습니다.

21. 남자의 중심 생각으로 가장 알맞은 것을 고르십시오.

❷ **관절염은 치료 시작 시기가 중요하다**

해설 남자는 관절염 초기부터 치료 및 관리를 해야 하며 이것을 놓치면 수술하게 된다고 한다.

핵심 어휘 관절염 / 호전되다 / 치료 / 시기 / 놓치다

22. 들은 내용과 같은 것을 고르십시오.

❸ **관절염을 방치하면 통증이 악화될 것이다.**

해설 남자는 관절염은 치료 시기가 중요하기 때문에 치료를 받지 않으면 통증이 점점 더 심해질 것이라고 말한다.

핵심 어휘 방치하다 / 통증 / 악화되다

[23-24] 다음을 듣고 물음에 답하십시오.

남자: 안녕하세요? 서울 도시가스공사입니다. 무엇을 도와드릴까요?

여자: 제가 다음 주 수요일 17일에 이사를 해서 가스레인지 연결 호스를 제거하는 도시가스 전출 예약을 하려고 합니다.

남자: 네, 잠시만요. 예약이 가능한지 확인해 보겠습니다. 17일 오전 10시와 오후 2시에 예약이 가능합니다. 예약을 하시면 기사님이 방문 하루 전에 등록된 연락처로 연락을 드릴 겁니다. 언제로 예약해 드릴까요?

여자: 오전 10시로 예약 부탁드립니다.

23. 남자가 무엇을 하고 있는지 고르십시오.

❸ **도시가스 전출 예약을 진행하고 있다.**

해설 여자는 도시가스 전출 예약을 하려고 전화했다.

핵심 어휘 도시가스 / 전출 / 예약하다

24. 들은 내용과 같은 것을 고르십시오.

❷ **이삿날 오전에 도시가스 기사가 방문할 것이다.**

해설 여자는 17일에 이사를 한다. 그날 오전 10시로 도시가스 전출 예약을 했다.

핵심 어휘 이삿날 / 기사 / 방문하다

여자: 취업 준비생들의 가장 큰 고민은 자기소개서 작성
　　 이라고 하는데요. 선배로서 후배들에게 어떤 조언
　　 을 해 주고 싶으신지요?

남자: 자기소개서는 자신이 회사에서 꼭 필요로 하는 인
　　 재라는 것을 보여 줄 수 있어야 합니다. 무작정 자
　　 신의 생각만을 나열한다면 아무런 특징이 없는 자
　　 기소개서가 되기 때문에 회사는 지원자에 대해 어
　　 떤 매력도 느끼지 못할 것입니다. 따라서 지원하는
　　 회사의 직무와 관련된 경험이나 경력을 구체적으
　　 로 쓰면 좋습니다. 그리고 지원 동기도 매우 중요
　　 한데요. 먼저 지원하려는 회사의 홈페이지에서 기
　　 업 가치관과 비전을 확인한 후 자신의 미래 가능
　　 성과 연결해서 쓴다면 호감을 얻을 수 있을 것입니
　　 다.

25. 남자의 중심 생각으로 가장 알맞은 것을 고르십시오.

　❹ 자기소개서에는 회사의 인재상에 맞게 자신을 표현해
　　 야 한다.

　해설　 남자는 자기소개서에 회사에서 꼭 필요로 하는 인
　　 재라는 것을 나타내야 한다고 말한다.

　핵심 어휘　 자기소개서 / 인재 / 호감

26. 들은 내용과 같은 것을 고르십시오.

　❷ 자기소개서를 쓰기 전에 기업에 대해 조사를 하는 것
　　 이 좋다.

　해설　 지원하려는 기업의 가치관과 비전 등을 조사한 후
　　 자기소개서를 써야 한다.

　핵심 어휘　 지원하다 / 가치관 / 비전 / 조사하다

여자: 아침부터 기침을 하던데, 냉장고에 기침약 있으니
　　 까 일단 그거라도 먹어요.

남자: 약을 냉장고에 넣어 두었다고요?

여자: 지난주에 감기에 걸렸을 때 먹다가 남아서 넣어 놓
　　 았죠. 상할까 봐....... 유통기한이 지나지 않았으니
　　 까 걱정하지 말고 먹어요.

남자: 냉장고는 약을 보관하기에는 온도가 낮고 습기가
　　 너무 많아요. 포장지에 냉장 보관이라고 쓰여 있는
　　 약을 제외한 약은 햇빛을 피해 습기가 적고 서늘
　　 한 곳에 보관해야 해요. 그리고 마개를 닫아서 약
　　 이 수분에 노출되지 않도록 해야 하고요.

여자: 그럼 약은 먹지 말고 일단 따뜻한 물이라도 좀 마
　　 시고 병원에 가 봐요.

27. 남자가 말하는 의도로 알맞은 것을 고르십시오.

　❸ 약을 보관하는 올바른 방법을 알려 주려고

　해설　 남자는 여자에게 약 보관법에 대해서 알려 주고 있
　　 다.

　핵심 어휘　 햇빛 / 피하다 / 습기 / 서늘하다 / 보관하다

28. 들은 내용과 같은 것을 고르십시오.

　❶ 냉장 보관을 필요로 하는 약이 있다.

　해설　 약은 보통 서늘한 곳에 보관하지만 포장지에 냉장
　　 보관이라고 쓰여 있는 약은 냉장 보관해야 한다.

　핵심 어휘　 포장지 / 냉장 / 제외하다

[29-30] 다음을 듣고 물음에 답하십시오.

여자: 아드님을 최고의 선수로 만드는데 가장 큰 역할을 하셨다고 알고 있는데요. 특별한 교육 방법이 있었을까요?

남자: 네, 저도 운동을 했던 선배로서 기본기가 중요하다고 생각합니다. 그래서 그것에 집중을 했지요. 저는 어릴 때 운동을 시작한 선수들이 성장 중인 몸을 혹사시키는 것을 많이 봐 왔습니다. 어린 아이들이 대회에 나가서 우승하는 기쁨을 너무 빨리 맛보니 그렇게 될 수밖에 없는 환경이고요.

여자: 그러셨군요. 그런데 항상 아드님보다 더 일찍 일어나시고 운동도 더 많이 하셨다면서요?

남자: 네, 제가 말로만 훈련을 강요한다면 해보지 않아서 얼마나 힘든지 모를 거라는 생각에 원망이나 반항심이 생길 수도 있겠다 싶었습니다. 그런 생각을 가지지 않고 저를 뛰어 넘기 위해 더 열심히 훈련하도록 계기를 마련해 주고 싶어서 제가 솔선수범을 보인 것이지요.

29. 남자가 누구인지 고르십시오.

❶ 유명한 운동선수의 아버지

해설 여자의 말에서 '아드님' '최고의 선수' 등의 단어를 보면 남자가 선수의 아버지인 것을 알 수 있다.

핵심 어휘 아드님 / 선수 / 역할

30. 들은 내용과 같은 것을 고르십시오.

❹ 성장기의 선수들에게는 기본기를 다지도록 하는 것이 중요하다.

해설 남자는 성장기인 선수들에게는 몸을 혹사시키는 것보다 기본기가 가장 중요하다고 생각한다고 말한다.

핵심 어휘 성장기 / 기본기 / 집중하다 / 혹사시키다 / 다지다

[31-32] 다음을 듣고 물음에 답하십시오.

여자: 현재 적금을 넣으면 만기 시 2배로 돌려주는 청년 통장을 시행하고 있는데요. 좀 더 많은 청년이 혜택을 받을 수 있도록 확대하는 것이 필요해 보입니다.

남자: 제 생각은 좀 다릅니다. 가입 후 근로 현장을 떠난 청년들의 적금을 부모님들이 대신 붓고 있다는 말까지 있습니다. 단순히 돈을 불려주는 방향보다는 실제로 청년들이 자립할 수 있는 다양한 지원들을 검토해야 할 때라고 생각합니다.

여자: 청년 통장의 취지가 바로 청년들의 목돈 마련을 통해 경제적 자립을 지원하는 것입니다.

남자: 단순히 돈을 모으는 것만이 자립이 아닙니다. 혼자 스스로 살아갈 수 있는 삶의 기반을 마련할 수 있도록 돕는 것이 필요하다는 말입니다.

31. 남자의 중심 생각으로 가장 알맞은 것을 고르십시오.

❹ 청년의 실질적인 자립을 위한 지원이 필요하다.

해설 남자는 단순히 돈을 모으는 것이 자립이 아니라 혼자 스스로 삶의 기반을 마련할 수 있도록 돕는 것이 필요하다고 말한다.

핵심 어휘 자립하다 / 지원 / 검토하다 / 삶 / 기반 / 독립

32. 남자의 태도로 가장 알맞은 것을 고르십시오.

❹ 실제 사례를 통해 상대방 의견을 반박하고 있다.

해설 남자는 여자의 의견에 반박하며 청년 통장의 문제에 대한 실제 예시를 들어서 이야기하고 있다.

핵심 어휘 (적금을) 붓다 / (돈을) 불리다 / 의견 / 반박하다

> 여자: 여러분은 하루 중에 가장 중요한 시간이 언제라고 생각합니까? 대부분의 사람들은 시간이 나면 생산적인 일을 해야 한다고 생각한 나머지 쉬지 않고 일을 합니다. 왜냐하면 아무것도 하지 않고 시간을 보내면 남들보다 뒤쳐질 거라는 불안과 강박을 느끼기 때문입니다. 그러나 휴식은 그 무엇보다 중요합니다. 휴식 시간만큼은 모든 것을 멈추고 머리와 마음을 비우는 일에 집중하는 시간을 가져야 합니다. 휴식은 단순히 쉬는 것이 아니라 활동을 위한 에너지를 비축하는 시간이며 활동을 정리하는 시간입니다. 따라서 휴식을 통해 자신에게 집중할 수 있는 시간을 가지는 것은 매우 중요합니다.

33. 무엇에 대한 내용인지 알맞은 것을 고르십시오.

❶ 휴식이 필요한 이유

해설 │ 사람들은 다른 사람보다 뒤쳐질까 봐 쉬지 않고 일한다. 하지만 여자는 휴식이 필요한 이유를 이야기하며 휴식의 중요성을 강조하고 있다.

핵심 어휘 │ 뒤처지다 / 불안 / 강박 / 휴식 / 집중하다

34. 들은 내용과 같은 것을 고르십시오.

❷ 휴식을 함으로써 재충전을 할 수 있다.

해설 │ 여자는 휴식을 통해 활동을 위한 에너지를 비축할 수 있다고 말한다. 즉, 휴식을 통해 재충전을 할 수 있다.

핵심 어휘 │ 에너지 / 비축하다 / 재충전

> 남자: 새해가 밝았습니다. 지난 한 해 장기화된 경기 침체에도 불구하고 저희 한국 전자는 그 누구도 상상하지 못한 눈부신 성장을 거두었습니다. 새로 개발된 전기차용 배터리는 국내뿐만 아니라 해외 시장에서도 판매 1위를 차지하였습니다. 올 한 해도 경제 전문가들은 경기가 좋지 못할 것으로 예측하고 있지만 저희 기업은 이런 불황을 딛고 계속해서 성장해 나갈 것입니다. 올해 출시될 전기차용 배터리는 기존보다 성능이 향상될 뿐 아니라 가격 경쟁력에서도 뒤쳐지지 않을 것입니다. 그러기에 올해는 작년보다 기대가 더 큽니다. 지금까지 회사의 성장을 위해 노고를 아끼지 않은 임직원분들에게 감사의 마음을 표하며 더불어 신년에 임직원 모두가 희망찬 한 해를 보내시길 바랍니다.

35. 남자가 무엇을 하고 있는지 고르십시오.

❷ 새해를 맞이하여 신년 인사를 하고 있다.

해설 │ 남자는 새해를 맞이하여 함께 일해 온 임직원들에게 감사를 표하며 신년 인사를 하고 있다.

핵심 어휘 │ (새해가) 밝다 / 희망차다

36. 들은 내용과 같은 것을 고르십시오.

❶ 이 기업은 경기 불황을 딛고 성장을 이루었다.

해설 │ 이 기업은 경기 불황에도 성장을 이루었다.

핵심 어휘 │ 침체 / 눈부시다 / 성장 / 거두다 / 불황 / 딛다

[37-38] 다음을 듣고 물음에 답하십시오.

남자: 커피, 홍차 같은 카페인 음료의 과도한 섭취로 인한 질병이 생각보다 많네요.

여자: 네, 그중에서도 가장 많이 발생되는 질병이 방광염입니다. 요즘 커피나 에너지 음료 등을 습관적으로 마시면서 카페인에 의존하는 사람들이 많습니다. 하지만 카페인 함유량이 높은 음료의 과다한 섭취는 화장실에 자주 가는 빈뇨의 원인이 됩니다. 빈뇨는 방광의 기능을 떨어뜨려 방광염을 유발하는 요인 중 하나입니다. 방광염을 제대로 관리하지 않으면 일상생활이 어려워지거나 콩팥의 기능까지 저하될 수도 있는 만큼 가벼이 여기면 안됩니다. 방광염 예방을 위해서 평소 카페인 음료 섭취를 줄이고 물을 나누어 마시는 등 생활 속의 작은 실천이 필요합니다.

37. 여자의 중심 생각으로 가장 알맞은 것을 고르십시오.

❹ 방광염 예방을 위해 카페인 섭취를 줄여야 한다.

`해설` 여자는 방광염을 예방하기 위해서는 생활 속의 작은 실천이 중요하다고 말한다.

`핵심 어휘` 방광염 / 예방하다 / 카페인 / 섭취 / 실천

38. 들은 내용과 같은 것을 고르십시오.

❸ 방광염은 콩팥 기능에 영향을 줄 수 있다.

`해설` 방광염을 제대로 관리하지 않으면 콩팥의 기능까지 저하될 수 있다고 한다.

`핵심 어휘` 콩팥 / 기능 / 저하되다

[39-40] 다음을 듣고 물음에 답하십시오.

여자: 고래가 수천 그루 나무의 역할을 할 만큼의 탄소를 몸속에 저장하고 있다니 믿기지 않습니다.

남자: 고래뿐만 아니라 코끼리도 숲의 탄소 저장 기능에 도움을 줍니다. 얼핏보면 나무의 밀집도가 높은 삼림에 서식하는 코끼리가 작은 나무를 대량으로 먹어 치워서 숲의 나무가 사라져 숲의 환경을 해치는 것처럼 보입니다. 하지만 그 상황을 장기적인 관점에서 보면 전혀 다른 결과가 나타납니다. 작은 나무가 죽음으로써 큰 나무들은 빛과 물을 충분히 흡수하여 잘 생장하게 됩니다. 이로 인해 성목의 비율이 커지면서 숲의 탄소 저장 기능이 강화되는 것입니다.

39. 이 대화 전의 내용으로 가장 알맞은 것을 고르십시오.

❸ 고래는 나무에 못지않게 탄소 저장 기능에 일조하고 있다.

`해설` 고래의 탄소 저장량과 관련한 내용임을 알 수 있다.

`핵심 어휘` 고래 / 수천 / 그루 / 역할 / 탄소 / 저장하다

40. 들은 내용과 같은 것을 고르십시오.

❹ 숲의 밀집도가 낮아지면 큰 나무의 성장에 이롭다.

`해설` 코끼리가 작은 나무들을 먹어 치워 숲의 밀집도가 낮아지면 큰 나무들이 빛과 물을 충분히 흡수하여 잘 성장하게 된다.

`핵심 어휘` 빛 / 충분히 / 흡수 / 생장하다 / 밀집도 / 이롭다

[41-42] 다음을 듣고 물음에 답하십시오.

여자: 기억에 남는 영화 음악이 있으신가요? 영화와 음악은 결코 떼려야 뗄 수 없는 관계입니다. 영화에서 배경 음악이 없다면 어떨지 한번 상상해 보십시오. 장르를 불문하고 영화에서 음악이 차지하는 비중은 상당하므로 배경 음악의 중요성은 아무리 강조해도 지나치지 않을 것입니다. 그래서 영화를 제작할 때 영화 음악에 많은 공을 들일 수밖에 없고요. 하지만 영화 제작비가 한정되어 있다 보니까 음악에 대한 투자는 뒷전으로 밀리기 일쑤입니다. 영화의 완성도를 높이는 것이 결국 음악이라는 것을 고려한다면 영화 음악에 대한 투자도 적극적으로 이루어져야 할 것입니다.

41. 이 강연의 중심 내용으로 가장 알맞은 것을 고르십시오.

❹ 영화 음악에 대한 적절한 비용의 투자가 이뤄져야 한다.

`해설` 여자는 영화만큼 배경 음악도 중요해서 영화 음악에 대한 투자가 적절하게 이뤄져야 한다고 생각한다.

`핵심 어휘` 떼다 / 투자 / 적극적

42. 들은 내용과 같은 것을 고르십시오.

❶ 영화의 배경 음악은 영화를 더 돋보이게 할 수 있다.

`해설` 영화에서 배경 음악이 차지하는 비중이 크며, 영화의 완성도를 높일 수 있다는 점에서 영화 음악은 매우 중요하다.

[43-44] 다음을 듣고 물음에 답하십시오.

남자: 주변을 둘러보면 온통 아파트로, 요즘 사람들은 대부분 아파트에 산다고 해도 과언이 아닐 것입니다. 하지만 과연 아파트가 좋아서 살고 있는 사람이 얼마나 될까요? 아파트라는 공간을 벗어나 자신의 집을 짓고 싶지만 땅값이 워낙 비싸다 보니 엄두도 내지 못할 뿐입니다. 하지만 저는 단독주택이 비쌀 것이라는 통념을 깨고 저비용으로 작은 집을 지었습니다. 저는 마당 있는 집에서 아이를 키우고 싶다는 저의 꿈을 작은 집을 지어 현실로 만든 셈입니다. 저와 같은 생각을 가지고 있는 분들이 계시다면 돈이 많아야 집을 지을 수 있다는 편견을 버렸으면 합니다. 편견을 버리면 형편에 맞는 집을 지을 수 있습니다. 지금이라도 자신이 살고 싶은 이상적인 집을 고민해보고 용기를 내어 실천해 보라고 권하고 싶습니다.

43. 무엇에 대한 내용인지 알맞은 것을 고르십시오.

❷ 직접 집을 지은 경험

해설 자신의 집을 짓고 싶어 하는 사람들에게 자신의 경험을 이야기하며 도전할 것을 권하고 있다.

핵심 어휘 엄두 / 통념 / 저비용 / 이상적 / 용기 / 실천하다

44. 남자가 집을 지은 이유로 맞는 것을 고르십시오.

❷ 꿈을 실현하기 위해서

해설 남자는 집을 지어 꿈을 현실로 만들었다.

핵심 어휘 꿈 / 현실

[45-46] 다음을 듣고 물음에 답하십시오.

여자: 오늘은 '바람직한 금융 생활'이라는 주제로 예금과 이자에 관해 이야기하려고 합니다. 예금은 크게 보통 예금, 정기 예금 두 가지로 나눌 수 있습니다. 두 가지는 비슷하지만, 다른 부분도 많습니다. 먼저 보통 예금은 시간과 금액에 상관없이 은행에 자유롭게 돈을 맡기고 수시로 찾을 수 있습니다. 그래서 은행은 고객이 언제든지 돈을 찾아갈 수 있다고 생각하기 때문에 이자를 많이 주지 않습니다. 반면에, 정기 예금은 일정 금액의 돈을 정해진 기간 동안 은행에 맡기는 것을 말합니다. 약속된 기간 동안 돈을 찾지 않고 만기까지 유지한다면 보통 예금보다 높은 이자를 받을 수 있습니다. 정기 예금은 보통 1년 이상으로 진행되고 기간이 길수록 이자가 높습니다. 따라서 각자의 경제 상황에 맞는 예금을 선택하는 것이 현명할 것입니다.

45. 들은 내용과 같은 것을 고르십시오.

❹ 정기 예금은 적어도 1년 이상 가입해야 이자가 높다.

해설 정기 예금은 1년 이상 가입해야 하며 기간이 길수록 이자가 높다.

핵심 어휘 정기 예금 / 보통 예금 / 이자 / 이상

46. 여자가 말하는 방식으로 알맞은 것을 고르십시오.

❸ 예금의 두 가지 종류를 비교하고 있다.

해설 예금에는 보통 예금과 정기 예금이 있다. 여자는 이 두 가지를 비교하면서 이야기하고 있다.

핵심 어휘 자유롭다 / 수시로 / 일정 / 맡기다

여자: 우리 사회에는 크고 작은 안전사고들이 끊임없이 발생합니다. 이런 사고로 인한 인명 피해도 적지 않은데, 안전사고를 예방할 방법은 없을까요?

남자: 가장 중요한 것은 안전 규칙을 잘 지키는 것입니다. 생각보다 안전 규칙을 준수하지 않는 사람들이 많습니다. 그리고 사람들은 사고 발생 전에 징조가 보일 때조차 괜찮을 거라고 생각하고 문제를 방치합니다. 이렇게 사고가 발생할 위험성이 높은 문제에 대해 안일하게 대처하고 대수롭지 않게 행동하는 것을 안전 불감증이라고 합니다. 이러한 안전 불감증을 타파하지 않고는 사고 예방은 불가능하다고 볼 수 있습니다. 사실 큰 사고는 사소한 것에서 시작되는 경우가 많기 때문에 사고 예방을 위해서는 사람들의 안전 의식을 높일 필요가 있습니다.

47. 들은 내용과 같은 것을 고르십시오.

❸ 안전 규칙 준수로 안전사고 발생률을 낮출 수 있다.

해설 안전사고는 사소한 것에서 시작되기 때문에 안전 의식을 높이고 규칙을 잘 지키면 사고 발생률을 낮출 수 있다.

핵심 어휘 안전사고 / 규칙 / 준수 / 발생률 / 낮추다

48. 남자의 태도로 알맞은 것을 고르십시오.

❸ 사람들의 안전 의식 제고를 주장하고 있다.

해설 안전사고는 사람들의 안전 불감증으로 인해 발생하는 경우가 많다. 따라서 사고 예방을 위해서는 안전 의식을 높여야 한다고 주장한다.

핵심 어휘 징조 / 타파하다 / 방치하다 / 제고 / 주장하다

남자: 태권도는 한국의 전통 무술로 남녀노소 누구나 즐길 수 있는 스포츠입니다. 태권도는 1988년 서울 올림픽에서 시범 종목으로 포함되었고 2000년 시드니 올림픽에서 정식 종목으로 채택되어 지금까지 올림픽 종목으로 이어져 오고 있습니다. 그 결과 전 세계인이 함께 즐기는 스포츠로 자리 잡았습니다. 태권도 종목은 올림픽 도입 초반에 종주국인 한국에서 메달을 거의 석권했지만, 최근에는 다양한 국가에서 메달을 획득하면서 세계화에 빠르게 성공한 종목으로 평가받고 있습니다. 사실, 태권도가 올림픽 종목으로 자리 잡기까지 어려움도 많았습니다. 그중 가장 큰 이유는 기존 규칙으로는 점수화가 어려웠기 때문입니다. 태권도의 여러 기술인 지르기, 몸통 공격, 다리 공격, 막기 등을 점수나 등급으로 계량화하기가 어렵다는 점에서 올림픽 종목에 적합하지 않다는 비판을 받기도 했습니다. 그러나 현재는 기존 규칙에 변화를 줌으로써 점수를 차별화하는 데 성공했고 올림픽의 인기 스포츠로 자리 잡았습니다. 기존의 전통 규칙에서 어느 정도 벗어난 것은 사실이지만, 이로 인해 더 많은 사람들이 태권도를 즐길 수 있게 되었으니 이러한 변화는 궁극적으로는 좋은 방향으로 가고 있다고 여겨집니다.

49. 들은 내용과 같은 것을 고르십시오.

❶ 태권도 규칙은 올림픽 종목에 맞게 변화되었다.

해설 기존 태권도의 규칙으로 점수나 등급을 계량화하기 어렵기 때문에 올림픽 종목에 맞게 규칙에 변화를 주었다.

핵심 어휘 기존 / 등급 / 계량화하다 / 종목

50. 남자가 말하는 방식으로 알맞은 것을 고르십시오.

❶ 태권도의 미래를 낙관하고 있다.

해설 남자는 태권도의 규칙이 전통 규칙에서 변화되었지만 더 많은 사람들이 즐길 수 있게 되어서 더 좋은 방향으로 가고 있다고 생각한다.

핵심 어휘 궁극적 / 방향 / 여기다 / 낙관하다

[51-52] 다음 글의 ㉠과 ㉡에 알맞은 말을 각각 쓰시오. (각 10점)

51.

> **이달의 도서 소개**
>
> 『나의 한국 여행』은 프랑스 친구가 직접 한국을 (㉠ **여행하면서**) 본 것을 쓴 책입니다. 이 책에는 한국의 유명한 여행지, 음식점, 숙소도 소개하고 있어서 한국 여행에 관심이 있는 분이라면 꼭 (㉡ **읽어 보시기 바랍니다**). 『나의 한국 여행』은 다음 주부터 서점에서 만나보실 수 있습니다.

어휘 해설 여행하다 / 읽어보다

표현 해설

- V-(으)면서
  여행 책을 소개하고 있다. 책의 내용은 여행을 하는 동안 본 것을 쓴 것이다.
  두 가지 행동을 동시에 하는 것을 표현을 사용해야 한다.

- V-기 바라다
  책을 소개하고 있으므로 다른 사람에게 권하는 표현을 사용해야 한다.

52.

> 우리 몸의 약 60~70%는 물로 이루어져 있기 때문에 체내에 물이 부족하면 건강에 심각한 문제가 발생할 수 있다. 하지만 사람들은 목이 말라야 물을 마신다. 전문가의 의견에 따르면 목이 (㉠ **마르지 않아도**) 꾸준히 물을 마셔야 한다고 한다. 그렇지 않고 몸에 수분이 부족한 채 생활한다면 건강에 문제가 (㉡ **생길 수밖에 없다**).

어휘 해설 (목이) 마르다 / (문제가) 생기다

표현 해설

- V-지 않아도
  보통 목이 말라야 물을 마시지만 뒤에 연결되는 문장은 그 반대 상황을 추측할 수 있는 표현을 사용해야 한다.

- A/V-(으)ㄹ 수밖에 없다
  물을 충분히 마시지 않으면 생기는 당연한 결과를 표현을 사용해야 한다.

53. 다음은 '국내 쓰레기 배출 현황'에 대한 자료이다. 이 내용을 200~300자로 쓰시오. 단, 글의 제목은 쓰지 마시오. (30점)

- 조사 기관: 생활환경 연구소

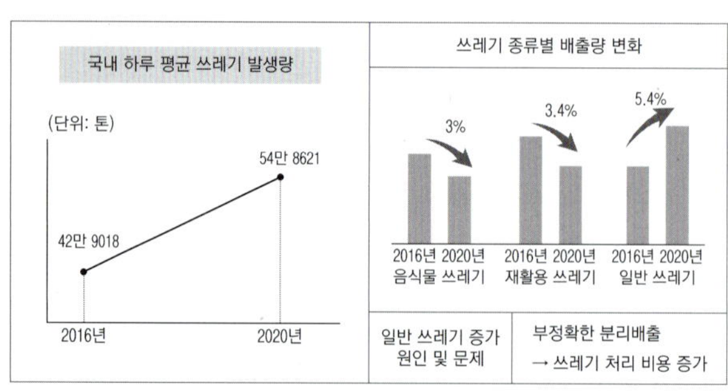

	생	활	환	경		연	구	소	에	서		국	내		쓰	레	기	배	출	20
현	황	에		대	한		조	사	를		실	시	했	다	.					40
	조	사		결	과	에		따	르	면		국	내		하	루		평	균	60
쓰	레	기		발	생	량	이		20	16	년		42	만		90	18	톤	에	80
서		20	20	년		54	만		86	21	톤	으	로		증	가	한		것	100
으	로		나	타	났	다	.	쓰	레	기		종	류	별		배	출	량		120
변	화	는		같	은		기	간		음	식	물		쓰	레	기	는		3	140
%		감	소	했	고		재	활	용		쓰	레	기	는		3.	4	%		160
감	소	했	다	.	반	면	에		일	반		쓰	레	기	는		5.	4	%	180
나		증	가	한		것	으	로		나	타	났	다	.						200
	일	반		쓰	레	기	가		증	가	한		원	인	은		부	정	확	220
한		분	리	배	출	때	문	이	다	.	이	로		인	해		쓰	레	기	240
처	리		비	용	이		증	가	하	는		문	제	가		발	생	하	였	260
다	.																			280
																				300

과제		표현
1		N에서 N에 대한 조사를 실시했다
2	①	조사 결과에 따르면 N이/가 N에서 N(으)로 증가한 것으로 나타났다
	②	N은/는 같은 기간 N은/는 A/V-았/었고, N은/는 A/V-았/었다. 반면에 N은/는 N(이)나 A/V-(으)ㄴ 것으로 나타났다
3	①	A/V-(으)ㄴ 원인은 N 때문이다
	②	이로 인해 N이/가 A/V-는 문제가 발생하였다

54. 다음을 참고하여 600~700자로 글을 쓰시오. 단, 문제를 그대로 옮겨 쓰지 마시오. (50점)

사회생활을 하다 보면 타인과 다양한 갈등이 생길 수 있다. 이러한 갈등으로 인해 사회생활이 힘들어질 수도 있고 갈등을 해결하는 과정에서 관계가 더 깊어질 수 있다. 아래의 내용을 중심으로 '갈등을 잘 해결하는 방법'에 대한 자신의 생각을 쓰라.

- 갈등이 발생하는 원인은 무엇인가?
- 갈등으로 인해 발생할 수 있는 문제는 무엇인가?
- 갈등을 잘 해결하기 위해서 어떤 노력을 해야 하는가?

과제1	갈등이 발생하는 원인 - 서로 자신의 기준으로만 상대를 생각함 - 상대보다 내 감정이 더 우선함
과제2	갈등으로 인해 발생할 수 있는 문제 - 주변 사람까지 힘들게 할 수 있음 - 정신적 스트레스로 건강까지 나빠게 됨
과제3	갈등 해결을 위한 노력 - 서로의 다름을 인정 - 서로의 의견이나 생각의 절충안 찾기

우리는 많은 사람과 관계를 맺으며 생활하다 보면 다양한 갈등 상황을 겪게 된다. 갈등이 생기는 모습은 다양하지만 원인은 간단하다. 상대보다 자신의 감정과 기준을 우선하기 때문이다. 다른 사람의 생각을 잘못된 것으로 생각하고 내 기준으로만 상대를 생각하기 때문에 갈등 상황이 생기게 된다. 이 과정에서 상대방이 느끼는 감정은 무시되기도 한다.

갈등이 생기면 주변 사람들까지 힘들어진다. 회사에서 혹은 조직에서 갈등이 생기면 단순히 개인적인 갈등으로 끝나지 않고 회사 전체로 갈등이 확대되기도 한다. 친구 사이에 갈등이 생긴 경우도 주위 친구들까지 영향을 주게 된다. 또한 갈등으로 인한 스트레스로 건강이 나빠질 수도 있다. 이처럼 갈등을 해결하지 못해서 생기는 정신적 스트레스는 여러 면에서 부정적인 영향을 미친다.

따라서 갈등을 해결하기 위해 노력해야 한다. 먼저 서로의 생각이 다르고 느끼는 감정이 다를 수 있다는 것을 받아들여야 한다. 상대방을 존중하는 태도가 중요하다. 갈등이 해소되는 과정은 누군가 이기고 지는 게임이 아니다. 서로 양보함으로써 좋은 방향으로 나아가는 것이다. 사회생활을 하면서 서로를 조금씩 이해하기 위해 노력해야 한다. 갈등이 생기더라도 긍정적으로 잘 해결한다면 인간관계를 좋은 방향으로 발전시킬 수 있을 것이다.

읽기 (1번 ~ 50번)

정답

1. ①	2. ③	3. ④	4. ②	5. ②
6. ①	7. ②	8. ③	9. ②	10. ③
11. ④	12. ①	13. ②	14. ③	15. ③
16. ④	17. ③	18. ①	19. ②	20. ④
21. ②	22. ③	23. ①	24. ④	25. ①
26. ④	27. ①	28. ②	29. ②	30. ④
31. ③	32. ③	33. ②	34. ①	35. ③
36. ④	37. ④	38. ④	39. ①	40. ④
41. ②	42. ②	43. ④	44. ④	45. ③
46. ④	47. ①	48. ②	49. ④	50. ①

[1-2] (   )에 들어갈 말로 가장 알맞은 것을 고르십시오.

1. ❶

> 영화를 (보다가) 지루해서 졸았다.

해설 영화를 보는 중에 재미가 없어서 잠깐 잠을 잤다.

핵심 어휘 지루하다 / 졸다

중요 표현
- V–다가: 어떤 동작이나 상태가 중단되고 다른 동작이나 상태로 바뀔 때 사용한다.
  예 밥을 먹다가 전화를 받았다.

2. ❸

> 아무리 바빠도 신호를 (어기면 안 된다).

해설 매우 바쁜 일이 있더라도 신호는 지켜야 한다.

핵심 어휘 신호 / 어기다

중요 표현
- V–(으)면 안 되다: 금지의 표현
  예 교실에서 담배를 피우면 안 된다.

[3-4] 밑줄 친 부분과 의미가 가장 비슷한 것을 고르십시오.

3. ❹ 남기기 위해서

> 자신의 지나간 시간에 대한 기록을 남기고자 자서전을 쓰는 사람들이 많다.

해설 자서전을 쓰는 목적을 이야기하고 있다.

핵심 어휘 기록 / 남기다 / 자서전

중요 표현
- V–고자 = V–기 위해서: 어떤 행위의 목적이나 의도를 표현할 때 사용한다.
  예 한국어를 공부하기 위해서 한국에 왔다.

4. ❷ 시작될 것 같다

> 장마가 끝나고 나면 무더위가 시작될 듯하다.

해설 장마가 끝난 후 아주 더운 날씨가 될 것을 추측하고 있다.

핵심 어휘 장마 / 무더위

중요 표현
- A/V–(으)ㄹ 듯하다 = A/V–(으)ㄹ 것 같다
  : 어떤 사건이나 상태를 추측할 때 사용한다.
  예 두 사람이 성격이 달라서 헤어질 것 같다.

[5-8] 다음은 무엇에 대한 글인지 고르십시오.

5. ❷ 영양제

> **하루 종일 피곤한 당신!**
> 하루 한 알로 당신의 건강을 지키세요.

해설 영양제로 피곤을 줄일 수 있다.

핵심 어휘 (한) 알 / (건강을) 지키다

6. ❶ 독서

> **책이 쌓이면 지식도 쌓입니다.**
> **지금 바로 책을 펴세요!**

해설 책을 펴라고 하는 것은 책을 읽으라는 것이다.

핵심 어휘 쌓이다 / 지식 / 펴다

7. ❷ 공공 예절

> 당신의 아름다운 목소리가
> 누군가에게는 소음이 될 수도 있습니다.

해설 공공 장소에서 다른 사람을 생각해서 조용히 해야
한다는 것이다.

핵심 어휘 목소리 / 소음

8. ❸ 문의 방법

> – 챗봇으로 24시간 궁금증을 해결할 수 있습니다.
> – 전화는 평일 오전 9시~오후 6시까지 가능합니다.

해설 챗봇과 전화로 궁금한 것을 물어볼 수 있다.

핵심 어휘 궁금증 / 해결하다

[9-12] 다음 글 또는 그래프의 내용과 같은 것을 고르십시오.

9. ❷ 휴게실에서 담배를 피울 수 없다.

〈휴게실 이용 안내문〉

- 이용 시간: 12:00~13:20 / 17:40~18:30(근무 시간 내 이용 금지)
- 휴게실 내 절대 금연
- 외부 음식물 반입 금지
- 사용한 종이컵, 음료수 캔 등은 분리수거

해설 휴게실 안에서는 절대 담배를 피울 수 없다.

핵심 어휘 이용 / 근무 / 절대 / 금연

10. ❸ 70대 이상에서 여자의 1인 가구의 비율이 남자의 두 배가 넘는다.

1인 가구 비중

남자	연령별	여자
20.3%	20대	19.7%
21.7%	30대	17.7%
15.3%	40대	8.9%
17.9%	50대	14.2%
15.3%	60대	18.3%
9.5%	70대 이상	21.2%

해설 70대 이상의 1인 가구 비중이 여자는 21.2%로 남자
의 2배가 넘는다.

핵심 어휘 비율 / 배 / 넘다

11. ❹ 아이들의 식습관은 친구의 영향으로 개선될 수 있다.

한 연구팀에서 아동과 청소년의 식습관 형성에 도움
을 줄 수 있는 요인에 대해 조사했다. 조사 결과에 따
르면 편식이 심한 아이는 건강에 좋은 음식을 즐겨먹는
친구와 어울리는 것이 도움이 된다고 한다. 이유는 친
구와 같이 음식을 먹으면 편식이 심한 아이가 자신이 선
호하던 음식 대신 친구가 먹는 건강한 음식을 선택하는
경향이 강했기 때문이다. 의외로 반대의 경우는 많지
않았다고 한다.

해설 편식이 심한 아이가 친구의 영향으로 개선될 수 있
다고 이야기하고 있다.

핵심 어휘 편식 / 어울리다 / 선호하다 / 경향 / 의외

12. ❶ 공동체 라디오는 지역 주민들의 소통 수단이 되고 있다.

동네에서 산책을 하다가 어디선가 나오는 음악 소리
를 들었다. 알고 보니 공동체 라디오, 즉 지역 주민을 대
상으로 하는 라디오 방송이었다. 이 라디오 방송의 특
징은 라디오 DJ가 주민들의 사연을 주로 소개해 주는
데 지역 주민 누구나 참여해 자신의 이야기나 동네의 이
야기를 할 수 있다는 것이다. 이처럼 공동체 라디오는
지역 사회 내 주민들 간의 소통과 유대감을 강화시키는
데 큰 몫을 하고 있다.

해설 공동체 라디오는 지역 주민들의 참여하는 곳으로 주
민들의 소통과 유대감 강화에 도움이 되고 있다.

핵심 어휘 지역 / 사회 / 소통 / 유대감 / 몫

[13-15] 다음을 순서에 맞게 배열한 것을 고르십시오.

13. ❷ (가) – (다) – (나) – (라)

(가) 우리 몸의 70%는 수분으로 이루어져있다.
(나) 따라서 매일 권장 섭취량의 물을 마시는 것이 중요
하다.
(다) 물은 우리 몸에서 영양분을 운반하는 중요한 역할
을 한다.
(라) 하지만 생수 대신 차나 음료를 마시는 것은 바람직
하지 않다.

해설 몸속 수분 비율(가) → 몸속 물의 역할(다) → 물 섭
취의 중요성(나) → 물 섭취 시 주의할 점(라)

핵심 어휘 수분 / 권장 / 섭취량 / 영양분 / 운반하다

14. ❸ (나) – (다) – (가) – (라)

(가) 그래서 띄어쓰기를 한글맞춤법으로 정해두고 있다.
(나) 한글 표기법에서 띄어쓰기는 매우 중요한 부분이다.
(다) 띄어쓰기에 따라 전혀 다른 말이 될 수 있기 때문이다.
(라) 한글맞춤법에 따르면 문장의 각 단어는 띄어 쓰는 것을 원칙으로 한다.

 띄어쓰기 도입(나) → 띄어쓰기를 해야 하는 이유(다) → 띄어쓰기 규정(가) → 띄어쓰기 방법(라)

 띄어쓰기 / 표기법 / 문장 / 원칙

15. ❸ (라) – (나) – (다) – (가)

(가) 그러면 전자레인지 안이 귤향기로 가득할 것이다.
(나) 귤껍질을 활용하여 그 냄새를 없앨 수 있는 방법을 소개하겠다.
(다) 그릇에 귤껍질을 담고 물을 한 컵 부은 후 1분 정도 돌리면 된다.
(라) 누구나 한 번쯤은 전자레인지 안의 음식 냄새로 고민해 봤을 것이다.

 전자레인지의 음식 냄새(라) → 귤껍질 활용 소개(나) → 귤껍질 활용 방법(다) → 귤껍질 활용 효과(가)

 냄새 / 껍질 / 활용하다 / 없애다 / 돌리다

[16-18] (   )에 들어갈 말로 가장 알맞은 것을 고르십시오.

16. ❹

식곤증은 음식을 먹은 후 졸음이 오는 자연스러운 증상이다. 하지만 이로 인해 평소 업무나 학업에 영향을 받을 정도라면 졸릴 때 억지로 졸음을 쫓으려 하기보다는 잠깐 눈을 붙이거나 간단한 스트레칭을 하는 것이 좋다. 만약 (식곤증을 피하고 싶다면) 식사량을 줄이고, 비타민이나 무기질이 많은 신선한 채소나 과일을 먹는 것이 도움이 된다.

 식곤증으로 일상에 영향을 받는 것을 이야기하고 있다.

 졸음 / 쫓다 / (눈을) 붙이다 / 줄이다

17. ❸

약국을 이용하기 힘든 공휴일이나 야간, 새벽 시간에 긴급하게 의약품이 필요한 경우를 대비해 편의점에서도 약을 구입할 수 있게 됐다. 편의점에서 살 수 있는 약은 전문 의약품이 아닌 가벼운 증상에 복용할 수 있는 일반 의약품이다. 따라서 의사의 처방전 없이 (환자 스스로 판단하여) 살 수 있다.

 가벼운 증상에 처방전 없이 살 수 있는 일반 의약품은 스스로 증상을 판단해서 사야 한다.

 긴급하다 / 의약품 / 구입하다 / 복용하다 / 처방전

18. ❶

우리가 맛을 느끼는 것은 혀 속의 아주 작은 기관인 미뢰 덕분이다. 미뢰는 맛을 인지하는 미각 세포 여러 개로 이루어져 있다. 맛을 내는 물질이 미각 세포를 자극하면, 이 정보가 뇌로 보내지고 방금 먹은 음식이 어떤 맛인지 알 수 있게 되는 것이다. 또한 혀뿐만 아니라 후각도 맛을 느끼는 데 큰 영향을 미친다. 그래서 감기에 걸려서 (코가 막히면) 음식이 맛없다고 느끼는 이유가 바로 그것 때문이다.

 후각도 맛을 느끼는데 영향을 주므로 후각에 문제가 있으면 맛이 없다고 느낄 수 있다.

 기관 / 인지하다 / 미각 / 세포 / 후각

[19-20] 다음을 읽고 물음에 답하십시오.

발명은 일상의 불편함을 개선하려는 의지와 과학적인 기술이 만나 세상을 편리하게 해 주는 물건을 만들어 내는 일이다. 하지만 아무것도 없는 '무'에서 '유'를 창조하기 보다는 이전에 있던 것에 아이디어를 덧붙여 더 나은 것을 발명하는 경우가 많다. 라이트 형제가 비행기를 발명할 수 있었던 것은 비행기 연구에 대한 신문 기사를 보았기 때문이다. 전화기 (   ) 벨이 발명하기 전에 다른 사람들의 수많은 연구가 있었는데 이러한 연구 결과 덕분에 마침내 전화기가 탄생된 것이다.

19. ( )에 들어갈 말로 가장 알맞은 것을 고르십시오.

❷ 역시

해설 비행기 예시에 이어 전화기에 대한 예시를 추가하고 있다.

핵심 어휘 발명하다 / 연구 / 탄생되다

20. 윗글의 주제로 가장 알맞은 것을 고르십시오.

❹ 많은 발명품은 선행 연구를 바탕으로 만들어졌다.

해설 완전히 새로운 것보다 기존의 연구에서 아이디어를 더해 발명되는 것이 많다고 이야기하고 있다.

핵심 어휘 개선하다 / 의지 / 창조하다 / 덧붙이다

[21-22] 다음을 읽고 물음에 답하십시오.

최근 일반 담배에 비해 전자담배가 몸에 덜 해롭다는 인식이 퍼지면서 전자담배의 판매량이 급증하고 있다. 그중에서 니코틴이 없는 전자담배가 금연을 계획하고 있는 사람들에게 인기이다. 그러나 식품의약품안전처의 연구에 의하면 니코틴이 없는 전자담배에도 다량의 발암 물질이 함유되어 있기 때문에 장기적으로 사용하면 인체에 유해할 수 있다고 한다. 따라서 금연을 위해 전자담배를 피우는 것은 ( )와 같다고 볼 수 있다.

21. ( )에 들어갈 말로 가장 알맞은 것을 고르십시오.

❷ 언 발에 오줌 누기

해설 전자담배도 오래 피우면 건강에 안 좋기 때문에 금연에 효과가 별로 없다는 의미다.

핵심 어휘 해롭다 / 급증하다 / 다량 / 발암 / 함유되다 / 인체 / 유해하다

22. 윗글의 내용과 같은 것을 고르십시오.

❸ 니코틴이 없다고 해서 무해한 것은 아니다.

해설 전자담배에는 니코틴이 없지만 다량의 발암물질이 포함되어 있기 때문에 건강에 좋지 않다.

핵심 어휘 무해하다

[23-24] 다음을 읽고 물음에 답하십시오.

가족들이 모두 이민을 간 후 나에게 명절은 제일 심심한 연휴가 되었다. 어제는 다음 주 추석을 함께 보내기로 한 친구들과 함께 시장에 갔다. 제일 먼저 만나게 된 과일 가게에서는 사과와 배가 제사상에 올라가길 기다리는 듯 저마다 예쁜 색을 내고 있었다. 그중에서 빛깔이 좋은 사과 몇 개를 샀다. 다음은 건너편에 있는 생선 가게에 들렀다. 내가 제일 좋아하는 굴비가 있어 그냥 지나칠 수가 없었다. 보통 굴비는 어획량이 적어 수입산이 많은데 이곳은 국산만 판매한다고 했다. 간도 다 되어 있어서 굽기만 하면 된다는 말에 망설임 없이 한 손을 샀다. 마지막으로 친구들이 제일 먹고 싶어 한 미역국을 끓이기 위해 필요한 쇠고기를 샀다. 정육점 사장님께서 제일 맛있는 부위라며 국거리용 고기를 열심히 썰어 주셨다. 오랜만에 명절을 준비하는 듯한 기분이 들면서 두 손이 무거워질수록 내 발걸음은 가벼워졌다. 이제 그만 가자는 친구들의 투정이 있었지만 추석엔 역시 송편이 있어야 제 맛 아닌가.... 오색의 예쁜 송편 한 팩을 마지막으로 사고 나서야 발길을 돌렸다.

23. 밑줄 친 부분에 나타난 '나'의 심정으로 가장 알맞은 것을 고르십시오.

❶ 만족하다

해설 명절 준비를 위해 산 것들로 무거웠지만 발걸음이 가볍다는 것은 기분이 매우 좋다는 것이다.

핵심 어휘 명절 / 발걸음 / 투정

24. 윗글의 내용과 같은 것을 고르십시오.

❹ 나는 송편을 산 후 집으로 돌아왔다.

해설 마지막으로 송편을 산 후에 집으로 돌아왔다고 이야기 하고 있다.

핵심 어휘 (발길을) 돌리다

25.

태풍 서울 인근서 소멸....무더위 본격 시작

❶ 태풍이 서울 근처에서 사라지고 무더위가 시작됐다.

해설 서울 근처에서 태풍이 없어지고 더워지기 시작했다.

핵심 어휘 인근 / 소멸 / 본격

26.

서울은행 직원들 '부글부글', 자구책 없이 사의 표명한 무책임한 임원진

❹ 상사들이 문제를 해결하지 않고 회사를 떠나서 직원들이 불만이 많다.

해설 문제를 해결하려고 하지 않고 회사를 그만둔 무책임한 임원들의 행동에 직원들이 불만이 많다.

핵심 어휘 부글부글 / 자구책 / 사의 / 표명하다 / 임원

27.

여성 폐암 환자 90%, 간접흡연이 원인

❶ 여성 폐암의 주된 원인은 간접흡연이다.

해설 여성 폐암 환자 중에 90%가 간접흡연이 원인이었다.

핵심 어휘 폐암 / 환자 / 간접흡연

28. ❷

사람은 누구나 어느 정도의 불안한 감정을 안고 살아간다. 이러한 감정은 대부분 아직 오지 않은 불확실한 미래에 대한 불안과 두려운 마음 때문에 생긴다. 그러나 아직 일어나지 않은 (일에 대한 막연한 걱정으로) 지나치게 불안해하기 보다는 반복되는 일과를 만들어 미래에 대한 예측 확률을 높여 보자. 불안감과 두려움을 극복하는 데 도움이 될 것이다.

해설 불확실한 미래에 대한 두려움과 불안한 마음 때문에 걱정이 되는 것이다.

핵심 어휘 불확실하다 / 두려움 / 예측 / 확률 / 극복하다

29. ❷

지구 온난화는 이산화탄소 같은 온실 기체가 지구를 둘러싸면서 대기의 열이 우주 공간으로 빠져나가지 못해 지구의 평균 온도가 올라가는 것을 말한다. 지구 온난화로 인해 겨울이 더욱 추워지고 홍수와 가뭄이 빈번해지며 해수면 상승, 생태계 다양성 훼손 등의 문제가 나타나게 된다. 이러한 이유로 (기후를 예측하는) 것이 점점 어려워지고 있다.

해설 지구 온난화로 인해 이상 기후들이 일어나고 있으므로 기후를 예측하는 일이 더 어려워지고 있다.

핵심 어휘 홍수 / 가뭄 / 빈번해지다 / 기후

30. ❹

수어는 청각 장애가 있어 소리를 듣지 못하는 농인들이 의사소통을 위해 사용하는 언어로 '보이는 언어'라고도 한다. 수어는 이렇게 눈으로 보는 언어이기 때문에 표정이 (의사를 전달하는 데) 중요한 요소로 작용한다. 수어를 하는 사람들의 얼굴 표정이 좀 과하다고 생각하는 경우가 있는 것도 표정으로 상대방과 소통하기 때문이다. 그래서 수어를 할 때는 문장의 뜻에 맞는 표정을 지어주는 것이 중요하다.

해설 수어는 소리를 듣지 못하는 사람들이 의사소통하는 방법이다.

핵심 어휘 청각 / 장애 / 전달하다 / 의사소통

31. ❸

의사가 환자에게 가짜 약을 처방했더라도 환자가 병이 나을 것이라는 긍정적인 믿음이 있으면 어느 정도 (약의 효과를 경험할 수) 있다고 한다. 이와 반대로 의사가 병세에 맞는 약을 처방해도 환자가 부정적인 생각이나 의심을 한다면 실제로 통증이 심해지는 등 치료 효과에 안 좋은 영향을 가져올 수 있다고 한다. 이처럼 우리 스스로가 갖고 있는 믿음은 우리의 행동과 감정 그리고 신체까지 큰 영향을 미칠 수 있다.

해설 환자의 부정적인 생각이 치료 효과에 안 좋은 영향을 미치는 반면에 긍정적인 믿음은 가짜 약도 효과를 경험할 정도로 중요하다는 내용이다.

핵심 어휘 긍정적 / 믿음 / 병세 / 의심

[32-34] 다음을 읽고 내용이 같은 것을 고르십시오.

32. ❸ 예비 신혼부부는 집안일을 도와주는 가전제품을 선호한다.

최근 필수 혼수 가전으로 냉장고, 세탁기 외에 공기 청정기도 많이 언급되고 있다. 이는 사계절 내내 미세먼지 발생 빈도가 높아지면서 공기 청정기의 수요가 커졌기 때문이다. 그리고 건조기, 로봇 청소기, 식기세척기 등의 가전제품도 혼수 가전으로 자리를 잡았다. 이들은 주로 가사 노동 시간을 줄여 주는 제품으로 젊은층의 집안일에 대한 인식의 변화를 엿볼 수 있다.

해설 혼수 가전으로 집안일을 도와주는 것이 많아졌다.

핵심 어휘 필수 / 가전 / 언급되다 / (자리를) 잡다

33. ❷ 스키장에서는 선글라스 착용으로 눈을 보호할 수 있다.

화상은 뜨거운 불이나 물에 의해 피부 조직이 손상되는 것을 말한다. 그런데 피부뿐만 아니라 눈의 각막도 화상을 입을 수 있다. 스키장에 쌓여 있는 눈은 햇빛 반사율이 다른 곳에 비해 4배 이상 높다. 이런 곳에서 선글라스 등 특별한 보호 장치 없이 장시간 많은 양의 자외선에 맨눈이 노출되면 각막에 손상이 축적돼 화상으로 이어질 수 있으므로 주의해야 한다.

해설 스키장 눈으로 인해 눈에 화상을 입을 수 있으니 선글라스 등 눈 보호 장비를 착용해야 한다고 말하고 있다.

핵심 어휘 화상 / 노출되다 / 손상

34. ❶ 전기자동차의 충전소 확충이 필요하다.

최근 많은 자동차 제조사들이 전기자동차의 개발과 생산에 투자와 연구를 하고 있다. 전기자동차는 자동차 배터리에 있는 전기로 작동하기 때문에 환경을 보호하면서 유지비까지 저렴하다. 또한 전기 사용으로 인해 다른 자동차에 비해 엔진의 소음이나 진동이 적은 장점도 있다. 그러나 차량 판매량에 비해 턱없이 부족한 충전소와 자동차 구입 비용이 비싸다는 점이 앞으로 해결해야 할 과제로 남아 있다.

해설 충전소가 매우 부족한 것이 해결해야 할 과제라고 이야기하고 있다.

핵심 어휘 판매량 / 턱없다 / 충전소 / 과제

[35-38] 다음을 읽고 글의 주제로 가장 알맞은 것을 고르십시오.

35. ❸ 춘곤증을 이겨내기 위해 적절한 운동이 효과적이다.

춘곤증은 봄철에 환경 변화에 몸이 적응하지 못해 생기는 현상이다. 춘곤증의 대표적인 증상은 졸음으로 인한 나른함과 권태감을 들 수 있다. 대부분의 사람들은 졸음을 쫓기 위해 커피를 자주 마시거나 장시간 잠을 자기도 한다. 그러나 이러한 방법은 춘곤증을 이겨내는 데 도움이 되지 않는다. 춘곤증이 느껴질 때는 가벼운 스트레칭이나 산책을 하면서 긴장된 근육을 풀어주는 것이 좋다.

해설 춘곤증을 이겨내는 방법을 이야기하고 있다.

핵심 어휘 현상 / 나른함 / 권태감 / (근육을) 풀다

36. ❹ MBTI로 상대방의 성격을 단정하는 것은 바람직하지 않다.

MBTI는 사람의 성격을 16가지 유형으로 보여주는 지표이다. 젊은 세대들은 MBTI를 통해 상대의 성격을 객관적으로 알 수 있다고 생각한다. 하지만 MBTI 유형으로 사람의 성격을 모두 분류하는 것은 한계가 있을 뿐만 아니라 실제 성격과 맞지 않는 경우도 많다. 따라서 MBTI로 상대방을 판단한다면 오히려 다양한 인간관계를 형성하는 데에 걸림돌이 될 수도 있다. 그러므로 MBTI는 상대방을 이해하는 보조 수단으로 활용해야 할 것이다.

해설 MBTI로만 성격을 판단하면 관계 형성에 문제가 될 수 있다고 말하고 있다.

핵심 어휘 판단하다 / 형성하다 / 걸림돌 / 단정하다

37. ❹ '드림'은 가계 경제와 환경에 긍정적인 효과가 있다.

'드림'은 쓰던 물건을 필요한 사람에게 준다는 의미로 요즘 중고 거래 사이트에서 자주 사용하는 표현이다. '드림'이 이렇게 활성화 된 이유는 중고 물건에 대한 사람들의 인식이 바뀌었기 때문이다. 예전에는 모르는 사람이 쓰던 물건을 꺼려했지만 현재는 그렇지 않다. 오히려 사람들은 서로 필요한 물건을 나눔으로써 환경 보호에 도움이 되고 가계의 지출도 줄일 수 있어서 일석이조라고 생각한다.

해설 서로 물건을 나누는 것은 환경도 보호하고 경제적으로도 좋다고 이야기하고 있다.

핵심 어휘 중고 / 활성화 / 인식 / 꺼리다 / 일석이조

38. ❹ 서울시는 차량의 배기가스 방출을 줄여 대기 오염 수치를 낮췄다.

최근 서울 지역 대기 오염 농도가 관측 이래 가장 낮은 수치를 기록하였다. 이는 서울시에서 내놓은 미세먼지 저감 대책이 효과를 발휘한 것이다. 서울시는 경유 버스를 압축천연가스 버스로 전면 교체하였고, 배출가스 5등급 차량 운행을 제한하면서 배기가스 방출량을 감소시켰다. 따라서 정부는 서울시 정책의 성공 사례를 토대로 수도권부터 단계적으로 해당 정책을 시행한 후 전국적으로 확대 적용할 방침이다.

해설 서울시가 배기가스 방출량을 감소시킨 정책이 미세먼지 저감 효과를 가져왔다.

핵심 어휘 미세먼지 / 저감 / 대책 / 발휘하다 / 제한하다 / 방출량

[39-41] 주어진 문장이 들어갈 곳으로 가장 알맞은 것을 고르십시오.

39. ❶ ㉠

그래서 냄새로 과거의 기억을 떠올리는 현상을 프루스트 현상이라고 한다.

프랑스 작가 마르셀 프루스트의 소설 《잃어버린 시간을 찾아서》에서 주인공은 홍차에 적신 마들렌의 냄새를 맡고 과거의 기억을 떠올린다. (㉠) 우리에게 냄새가 단순히 후각적인 자극이 아니라, 우리의 기억과 감정을 자극하는 중요한 요소라는 것을 알려준다. (㉡) 마케팅에서도 프루스트 현상을 활용한 사례가 있다. (㉢) 즉, 특정한 향을 사용하여 소비자의 기억과 감정을 자극하여 브랜드 이미지를 각인시키는 것이다. (㉣)

해설 프루스트 현상이라고 이름 붙여진 이유에 대한 이야기 다음에 나오면 된다.

핵심 어휘 적시다 / 떠올리다 / 자극

40. ❹ ㉣

이 중 수명에 가장 큰 영향을 미치는 것은 신체 활동, 즉 운동으로 나타났다.

사람의 수명을 최대 20년 늘릴 수 있다는 연구 결과가 나와서 화제이다. (㉠) 연구진은 당뇨, 암 등 기존 질환 요인에 의한 변수를 제거하고 분석한 결과, 수명을 늘려주는 8가지 건강 생활 습관을 골라낼 수 있었다. (㉡) 사실 연구진이 고른 것들은 이미 우리가 익히 알고 있는 건강 습관이었다. (㉢) 바로 활발한 신체활동, 좋은 식습관, 긍정적 사회관계, 스트레스 관리, 절제된 음주, 절대 금연, 충분한 수면 등이다. (㉣) 반대로 영향력이 가장 적은 것은 긍정적 사회관계로 사망 위험 저감률이 5%에 그쳤다.

해설 수명을 늘려주는 8가지 내용 후 그중에 가장 큰 영향을 미치는 것을 이야기하면 된다.

핵심 어휘 수명 / 늘리다 / 질환 / 변수 / 제거하다 / 골라내다

41. ❷ ㉠

> 이들은 돈을 쉽게 벌 수 있다는 생각에 이런 범행을 저지른 걸로 밝혀졌다.

최근 학원가 마약 음료 사건, 유명 연예인 투약 사건 등 마약류 범죄가 증가함에 따라 마약이 심각한 사회 문제로 대두되고 있다.(㉠) 마약 관련 사건에서 마약류를 유통한 사람들은 대부분 마약 범죄 이력이 없는 평범한 사람들로 드러나 사회적으로 큰 충격을 주었다. (㉡) 이에 정부는 마약 범죄 수사를 총 지휘하는 마약 범죄 특별수사본부를 구성해 범정부 수사 역량을 결집하기로 하였다.(㉢) 마약류 불법 유통 감시 및 마약 중독자를 위한 치료, 재활, 인프라 확충과 함께 마약 예방교육 계획도 발표하였다.(㉣)

해설 마약류를 유통한 사람들에 대한 내용 뒤 그 이유에 대한 내용이 나오면 된다.

핵심 어휘 마약 / 범죄 / 저지르다 / 이력 / 드러나다 / 충격

[42-43] 다음을 읽고 물음에 답하십시오.

명수는 오늘 밤에도 역시 얼근하게 취한 기분으로 거의 열두 시가 되었을 때에 자기 집 문을 두들겼다. 그는 문 열기를 기다리는 동안에 밤늦게 돌아와서는 으레 하던 후회를 다시 하게 되었다. 최근 일 년을 두고 그가 저녁에 집에 붙어 앉은 일이 별로 없었다. 대개는 친구와 어울려서 밤늦도록 술잔이나 기울이거나, 그렇지 않으면 비록 일찍이 돌아왔다가도 저녁 밥상이 나가기가 무섭게 그는 있지 못할 곳에 있었던 것처럼 밖으로 뛰어나가 버렸다가 밤이 늦은 뒤에 돌아와서는 혀 곱은 소리로 가족을 깨워왔었다. 그리하여 가족이 곤한 잠을 못 이기어 눈을 부비면서 문을 열어줄 때마다 그는 진심으로 미안한 생각을 하고 이다음부터는 아무쪼록 밤출입을 하지 않고, 될 수 있으면 나갔다가도 일찍이 돌아올 것을 마음으로 맹세하고 자기의 불규칙한 생활을 부끄럽게 생각하였었다. 그러나 그 이튿날이 되면 무슨 일이든지 반드시 생겨서 그로 하여금 밤늦게 돌아가는 구실을 만들어주었다. 오늘 저녁에는 비교적 일찍이 집 안에서 아내의 대답이 나왔다. 그는 더욱 미안한 생각이 났다. "아이들은 다 자우?"하고, 명수는 대문 안으로 들어서며 물었다. 아내는 남편을 안으로 들이고 문을 잠그며, "시골 석호 조카가 왔어요." "석호가 왔어……." 명수는 정신이 번쩍 났다. 석호가 이렇게 먼 서울까지 찾아올 줄은 뜻밖의 일이었다.

42. 밑줄 친 부분에 나타난 '나'의 심정으로 가장 알맞은 것을 고르십시오.

❷ 의외였다

해설 석호가 찾아온 것은 뜻밖의 일이라고 했다.

핵심 어휘 번쩍 / 뜻밖

43. 윗글의 내용으로 알 수 있는 것을 고르십시오.

❹ 남자는 자신의 의도와 달리 귀가 시간이 늦을 때가 많다.

해설 집에 늦게 들어갈 때마다 다음부터는 일찍 들어와야지 생각하지만 매번 일이 생겨 늦게 들어가고 있다고 이야기하고 있다

핵심 어휘 맹세하다 / 불규칙하다 / 구실

[44-45] 다음을 읽고 물음에 답하십시오.

운전을 하다 보면 복잡한 교차로나 여러 갈림길이 있는 곳에서 진행 방향을 찾기 힘든 경우가 있다. 이때 우물쭈물하다가 사고가 나거나 ( ) 한참을 돌아야 하는 불상사가 생기기도 한다. 이러한 문제를 해결하기 위해 운전자에게 진행 방향 경로를 분홍색, 초록색, 주황색 그리고 파란색의 선으로 표시한 주행 유도선이 도움을 주고 있다. 주행 유도선은 주행 방향이 헷갈리기 쉬운 곳에서 운전자들이 진출 경로를 사전에 확인하고 대비할 수 있게 해 준다. 뿐만 아니라 교통의 흐름을 개선하고 교통사고도 약 40%정도 감소시키는 효과도 있다고 한다. 유도선 표시는 우리나라에서 처음 고안하여 시행되었으며 이로 인한 긍정적인 효과가 이어지자 해외에서도 이 주행 유도선을 도입하고 있는 상황이라고 한다.

44. ( )에 들어갈 말로 가장 알맞은 것을 고르십시오.

❹ 잘못된 방향으로 나가서

해설 한참을 돌아가는 이유는 잘못된 방향으로 갔기 때문이다.

핵심 어휘 교차로 / 갈림길 / 우물쭈물하다 / 불상사

45. 윗글의 주제로 가장 알맞은 것을 고르십시오.

❸ 주행 유도선은 안전 운전 및 교통 상황에 긍정적 영향을 미친다.

 주행 유도선은 교통 흐름을 개선하고 사고도 줄여주
므로 긍정적인 영향을 미치고 있다

 헷갈리다 / 경로 / 사전 / 대비하다 / 감소시키다

[46-47] 다음을 읽고 물음에 답하십시오.

저출산으로 인한 인구 감소는 경제, 문화 등 여러 방면에서 사회 발전에 큰 걸림돌이 된다. 이러한 이유로 수년간 정부는 저출산을 극복하기 위해 다양한 출산장려 정책을 내놓았으나 출산율은 여전히 하락세를 보였다. 이에 정부는 올해부터 아이를 낳겠다는 의지가 있고 출산율을 높이는데 확실한 결과를 낼 수 있는 난임 부부 지원 사업에 힘을 싣기로 하였다. 이전에는 소득을 기준으로 차별적으로 지원을 한 난임 시술비를 내년부터는 난임 부부라면 누구나 소득과 상관없이 경제적 지원을 받을 수 있게 하였다. 하지만 그렇다고 해도 난임은 단순히 경제적 지원만으로 해결되는 문제가 아니다. 난임 치료 과정에서 환자들의 심리적 고통과 사회적 오해, 편견이 아직 충분히 해소되지 않고 있기 때문이다. 한 조사에 따르면 난임 부부가 시술 중 가장 힘들었던 점으로 회사나 주변의 이해 부족 등 정신적 고통이 큰 부분을 차지했다고 한다. 따라서 난임 치료에 대한 국민 의식을 개선하는 노력이 반드시 선행돼야 한다.

46. 윗글에 나타난 필자의 태도로 가장 알맞은 것을 고르십시오.

❹ 난임에 대한 사회 공동체의 인식 개선이 필요함을 강조하고 있다.

 난임 치료에 대한 국민 의식 개선이 먼저 필요하다고 이야기하고 있다.

 난임 / 시술 / 차지하다 / 선행되다

47. 위 글의 내용과 같은 것을 고르십시오.

❶ 난임에 대한 사회적 편견이 존재한다.

 난임 치료에 대한 사회적 오해와 편견으로 난임부부는 정신적으로 고통을 받는다.

 정신적 / 오해 / 편견 / 해소하다

[48-50] 다음을 읽고 물음에 답하십시오.

『직지심체요절』은 1377년 고려 말 승려 백운이 고승들의 어록을 엮어 만든 책으로 현존하는 세계에서 가장 오래된 금속 활자본이다. 이는 세계 최초의 금속 활자 발명을 입증하는 자료로서 그 역사적 가치가 매우 높다. 금속 활자는 목판 인쇄의 많은 문제점을 보완한 것으로 목판 인쇄는 책의 각 장을 목판에 하나씩 새겨 한 권의 책만 출판할 수밖에 없었다. 반면에 금속 활자는 글자 하나하나 모두 따로 금속 활자본을 만들어 그것을 조합하여 문장을 만들었다. 그렇기 때문에 목판 인쇄보다 더 많은 책을 인쇄할 수 있으므로 (   ) 이는 지식의 확대를 가져오는 큰 계기가 되었다. 게다가 금속으로 만들어졌기 때문에 보관도 영구적이었다. 이렇게 인류는 인쇄술의 발달과 함께 다양하고 방대한 지식을 얻을 수 있었고 과거의 지식을 통해 새로운 지식을 만들어왔다. 따라서 『직지심체요절』은 인쇄사적 가치를 인정받아 2001년 유네스코 세계기록유산에 등재되어 그 가치를 세계적으로 공인받은 바 있다.

48. 윗글을 쓴 목적으로 가장 알맞은 것을 고르십시오.

❷ 직지심체요절의 역사적 가치를 알리려고

 직지심체요절의 역사적 가치를 설명하고 그 가치를 인정받고 있음을 알려주고 있다.

 활자 / 발명 / 입증하다 / 가치

49. (   )에 들어갈 말로 가장 알맞은 것을 고르십시오.

❹ 정보의 대중화를 가속화했고

 목판 인쇄보다 더 많은 책을 인쇄할 수 있어 많은 사람들이 책을 보고 지식을 쌓을 수 있게 되었다.

 목판 / 인쇄하다 / 대중화 / 가속화 / 확대 / 계기

50. 윗글의 내용과 같은 것을 고르십시오.

❶ 목판 인쇄는 책의 모든 장을 새겨야 한다.

 목판 인쇄는 책의 각 장을 한 장씩 목판에 새겨 인쇄하는 것을 말한다.

 새기다 / 출판하다

듣기 (1번 ~ 50번)

정답

1. ③	2. ④	3. ②	4. ①	5. ②
6. ④	7. ④	8. ③	9. ①	10. ②
11. ③	12. ②	13. ④	14. ④	15. ①
16. ①	17. ③	18. ④	19. ①	20. ③
21. ④	22. ①	23. ④	24. ②	25. ④
26. ③	27. ③	28. ④	29. ①	30. ①
31. ③	32. ①	33. ③	34. ④	35. ③
36. ③	37. ④	38. ①	39. ②	40. ②
41. ①	42. ③	43. ①	44. ③	45. ③
46. ②	47. ②	48. ②	49. ①	50. ①

[1-3] 다음을 듣고 가장 알맞은 그림 또는 그래프를 고르십시오.

1.

남자: 오늘 비가 온다고 하더니 폭우가 내리네요.
여자: 그래요? 아침에 날씨가 좋아서 그냥 나왔는데…….
남자: 저한테 우산이 하나 더 있어요. 빌려드릴게요.

해설 남자가 밖에서 들어오면서 비가 오는 것을 여자에게 이야기한다.

핵심 어휘 폭우 / 그냥

2.

남자: 어, 도서관 문이 닫혔네요. 오늘까지 책을 반납해야 하는데….
여자: 도서 반납함에 넣어도 돼요. 저기 있네요.
남자: 휴, 반납 기한을 넘길까 봐 걱정했는데, 다행이에요.

해설 남자가 책을 반납해야 하는데 도서관 문이 닫혀있다. 그때 여자가 도서 반납함 넣어도 된다고 알려준다.

핵심 어휘 닫히다 / 반납하다 / 넘기다

3.

남자: 청소년의 연평균 독서량을 살펴보면 고등학생은 8.8권에서 8.6권으로, 중학생은 18.4권에서 16.4권으로, 초등학생은 67.3권에서 52.7권으로 2021년보다 소폭 감소했습니다. 하지만 지난 1년간 종이책을 1권 이상 읽은 비율은 초중고 모두 3.2% 감소한 반면에 전자책 독서율은 초중고 모두 2.7% 증가했습니다.

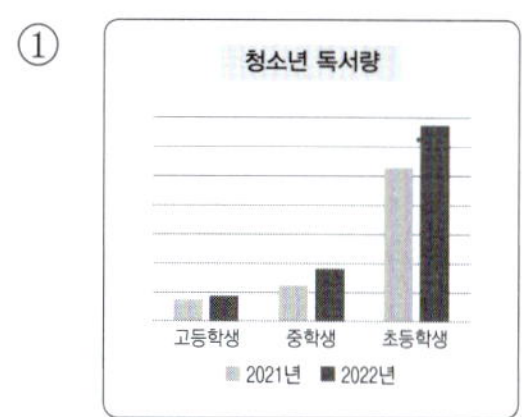 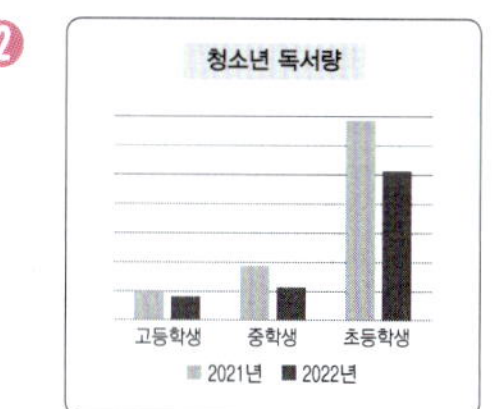
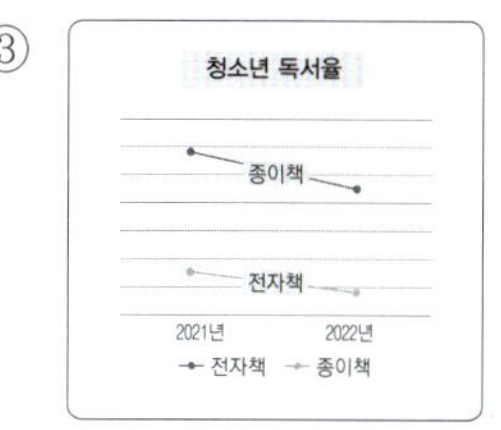 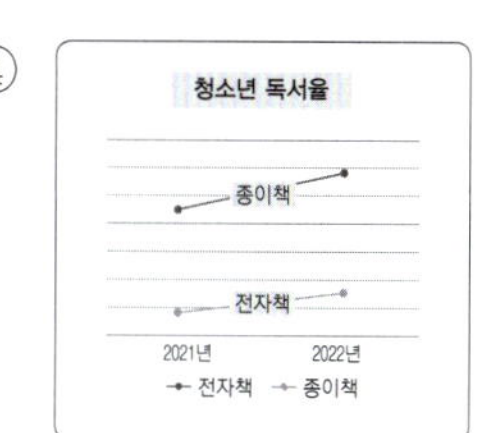

해설 　청소년 독서량에 대한 조사 결과이다. 고등학생, 중학생, 초등학생 모두 독서량이 2021년보다 감소했다.

핵심 어휘 　청소년 / 독서량 / 소폭 / 감소하다

[4-8] 다음을 듣고 이어질 수 있는 말로 가장 알맞은 것을 고르십시오.

4. ❶

여자: 어제 늦게 자서 너무 피곤해요.
남자: 밤늦게까지 뭐 했어요?
여자: 요즘 시험 기간이잖아요.

해설 　남자가 밤늦게까지 뭘 했는지 질문을 한다. 따라서 여자는 시험 기간이라서 공부했다는 대답이 적절하다.

핵심 어휘 　시험 기간 / 밤늦다

5. ❷

남자: 오늘 모임이 있다고 하지 않았어? 왜 아직도 안 갔어?
여자: 지금 가면 늦을 것 같아서 안 가려고.
남자: 지금이라도 가지 그래?

해설 　여자가 모임 시간에 늦어서 안 가려고 한다. 남자는 늦었지만 지금이라도 가라고 권유하는 대답이 적절하다.

핵심 어휘 　모임 / 늦다

6. ❹

남자: 나는 이 파란색 바지가 마음에 들어. 너는 뭐 살 거야?
여자: 마음에 드는 게 많아서 고민 중이야.
남자: 고민만 할 게 아니라 입어 보고 결정해.

해설 　여자는 마음에 드는 옷이 많아서 고민을 하고 있다. 남자는 여자에게 한번 입어 보고 결정하라고 조언할 것이다.

핵심 어휘 　마음(에 들다) / 고민 / 결정하다

7. ❹

여자: 발목을 다쳤어요?
남자: 네, 자전거 타다가 넘어지는 바람에 발목을 삐었어요.
여자: 조심하지 그랬어요.

해설 　여자는 남자가 자전거를 타다가 다쳤다는 이야기를 듣고 걱정하는 말을 한다.

핵심 어휘 　넘어지다 / 발목 / 삐다

8. ❸

여자: 이거 제가 만든 불고기인데 한번 드셔 보세요.
남자: 와, 정말 맛있네요. 이렇게 요리를 잘하는 줄 몰랐어요.
여자: 자주 하다 보니까 실력이 는 것 같아요.

해설 　여자는 남자의 칭찬에 요리를 자주 해서 실력이 좋아진 것 같다고 대답한다.

핵심 어휘 　실력 / 늘다

[9-12] 다음을 듣고 여자가 이어서 할 행동으로 가장 알맞은 것을 고르십시오.

9. ❶ 연락처를 남긴다.

여자: 여기 셔츠에 얼룩이 생겼는데 지울 수 있을까요?
남자: 그럼요, 음료를 쏟으셨군요. 얼룩 제거는 추가 비용이 발생하는데 괜찮으세요?
여자: 네, 괜찮아요. 언제 찾으러 오면 될까요?
남자: 내일 오후까지 해 드리겠습니다. 연락처 좀 알려 주시겠어요?

해설 　남자가 여자에게 연락처를 물어봤기 때문에 여자는 연락처를 남길 것이다.

핵심 어휘 　얼룩 / 지우다 / 쏟다 / 연락처 / 남기다

10. ❷ **수수료를 결제한다.**

여자: 운전면허증을 재발급하려고 하는데, 사진을 안 가
　　　져왔어요.
남자: 괜찮습니다. 예전 사진 그대로 발급하시면 됩니다.
　　　신분증은 가져 오셨지요?
여자: 네, 여기 있습니다.
남자: 수수료는 만 원입니다.

해설 　남자가 여자의 신분증을 확인한 후 수수료 금액을
　　　이야기했으므로 여자는 수수료를 결제해야 한다.

핵심 어휘 　운전면허증 / 재발급 / 수수료

11. ❸ **김밥을 담는다.**

여자: 재료 준비는 다 되었으니까 이제 김밥을 말기만 하
　　　면 돼.
남자: 인터넷을 보고 하니까 김밥 만드는 것도 어렵지 않
　　　네.
여자: 그렇지? 김밥을 말아서 나한테 주면 내가 썰게.
남자: 그러지 말고 내가 김밥을 마는 김에 썰 테니까 너
　　　는 도시락에 담아 줘.

해설 　남자가 김밥을 말고 썰 것이며, 여자는 도시락에 담
　　　을 것이다.

핵심 어휘 　말다 / 썰다 / 담다

12. ❷ **약을 건넨다.**

여자: 민수 씨, 어디 불편해요? 얼굴이 하얘요.
남자: 어제 과식을 해서 그런지 속이 계속 불편해서요.
여자: 체했나 보네요. 저한테 소화제가 있는데 줄까요?
남자: 아, 고마워요. 안 그래도 약국에 가려고 했는데.

해설 　남자가 체했다. 여자가 남자에게 소화제를 줄 것이
　　　다.

핵심 어휘 　과식 / 속 / 체하다 / 소화제

13. ❹ **남자는 위험한 사진을 찍는 것에 대해 부정적이다.**

여자: 지민아, 이 사진 좀 봐. 절벽 위에서 찍은 사진이
　　　래.
남자: 절벽 위에서 찍었다고? 세상에, 너무 위험하지 않
　　　아?
여자: 그러게. 요즘 이렇게 위험한 사진을 찍는 사람들
　　　때문에 문제가 많더라고.
남자: 누가 아니래. 나도 이런 사진을 찍는 게 이해가 안
　　　가.

해설 　남자는 절벽 위에서 찍은 사진을 보고 매우 위험한
　　　행동을 하는 것을 이해할 수 없다고 말한다.

핵심 어휘 　절벽 / 위험하다 / 이해

14. ❹ **일정이 끝난 후 편하게 교내를 둘러볼 수 있다.**

여자: 대학교 탐방 프로그램에 이렇게 참여해 주셔서 감
　　　사합니다. 오늘 학교 탐방 일정을 간략하게 말씀드
　　　리면, 학교 도서관부터 시작해서 강의실과 연구실
　　　등을 둘러보고 학교 식당에서 함께 점심을 먹을
　　　예정입니다. 이후에는 자유롭게 시간을 보내신 후
　　　귀가하시면 됩니다. 자세한 세부 일정은 나눠드린
　　　일정표를 참고해 주시길 바랍니다.

해설 　여자는 대학교 탐방 프로그램 일정에 대해서 안내하
　　　고 있다. 오전에는 일정대로 함께 다니고, 점심을 먹
　　　은 후에는 자유롭게 시간을 보낼 수 있다.

핵심 어휘 　탐방 / 교내 / 둘러보다 / 일정 / 자유롭다 / 귀가하
　　　다

15. ❶ **등산객은 등산로를 벗어났다.**

남자: 어젯밤 관악산에서 길을 잃고 고립된 50대 남성
　　　등산객이 구조되었습니다. 이 등산객은 정해진 산
　　　행로가 아니라 다른 길로 산을 올랐던 것으로 확
　　　인되었습니다. 산에 있는 열매를 줍다가 길을 잃어
　　　고립됐지만 다행히 119에 신고해 무사히 돌아올
　　　수 있었습니다.

해설 　등산객은 정해진 산행로가 아니라 다른 길로 산을
　　　오르다가 길을 잃었다. 따라서 등산로를 벗어나서 사
　　　고가 생긴 것이다.

핵심 어휘 　고립되다 / 구조되다 / 정해지다 / 산행로 / 벗어나
　　　다

16. ❶ 여자는 생각보다 결과가 좋아서 더 기쁘다

남자: 이번 배드민턴 대회에서 우승하셨는데요, 소감이
　　　어떠신가요?

여자: 얼떨떨하고 실감이 나지 않습니다. 그동안 팀으로
　　　나간 복식 종목에서 상을 받은 적은 있지만, 혼자
　　　출전하는 단식 종목에서 상을 받은 것은 처음입니
　　　다. 우승할 것이라고 예상하지 못했는데 좋은 성적
　　　을 거두게 되어 더 기쁩니다.

> **해설**　운동선수와의 인터뷰이다. 여자는 우승할 줄 몰랐는
> 데 상을 받아서 매우 좋아하고 있다.

> **핵심 어휘**　소감 / 예상하다 / 거두다

[17-20] 다음을 듣고 남자의 중심 생각으로 가장 알맞은 것을 고르십시오.

17. ❸ 대회 참가보다 몸 관리가 우선되어야 한다.

남자: 지난번에 다친 무릎은 좀 어때?

여자: 이번 대회에 참가하려고 무리하게 연습을 했더니
　　　통증이 더 심해졌어.

남자: 무릎 치료에 전념하지 그랬어? 괜히 참가 욕심을
　　　내다가 다음 대회까지 못 나가게 생겼네. 지금부터
　　　라도 열심히 치료를 받도록 해.

> **해설**　여자가 무릎을 다쳤는데도 불구하고 계속 연습을
> 해서 통증이 더 심해졌다. 남자는 여자에게 대회보
> 다 몸 관리가 중요하다고 한다.

> **핵심 어휘**　무릎 / 무리하다 / 전념하다 / 욕심내다

18. ❹ 큰 소리는 주변 사람들에게 피해를 줄 수 있다.

남자: 상미야, 그렇게 크게 음악을 들으면서 공부가 잘
　　　돼?

여자: 나는 조금 시끄러워야 더 집중이 잘되더라고.

남자: 근데 네 음악 소리가 얼마나 큰지 우리한테까지 들
　　　려. 아까부터 옆자리에 있던 사람도 계속 널 쳐다
　　　보던데, 공공장소니까 소리를 좀 줄이지 그래?

> **해설**　남자는 여자가 너무 크게 음악을 들으면서 공부를
> 하고 있어서 다른 사람에게 불편을 주고 있다고 이
> 야기하고 있다.

> **핵심 어휘**　쳐다보다 / 공공장소 / (소리를) 줄이다 / 피해

19. ❹ 공유 사무실은 환경이나 비용 면에서 추천할 만하다.

남자: 요즘 공유 사무실이 좋다고 하던데 한번 알아볼까
　　　요?

여자: 어떤 점에서 일반 사무실보다 낫다고 할 수 있지
　　　요? 같이 사용하면 불편한 점이 많을 것 같은데
　　　요.

남자: 예전에는 한 공간에서 구역을 나누었다면 요즘은
　　　공간을 따로 분리해 놓아서 업무에 영향을 받지
　　　않고, 비용도 저렴하다고 하더라고요.

여자: 그럼 우리처럼 직원이 많지 않은 소규모 회사에게
　　　딱 맞는 것 같네요.

> **해설**　남자는 공유 사무실이 공간이 분리되어 있고, 비용
> 도 저렴해서 일반 사무실보다 사용할 만하다고 말한
> 다.

> **핵심 어휘**　공유 / 공간 / 분리하다 / 영향 / 저렴하다

20. ❸ 스트레스를 받으면 해소하려고 노력해야 한다.

여자: 요즘 스트레스가 너무 심해서 힘들어요. 그래서 그
　　　런지 모든 것이 다 귀찮아요.

남자: 생활하다 보면 누구나 스트레스를 받기 마련이에
　　　요. 하지만 스트레스를 어떻게 푸느냐에 따라서 생
　　　활의 질이 달라져요. 지금처럼 스트레스를 풀지 않
　　　고 그냥 쌓아 둔다면 정신 건강은 물론 신체 건강
　　　에도 문제가 생길 수 있어요. 운동이나 취미 생활
　　　을 하면서 적극적으로 스트레스를 관리해 보세요.

> **해설**　남자는 스트레스가 쌓이면 건강에 문제가 생길 수
> 있으니까 스트레스를 적극적으로 풀려고 노력해야
> 한다고 주장한다.

> **핵심 어휘**　스트레스 / 풀다 / 쌓다 / 적극적 / 해소하다

[21-22] 다음을 듣고 물음에 답하십시오.

여자: 이번에 '임신부 안심 출퇴근법'을 발의하셨는데 구
　　체적으로 어떤 내용인지 설명 부탁드리겠습니다.
남자: 임신부의 안전한 출퇴근을 위해 지하철에 임신부
　　석이 마련되기는 했지만 임신부들의 이용이 쉽지
　　않다는 불만이 끊임없이 나왔습니다. 그래서 근무
　　시간은 유지하되 출퇴근 시간을 조정하는 것을 법
　　으로 제정하고자 한 것입니다. 다시 말해서 임신부
　　들이 복잡한 출퇴근 시간을 피할 수 있도록 하는
　　것이지요.
여자: 그럼 임신부들의 출퇴근 시간이 조금 늦춰지겠네
　　요.
남자: 그건 개인의 상황에 맞게 조정하면 됩니다.

21. 남자의 중심 생각으로 가장 알맞은 것을 고르십시오.

　　❹ 임신부를 보호하기 위해 출퇴근 시간을 조정해야 한다.

　　해설　남자는 '임신부 안심 출퇴근법'으로 임신부의 출퇴근
　　　　시간을 조정하여 임신부를 보호하고자 한다.

　　핵심 어휘　임신부 / 발의하다 / 유지하다 / 조정하다 / 제정하
　　　　다 / 피하다

22. 들은 내용과 같은 것을 고르십시오.

　　❶ 임신부들은 출퇴근에 어려움이 많다.

　　해설　지하철에 임신부석이 있지만 실제로 임신부들의
　　　　이용이 어려워 불만이 많았다.

　　핵심 어휘　임신부석 / 마련되다 / 불만 / 끊임없이

[23-24] 다음을 듣고 물음에 답하십시오.

남자: 서울문화재단에서는 음악인의 꿈을 키워 나가는
　　아이들 중에서 클래식 음악 분야에 재능이 있는
　　10여 명의 아동을 발굴하여 지원하고자 합니다.
여자: 구체적으로 어떤 지원이 이루어질 예정인지 말씀
　　부탁드립니다.
남자: 네, 선발된 음악 영재들은 음악적 역량을 강화하
　　기 위해 우수한 음악인들의 지도를 받을 수 있을
　　뿐만 아니라 예비 음악인으로서의 자질을 향상시
　　킬 수 있도록 다양한 프로그램에도 참여하게 됩니
　　다.
여자: 그렇군요. 말씀 잘 들었습니다.

23. 남자가 무엇을 하고 있는지 고르십시오.

　　❹ 클래식 음악 영재를 위한 지원 혜택을 밝히고 있다.

　　해설　남자는 영재로 선발되면 받게 되는 다양한 지원에
　　　　대해 설명하고 있다.

　　핵심 어휘　선발되다 / 영재 / 역량 / 강화하다 / 자질 / 혜택 /
　　　　밝히다

24. 들은 내용과 같은 것을 고르십시오.

　　❷ 선발된 클래식 음악 영재는 재단의 후원을 받는다.

　　해설　선발된 음악 영재는 서울문화재단의 지원을 받게 된
　　　　다.

　　핵심 어휘　재능 / 발굴하다 / 재단 / 후원

[25-26] 다음을 듣고 물음에 답하십시오.

여자: 사장님은 평소에 직원들에게 독서의 중요성에 대
　　해서 강조를 많이 하신다고 들었는데 특별한 이유
　　가 있으신가요?
남자: 이 회사를 처음 설립하신 아버지는 회사를 경영하
　　시면서 바쁘신데도 불구하고 시, 소설 등 다양한
　　분야의 책을 손에서 놓지 않으셨습니다. 그 이유
　　는 사업을 하다 보면 일에 쫓겨 편협한 사고를 갖
　　기 쉬운데 이런 책들이 사고의 폭을 넓히는 데 많
　　은 도움을 준다고 믿으셨기 때문입니다. 저도 아버
　　지의 영향을 받아 책을 즐겨 읽었습니다. 우리 직
　　원들도 독서를 통해 자신만의 생각을 키우고 식견
　　을 넓혀 스스로의 인생을 풍요롭게 만들어가기를
　　바라는 마음이 큽니다. 그래서 직원들에게 독서를
　　권장하고 있으며 매달 독서 지원금을 일정액 지원
　　하고 있습니다.

25. 남자의 중심 생각으로 가장 알맞은 것을 고르십시오.

　　❹ 독서는 사고의 폭을 넓히고 삶을 풍요롭게 한다.

　　해설　남자는 직원들이 독서를 통해 스스로의 인생을 풍
　　　　요롭게 하기를 바란다.

　　핵심 어휘　(생각을) 키우다 / 식견 / 넓히다 / 인생 / 풍요롭다

26. 들은 내용과 같은 것을 고르십시오.

❸ 남자는 아버지의 영향으로 독서의 중요성을 알게 되었다.

해설 남자의 아버지는 책이 사고의 폭을 넓히는 데 도움을 준다고 믿으셨다. 남자도 아버지의 영향을 받아서 책을 즐겨 읽는다고 했다.

핵심 어휘 쫓기다 / 편협하다

[27-28] 다음을 듣고 물음에 답하십시오.

여자: 요즘 물가가 너무 올라서 생활비가 얼마나 많이 드는지 몰라요.

남자: 통계청 발표에 의하면 소비자 물가가 올해 1월에 비해서 2%정도 내려갔다던데요.

여자: 내려갔다고요? 말도 안 돼요. 전기 요금이며 가스 요금이며 줄줄이 인상되었는데 어떻게 내려갔다고 할 수가 있지요?

남자: 통계 물가와 체감 물가의 차이는 생길 수밖에 없어요. 왜냐하면 정부의 물가 통계는 약 500여 개의 품목으로 구성되어 있는 반면에 주부들이 주로 찾는 품목은 일부 품목에 한정되어 있으니까요.

여자: 그래서 그런지 항상 정부 발표 수치보다 우리가 느끼는 체감 물가가 더 높은 것 같아요.

27. 남자가 말하는 의도로 알맞은 것을 고르십시오.

❸ 체감 물가와 통계 물가와의 차이를 설명해주려고

해설 남자는 여자에게 체감 물가와 통계 물가의 차이를 설명하고 있다.

핵심 어휘 통계 물가 / 체감 물가 / 차이 / 생기다

28. 들은 내용과 같은 것을 고르십시오.

❹ 통계 물가와 체감 물가는 일정 정도의 차이가 있을 수밖에 없다.

해설 통계청이 물가를 계산할 때의 품목 개수와 주부들이 주로 찾는 품목이 다르기 때문이다.

핵심 어휘 통계청 / 물가 / 품목 / 구성되다 / 한정되다

[29-30] 다음을 듣고 물음에 답하십시오.

여자: 작가님의 만화가 매주 인기 순위를 차지하고 있는데 인기 비결이 뭐라고 생각하시나요?

남자: 아마도 주인공 한 명에 대한 이야기가 아니라 다양한 등장인물들의 이야기를 담고 있기 때문에 많은 분들이 사랑해 주시지 않나 생각합니다. 댓글을 보면 각자 자기가 좋아하는 캐릭터가 모두 다르더라고요.

여자: 그렇군요. 최근에 이 작품이 드라마로 제작된다고 해서 더욱 화제가 되고 있는데요. 드라마 주인공으로 캐스팅 된 배우들이 만화 캐릭터와 매우 비슷하던데, 작가님의 의견이 캐스팅에 반영이 된 것인가요?

남자: 네, 제가 드라마 제작에 동의할 때 가장 중요하게 내세운 조건은 등장인물뿐만 아니라 만화 속 모든 장면을 최대한 비슷하게 영상에 담아내는 것이었습니다.

29. 남자가 누구인지 고르십시오.

❶ 만화를 그리는 사람

해설 여자는 만화 작가를 인터뷰하고 있다.

핵심 어휘 작가 / 만화 / 순위 / 차지하다 / 비결

30. 들은 내용과 같은 것을 고르십시오.

❶ 독자들이 각자 선호하는 주인공이 다르다.

해설 남자가 그린 만화에는 다양한 등장인물이 나온다. 독자들마다 각자 좋아하는 캐릭터가 다르다고 말하고 있다.

핵심 어휘 등장인물 / 댓글 / 캐릭터 / 선호하다

[31-32] 다음을 듣고 물음에 답하십시오.

남자: 현재 높은 금리로 대출을 받아 힘들어하는 가정들이 많습니다. 그런데 여기서 금리가 더 오른다면 가계 부담이 커지면서 소비를 위축시켜 경제 정상화에도 악영향을 미칠 것으로 예상됩니다.
여자: 하지만 금리 인상은 무분별한 대출로 인해 발생되는 문제를 막고 부동산 시장을 안정시키는 데에도 도움이 된다고 생각합니다.
남자: 다주택자들이 대출 이자를 감당하지 못해 매물을 내 놓기 시작하면 부동산은 하락세로 인해 안정을 찾을 수 있을 것입니다. 그러나 결국 부동산 시세가 하락한 만큼의 손실을 개인이 감당해야 하기 때문에 더 많은 문제들이 발생할 수도 있습니다.
여자: 그래서 대상에 따른 대출 규제와 한도를 조정함으로써 가계 부채를 최소화 시킬 수 있도록 세부 정책을 세워야 한다고 봅니다.

31. 남자의 중심 생각으로 가장 알맞은 것을 고르십시오.

❸ 대출 이자에 대한 부담으로 가계 경제 문제가 심각해질 것이다.

[해설] 남자는 대출 이자가 오르면 부동산을 싸게 팔게 되며, 그 손실은 개인이 감당하게 되어 가계 경제 문제가 생길 것이라고 예상하고 있다.

[핵심 어휘] 금리 / 오르다 / 소비 / 위축시키다 / 가계 / 부담

32. 남자의 태도로 가장 알맞은 것을 고르십시오.

❶ 금리 인상의 문제점을 우려하고 있다.

[해설] 남자는 금리 인상으로 부동산을 팔면 개인의 손실이 크므로 더 많은 문제가 생길 것이라고 걱정하고 있다.

[핵심 어휘] 인상 / 하락하다 / 손실 / 감당하다 / 우려하다

[33-34] 다음을 듣고 물음에 답하십시오.

여자: 한여름에는 냉방병으로 병원을 찾는 사람들이 적지 않습니다. 냉방병은 냉방이 된 공간에서 장시간 머무를 경우 우리 몸이 실내외 온도 차에 적응하지 못해 발생하는 것입니다. 냉방병에 걸리면 가벼운 감기 증상이나 두통을 느끼며 심하면 구토와 설사를 하기도 합니다. 냉방병은 사전에 예방할 수 있는데요. 에어컨은 적정 온도인 25~26℃를 유지하고 장시간 실내에 있을 때는 잠깐이라도 실외로 나와 바깥 공기를 쐬는 것이 좋습니다. 또한 온도가 낮아 추위를 느낄 때는 겉옷을 입는 것도 도움이 됩니다.

33. 무엇에 대한 내용인지 알맞은 것을 고르십시오.

❸ 냉방병을 예방하는 방법

[해설] 냉방병을 예방하는 방법에 대해 구체적으로 예시를 들어 설명하고 있다.

[핵심 어휘] 사전 / 예방하다

34. 들은 내용과 같은 것을 고르십시오.

❹ 우리 몸은 실내외 기온 차가 크면 냉방병에 걸릴 수 있다.

[해설] 냉방병은 더운 여름에 냉방이 된 공간에 오래 머물면 걸릴 수 있다.

[핵심 어휘] 냉방 / 머무르다 / 적응하다

남자: 제28회 환경의 날을 맞아 아나바다 장터에 참석해 주신 여러분, 진심으로 감사드립니다. 아껴 쓰고 나눠 쓰고 바꿔 쓰자는 말의 줄임말인 아나바다는 1997년 외환위기를 겪은 후 어려운 경제를 살리기 위해 시작된 것입니다. 하지만 지금은 우리의 지구를 살리기 위해 모두가 힘을 모아야 할 때입니다. 그래서 이번 행사는 자원을 아끼고 쓰레기를 줄여서 깨끗한 환경을 만들 수 있다는 것을 알리는 기회로 삼고자 합니다. 또한 지역과 함께 생태와 환경에 관심을 가지고 탄소중립적인 삶을 생활에서 실천할 수 있는 관련 체험 프로그램에도 참여할 수 있습니다. 이번 행사의 수익금은 전액 환경 보호 관련 사업에 기부할 예정이니 시민 여러분의 많은 참여를 부탁드립니다. 감사합니다.

35. 남자가 무엇을 하고 있는지 고르십시오.

❸ 환경의 날 행사에 대한 취지를 설명하고 있다.

해설 남자는 이번 행사가 깨끗한 환경을 만들 수 있는 방법을 알리는 기회로 삼는다고 이야기하고 있다.

핵심 어휘 자원 / 아끼다 / 줄이다 / (기회를) 삼다

36. 들은 내용과 같은 것을 고르십시오.

❸ 생활 속 탄소중립 실천을 체험해 볼 기회가 있다.

해설 탄소중립적인 삶을 생활에서 실천해보는 체험 프로그램이 있다고 말하고 있다.

핵심 어휘 탄소중립 / 실천하다 / 체험

남자: 잠만 잘 자도 치매의 위험성을 낮출 수 있다는 것이 정말인가요?

여자: 네. 사람은 수면 중에 기억을 담당하는 뇌 영역이 활성화 되어 낮 동안 입력된 정보가 저장, 처리됩니다. 나이가 들면서 기억력이 저하되고 새로운 것을 학습하는 능력이 떨어지는데 수면 부족은 이러한 현상을 더욱 가속화 시키기도 합니다. 뿐만 아니라 수면이 부족한 사람은 뇌에 독성 물질이 잘 쌓여 치매에 걸릴 가능성 또한 높아집니다. 한 연구에 따르면 7시간 이상 잠을 잔 사람보다 6시간 이하로 짧게 잔 사람의 치매 발생 위험이 30%나 높은 것으로 나타났습니다. 치매를 예방하기 위해서는 평소 수면 시간이 부족하지 않도록 관리하는 것이 매우 중요합니다.

37. 여자의 중심 생각으로 가장 알맞은 것을 고르십시오.

❹ 치매 예방을 위해서는 충분히 잠을 자야 한다.

해설 수면이 부족한 사람을 치매에 걸릴 확률이 높기 때문에 치매 예방을 위해 수면 시간을 관리해야 한다고 이야기하고 있다.

핵심 어휘 치매 / 위험성 / 낮추다 / 수면

38. 들은 내용과 같은 것을 고르십시오.

❶ 잠이 부족하면 뇌에 독성 물질이 쌓인다.

해설 수면이 부족한 사람은 뇌에 독성 물질이 잘 쌓인다고 한다.

핵심 어휘 독성 / 물질 / 쌓이다

여자: 우리의 뇌가 긍정적 언어와 부정적 언어에 대한 반응이 다르게 나타날 수 있다는 것은 미처 생각하지 못했습니다.

남자: 그러니 불평과 불만 섞인 부정적 언어로 우리의 모든 에너지를 쏟지 말고 긍정적인 언어를 사용해야겠지요? 긍정적인 언어 사용은 다른 사람과의 관계에 좋은 영향을 줄 뿐만 아니라 우리가 세상을 바라보는 방식에도 도움을 줍니다. 긍정적 언어만 사용해도 행복한 인생을 살 수 있다는 말이지요. 평소에 무심히 하던 불평과 불만을 멈추는 것부터 시작해 보세요. 다음으로 자신의 감정을 제대로 파악해 보세요. 마지막으로 상황에 맞는 적절한 언어를 사용해 긍정적으로 표현해 보세요. 언어 습관은 노력을 통해 얼마든지 바꿀 수 있습니다.

39. 이 대화 전의 내용으로 가장 알맞은 것을 고르십시오.

❷ 우리가 사용하는 언어는 두뇌에 영향을 미친다.

해설 ┃ 여자의 말을 근거로 이전 대화에서 우리 뇌는 사용하는 언어에 따른 반응이 다르다는 이야기를 한 것으로 예상할 수 있다.

핵심 어휘 ┃ 긍정적 / 부정적 / 반응 / 미처

40. 들은 내용과 같은 것을 고르십시오.

❷ 긍정적 언어는 타인과의 관계에 도움이 된다.

해설 ┃ 긍정적인 언어는 다른 사람과의 관계에 좋은 영향을 준다고 이야기하고 있다.

핵심 어휘 ┃ 관계 / 영향 / 타인

여자: 최근 러시아를 비롯한 미국, 중국 등 많은 나라들이 우주 정거장을 개설하기 위해 노력하고 있습니다. 사우디아라비아도 우주 정거장 건설을 위해 박차를 가하고 있고요. 우주 정거장이란 지구 궤도에 건설되는 대형 우주 구조물로서 사람이 반영구적으로 생활하는 기지를 말합니다. 과학자들로 구성된 우주인들은 그 안에서 우주를 관측하며, 우주의 다양한 자원과 에너지에 대한 연구와 실험을 진행합니다. 이처럼 아직 알려지지 않은 우주를 연구하기 위해 많은 나라들이 우주 정거장을 만들려 애쓰고 있는 것입니다. 자원이 점점 고갈되어 가는 지구의 환경을 고려한다면, 지속 가능한 에너지에 대한 연구는 미래를 위한 필수적인 과제라고 볼 수 있습니다.

41. 이 강연의 중심 내용으로 가장 알맞은 것을 고르십시오.

❶ 우주 연구가 미래를 위한 대안이 되어 가고 있다.

해설 ┃ 지구의 자원 고갈로 인해 우주에 대한 연구는 미래를 위한 필수 과제라고 이야기하고 있다.

핵심 어휘 ┃ 자원 / 고갈되다 / 지속 / 과제 / 대안

42. 들은 내용과 같은 것을 고르십시오.

❸ 우주 정거장 건설을 위해 많은 나라들이 공들이고 있다.

해설 ┃ 우주 연구를 위해 많은 나라들이 우주 정거장을 만들기 위해 애쓰고 있다고 한다.

핵심 어휘 ┃ 개설하다 / 애쓰다 / 공들이다

[43-44] 다음을 듣고 물음에 답하십시오.

남자: 우리 주변에 커피를 즐겨 마시는 사람들이 많은 만큼 사람들이 좋아하는 커피의 맛도 다르기 마련입니다. 그렇다면 커피 맛은 무엇에 따라 달라질까요? 커피 맛은 원두의 종류와 볶아진 정도, 물의 양과 온도, 커피의 분쇄 정도 등 우리가 생각한 것보다 훨씬 다양한 조건의 영향을 받습니다. 그중에서도 물의 양이 아주 중요합니다. 물의 양이 적으면 커피 성분이 적게 추출되므로 커피의 향미가 약할 수 있습니다. 그래서 커피를 우려내거나 추출하는 시간을 길게 가지는 것이 좋습니다. 그렇다고 물의 양을 늘리면 추출 시간이 길어져서 커피 맛을 해치게 됩니다. 또한 원두가 볶아진 상태에 따라서 물의 온도와 분쇄도를 조절하는 것도 중요합니다.

43. 무엇에 대한 내용인지 알맞은 것을 고르십시오.

❶ 커피 맛에 영향을 주는 요인

해설 커피 맛이 달라지는 조건에 대해 설명하고 있다.

핵심 어휘 원두 / 분쇄

44. 커피 추출 시간을 조절해야 하는 이유를 고르십시오.

❸ 커피의 향미를 풍부하게 하기 위해서

해설 물의 양에 따라 커피 추출 시간을 조정해야 커피의 향미가 풍부해질 수 있다.

핵심 어휘 향미 / 추출되다 / 우려내다 / 해치다 / 풍부하다

[45-46] 다음을 듣고 물음에 답하십시오.

여자: 환경 호르몬에 관해 이야기해 보죠. 호르몬이라는 이름이 붙어있지만 우리가 스스로 만들어 내는 물질이 아닙니다. 환경 호르몬은 우리 몸이 아니라 외부에서 생성되는 물질로 만들어진 화학 물질입니다. 이러한 화학 물질이 우리 몸과 만나 생물학적으로 좋지 않은 현상을 만들어 내는데 마치 호르몬처럼 작용하기 때문에 붙여진 이름입니다. 환경 호르몬은 산업 물질, 농약, 플라스틱, 중금속 등에서 주로 발견되는데 몸의 다양한 과정에 관여하면서 신체의 각 기관에 안 좋은 영향을 미칩니다. 게다가 사람에게 치명적인 독성을 가지고 있어서 될 수 있으면 멀리해야 합니다. 이러한 연유로 국제 사회에서는 세계 3대 문제점으로 환경 호르몬을 꼽고 있습니다.

45. 들은 내용과 같은 것을 고르십시오.

❸ 환경 호르몬은 생물학적으로 좋지 않은 영향을 주는 호르몬이다.

해설 외부의 화학 물질이 우리 몸과 만나 생물학적으로 안 좋은 현상을 만들어 낸다고 이야기한다.

핵심 어휘 호르몬 / 화학 물질 / 생물학적

46. 여자가 말하는 방식으로 알맞은 것을 고르십시오.

❷ 환경 호르몬의 개념을 알려 주고 있다.

해설 환경 호르몬의 이름과 의미를 설명하고 있다.

핵심 어휘 붙다 / 생성되다 / 작용하다

[47-48] 다음을 듣고 물음에 답하십시오.

여자: 최근 조력존엄사의 법제화에 대한 논의가 활발하게 진행되고 있습니다. 이 문제에 대해 어떻게 생각하십니까?

남자: 현재 우리나라에서는 말기 환자가 원하는 경우 병의 치료를 진행하지 않아서 사망에 이르게 하는 소극적 안락사를 합법으로 하고 있는데요. 실제 의료 현장에서 보면 법 제정 취지와 달리 연명의료 중단을 환자 본인이 아닌 가족이 결정하는 경우가 많습니다. 반면에 조력존엄사는 말기 환자가 의료진에게 약물 처방을 받아 스스로 삶을 마무리 할 수 있도록 하는 것입니다. 따라서 의사가 약을 환자에게 직접 투입하는 안락사와는 다르게 환자의 자기 결정권을 보장한다는 점에서 조력존엄사 법제화는 추진할 만하다고 생각합니다.

47. 들은 내용과 같은 것을 고르십시오.

❷ 조력존엄사는 환자가 직접 처방받은 약을 복용한다.

`해설` 조력존엄사는 말기 환자가 의료진에게 약물을 처방받아 스스로 삶을 마무리 할 수 있게 하는 것이다.

`핵심 어휘` 말기 / 의료진 / 약물 / 처방받다 / 마무리하다

48. 남자의 태도로 알맞은 것을 고르십시오.

❷ 조력존엄사법 제정을 지지하고 있다.

`해설` 남자는 조력존엄사법은 환자의 자기 결정권을 보장하고 있으므로 추진해도 좋다고 이야기하고 있다.

`핵심 어휘` 결정권 / 보장하다 / 제정 / 추진하다

[49-50] 다음을 듣고 물음에 답하십시오.

남자: 백신은 인공적으로 면역을 주기 위해 바이러스와 세균을 매우 약하게 만들어 우리 몸속에 주입해 후천성 면역을 기르게 하는 의약품을 말합니다. 우리 몸은 백신을 통해 들어온 약한 바이러스나 세균에 대항하기 위해 항체를 만들어 냅니다. 이렇게 생성된 항체를 통해 우리는 면역력을 갖게 되고 같은 질병을 예방할 수 있게 되는 것입니다. 이처럼 백신은 과학적으로 검증된 안전한 예방법으로 우리의 건강한 생활을 위해서 필수 불가결한 요소입니다. 혹시 여러분은 백신에 대한 거부감이 있으신가요? 백신 접종 후 혹여 부작용이나 후유증이 생길 것을 걱정하면서 말이죠. 그러나 우리가 생각하는 것보다 백신은 훨씬 안전합니다. 수십 년, 혹은 수백 년에 걸쳐 완성된 검증된 방법으로 세계 곳곳에서 널리 사용되고 있습니다. 따라서 막연하게 걱정하거나 두려워하기보다는 적절한 시기에 백신을 접종하여 질병을 예방할 수 있도록 해야 할 것입니다.

49. 들은 내용과 같은 것을 고르십시오.

❶ 백신은 항체 생성을 통해 면역력을 높인다.

`해설` 백신은 약한 바이러스나 세균을 몸에 투입하여 항체를 생성하게 하여 면역력을 갖게 한다.

`핵심 어휘` 바이러스 / 세균 / 대항하다 / 항체 / 생성되다 / 면역력 /

50. 남자가 말하는 방식으로 알맞은 것을 고르십시오.

❶ 백신의 필요성을 강조하고 있다.

`해설` 백신은 검증된 방법을 통과한 제품으로 안전하므로 백신 접종으로 질병을 예방해야 한다고 말하고 있다.

`핵심 어휘` 검증되다 / 막연하다 / 적절하다 / 시기 / 접종하다

[51-52] 다음 글의 ㉠과 ㉡에 알맞은 말을 각각 쓰시오. (각 10점)

51.

[고장 문의]
요즘 노트북 속도가 너무 느려져서 (㉠ **사용하기**) 불편합니다. 가끔 화면도 멈춥니다.
무엇이 문제일까요?
└ Re: 고객님, 많이 불편하셨겠습니다. 노트북을 언제 구입하셨습니까?
사용한 지 오래되었다면 컴퓨터에 프로그램이 많아서 (㉡ **느려질 수 있습니다**).
필요 없는 프로그램은 삭제해 보십시오.

어휘 해설 (노트북을) 사용하다 / (속도가) 느려지다

표현 해설

- **V−기**
노트북이 느리면 사용할 때 불편하다. 따라서 동사와 형용사를 연결하는 표현을 사용해야 한다.

- **V−(으)ㄹ 수 있다**
노트북의 속도가 느려진 원인을 이야기하고 있다. 그것들이 원인일 가능성이 있다는 표현을 사용해야 한다.

52.

비행기가 이착륙할 때는 승무원이 창문 덮개를 (㉠ **열어 달라고 한다**). 그때 불편해하는 승객들의 목소리가 들리기도 한다. 하지만 이는 비행기 사고가 발생했을 때 승무원이 바깥 상황을 보기 위한 것이므로 (㉡ **불편하더라도**) 우리의 안전을 위해 승무원의 지시에 따라 비행기 창문 덮개를 열도록 해야 한다.

어휘 해설 열다 / 불편하다

표현 해설

- **V−달라고 하다**
승무원이 승객에게 부탁하는 말로 간접화법을 사용해야 한다.

- **A/V−더라도**
내가 불편해도 안전을 위해 승객의 말대로 해야 한다. 따라서 양보의 표현을 사용해야 한다.

53. 다음은 '1인 가구 수의 변화'에 대한 자료이다. 이 내용을 200~300자로 쓰시오. 단, 글의 제목은 쓰지 마시오. (30점)

- 조사 기관: 통계청

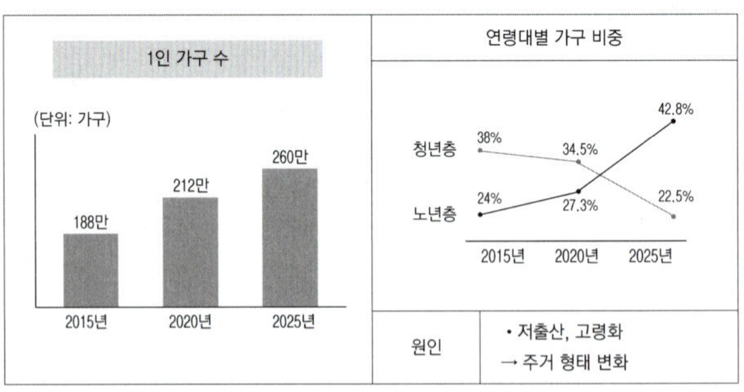

통계청에서 1인 가구 수의 변화에 대해서 조사했다. 조사 결과에 따르면 1인 가구 수가 2015년 188만 가구에서 2020년 212만 가구, 2025년 260만 가구로 증가한 것으로 나타났다. 연령대별 가구 비중은 같은 기간 청년층은 38%에서 34.5%, 22.5%까지 낮아진 반면에, 노년층은 24%에서 27.3%, 42.8%까지 높아졌다. 이렇게 노년층의 1인 가구 비중이 높아진 원인은 저출산과 고령화로 인해 주거 형태가 변화했기 때문이다.

과제		표현
1		N에서 N에 대해서 조사했다(=에 대한 조사를 실시했다)
2	①	조사 결과에 따르면 N이/가 N에서, N, N(으)로 증가한 것으로 나타났다
	②	N은/는 같은 기간 N은/는 N에서 N, N까지 A/V−(으)ㄴ 반면에 N은/는 N에서 N, N까지 A/V−았/었다
3		이렇게 A/V−(으)ㄴ 원인은 N(으)로 인해 A/V−기 때문이다

54. 다음을 참고하여 600~700자로 글을 쓰시오. 단, 문제를 그대로 옮겨 쓰지 마시오. (50점)

> 학교 또는 직장 내에서 책임감은 매우 중요한 가치로 여겨진다. 그러나 문제가 생기면 자신의 책임을 회피하는 사람도 많다. 이러한 행동은 개인뿐만 아니라 조직이나 사회 전반에도 부정적인 영향을 미칠 수 있다. 아래의 내용을 중심으로 '책임감의 중요성'에 대한 자신의 생각을 쓰라.

- 책임감이 부족하면 어떤 문제가 발생하는가?
- 어떻게 하면 책임감을 갖고 일할 수 있는가?
- 개인의 책임감이 사회에 미치는 영향은 무엇인가?

과제1	책임감이 부족하면 발생하는 문제 - 가정이나 직장뿐만 아니라 사회 전체 문제로 발전하게 됨 - 구성원들 사이의 신뢰가 사라짐
과제2	책임감을 갖고 일하는 방법 - 맡은 일을 집중해서 끝까지 해내는 것 - 사회 전체의 공동체 약속임을 인식하는 것
과제3	개인의 책임감이 사회에 미치는 영향 - 모두가 안심하고 좋은 사회에서 살 수 있게 됨

　　책임감은 자신이 맡은 일을 중요하게 생각하는 마음을 뜻하는 것으로 사회 보편적인 가치라고 할 수 있다. 따라서 책임감이 부족하게 되면 사회 전반적으로 문제가 생기게 된다. 예를 들어 지하철이나 버스를 운행하는 사람이 일을 제대로 하지 않거나 의사나 회사 직원이 자신이 맡은 일을 다하지 않고 힘들고 어렵다는 핑계를 댄다면 사회 모든 분야에서 혼란이 일어나게 된다. 뿐만 아니라 사람들이 서로를 불신하게 되면서 사회의 모든 기능이 마비될 수도 있다.

　　따라서 사람들은 책임감을 갖고 행동해야 한다. 자신이 맡은 일을 끝까지 하는 것이 가장 중요하다. 내가 맡은 일이 누군가에게 중요하다는 생각을 가지고 있다면 맡은 일을 집중해서 끝까지 해낼 수 있다. 또한 내가 하는 일이 사회 전체의 약속임을 인식한다면 책임감을 갖고 끝까지 일할 수 있을 것이다.

　　사회는 한 사람 한 사람이 모여서 구성되는 것이다. 따라서 모든 사람이 개인적으로 책임감을 가지고 맡은 일을 최선을 다해서 한다면 조직이나 사회 전반에 걸쳐 좋은 영향을 끼치게 된다. 결과적으로 사회 구성원들이 보이지 않는 공공의 약속을 지키는 믿을 수 있는 사회로 변화될 것이다. 다시 말해서 개인이 책임감을 갖고 일하다 보면 모두가 안심하고 지낼 수 있는 신뢰가 높은 사회가 될 수 있다.

읽기 (1번 ~ 50번)

정답

1. ④	2. ③	3. ①	4. ④	5. ③
6. ②	7. ①	8. ③	9. ①	10. ①
11. ①	12. ④	13. ④	14. ①	15. ①
16. ③	17. ②	18. ④	19. ③	20. ②
21. ④	22. ④	23. ③	24. ②	25. ④
26. ③	27. ①	28. ③	29. ②	30. ②
31. ③	32. ②	33. ①	34. ①	35. ②
36. ③	37. ②	38. ④	39. ④	40. ②
41. ①	42. ③	43. ①	44. ②	45. ④
46. ①	47. ②	48. ④	49. ④	50. ③

[1-2] (   )에 들어갈 말로 가장 알맞은 것을 고르십시오.

1. ④

> 이사 갈 집을 (구하느라고) 요즘 좀 바빴다.

해설 요즘 바빴던 이유에 대해 이야기하고 있다.

중요 표현
- V–느라고: 앞 문장이 뒤 문장의 목적이나 원인이 될 때 사용하며 주로 잘못된 결과에 대해 핑계를 될 때 사용한다.
  - 예 잠을 자느라고 숙제를 못했다.

2. ③

> 표정이 밝은 걸 보니 시험에 (합격한 모양이다).

해설 다른 사람을 표정을 보고 시험에 합격한 것을 추측한 것이다.

핵심 어휘 표정 / 밝다 / 합격하다

중요 표현
- V–(으)ㄴ/는/(으)ㄹ 모양이다: 모양을 보고 추측하여 말할 때 사용한다.
  - 예 시험을 잘 본 걸 보니 열심히 공부한 모양이다.

[3-4] 밑줄 친 부분과 의미가 가장 비슷한 것을 고르십시오.

3. ① 보이게

> 여권 사진은 귀가 **보이도록** 찍어야 한다.

해설 사진이 귀가 보여야 한다.

중요 표현
- V–도록 = V–게: 뒤 문장 동사의 행위에 대한 목적을 표현할 때 사용한다.
  - 예 아이들도 먹을 수 있게 맵지 않게 만들었다.

4. ④ 썼다고 할 수 있다

> 논문의 결론만 쓰면 되니까 거의 다 **쓴 셈이다**.

해설 결론은 논문의 마지막 부분이다.

핵심 어휘 논문 / 결론

중요 표현
- V–(으)ㄴ 셈이다 = A/V–다고 할 수 있다: 앞 문장의 내용으로 뒤 문장의 상황이 어떻다고 말할 때 사용한다.
  - 예 벌써 12월이니 올해도 다 갔다고 할 수 있다.

[5-8] 다음은 무엇에 대한 글인지 고르십시오.

5. ③ 마스크

> 장시간 **착용해도** 피부에 자극 없이
> **숨 쉬기 편한** 하루

해설 오랫동안 쓰고 있어도 숨 쉬기가 편하다.

핵심 어휘 착용하다 / 자극 / 숨

6. ② 이사

> **신속하고 안전하게**
> 고객님의 **소중한 물건을** 내 물건처럼 **옮겨드립니다.**

해설 이사는 물건을 옮겨주는 것이다.

핵심 어휘 신속하다 / 옮기다

7. ❶ 자원봉사

> 작은 **도움의 손길**이
> 누군가에게는 **행복으로**

해설 자원봉사는 다른 사람을 도와주는 것이다.

핵심 어휘 도움 / 손길 / 행복

8. ❸ 이용 후기

> - 공항에서 가까워서 **찾아가기 쉬웠어요.** → **위치**
> - 방이 좀 작았지만 방에서 바다가 보여서 좋았어요. → **전망**
> - **체크아웃 시간이** 조금 빨라서 불편했어요. → **퇴실 시간**

해설 위치, 전망, 퇴실 시간에 대한 느낌으로 호텔 이용 후의 느낌을 말하고 있다.

핵심 어휘 찾아가다 / 보이다 / 체크아웃

[9-12] 다음 글 또는 그래프의 내용과 같은 것을 고르십시오.

9. ❶ 봄에 먹으면 맛있는 음식을 추천하면 된다.

무료 식사권 이벤트

따뜻한 계절 **봄.** 우리 밥상에 어울릴 만한 제철 음식을 소개해 주세요.
세 분을 추첨하여 식사권을 선물로 드립니다.

- **당첨자 발표**: 2025년 2월 15일
- **상   품**: 호텔 뷔페 식사권 2매
- **상품 발송일**: 2025년 2월 20일

해설 봄에 먹으면 맛있는 음식을 소개하는 행사 광고이다.

핵심 어휘 제철 / 추첨하다 / 당첨자

10. ❶ 2022년 출국 해외여행객 수는 감소했다가 급증했다.

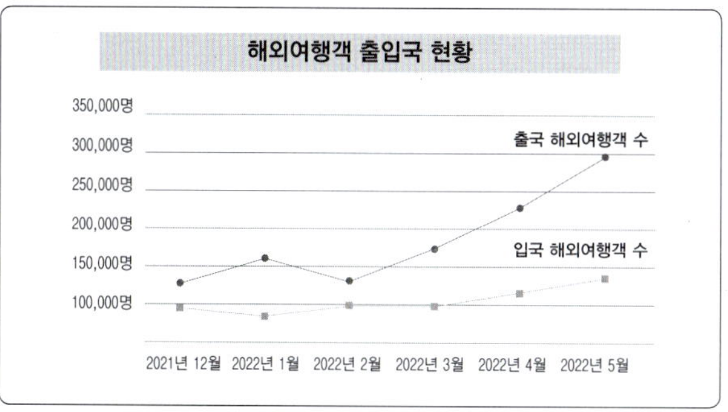

해설 출국 해외여행객 수는 2022년 2월 감소했다가 다시 크게 증가하고 있다.

핵심 어휘 출입국 / 감소하다 / 급증하다

11. ❶ 한국의 갯벌은 여러 지역에 이어져 있다.

'한국의 갯벌'이 유네스코 세계 자연유산에 등재되었다. 이번에 지정된 **한국의 갯벌은 총 4곳으로 5개 지역에 걸쳐져 있으며** 모두 습지보호지역으로 지정되었다. 이는 2007년 '제주 화산섬과 용암동굴' 이후 14년 만의 일이다. 국내에 지정된 세계 자연유산은 이 두 곳에 불과하지만 그 가치는 매우 높은 편이다.

해설 '5개 지역에 걸쳐져 있다'는 '이어져 있다'라는 의미다.

핵심 어휘 등재되다 / 지정되다 / 걸치다

12. ❹ '478 호흡법'으로 빨리 숙면에 들 수 있다.

미국의 하버드대 출신의 엔드류 웨일 박사는 '478 호흡법'이 숙면에 도움이 된다고 주장하고 있다. 이 호흡법은 일종의 복식호흡으로 폐에 많은 산소를 공급하고 뇌를 안정시켜 수면에 도움을 준다고 한다. 방법은 잠들기 전에 4초 동안 코로 천천히 숨을 들이 마시고, 7초 동안 숨을 멈추고, 다시 8초 동안 숨을 천천히 내쉬는 동작으로 **이 동작을 세 번 반복하면 60초 만에 깊은 잠에 들 수 있다고 한다.**

해설 '478 호흡법'으로 60초 만에 숙면에 들 수 있다고 했다.

핵심 어휘 호흡 / 숙면 / 들이마시다 / 내쉬다 / 반복하다

[13-15] 다음을 순서에 맞게 배열한 것을 고르십시오.

13. ❹ (라) – (다) – (가) – (나)

(가) **따라서** 반드시 음식으로 섭취해야 한다.
(나) 비타민C가 많은 음식에는 **딸기, 오렌지, 당근이 있다.**
(다) **그러나** 비타민C는 체내에서 스스로 만들어내지 못한다.
(라) 비타민C는 **면역력을 올려주고 염증을 예방하는 효과가 있다.**

해설 비타민C의 역할(라) → 비타민C의 문제(다) → 비타민C 섭취 방법(가) → 비타민C가 많은 음식 소개(나)

핵심 어휘 면역력 / 올리다 / 예방하다 / 체내 / 섭취하다

14. ❶ (가) - (다) - (나) - (라)

(가) 걷기는 대표적인 유산소 운동이다.
(나) 뿐만 아니라 근력 운동에 비해 근육 피로도도 낮다.
(다) 걷기의 장점은 특별한 장비나 비용이 들지 않는다는 것이다.
(라) 반면에 운동 강도가 낮고 심심하다 보니 장기간 유지하기가 힘든 단점도 있다.

해설 걷기의 정의(가) → 걷기의 장점1(다) → 걷기의 장점2(나) → 걷기의 단점(라)

핵심 어휘 장비 / (비용이) 들다 / 근력 / 근육 / 장기간 / 유지하다

15. ❶ (가) - (다) - (라) - (나)

(가) 현재 제주도에 한파 주의보가 내려졌다.
(나) 이용객들은 사전에 운항 정보를 확인해야 하겠다.
(다) 게다가 다음 주까지 많은 눈이 내릴 것이라고 했다.
(라) 대설주의보까지 내려질 경우 항공기 결항으로 이어질 수도 있다.

해설 현재 제주도 날씨(가) → 제주도 날씨 예보(다) → 날씨로 발생하는 문제(라) → 비행기 이용객들의 주의 사항(나)

핵심 어휘 한파주의보 / 결항 / 이어지다 / 사전

[16-18] (   )에 들어갈 말로 가장 알맞은 것을 고르십시오.

16. ❸

문화가 있는 날은 모든 국민이 (차별 없이 자유롭게) 다양한 문화 활동에 참여할 수 있도록 하기 위해 지정된 날이다. 이날은 매달 마지막 수요일로 영화관을 비롯한 전국 2,000여 개 이상의 문화 시설에서 할인 또는 무료 관람 등의 다양한 혜택을 제공하고 있다. 이를 잘 활용한다면 누구든지 일상에서 더욱 쉽게 문화를 접할 수 있을 것이다.

해설 문화가 있는 날에 대한 설명이다. 모든 사람들이 이 날의 혜택을 받을 수 있도록 한다는 내용이다.

핵심 어휘 국민 / 문화 활동 / 참여하다 / 혜택 / 접하다

17. ❷

얼굴 근육은 우리가 상황에 맞는 적절한 표정을 짓게 만들 뿐만 아니라 얼굴에 있는 살을 단단하게 잡아주는 역할도 한다. 만약 이런 얼굴 근육이 스트레스로 뭉쳐있게 되면 화가 나 보이기도 하고 또는 표정이 굳어 보일 수도 있다. 게다가 나이가 들어 보이게 하는 주름이 생기기도 한다. 따라서 얼굴의 (표정을 밝게 만들려면) 평소 얼굴 근육 운동을 통해 탄력 있는 얼굴 근육을 만드는 것이 좋다.

해설 얼굴 근육이 뭉쳐있으면 표정이 굳어 보이므로 근육 운동을 하면 표정이 밝아 보일 수 있다.

핵심 어휘 단단하다 / 뭉치다 / 굳다 / 탄력

18. ❹

유통 기한은 식품의 유통과 판매가 허용되는 기간을 의미한다. 유통 기한이 지난 식품은 부패되거나 변질되지 않았더라도 판매를 할 수 없기 때문에 많이 버려졌다. 이에 정부는 (식품의 판매 기간을 늘리기 위해) 유통 기한 대신 소비 기한 표시제를 도입했다. 소비 기한은 식품의 맛, 품질이 급격히 변하는 시점을 표기한 것이기 때문에 유통 기한보다 기간이 더 길다.

해설 소비 기한은 유통 기한보다 더 길기 때문에 소비 기한 표시제를 도입하면 식품의 판매 기간을 늘릴 수 있다.

핵심 어휘 유통 / 기한 / 판매 / 허용되다 / 부패되다 / 변질되다 / 도입하다

[19-20] 다음을 읽고 물음에 답하십시오.

24시간 무인 판매점이 빠르게 성장하고 있다. 이렇게 무인 판매점이 인기를 끄는 이유는 저렴한 가격, 그리고 종업원의 눈치를 보지 않고 물건을 구매할 수 있다는 점 때문이다. 의외인 것은 소비자들이 직접 제품을 하나하나 스캐너에 찍고, 계산하고 거스름돈을 받는 일련의 번거로운 과정을 (   ) 재미있어한다는 것이다. 또 사람이 없기 때문에 도난 사고가 많을 것이라는 예상과 달리 도난 사고도 전체 매출의 1%정도에 불과하다. 이런 이유로 전문가들은 앞으로 훨씬 더 다양한 무인 판매점이 생길 것으로 내다봤다.

19. ( )에 들어갈 말로 가장 알맞은 것을 고르십시오.

③ 오히려

해설 '오히려' 뒤 문장의 내용은 기대와 전혀 다른 내용이 온다. 따라서 무인 판매점에서 소비자가 해야 하는 일이 더 많아 졌는데도 재미있어한다는 것은 예상과 다른 결과이다.

핵심 어휘 의외 / 일련 / 번거롭다

20. 윗글의 주제로 가장 알맞은 것을 고르십시오.

② 무인 판매점에 대한 소비자들의 반응이 긍정적이다.

해설 번거로운 과정을 재미있어한다는 것으로 소비자들의 반응이 긍정적인 것을 알 수 있다.

핵심 어휘 (인기를) 끌다

[21-22] 다음을 읽고 물음에 답하십시오.

유명 연예인들이 어려운 이웃을 위해 기부했다는 기사를 많이 보게 된다. 그러나 유명 연예인처럼 돈이 많은 사람들만 기부를 하는 것은 아니다. 최근 신문 기사에 한 노인이 평생 모은 돈을 생활이 어려운 학생들에게 장학금으로 줬다는 이야기가 있었다. 그는 사람들이 생각하는 좋은 직업을 갖지도 않았고 부자도 아니었다. 하지만 남을 도와야겠다는 마음 하나로 평소에 ( ) 아껴서 모은 돈을 기부한 것이다. 이는 형편이 좋지 않아도 마음만 있다면 기부를 할 수 있다는 것을 몸소 실천한 사례이다.

21. ( )에 들어갈 말로 가장 알맞은 것을 고르십시오.

④ 허리띠를 졸라 매고

해설 허리띠를 졸라 매고는 돈을 아껴 쓴다는 것을 비유할 때 사용하는 표현이다.

핵심 어휘 기부하다 / 평생 / 모으다 / 장학금 / 아끼다

22. 윗글의 내용과 같은 것을 고르십시오.

④ 기부는 하고자 하는 마음만 있다면 할 수 있다.

해설 노인은 형편이 좋지 않아도 기부를 실천하였다.

핵심 어휘 형편 / 몸소 / 실천하다

[23-24] 다음을 읽고 물음에 답하십시오.

요즘 나의 유일한 취미는 등산이다. 30년 넘게 해오던 일은 나에게 이젠 만족감이나 성취감보다는 버거움의 대상이 되었고 그 일을 놓고 나니 난 아무것도 할 수 있는 게 없었다. 한동안 무력감에 빠져 허덕이던 나를 구해준 것이 바로 등산이었다. 끝도 보이지 않는 저 높은 산을 한 발짝씩 내걷다 보면 나에게 자리를 허락해 준 산에게도 아직은 튼튼한 내 두 다리에게도 한없이 고마움을 느끼게 된다. 나는 산에 오르기 전 꼭 산 입구에 있는 공원에서 간단하게 몸을 푼다. 먼저 발목을 왼쪽, 오른쪽 순서로 뱅글뱅글 돌린다. 발목과 무릎을 돌리다 보면 종종 뚝뚝 하는 소리가 난다. 허리를 숙여 손바닥과 바닥을 맞닿게 하고 얼굴이 빨갛게 혈압이 오를 때까지 버틴다. 그럼 손바닥에 닿는 바닥의 감촉이 뜨거워진다. '에구구' 절로 나오는 비명소리와 함께 근육의 긴장이 풀리고 있는 것이다. 이것은 이제 본격적으로 산을 타도 된다는 신호를 몸에게 알리는 것이다. 산은 오를 때마다 매일 달라 감동을 준다. 분명 익숙하다고 생각했던 산길이 어느 날은 굉장히 어색하게 다가올 때가 있다. 전날 밤에 비가 왔거나 습기가 많았다면 풍겨 나오는 냄새도 다르다. 귀에 들려오는 새와 풀벌레 소리도 매일 다르다. 나 역시도 매일 달라지고 있는 거겠지라며 산의 변화를 즐기면서 난 또 한걸음 내 걷는다.

23. 밑줄 친 부분에 나타난 '나'의 심정으로 가장 알맞은 것을 고르십시오.

③ 뿌듯하다

해설 자신의 무력감을 등산을 하면서 이겨내고 있다. 자신의 변화에 대한 희망을 가지고 산의 변화를 즐기고 있다.

핵심 어휘 버겁다 / 무력감 / 허덕이다

24. 윗글의 내용과 같은 것을 고르십시오.

② 나는 건강한 몸으로 산을 즐길 수 있어서 감사하다.

해설 이 사람은 다리가 튼튼해서 산을 오를 수 있어서 감사해하고 있다.

핵심 어휘 튼튼하다 / 한없이 / 고마움

[25-27] 다음 신문 기사의 제목을 가장 잘 설명한 것을 고르십시오.

25.

> 초고령화 시대 대비 복지 정책 시급

❹ 고령 인구 증가를 예상한 복지 정책을 조속히 마련해야 한다.

`해설` 초고령화는 고령자의 인구 비율이 점점 높아지는 것을 말한다.

`핵심 어휘` 초고령화 / 대비 / 시급

26.

> 국세청 실수에 줄줄 새는 세수, 세금 회수는 '깜깜이'

❸ 국세청의 실수로 적게 부과된 세금을 징수하지 못하고 있다.

`해설` 세금이 적게 부과되었으나 그 세금을 걷지 못하고 있다는 내용이다.

`핵심 어휘` 새다 / 세수 / 회수 / 깜깜이 / 징수하다

27.

> 뼈에 구멍 숭숭 '골다공증' 무서운 병인데.... 국민 인식 턱없이 부족

❶ 뼈 질환인 골다공증의 심각성을 사람들이 잘 알지 못한다.

`해설` 골다공증에 대해 국민들의 인식 정도가 매우 낮다라는 내용이다.

`핵심 어휘` 구멍 / 숭숭 / 인식 / 턱없이

[28-31] (   )에 들어갈 말로 가장 알맞은 것을 고르십시오.

28. ❸

내년 상반기부터 스마트폰을 통해 신분을 확인할 수 있는 '주민등록증 모바일 확인 서비스'가 시행될 예정이다. 이 서비스는 스마트폰으로 개인 정보를 저장하는 발급 절차 없이 서비스 등록만으로 간편하게 이용할 수 있기 때문에 개인 정보가 유출될 염려가 없다는 장점이 있다. 따라서 앞으로 주민등록증 모바일 확인 서비스를 통해 항공기, 선박 탑승 시 실물 신분증이 없어도 (간편하게 신분 확인을 할 수 있게) 될 것이다.

`해설` 이 서비스는 실제 신분증이 없어도 신분을 확인할 수 있으므로 신분 확인이 간편해진다.

`핵심 어휘` 시행되다 / 발급 / 절차 / 유출되다 / 염려 / 실물

29. ❷

'관공서의 공휴일에 관한 규정' 개정안이 시행됨에 따라 앞으로 3.1절, 광복절, 개천절, 한글날이 (주말과 겹칠 경우) 대체공휴일로 적용받을 수 있게 되었다. 따라서 올해 광복절, 개천절, 한글날은 모두 주말이기 때문에 해당 국경일 직후의 월요일이 대체공휴일이 된다. 뿐만 아니라 국경일이 아닌 성탄절, 부처님 오신 날 등도 대체공휴일에 포함되었다.

`해설` 공휴일이 주말인 경우 그다음 주 월요일이 대체공휴일이 된다.

`핵심 어휘` 겹치다 / 대체공휴일 / 적용받다 / 해당 / 직후

30. ❷

카멜레온은 다른 변색 동물과 달리 몸속에 색소가 없다. 그 대신 피부에 빛을 반사하는 층이 두 개가 있다. 카멜레온이 긴장하지 않은 편안한 상태에서는 피부가 초록색이지만 동요하거나 감정의 기복이 생겨서 긴장하게 되면 노랑, 빨강 등의 좀 더 화려한 색으로 바뀐다. 즉, 카멜레온이 주변 상황에 (민감하게 반응하면서) 피부층의 구조가 변하여 빛의 파장 대역을 바꿔 피부색이 바뀌게 되는 것이다.

`해설` 카멜레온의 피부층의 구조가 변하는 조건은 주변에 위험한 상황이 생겼을 때 긴장하기 때문이다.

`핵심 어휘` 변색 / 색소 / 반사하다 / 동요하다 / 기복 / 민감하다 / 반응하다

31. ❸

지구는 인간뿐만 아니라 동식물도 함께 살아가는 곳이다. 만약 인간에 의해 생태계가 파괴되고 먹이 사슬이 깨진다면 누구도 지구에서 살아남을 수 없다. 인류가 내리는 결정과 행동에 의해서 지구에 살고 있는 모든 생물의 운명이 결정될 수 있다고 볼 수 있다. 따라서 지구의 (자연환경이 파괴되는 것을) 막아야 한다. 그것만이 인간이 동식물과 조화롭게 공존할 수 있는 길이다.

해설 인간에 의해 생태계가 파괴되므로 그것을 막아야 한다.

핵심 어휘 생태계 / 파괴되다 / 먹이사슬 / 막다 / 조화롭다 / 공존하다

[32-34] 다음을 읽고 글의 내용과 같은 것을 고르십시오.

32. ❷ 날씨가 더워도 평소에 하던 운동량을 줄이면 안 된다.

덥고 습한 날씨에는 실외 운동이 어려워 자연스럽게 운동량이 줄어들기 마련이다. 평소 운동을 하던 사람들도 2주 정도만 운동량이 줄어도 이전에 비해 체지방 수치와 허리 둘레가 늘어나고 건강에 위험 신호가 나타날 수 있다고 한다. 이때 날씨 탓만 할 게 아니라 덥더라도 평소 운동량을 유지해야 한다. 그래서 시간대비 운동량이 많은 계단 오르기를 추천한다. 계단 오르기는 평지 걷기보다 1.5배의 에너지가 더 소모되고 빠른 호흡으로 심폐기능도 강화시킬 수 있다. 또한 엉덩이 근육이 단련되어 허리 통증을 예방하는 효과도 있다.

해설 날씨가 덥다고 하던 운동을 줄이면 건강에 나쁠 수 있으므로 운동량을 꾸준히 유지해야 한다.

핵심 어휘 줄다 / 신호 / 탓 / 유지하다 / 소모되다 / 강화시키다

33. ❶ 국내 여행은 몇 년간 꾸준히 증가세를 보이고 있다.

휴가 시즌을 맞이하면서 국내외 여행 수요가 상승세를 타는 분위기다. 지난 20일 국내 여행사에서 이달 17일까지 해외 항공권 예약 상황을 분석한 결과에 따르면 예약 건수가 지난달 같은 기간 대비 133%나 늘었다고 한다. 관계자들은 "몇 년간 계속된 국내 여행의 인기는 올해도 식지 않을 전망이며, 해외여행 역시 휴가를 대비해 항공 운항 일정이 추가 증설되면서 더욱 탄력 받을 예정이다."라고 분석했다. 이에 여행 업계는 다양한 여행 상품을 앞다투어 내 놓고 있다.

해설 국내 여행의 인기가 올해도 식지 않을 것이라고 했으므로, 꾸준히 증가하고 있음을 알 수 있다.

핵심 어휘 상승세 / 분석하다 / 식다 / 증설되다 / 탄력 / 앞다투다

34. ❶ 소나무 잎은 수지구 안의 기름 덕분에 얼지 않는다.

소나무 잎은 사계절 내내 초록색을 유지한다고 알고 있지만 이는 사실이 아니다. 소나무 역시 가을이 되면 지난해 돋아난 잎은 갈색으로 변해 떨어진다. 올봄에 새로 돋아난 잎이 가을과 겨울 내내 초록색을 유지하기 때문에 많은 사람들은 변하지 않는다고 생각한다. 소나무가 추운 겨울에 초록색 잎을 유지할 수 있는 것은 줄기와 잎에 기름을 머금고 있기 때문이다. 소나무 잎을 잘라 자세히 살펴보면 가시 같은 좁은 잎 안이 작은 구멍들로 이루어져 있다. 이 구멍을 수지구라고 하며, 여기서 기름이 나와 추운 겨울에도 얼지 않고 견딜 수 있는 것이다.

해설 소나무가 겨울에도 초록색을 유지하고 있는 원리는 수지구 안의 기름 덕분이다.

핵심 어휘 유지하다 / 돋아나다 / 기름 / 머금다 / 견디다

[35-38] 다음을 읽고 글의 주제로 가장 알맞은 것을 고르십시오.

35. ❷ 호텔이 숙박을 넘어선 공간으로 변화되고 있다.

'호캉스'를 즐기는 사람들이 많아졌다. '호캉스'는 호텔과 바캉스의 합성어로 호텔에서 휴가를 즐기는 것을 의미한다. '호캉스'의 인기가 높아지는 이유는 호텔이라는 공간이 단지 머무르는 개념을 벗어나 여가를 즐길 수 있는 휴양의 의미로 확대되어 해석되고 있기 때문이다. 호텔 내부에서 음악 공연, 그림 전시회 등 다양한 문화생활을 누릴 수 있어 이제 호텔은 단순한 숙박을 위한 장소가 아닌 각종 여가 활동과 휴가를 같이 즐길 수 있는 공간이 되었다.

해설 호텔이라는 공간의 변화를 설명하고 있다.

핵심 어휘 머무르다 / 개념 / 벗어나다 / 휴양 / 해석되다

36. ❸ 물가 상승으로 B급 농수산물이 소비자들의 관심을 받고 있다.

물가 상승으로 인해 가계 부담이 커진 소비자들은 저렴한 B급 농수산물에 눈길을 돌리기 시작했다. B급 농수산물의 경우 영양과 품질에 문제가 없지만 상처가 났거나 모양이 고르지 못해 예전에는 판매를 못하고 폐기하는 경우가 많았다. 그러나 현재는 상품성이 떨어진 농수산물을 기존 가격보다 50% 정도 저렴하게 판매하여 소비자의 가계 부담을 줄이고 출하에 어려움을 겪는 농가에도 도움을 줄 수 있게 되었다.

[해설] 물가가 올라서 부담이 커진 소비자들이 B급 농수산물에 관심을 보이고 있다.

[핵심 어휘] 가계 / 부담 / (눈길을) 돌리다 / 폐기하다 / 기존

37. ❷ 민간 기업의 참여로 우주 산업의 성장이 기대된다.

누리호는 한국의 자체 기술로 개발된 위성이다. 우리나라는 누리호 발사 성공으로 위성을 우주에 실어 나르는 기술을 갖춘 7번째 국가가 되었다. 이번 성공으로 국내에서 많은 기업들이 우주 산업에 투자할 의사를 보였다. 우주 개발은 지금까지 정부의 주도 하에 이루어져 예산과 기술 발전 속도에 한계점이 많았으나 앞으로 기업들이 주도하는 시대가 온다면 우주 기술 개발의 속도가 한층 더 가속화될 것이다.

[해설] 기업이 우주 산업에 투자할 생각이 있고, 그렇게 된다면 우주 기술 개발이 더욱 빨라질 것이라고 했다.

[핵심 어휘] 투자하다 / 의사 / 주도 / 한계점 / 가속화

38. ❹ 소비자 보호를 위해 다크패턴 관련법이 제정되어야 한다.

온라인 쇼핑몰에서 소비자의 의사결정에 영향을 주고 특정 행동을 유도하는 등의 온갖 속임수를 의미하는 다크패턴이 문제가 되고 있다. 게다가 소비자들은 자신이 다크패턴에 속은 것인지 알기 힘든 것이 더 문제다. 그러나 아직 현행법에 다크패턴을 처벌할 관련 규제 조항이 없다 보니 소비자의 피해가 나날이 커지고 있다. 앞으로 이로 인한 피해로부터 소비자를 보호하기 위해서는 관련 법률 마련이 시급한 상황이다.

[해설] 다크패턴으로 인한 소비자의 피해 문제를 해결하기 위해 관련 법률 마련이 필요하다는 내용이다.

[핵심 어휘] 유도하다 / 온갖 / 속임수 / 속다 / 처벌하다 / 피해

[39-41] 주어진 문장이 들어갈 곳으로 가장 알맞은 것을 고르십시오.

39. ❹ ㄹ

문제의 원인을 정확하게 파악하게 되면 잘 자는 법을 찾을 수도 있다는 위안도 함께 말이다.

인류는 '서캐디언 리듬'이라는 생체시계가 돌아가도록 진화하였기 때문에 아침에 일어나 밤에 잠든다. (㉠) 하지만 오늘날 현대인의 생체시계는 들쭉날쭉하다. 즉, 잠이 '고장 난' 상태다. (㉡) 오늘 소개하려는 책에 등장하는 사람들 역시 모두 수면 장애로 어려움을 겪고 있는 사람들이다. (㉢) 저자는 이들의 이야기를 통해 각종 수면 장애의 원인을 설명해 주고 있다. (㉣) 모두 잠든 밤 혼자 외로이 깨어있는 사람들을 책임질 '진짜' 수면 이야기를 기대해도 좋다.

[해설] 책의 내용에 대한 추가적인 설명으로 ㉣이 적당하다.

[핵심 어휘] 진화하다 / 들쭉날쭉하다 / 장애 / 겪다

40. ❷ ㉡

대표적인 예로는 이전에는 없었던 가뭄, 집중 호우, 폭염, 열대야, 한파 등이 있다.

최근 전 세계적으로 이상 기후의 원인과 현상이 화두로 떠오르고 있다. (㉠) 이상 기후란 기온, 강수량 등의 기후 요소가 평년값과 비교해 현저히 높거나 낮은 수치를 나타내는 극한 현상을 말한다. (㉡) 이상 기후의 원인으로는 자연적 원인과 인위적 원인이 있다. (㉢) 자연적 원인으로는 태양 복사 에너지의 변화, 지구 공전 궤도의 변화, 화산 활동 등이 있다. (㉣) 인위적 원인으로는 온실가스 농도 증가, 삼림 훼손, 토지 이용의 변화 등이 있다.

[해설] 이상 기후의 예로 이상 기후의 정의를 설명한 후 ㉡이 적당하다.

[핵심 어휘] 화두 / 떠오르다 / 현저히 / 극하다 / 인위적

41. ❶ ㉠

심장이 마비된 상태에서 혈액을 순환시켜 뇌의 손상을
지연시키는 데 결정적인 도움을 준다.

심폐소생술이란 심장과 폐의 활동이 멈추어 호흡이
정지되었을 때 실시하는 응급 처치다. (㉠) 심폐소
생술의 골든타임은 4~5분 이내로, 심정지가 발생된 후
아무런 조치를 취하지 않는다면 빠르게 뇌손상이 일어
나기 때문이다. (㉡) 환자의 호흡이 없거나 비정상적
이면 심정지가 발생한 것으로 보고 즉각 심폐소생술을
실시해야 한다. (㉢) 심폐소생술을 효과적으로 시행
하면 그렇지 않은 경우에 비해 환자 생존율이 3배가량
높은 것으로 조사되었다. (㉣)

해설 심폐소생술의 효과로 첫 문장의 심폐소생술 정의 뒤
인 ㉠에 오는 것이 적당하다.

핵심 어휘 마비되다 / 순환시키다 / 지연시키다 / 조치 / 취하다

[42-43] 다음을 읽고 물음에 답하십시오.

우리 집에는 의자가 많다. 혼자 앉는 의자, 둘이 앉
는 벤치, 셋이 앉는 소파…. 언제부터 우리 집에 그렇게
의자가 많이 생겼는지 알 수가 없다. 분명 소용이 있어
서 사들였을 텐데, 정작 우리 집에는 한 개만 있으면 족
하지 않던가. 사람들이 몰려오는 날이면 그것도 모자라
바닥에 내려앉아야 하지만, 아무도 오지 않을 때는 그
비어 있는 의자들이 하품을 하고 있는 듯이 보인다. 그
래서 그 비어 있는 의자에 앉힐 사람들을 돌려가며 초
대를 해 보기로 했다. 내가 좋아하는 사람, 내가 그리워
하는 사람들을 그 빈 의자에 앉혀 놓고 밤이 깊도록 도
란도란 대화를 나눈다면 얼마나 좋겠는가. 누구를 초대
할까? 제일 먼저 떠오르는 분이 있다. 남보다 더 낯선
우리 '아버지', 한 번도 불러본 적이 없는 아버지라는 이
름을 입에 올리는 일조차 나로서는 참 낯설고 어색하기
만 하다. 내가 세 살 때 돌아가셨으니 나는 아버지의 얼
굴도 음성도 체취도 알 리가 없다. 다만 남에게서 전해
듣는 단편적인 이야기들이 실감나지 않는 판타지 소설
처럼 귓가에 어려 있을 뿐이다.

　　　－중략－

얼굴도 기억하지 못하는 아버지, 당신이 앉으실 의자
는 우리 집에서 제일 가운데에 있는 가장 좋은 의자이
다. 그 의자에 앉아 계시는 아버지를 상상해 본다. 나는
아무래도 요즘 딸들처럼 아버지 앞에서 스스럼없이 응
석을 부리지는 못할 것 같다. 아버지가 남겨주신 유산
으로 별 고생 없이 살 수 있었으면서도 당신의 부재는
우리를 늘 허전하게 만들지 않았던가.

42. 밑줄 친 부분에 나타난 '나'의 심정으로 가장 알맞은
것을 고르십시오.

❸ 원망스럽다

해설 성장하면서 아버지가 안 계셔서 매우 허전했다는 문
장으로 아버지에 대한 원망을 하고 있다.

핵심 어휘 부재 / 허전하다

43. 윗글의 내용으로 알 수 있는 것을 고르십시오.

❶ 나는 아버지를 일찍 여의었다.

해설 아버지가 세 살 때 돌아가셨다.

핵심 어휘 낯설다 / 체취 / 여의다

[44-45] 다음을 읽고 물음에 답하십시오.

징기스칸은 기존의 씨족 단위의 군대 체계의 문제점
이 있음을 인식하고 이를 개선하기 위해 10진법을 기반
으로 한 새로운 조직 체계를 구성했다. 십진법은 숫자
의 자리가 하나씩 올라감에 따라 그 값이 10배씩 커지
는 방식이다. 십호는 오늘날의 분대 같은 것으로 10명
의 기마병으로 이루어지며 10개가 모이면 100명의 기마
병으로 구성된 백호가 된다. 징기스칸은 이를 기반으로
십호, 백호, 천호, 만호로 커지는 피라미드 구조로 군사
조직을 재편했다. 이러한 점진적 확대 구조를 통해 수십
명에서 일만 명의 기병이 소속된 군대가 만들어졌다. 이
는 어느 씨족이든지 가리지 않고 그 속에서 10명의 무
장 병사를 배출할 수 있는 군사, 행정의 기본 단위였다.
이러한 조직은 상황에 따라 효율적으로 재편성이 될 수
있어 당시로서는 가장 (　　　　　) 군대 운영 방식이
었다. 그 결과 몽골 군대는 일사분란한 명령체계와 충
성을 보여 거대한 몽골 제국의 초석이 되었다.

44. (　　)에 들어갈 말로 가장 알맞은 것을 고르십시오.

❷ 조직적이고 유연한

해설 징기스칸이 새로 조직한 군대는 그 규모가 매우 크
다.

핵심 어휘 체계 / 개선하다 / 기반 / 피라미드 / 구조

45. 윗글의 주제로 가장 알맞은 것을 고르십시오.

❹ 징기스칸의 십진법을 활용한 군사 조직 개편은 탁월했
다.

 징기스칸의 군사 조직은 몽골 제국을 만드는 데 큰 역할을 하였다.

 배출하다 / 재편되다 / 일사분란 / 거대하다 / 초석

[46-47] 다음을 읽고 물음에 답하십시오.

우리나라의 나전칠기 기술은 세계적이며 또한 독보적이다. 나전칠기는 나전과 옻칠을 결합한 것으로 옻칠한 그릇이나 가구에 조개껍질로 장식한 공예품이다. '나전과 칠기가 만나면 천년을 간다'는 말이 있을 만큼 나전칠기의 생명력은 길다. 나무 표면에 옻을 칠하는 나전 과정은 단순히 광택을 내는 데 그치지 않고 옻이 형성한 견고한 막이 소재의 내구성을 높여 주기 때문에 물건을 오랫동안 사용할 수 있게 한다. 그리고 광채 나는 조개껍질을 원하는 모양대로 박아 넣는 칠기 작업 역시 기계가 아니라 일일이 손으로 작업하므로 아주 힘든 과정이 필요하고 그렇기 때문에 나전칠기 가구는 비쌀 수밖에 없다. 그래서 이러한 고가의 나전칠기와 그 재료인 자개는 일상에서 쉽게 향유되거나 소비되지 못한 것이 사실이다. 최근 우리의 아름다운 전통공예를 지키고 보존하자는 취지에서 젊은 공예가들이 나전칠기로 값비싼 가구 대신 각종 공예품을 만들어 일반인이 보다 가깝게 접근할 수 있게 하였다. 이처럼 나전칠기가 시대에 맞춰 진화하고 있는 것은 매우 바람직하다.

46. 윗글에 나타난 필자의 태도로 가장 알맞은 것으로 고르십시오.

❶ 시대에 맞춰 변화한 나전칠기 문화를 호평하고 있다.

 나전칠기 문화가 확산되기 힘듦에도 불구하고 젊은 공예가들의 새로운 접근을 긍정적으로 이야기하고 있다.

 보존하다 / 취지 / 접근하다 / 진화하다 / 바람직하다

47. 윗글의 내용과 같은 것을 고르십시오.

❷ 나전칠기는 모든 과정이 수작업으로 이루어진다.

 나전칠기는 모두 손으로 작업하는 힘든 과정이 필요하다.

 박다 / 일일이 / 수작업 / 고가 / 향유되다

[48-50] 다음을 읽고 물음에 답하십시오.

일본에서는 2021년 4월부터 70세 취업법이 시행되었다. 70세 취업법은 대기업, 중소기업을 가리지 않고 모든 기업에서 사원이 희망하면 70세까지 일할 수 있도록 '노력의무'를 부과하는 법률이다. 이 법은 정부의 권고에 불과해서 법적인 구속력은 없다. 안타까운 사실은 이 70세 취업법으로 모든 노령 인구의 경제 활동이 연장되는 것은 아니라는 것이다. 70세 취업법은 규모가 크든 작든 기업에 근무하는 사람의 이야기일 뿐 그렇지 않은 사람들은 고령자가 돼서도 끊임없이 구직 활동을 해야 한다. 자료에 의하면 2019년 직업소개소에 등록한 65세 이상의 구직자는 59만 명으로 10년 전과 비교해 84% 증가하였다고 한다. 현재 일본에서는 '노후'와 '없다'는 영어의 접미사(less)를 조합한 '노후리스'란 말이 뿌리를 내리는 중이다. 이 말은 (　　　　　　) 이처럼 일하지 않으면 살아가기 어려운 '노후 불안'을 가진 고령층이 일본에서 갈수록 늘어나고 있음을 보여준다. 하지만 이는 비단 일본만의 문제가 아니다. OECD 국가 중 노인 빈곤층이 가장 많은 한국이야말로 노인의 경제적 불안을 해소할 수 있는 정책 마련이 시급하다.

48. 윗글을 쓴 목적으로 알맞은 것을 고르십시오.

❹ 노후 불안을 해소할 수 있는 방안 구축을 촉구하기 위해서

 일본과 마찬가지로 한국도 노후 불안을 낮출 방안이 필요하다고 이야기하고 있다.

 비단 / 빈곤층 / 해소하다 / 정책

49. (　　　)에 들어갈 말로 가장 알맞은 것을 고르십시오.

❹ 편안한 노후 생활이 사라졌다는 말로

 노후가 없다는 말은 일하지 않으면 살기 힘들다. 즉, 편안한 노후 생활이 사라졌다는 것이다.

 구직자 / 조합하다 / 고령층

50. 윗글의 내용과 같은 것을 고르십시오.

❸ 모든 노령 인구가 70세 취업법의 혜택을 보는 것은 아니다.

 70세 취업법은 법적인 구속력이 없기 때문에 모든 노령 인구가 혜택을 받는 것은 아니다.

 취업법 / 부과하다 / 법률 / 권고 / 불과하다 / 구속력 / 연장되다

초판인쇄	2026년 5월 12일
초판발행	2026년 5월 15일
저자	곽수옥, 김새미, 오세라, 한인숙
책임편집	권이준, 김아영, 윤상희
펴낸이	엄태상
디자인	이건화
조판	이서영
콘텐츠 제작	김선웅, 장형진
마케팅	이승욱, 노원준, 조성민, 이선민, 김동우
경영기획	조성근, 최성훈, 김로은, 최수진, 오희연
물류	정종진, 윤덕현, 신승진, 구윤주
펴낸곳	한글파크
주소	서울시 종로구 자하문로 300 시사빌딩
주문 및 교재 문의	1588-1582
팩스	0502-989-9592
홈페이지	http://www.sisabooks.com
이메일	book_korean@sisadream.com
등록일자	2000년 8월 17일
등록번호	제300-2014-90호

ISBN   979-11-6734-090-0 13710

한국어 능력시험
토픽
ON
유튜브 II
TOPIK on YouTube